Z+2285.
Ca.7.

Ⓒ

30365

OEUVRES

DE GEORGE SAND

TOME VII

PARIS. IMPRIMÉ PAR BÉTHUNE ET PLON.

OEUVRES
DE
GEORGE SAND

NOUVELLE ÉDITION

REVUE PAR L'AUTEUR

ET ACCOMPAGNÉE DE MORCEAUX INÉDITS

LELIA.
II.

SPIRIDION.

PARIS
PERROTIN, ÉDITEUR
41, RUE TRAVERSIÈRE SAINT-HONORÉ

M DCCC XLII

LÉLIA.

SUITE
DE LA
CINQUIÈME PARTIE.

> Ne t'effraie pas de te trouver seul,
> ton isolement te fait grand.
> JEAN REYNAUD.

LI.

— Tu dis, ma chère enfant, que ta sœur est morte ? Quelle sœur ? est-ce que tu as une sœur, toi ?

— Sténio, répondit Pulchérie, est-il possible que tu accueilles avec tant d'indifférence une telle nouvelle ! Je te dis que Lélia n'est plus, et tu feins de ne pas me comprendre !

— Lélia n'est pas morte, dit Sténio en secouant la tête. Est-ce que les morts peuvent mourir ?

— Cesse, malheureux, d'augmenter ma douleur par ton air de raillerie, répondit la Zinzolina. Ma sœur n'est plus, je le crois... tout porte à le croire ; et quoiqu'elle fût hautaine et froide, comme tu l'es souvent à son exemple, Sténio, c'était un grand cœur et un esprit généreux. Elle avait manqué d'indulgence pour moi jadis ; mais lorsque je la retrouvai, l'an dernier, au bal de Bambucci, elle semblait voir la vie plus sagement, elle s'ennuyait de sa solitude, et ne s'étonnait plus que j'eusse pris une route opposée à la sienne.

— Je vous fais mon compliment à l'une et à l'autre, dit Sténio avec un sérieux ironique. Vos cœurs étaient faits pour s'entendre, et il est fâcheux qu'une si touchante harmonie n'ait pu durer davantage. Or donc la belle Lélia est morte. Console-toi, ma charmante, il n'en est rien. J'ai vu hier quelqu'un qui est toujours bien informé à son égard, et Lélia a, je crois, plus envie de vivre à l'heure qu'il est qu'il ne convient à une personne d'un si grand caractère.

— Que veux-tu dire ? s'écria Pulchérie, tu as des nouvelles de Lélia ? tu sais où elle est, ce qu'elle est devenue ?...

— Oui, j'ai des nouvelles vraiment intéressantes, répondit Sténio avec une nonchalance superbe. D'abord je ne sais pas où elle est, on n'a pas daigné me le dire, peut-être parce que je n'ai pas songé à le demander... Quant à ce qu'elle est devenue, je crois qu'elle est devenue de plus en plus ennuyée de son rôle majestueux, et qu'elle ne serait pas fâchée si j'étais assez sot pour m'en soucier...

— Tais-toi, Sténio ! s'écria Pulchérie, tu es un fat... Elle ne t'a jamais aimé... Et pourtant, ajouta-t-elle après un instant de silence, je ne répondrais pas que ses dédains ne cachassent une sorte d'amour à sa manière. Rien ne m'ôtera de l'esprit que mon triomphe sur elle, à ton égard, l'ait profondément blessée ; car pourquoi serait-elle partie sans me dire adieu ? Comment, depuis plus d'un an qu'elle est absente, ne m'aurait-elle pas envoyé un souvenir, elle qui avait semblé heureuse de me retrouver?... Tiens, Sténio, maintenant que tu me rassures et me consoles en m'apprenant qu'elle vit, je puis te dire ce que j'ai pensé lorsqu'elle a disparu si étrangement de cette ville.

— Étrangement? Pourquoi étrangement? Rien de ce que fait Lélia n'a droit d'étonner; ses actes diffèrent de ceux des autres, mais son âme n'en diffère-t-elle pas aussi? Elle part tout à coup, et sans dire adieu à personne, sans voir sa sœur, sans adresser un mot d'affection à celui qu'elle disait chérir comme son fils : quoi de plus simple? Son généreux cœur ne se soucie de personne; sa grande âme ne connaît ni l'amitié, ni les liens du sang, ni l'indulgence, ni la justice...

— Ah! Sténio, comme vous l'aimez encore, cette femme dont vous dites tant de mal !..... Comme vous brûlez d'aller la rejoindre !...

Sténio haussa les épaules, et sans daigner repousser le soupçon de Pulchérie : — Voyons votre idée, ma respectable dame, lui dit-il; vous aviez tout à l'heure une idée...

— Eh bien! dit Pulchérie, j'ai pensé, et d'autres que moi l'ont pensé aussi, que, saisie d'un accès de désespoir, et quittant tout à coup les fêtes de la villa Bambucci, elle avait été...

— Se jeter à la mer, comme une nouvelle Sapho! s'écria Sténio avec un rire méprisant. Eh bien! je le voudrais pour elle; elle aurait été femme un instant dans sa vie.

— Avec quel sang-froid vous accueillez cette idée! dit Pulchérie effrayée. Êtes-vous bien sûr que Lélia est vivante? Celui qui vous l'a dit en était-il bien sûr lui-même? Écoutez, vous ne savez pas les détails de sa fuite. On ne les a pas sus pendant long-temps, parce que, dans la maison de Lélia, tout est muet, grave et méfiant comme elle. Mais enfin, à force de l'attendre, ses serviteurs effrayés ont commencé à la chercher, à la demander, à confier enfin leurs inquiétudes, et à raconter ce qui s'était passé... Écoute et juge! La troisième nuit des fêtes du prince Bambucci, tu soupas chez moi... tu t'en souviens, et, pendant ce temps, elle parut au bal, plus belle, plus calme, plus parée que jamais, dit-on... Elle comptait te trouver là sans doute, et elle ne t'y trouva pas. Eh bien! cette nuit-là, Lélia ne rentra pas chez elle, et depuis cette nuit-là personne ne l'a revue.

— Quoi! elle partit toute seule, et ainsi parée, à travers les champs? dit Sténio; votre récit n'est pas vraisemblable, ma chère dame. Il a bien dû se trouver dans le bal quelque cavalier assez galant pour la reconduire.

— Non, Sténio, non! personne ne l'a reconduite, et elle n'a pas donné signe de vie depuis cette nuit-là. Ses serviteurs l'attendent, son palais est ouvert à toute heure, et sa cameriste veille auprès du foyer. Ses chevaux frappent du pied dans ses écuries, et c'est le seul bruit qui interrompe le morne silence de cette maison consternée. Son majordome touche ses revenus et entasse l'or dans les caisses, sans que personne lui en demande compte ou lui en dicte l'emploi. Les chiens hurlent, dit-on, dans les cours, comme s'ils voyaient errer des spectres. Et quand un étranger se présente à la porte pour visiter cette riche demeure, les gardiens épouvantés accourent à sa rencontre, et l'interrogent comme un messager de mort.

— Tout cela est fort romantique, dit Sténio; vous possédez vraiment le style moderne, ma chère. Fi! Pulchérie, est-ce que tu deviens bas-bleu ? A l'heure qu'il est, Lélia fait fureur dans quelque concert à Londres, ou bien elle joue nonchalamment de l'éventail dans quelque tertullia à Madrid ; mais je suis sûr qu'elle ne possède pas mieux que toi la grimace inspirée et le jargon byronien.

— Sais-tu où l'on a retrouvé ce bracelet? dit Pulchérie en montrant à Sténio un cercle d'or ciselé qu'il avait long-temps vu au bras de Lélia.

— Dans l'estomac d'un poisson ? dit Sténio en poursuivant sa raillerie.

— A *la Punta-di-Oro :* un chasseur le rapporta le lendemain de la disparition de Lélia, et la caémriste assure le lui avoir attaché elle-même au bras lorsqu'elle partait pour la dernière fête de la villa Bambucci.

Sténio jeta les yeux sur le bracelet : il s'était brisé dans un mouvement impétueux de Lélia, la nuit qu'elle avait passée à discuter ardemment avec Trenmor sur une des cimes de la montagne. Cette fracture fit quelque impression sur Sténio. Lélia pouvait, dans une de ses courses capricieuses à travers le désert, avoir été assassinée. Ce bijou s'était échappé peut-être de la ceinture d'un bandit. Des conjectures sinistres s'emparèrent de l'esprit de Sténio, et, par une de ces réactions inattendues auxquelles sont sujettes les organisations troublées, il tomba dans une profonde tristesse, et passa machinalement à son bras l'anneau d'or rompu. Puis il se promena dans les jardins d'un air sombre, et revint au bout d'un quart d'heure réciter à Pulchérie le sonnet suivant qu'il venait de composer :

« A UN BRACELET ROMPU.

» Restons unis, ne nous quittons pas, nous deux qui

avons partagé le même sort; toi, cercle d'or, qui fus l'emblème de l'éternité; moi, cœur de poète, qui fus un reflet de l'infini.

» Nous avons subi le même sort, et tous deux nous demeurons brisés. Te voilà devenu l'emblème de la fidélité de la femme; me voici devenu un exemple du bonheur de l'homme.

» Nous n'étions tous deux que des jouets pour celle qui mettait l'anneau d'or à son bras, le cœur du poète sous ses pieds.

» Ta pureté est ternie, ma jeunesse a fui loin de moi. Restons unis, débris que nous sommes; nous avons été brisés le même jour! »

Zinzolina donna au sonnet des éloges exagérés. Elle savait que c'était le vrai moyen de consoler Sténio; et cette fille légère, qui s'attristait toujours la première, et qui toujours aussi se lassait la première de voir régner la tristesse, commençait à trouver que Sténio s'était affligé assez long-temps.

— Sais-tu, lui dit-elle à la fin du souper, la grande nouvelle du pays? La princesse Claudia s'est retirée aux Camaldules.

— Quoi! la petite Bambucci? Est-ce qu'elle va faire sa première communion?

— Oh! reprit Pulchérie, la petite Bambucci a reçu tous ses sacrements; tu le sais mieux que personne, Sténio. N'est-ce pas toi qu'elle a pris pour confesseur à la saison dernière?

— Je sais qu'elle a sali ses petits pieds à traverser ton jardin et à monter l'escalier de ton casino. Mais elle en aura été quitte pour changer de souliers; car je jure par l'âme de sa mère (je ne voudrais pas jurer par celle de la mienne à cette table) qu'elle n'a pas reçu d'autre souillure ce jour-là. Or, comme je ne l'avais jamais regardée auparavant, comme je ne l'ai jamais revue depuis, si elle a commis quelque faute qui nécessite une retraite aux Camaldules, je me récuse. Je n'ai pas même dérobé une feuille à l'arbre généalogique des Bambucci.

— Il n'est pas question de faute, dit Pulchérie ; il est question de désespoir d'amour, ou d'inclination contrariée, comme tu voudras. Les uns disent qu'elle a tourné subitement à une dévotion exaltée ; d'autres, qu'elle a pris ce prétexte pour échapper aux poursuites d'un vieux duc qu'on voulait lui faire épouser. Moi seule je sais de qui la jeune princesse eût voulu être aimée..... et s'il faut tout te dire, comme elle est entrée aux Camaldules le jour même de ton départ, c'est-à-dire le jour même de son rendez-vous avec toi, je crains bien que son escapade n'ait été découverte, et que les grands-parents, par prudence ou par sévérité, ne l'aient mise en sûreté derrière les grilles du cloître.

— S'il en est ainsi, s'écria Sténio en frappant sur la table, je l'enlève ! ou plutôt je ne l'enlève pas, mais je la séduis ! Que ce malheur retombe sur la tête des grands-parents ! J'avais respecté l'innocence de la petite Claudia, je ne saurais respecter l'orgueil de la famille... Oui, je suis capable de l'épouser, afin de les faire rougir de l'alliance d'un poète... Mais avec quoi la ferais-je vivre ? Non, le ciel lui réserve un noble époux ! Il est dans ses destins, quoi qu'il arrive, d'être princesse, à la grande édification de la cour et de la ville. Eh bien ! puisque cette condition suprême lui est assurée, qu'elle profite donc de sa jeunesse et des avantages attachés à son rang ! Cette fleur se conservera-t-elle intacte à l'ombre d'un cloître, pour aller orner l'écusson rouillé d'un vieux chevalier et se flétrir sous ses laides caresses? Ne faudra-t-il pas que, tôt ou tard, quelque page discret ou quelque habile confesseur... Déjà peut-être!... Oh! l'ermite Magnus a choisi sa thébaïde bien près du couvent des Camaldules!... Si je le croyais, à l'instant même... Pardon, Pulchérie, mille idées folles se croisent dans mon cerveau. Peut-être m'as-tu versé trop de malvoisie ce soir; mais cette nuit ne se passera pas sans que j'aie accompli ou tenté du moins quelque joyeuse aventure. Voyons! tu vas me déguiser en femme, et nous invoquerons le comte Ory, de glorieuse mémoire. Ne sommes-nous pas en carnaval?

— Gardez-vous de songer à une telle folie, dit la Zinzolina effrayée; la moindre imprudence peut vous rendre suspect, et les Bambucci sont tout-puissants sur ce petit coin de terre qu'ils appellent leur *État*. Le prince, bien loin de marcher sur les traces de l'aimable épicurien son père, est un dévot farouche qui fait sa cour au pape au lieu de la faire aux femmes. S'il te croyait assez audacieux pour songer seulement à sa sœur, sois sûr qu'à l'instant même il te ferait arrêter. Tu n'es pas en sûreté ici, Sténio; tu n'es en sûreté nulle part maintenant sous notre beau ciel. Je te l'ai dit, il faut aller vers le nord pour échapper aux soupçons qu'a éveillés ton absence.

— Laisse-moi tranquille, Zinzolina, dit Sténio avec humeur, et garde tes considérations politiques pour un jour où le vin me portera au sommeil. Aujourd'hui il me porte aux grandes entreprises, et je veux être un héros de roman, tout comme un autre, une fois dans ma vie.

— Sténio! Sténio! dit Pulchérie en s'efforçant de le retenir, penses-tu qu'on ignore long-temps les motifs qui t'ont fait partir subitement il y a trois mois? Tu vois bien que tu ne peux me les cacher à moi-même ; ne sais-je pas que tu as été te joindre à ces insensés qui ont voulu...

— Assez, madame, assez! dit Sténio brusquement, vous m'avez assez fatigué de vos questions.

— Je ne t'en ai fait aucune, Sténio ; cette cicatrice encore fraîche à ton front, cette autre à ta main... Ah ! malheureux enfant, tu ne cherchais que l'occasion de mourir. Le ciel ne l'a pas voulu, respecte ses arrêts, et ne va pas maintenant de gaieté de cœur...

Sténio ne l'entendait pas, il était déjà sous le péristyle du palais, ne songeant qu'au projet téméraire qui s'était emparé de son imagination.

— Je t'en demande bien pardon, ô morale ! s'écriat-il en s'élançant dans les avenues sombres qui bordent les remparts de la cité ; ô vertu ! ô piété ! ô grands principes exploités par les intrigants au détriment des niais ! je vous demande pardon si je vais affronter vos anathèmes. Vous avez fait le vice aimable, vous avez travaillé par vos rigueurs à réveiller nos sens blasés, à aiguillonner, par l'attrait du mystère et du danger, nos passions amorties. O intrigue ! ô hypocrisie ! ô vénalité ! vous voulez trafiquer de la jeunesse et de la beauté, et, comme vous régnez sur l'univers, vous êtes sûres d'en venir à vos fins. Vous nous déclarez la guerre et vous nous forcez au crime, nous autres qui avons des droits naturels sur les trésors que vous nous ravissez ! Eh bien ! qu'il en soit de la morale comme d'une chance de la guerre ! A vous seules n'appartiendra pas le pouvoir de flétrir l'innocence et de ravir le bonheur. Nous mettons notre enjeu dans la balance, et la beauté doit choisir entre nous... Et comme la beauté prend le parti de nous accepter les uns et les autres, de connaître avec nous le plaisir, avec vous la richesse... ô société! que le crime retombe sur toi, sur toi seule qui nous places entre le mépris de tes lois, l'oppression de tes privilégiés et l'avilissement de tes victimes!

Pulchérie, inquiète, s'était avancée sur le balcon. Elle suivit de l'œil pendant long-temps le feu de son cigare, qui s'éloignait rapide et décrivant des lignes capricieuses dans les ténèbres. Enfin, la rouge étincelle s'éteignit dans la nuit profonde, le bruit des pas sur le pavé se perdit dans l'éloignement, et Pulchérie resta sous l'impression d'un pressentiment sinistre. Il lui sembla qu'elle ne devait jamais revoir Sténio. Elle regarda long-temps son poignard qu'il avait oublié sur la table, et tout à coup elle le cacha précipitamment. Ce poignard était revêtu d'emblèmes mystérieux, signes de ralliement pour ceux qui le portaient. On venait de sonner à la porte de son boudoir, et Pulchérie avait reconnu à l'ébranlement timide de la cloche, ainsi qu'au frôlement discret d'une robe de moire, la visite clandestine d'un prélat.

LII.

LE SPECTRE.

UNE nuit a suffi à Sténio pour explorer et se rendre familiers les alentours du monastère, le sentier escarpé qui communique de la terrasse au sommet de la montagne, sentier périlleux qu'un amant passionné ou un froid libertin peut seul franchir sans trembler, et l'autre sentier, non moins dangereux, qui du cimetière s'enfonce dans les sables mobiles du ravin. Déjà Sténio a corrompu une des tourières, et déjà la jeune Claudia sait que, la nuit suivante, Sténio l'attendra sous les cyprès du cimetière.

La petite princesse n'a jamais compris le sens moral et sérieux de ces coutumes dévotes dont elle se montre depuis quelque temps rigide observatrice. Blessée de la froide raison de Sténio, elle s'est jetée d'elle-même au couvent, et se plaît à publier sa résolution d'y prendre le voile. Peut-être, au fond de son âme exaltée, ce désir a-t-il quelque chose de sincère ; mais il est bien loin d'y être contemplé par elle-même avec le même courage que la jeune fille en met à le proclamer. Il y a dans ces âmes tendres et faibles deux consciences : l'une qui appelle les résolutions fortes, l'autre qui les repousse et qui, après les avoir accueillies en tremblant, espère que la destinée viendra en détourner l'accomplissement. Un peu de vanité satisfaite par les regrets et les prières adulatrices de son entourage, beaucoup de dépit contre Sténio, et le désir, après avoir eu à rougir de sa faiblesse, de faire croire à sa force, tels étaient les éléments de sa vocation. Mais cette fierté n'était pas bien robuste ; l'exaltation religieuse était, chez elle comme chez Sténio, une poésie plutôt qu'un sentiment, et son frère, élevé par des jésuites, savait fort bien que le plus sûr moyen de mettre fin à ce caprice, c'était de ne pas le contrarier.

Le billet de Sténio surprit Claudia dans un premier jour d'ennui. Déjà le parti pris par la fille de Bambucci, de se consacrer à Dieu, avait produit tout son effet et jeté tout son éclat. On n'en parlait presque plus dans la ville, et par conséquent à la grille du parloir. Les religieuses semblaient compter sur la réalisation de ce projet. Le confesseur, bien averti par le prince, y poussait sa pénitente avec une ardeur qui commençait à l'épouvanter. L'audace de Sténio excita donc plus de joie que de colère, et l'on refusa le rendez-vous, certaine que Sténio ne s'y rendrait pas moins..... et quand l'heure fut venue, on résolut d'y aller pour l'accabler de mépris et humilier son insolence. Le cœur était palpitant, la joue brûlante, la marche incertaine et pourtant rapide..... La nuit était sombre.

Le cimetière des Camaldules était d'une grande beauté. Des cyprès et des ifs monstrueux dont la main de l'homme n'avait jamais tenté de diriger la croissance couvraient les tombes d'un rideau si sombre qu'on y distinguait à peine, en plein jour, le marbre des figures couchées sur les cercueils, de la pâleur des vierges agenouillées parmi les sépultures. Un silence terrible planait sur cet asile des morts. Le vent ne pouvait pénétrer l'épaisseur mystérieuse des arbres; la lune n'y dardait pas un seul rayon; la lumière et la vie semblaient s'être arrêtées aux portes de ce sanctuaire, et, si on essayait de le traverser, c'était pour rentrer dans le cloître ou pour s'arrêter au bord d'un ravin plus silencieux et plus désolé encore.

— A la bonne heure, dit Sténio en s'asseyant sur une tombe et en posant à terre sa lanterne sourde, ce cimetière me convient mieux que ce que j'ai aperçu de l'intérieur lambrissé et parfumé du couvent. J'aime chaque chose en son lieu : le luxe et la mollesse chez les courtisanes; l'austérité, la mortification chez les religieuses.

Et il attendit avec patience l'arrivée de Claudia, tout aussi certain qu'elle l'avait été à son égard de son exactitude au rendez-vous.

L'entreprise de Sténio n'était pas sans danger; il le

savait fort bien. Brave avec sang-froid, mais sentant que, pour goûter sans mélange le plaisir de cette aventure, il fallait être brave jusqu'à la témérité, il avait souvent vidé durant le souper la coupe d'or où la belle main de Pulchérie faisait pétiller pour lui un vin capiteux. Agité d'une demi-ivresse, il avait achevé de s'exalter dans une course rapide et pénible à travers les obstacles et les précipices de la route. Appuyé sur le marbre glacé du tombeau, il sentait la terre se dérober sous ses pieds et ses pensées tourbillonner dans son cerveau comme dans un songe. Tout à coup une forme blanche qu'il avait prise pour une statue, et qui était agenouillée de l'autre côté du cénotaphe, se leva lentement ; et comme elle semblait s'appuyer sur le marbre pour s'aider, une main, plus froide encore que ce marbre, se posa sur celle de Sténio et lui arracha un cri involontaire. Alors l'ombre se dressa tout entière devant lui.

— Claudia ! s'écria-t-il imprudemment. Mais aussitôt cette ombre lui paraissait plus grande que Claudia ; il se hâta de diriger sur elle la clarté de sa lanterne ; et, au lieu de celle qu'il attendait, il vit Lélia pâle comme la mort, et toute enveloppée de voiles blancs comme d'un linceul. Sa raison s'égara.

— Un spectre ! un spectre !... murmura-t-il d'une voix étouffée, et, laissant tomber son flambeau, il s'enfuit au hasard dans les ténèbres.

A l'heure où l'horizon blanchit, il revint un peu à lui-même, et regarda avec un effroi mêlé de honte en quel lieu il se trouvait. Il reconnut le petit lac à l'autre rive duquel la cellule de l'anachorète Magnus s'ouvrait sur les flancs abrupts du rocher. Les vêtements de Sténio étaient souillés par le sable et l'humidité, ses mains ensanglantées par les ronces et les agaves. Son épée brisée était dans sa main, et ses cheveux se hérissaient encore sur son front; car il restait sous l'impression d'une vision terrible. A cette fièvre délirante, Sténio sentit succéder un accablement profond. Le souvenir confus d'une fuite pleine d'épouvante et d'une lutte désespérée avec des êtres inconnus, insaisissables, flottait dans sa pensée, tantôt comme un rêve, tantôt comme un fait si récemment accompli que sa terreur et son angoisse n'étaient pas encore dissipées. Les premières lueurs de l'aube montaient lentement et semblaient ramper sur les escarpements du ravin; elles jouaient avec la brume qui s'exhalait du marécage en flocons blancs et diaphanes. On eût dit une troupe de cygnes géants qui s'élevait avec majesté au-dessus des eaux. Ce beau spectacle ne produisit qu'une impression pénible sur les sens bouleversés de Sténio; l'incertitude de la lumière matinale prêtait aux objets des formes vagues et trompeuses. Le vent, qui dispersait et chassait les vapeurs, donnait l'apparence du mouvement aux objets inanimés. Long-temps Sténio resta l'œil hagard et fixé sur un bloc de rochers qu'il avait pris toute la nuit pour un monstre fantastique vomi à ses pieds par les ondes. Il n'osait détourner la tête de peur de retrouver au-dessus de lui le squelette gigantesque qui, toute la nuit, avait étendu ses bras décharnés pour le saisir. Quand il l'osa, il vit un sapin desséché et déraciné à moitié qui pendait sur le lac, et aux branches mortes duquel la brise balançait une flottante chevelure de pampre.

Quand le jour fut tout à fait venu, Sténio, humilié de son égarement, s'avoua qu'il ne pouvait plus supporter l'excitation du vin, et se promit de ne plus s'exposer à perdre la raison. —Tant que l'homme, pensa-t-il, conserve assez de sens pour se faire sauter la tête, ou pour avaler une forte dose d'opium, il n'a rien à craindre de la souffrance ou de l'épuisement ; mais il peut perdre, dans la folie, l'instinct du suicide, et faire long-temps horreur et pitié aux autres hommes. Si je croyais qu'un tel sort pût m'être réservé, je me plongerais à l'instant même ce reste d'épée dans la poitrine...

Il se calma par l'idée qu'on ne pouvait survivre au retour d'un accès semblable à celui qu'il venait de subir. Il ne se souvenait pas d'avoir éprouvé de telles angoisses. Il avait vu naguère ses amis et ses compagnons expirer sur un champ de carnage. Il était tombé sous leurs cadavres palpitants, et le sang d'Edméo avait coulé sur lui. Rien dans la réalité n'avait été aussi affreux que ce cauchemar durant lequel il venait de perdre le sentiment de sa puissance et la conscience de sa volonté.

Il chercha les fragments de son épée et les ensevelit dans les flots du lac; puis, réparant son désordre, il se traîna à l'ermitage. Les hôtes étaient absents. Sténio se jeta sur la natte du cénobite, et s'endormit vaincu par la fatigue.

Quand il s'éveilla, l'ermite était près de lui. La vue de cet homme infortuné qui avait aimé Lélia, et dont l'amour avait toujours été repoussé par elle avec aversion, excitait chez Sténio je ne sais quelle satisfaction maligne et cruelle, qu'il ne pouvait se défendre de manifester. — Mon père, dit-il, j'en demande pardon à votre sainte retraite ; mais, tout en dormant sur cette couche virginale, j'ai rêvé d'une femme... et précisément d'une femme qui ne nous a été indifférente ni à l'un ni à l'autre...

L'angoisse se peignit sur les traits de Magnus. — Mon

fils, dit-il avec une grande douceur, ne réveillons pas des souvenirs que la mort a rendus plus graves encore qu'ils n'étaient.

— La mort! Quelle mort? s'écria Sténio, dont la pensée se reporta aussitôt sur la vision qu'il avait eue la veille dans le cimetière des Camaldules.

— Lélia est morte, vous le savez bien, dit l'ermite d'un air d'égarement qui démentait son calme affecté.

— Oh! oui, *Lélia est morte!* reprit Sténio, qui brûlait d'apprendre la vérité, mais qui ne voulait interroger le prêtre que par des sarcasmes; *bien morte! tout à fait morte!* C'est un vieux refrain, à nous deux bien connu; mais, si elle n'est pas mieux morte cette fois que l'autre, nous courons risque, vous, mon père, de dire encore bien des *oremus* à cause d'elle; moi peut-être, de lui adresser encore quelque madrigal.

— *Lélia est morte*, dit Trenmor d'un ton ferme et incisif qui fit pâlir Sténio.

Debout au seuil de la grotte, il avait entendu les âcres plaisanteries du jeune homme. Il ne put les supporter, et prit la première occasion venue de les faire cesser.

— Elle est morte, continua-t-il, et peut-être aucun de nous ici n'est parfaitement pur de ce meurtre devant Dieu, car aucun de nous n'a connu ni compris Lélia...

Il parlait ainsi dans un sens symbolique : Sténio le prit à la lettre. Il baissa la tête pour cacher son trouble, et, changeant brusquement de conversation, il ne tarda pas à prendre congé de ses hôtes. Il se hâta de retourner en plein jour à la ville, craignant l'approche de la nuit, et sentant qu'il ne pouvait pas gouverner son imagination mortellement frappée. Il fit allumer cent bougies, et envoya chercher tous ses anciens compagnons de débauche, afin de passer la nuit dans l'étourdissement de la joie. Ce remède ne lui réussit pas. Cent fois il crut voir apparaître le spectre au fond des glaces qui resplendissaient aux panneaux de la salle. La voix de Pulchérie le faisait tressaillir, et, quoiqu'il ne portât pas une seule fois le vin à ses lèvres, ses amis le crurent ivre, car ses yeux étaient effarés et ses paroles incohérentes. Depuis ce moment, la raison de Sténio ne fut jamais bien saine, et ses manières devinrent s étranges, ses habitudes si fantasques, que la solitude se fit autour de lui.

LIII.

SUPER FLUMINA BABYLONIS.

— Prends ta couronne d'épines, ô martyre! et revêts ta robe de lin, ô prêtresse! car tu vas mourir au monde et descendre dans le cercueil. Prends ta couronne d'étoiles, ô bienheureuse! et revêts ta robe de noces, ô fiancée! car tu vas vivre pour le ciel et devenir l'épouse du Christ.

Ainsi chantent en chœur les saintes filles du monastère lorsqu'une sœur nouvelle leur est adjointe par les liens d'un hymen mystique avec le Fils de Dieu.

L'église est parée comme aux plus beaux jours de fête. Les cours sont jonchées de roses effeuillées, les chandeliers d'or étincellent au tabernacle, la myrrhe et le benjoin pétillent et montent en fumée sous la blanche main des jeunes diacres. Les tapis d'Orient se déroulent en lames métalliques et en moelleuses arabesques sur les marbres du parvis. Les colonnes disparaissent sous les draperies de soie que la chaude haleine de midi soulève lentement, et de temps à autre, parmi les guirlandes de fleurs, les franges d'argent et les lampes ciselées, on aperçoit la face ailée d'un jeune séraphin de mosaïque, qui se détache sur un fond d'or étincelant, et semble se disposer à prendre sa volée sous les voûtes arrondies de la nef.

C'est ainsi qu'on pare et qu'on parfume l'église de l'abbaye lorsqu'une novice est admise à prendre le voile et l'anneau sacré. En approchant du couvent des Camaldules, Trenmor vit la route et les abords encombrés d'équipages, de chevaux et de valets. Le baptistère, grande tour isolée qui s'élevait au centre de l'édifice, remplissait l'air du bruit de ses grosses cloches, dont la voix austère ne retentit qu'aux solennités de la vie monacale. Les portes des cours et celles de l'église étaient ouvertes à deux battants, et la foule se pressait dans le parvis. Les femmes riches ou nobles de la contrée, toutes parées et bruyantes, et les silencieux enfants d'Albion, toujours et partout assidus à ce qui est spectacle, occupaient les tribunes et les places réservées. Trenmor pensa bien que ce n'était pas le moment de demander à voir Lélia. Il y avait trop d'agitation et de trouble dans le couvent pour qu'il fût possible de pénétrer jusqu'à elle. D'ailleurs, toutes les portes des cloîtres intérieurs étaient sourdes; les chaînes des sonnettes avaient été supprimées; des rideaux de tapisserie couvraient toutes les fenêtres. Le silence et le mystère qui régnaient sur cette partie de l'édifice contrastaient avec le bruit et le mouvement de la partie extérieure abandonnée au public.

Le proscrit, forcé de se dérober aux regards, profita de la préoccupation de la foule pour se glisser inaperçu dans un enfoncement pratiqué entre deux colonnes. Il était près de la grille qui séparait la nef en deux, et sur laquelle une magnifique tenture de Smyrne abaissait un voile impénétrable.

Forcé d'attendre le commencement de la cérémonie, il fut forcé aussi d'entendre les propos qui se croisaient autour de lui.

— Ne sait-on point le nom de la professe ? dit une femme.

— Non, répondit une autre. Jamais on ne le sait avant que les vœux soient prononcés. Autant les camaldules sont libres à partir de ce moment, autant leur règle est austère et effrayante durant le noviciat. La présence du public à leurs ordinations ne soulève pas le plus léger coin du mystère qui les enveloppe. Vous allez voir une novice qui changera de costume sous vos yeux, et vous n'apercevrez pas ses traits. Vous entendrez prononcer des vœux, et vous ne saurez pas qui les ratifie. Vous verrez signer un engagement, et vous ne connaîtrez pas le nom de la personne qui le trace. Vous assisterez à un acte public, et cependant nul dans cette foule ne pourra rendre compte de ce qui s'est passé, ni protester en faveur de la victime si jamais elle invoque son témoignage. Il y a ici, au milieu de cette vie si belle et si suave en apparence, quelque chose de terrible et d'implacable. L'inquisition a toujours un pied dans ces sanctuaires superbes de l'orgueil et de la douleur.

— Mais enfin, objecta une autre personne, on sait

toujours à peu près d'avance dans le public quelle est la novice qui va prononcer ses vœux. Du moins on le découvre, pour peu qu'on s'y intéresse.

— Ne le croyez pas, lui répondit-on; le chapitre met en œuvre toute la diplomatie ecclésiastique pour faire prendre le change aux personnes intéressées à empêcher la consécration. Le secret est facile à garder derrière ces grilles impénétrables. Il y a certain amant ou certain frère qui a usé ses genoux à invoquer les gardiennes de ces murs, et qui a perdu ses nuits à errer à l'entour un an encore après que l'objet de sa sollicitude avait pris le voile, ou avait été transféré secrètement dans un autre monastère. Cette fois, il paraît qu'on a redoublé de précautions pour empêcher le nom de la professe d'arriver à l'oreille du public. Les uns disent qu'elle a fait un noviciat de cinq ans, et d'autres pensent (à cause de ce bruit précisément) qu'elle n'a porté le voile de lin que pendant quelques mois. La seule chose certaine, c'est que le clergé s'intéresse beaucoup à elle, que le chapitre de l'abbaye compte sur des dons magnifiques, et qu'il y aurait beaucoup d'obstacles à sa profession religieuse si on ne les avait habilement écartés.

— Il court à cet égard des bruits extraordinaires, dit la première interlocutrice : tantôt on dit que c'est une princesse de sang royal, tantôt on dit que ce n'est qu'une courtisane convertie. Il y en a qui pensent que c'est la fameuse Zinzolina, qui fit tant de bruit l'an passé à la fête de Bambucci. Mais la version qui mérite le plus de foi, c'est que la professe d'aujourd'hui n'est autre que la princesse Claudia Bambucci elle-même.

— On assure, reprit une autre en baissant la voix, que c'est un acte de désespoir. Elle était éprise du beau prince grec Paolaggi, qui a dédaigné son amour pour suivre la riche Lélia au Mexique.

— Je sais de bonne part, dit un nouvel interlocuteur, que la belle Lélia est dans les cachots de l'inquisition. Elle était affiliée aux carbonari.

— Eh! non, dit un autre, elle a été assassinée à la Punta-di-Oro.

Les premières fanfares de l'orgue interrompirent cette conversation. Aux accords d'un majestueux *introït*, le vaste rideau de la nef se sépara lentement et découvrit les profondeurs mystérieuses du chapitre.

La communauté des Camaldules arriva par le fond de l'église et défila lentement sur deux lignes, se divisant vers le milieu de l'enceinte et allant par ordre prendre place à la double rangée de stalles du chapitre. Les religieuses proprement dites parurent les premières. Leur costume était simple et superbe; sur leur robe, d'une blancheur éclatante, tombait du sein jusqu'aux pieds le scapulaire d'étoffe écarlate, emblème du sang du Christ; le voile blanc enveloppait la tête; le voile de cérémonie, également blanc et fin, couvrait tout le corps d'un manteau diaphane et traînait majestueusement jusqu'à terre.

Après celles-ci marchaient les novices, troupeau svelte et blanc, sans pourpre et sans manteau. Leurs vêtements moins traînants laissaient voir le bout de leurs pieds nus chaussés de sandales, et l'on assurait que la beauté des pieds n'était pas dédaignée parmi elles; c'était le seul endroit par où elles pussent briller, le visage même étant couvert d'un voile impénétrable.

Quand elles furent toutes agenouillées, l'abbesse entra avec la dépositaire à sa droite et la doyenne à sa gauche. Tout le chapitre se leva et la salua profondément, tandis qu'elle prenait place dans la grande stalle du milieu. L'abbesse était courbée par l'âge. Pour marque de distinction, elle avait une croix d'or sur la poitrine, et sa main soutenait une crosse d'argent légère et bien travaillée.

Alors on entonna l'hymne *Veni Creator*, et la professe entra par la porte du fond. Cette porte était double. Le battant qui s'était ouvert pour la communauté s'était refermé ; celui qui s'ouvrit pour la professe était précédé d'une galerie étroite et profonde qu'éclairait faiblement une rangée de lampes d'un aspect vraiment sépulcral. Elle avança comme une ombre, escortée de deux jeunes filles adolescentes couronnées de roses blanches, qui portaient chacune un cierge, et de deux beaux enfants en costume d'ange du moyen âge, corset d'or, ailes effilées, tuniques d'argent, chevelure blonde et bouclée. Ces enfants portaient des corbeilles pleines de feuilles de roses; la professe, un lis de filagramme d'argent. C'était une femme très-grande, et, quoiqu'elle fût entièrement voilée, on jugeait à sa démarche qu'elle devait être belle. Elle s'avança avec assurance et s'agenouilla au milieu du chapitre sur un riche coussin. Ses quatre acolytes s'agenouillèrent dans un ordre quadrangulaire autour d'elle, et la cérémonie commença. Trenmor entendit murmurer autour de lui que c'était à coup sûr Pulchérie, dite la Zinzolina.

A l'autre extrémité de l'église un autre spectacle commença. Le clergé vint au maître-autel étaler l'apparat de son cortége.

Des prélats s'assirent sur de riches fauteuils de velours, quelques capucins s'agenouillèrent humblement sur le pavé, de simples prêtres se tinrent debout derrière les Éminences, et le clergé officiant se montra le dernier en grand costume. Un cardinal, renommé par son esprit, célébra la messe. Un patriarche, réputé saint, prononça l'exhortation. Trenmor fut frappé du passage suivant :

« Il est des temps où l'Église semble se dépeupler, parce que le siècle est peu croyant ; parce que les événements politiques entraînent la génération dans une voie de tumulte et d'ivresse. Mais, dans ce temps-là même, l'Église remporte d'éclatantes victoires. Les esprits vraiment forts, les intelligences vraiment grandes, les cœurs vraiment tendres, viennent chercher dans son sein et sous son ombre l'amour, la paix et la liberté que le monde leur a déniés. Il semble alors que l'ère des grands dévouements et des grands actes de foi soit prête à renaître. L'Église tressaille de joie ; elle se rappelle saint Augustin, qui, à lui seul, résuma et personnifia tout un siècle. Elle sait que le génie de l'homme viendra toujours s'humilier devant elle, parce qu'elle seule lui donnera sa véritable direction et son véritable aliment. »

Ces paroles, qui furent vivement approuvées par l'auditoire, firent froncer le sourcil de Trenmor. Il reporta ses regards sur la professe. Il eût voulu avoir l'œil du magnétisme pour percer le voile mystérieux. Aucune émotion ne soulevait le moindre pli de ce triple rempart de lin. On eût dit de la statue d'Isis, toute d'albâtre ou d'ivoire.

Au moment solennel où, traversant la foule pressée sur son passage, la professe, sortant du chapitre, entra dans l'église, un murmure inexprimable d'émotion et de curiosité s'éleva de toutes parts. Un mouvement d'oscillation tumultueuse fut imprimé à la multitude, et toutes ces têtes, que Trenmor dominait de sa place, ondulèrent comme des flots. Des archers aux ordres du prélat qui présidait à la cérémonie, rangés sur deux files, protégeaient la marche lente de la professe. Elle s'avançait, accompagnée d'un vieux prêtre chargé du rôle de tuteur, et d'une matrone laïque, symbole de mère conduisant sa fille au céleste hyménée.

Elle monta majestueusement les degrés de l'autel. Le patriarche, revêtu de ses habits pontificaux, l'attendait, assis sur une sorte de trône adossé au maître-autel. Les parents putatifs restèrent debout dans une attitude craintive, et la professe, ensevelie sous ses voiles blancs, s'agenouilla devant le prince de l'Église.

— Vous qui vous présentez devant le ministre du Très-Haut, quel est votre nom? dit le pontife d'une voix grave et sonore, comme pour inviter la professe à répondre du même ton, et à proclamer son nom devant l'auditoire palpitant.

La professe se leva, et, détachant l'agrafe d'or qui retenait son voile sur son front, tous les voiles tombèrent à ses pieds, et sous l'éclatant costume d'une princesse de la terre, parée pour un jour de noces, sous les flots noirs d'une magnifique chevelure tressée de perles et nouée de diamants, sous les plis nombreux d'une gaze d'argent semée de blancs camélias, on vit rayonner le front et se dresser la taille superbe de la femme la plus belle et la plus riche de la contrée. Ceux qui, placés derrière elle, ne la reconnaissaient encore qu'à ses larges épaules de neige et à son port impérial, doutaient et se regardaient avec surprise; et, dans cette avide attente, un tel silence planait sur l'assemblée qu'on eût entendu l'imperceptible travail de la flamme consumant la cire odorante des flambeaux.

— Je suis Lélia d'Almovar, dit la professe d'une voix

forte et vibrante, qui semblait vouloir tirer de leur sommeil éternel les morts ensevelis dans l'église.

— Êtes-vous fille, femme ou veuve? demanda le pontife.

— Je ne suis ni fille ni femme selon les expressions adoptées et les lois instituées par les hommes, répondit-elle d'une voix encore plus ferme. Devant Dieu, je suis veuve.

A cet aveu sincère et hardi, les prêtres se troublèrent, et dans le fond du chœur on eût pu voir les nonnes éperdues se voiler la face ou s'interroger l'une l'autre, espérant avoir mal entendu.

Mais le pontife, plus calme et plus prudent que son timide troupeau, conserva un visage impassible, comme s'il se fût attendu à cette réponse audacieuse.

La foule resta muette. Un sourire ironique avait circulé à l'interrogation consacrée, car on savait que Lélia n'avait jamais été mariée et qu'Ermolao avait vécu trois ans avec elle. Si la réponse de Lélia offensa quelques esprits austères, du moins elle ne fit rire personne.

— Que demandez-vous, ma fille? reprit le cardinal, et pourquoi vous présentez-vous devant le ministre du Seigneur?

— Je suis la fiancée de Jésus-Christ, répondit-elle d'une voix douce et calme, et je demande que mon hymen avec le Seigneur de mon âme soit indissolublement consacré aujourd'hui.

— Croyez-vous en un seul Dieu en trois personnes, en son fils Jésus-Christ, Dieu fait homme et mort sur la croix pour...

— Je jure, répondit Lélia en l'interrompant, d'observer tous les préceptes de la foi chrétienne, catholique et romaine.

Cette réponse, qui n'était pas conforme au rituel, ne fut remarquée que d'un petit nombre d'auditeurs; et durant tout le reste de l'interrogatoire, la professe prononça plusieurs formules qui semblaient renfermer de mystérieuses restrictions, et qui firent tressaillir de surprise, d'épouvante ou d'inquiétude une partie du clergé présent à la cérémonie.

Mais le cardinal restait calme, et son regard impérieux semblait prescrire à ses inférieurs d'accepter les promesses de Lélia, quelles qu'elles fussent.

Après l'interrogatoire, le pontife, se retournant vers l'autel, adressa au ciel une fervente prière pour la fiancée du Christ. Puis il prit l'ostensoir étincelant qui renferme l'hostie consacrée, et reconduisit la professe jusqu'à la grille du chapitre. Là, on avait dressé un élégant autel portatif en forme de prie-Dieu, sur lequel on plaça l'ostensoir. La professe s'agenouilla devant cet autel, la face découverte et tournée pour la dernière fois vers cette foule avide de la contempler encore.

En ce moment, un jeune homme qui, debout dans le coin d'une tribune, le dos appuyé à la colonne et les bras croisés sur la poitrine, ne semblait prendre aucune part à ce qui se passait, se pencha brusquement sur la balustrade; et, comme s'il sortait d'un lourd sommeil, il promena des regards hébétés sur la foule. Au premier moment, Trenmor seul le remarqua et le reconnut, mais bientôt tous les regards se portèrent sur lui; car, lorsque ses yeux eurent rencontré, comme par hasard, les traits de la professe, il montra une agitation singulière, et parut faire des efforts inouïs pour se tenir éveillé.

— Regardez donc le poète Sténio, dit un critique qui le haïssait. Il est ivre, toujours ivre!

— Dites qu'il est fou, reprit un autre.

— Il est malheureux, dit une femme ; ne savez-vous pas qu'il a aimé Lélia ?

La professe disparut un instant, et revint bientôt dépouillée de tous ses ornements, vêtue d'une tunique de laine blanche, ceinte d'une corde. Ses beaux cheveux déroulés étaient répandus en flots noirs sur sa robe de pénitente. Elle s'agenouilla devant l'abbesse, et en un clin d'œil cette magnifique chevelure, orgueil de la femme, tomba sous les ciseaux et joncha le pavé. La professe était impassible ; il y avait un sourire de satisfaction sur les traits flétris des vieilles nonnes, comme si la perte des dons de la beauté eût été une consolation et un triomphe pour elles.

Le bandeau fut attaché ; le front altier de Lélia fut à jamais enseveli. — *Reçois ceci comme un joug*, chanta l'abbesse d'une voix sèche et cassée, et *ceci comme un suaire*, ajouta-t-elle en l'enveloppant du voile.

La camaldule disparut alors sous un drap mortuaire. Couchée sur le pavé entre deux rangées de cierges, elle reçut l'aspersion d'hysope, et entendit chanter sur sa tête le *De profundis*.

Trenmor regardait Sténio. Sténio regardait ce linceul noir étendu sur un être plein de force et de vie, d'intelligence et de beauté. Il ne comprenait pas ce qu'il voyait, et ne donnait plus aucun signe d'émotion.

Mais quand la camaldule se releva et, sortant des livrées de la mort, vint, le regard serein et le sourire sur les lèvres, recevoir de l'abbesse la couronne de roses blanches, l'anneau d'argent et le baiser de paix, tandis que le chœur entonnait l'hymne *Veni sponsa Christi*, Sténio, saisi d'une terreur incompréhensible, s'écria

à plusieurs reprises d'une voix étouffée : *Le spectre !
le spectre !...* et il tomba sans connaissance.

Pour la première fois la professe fut troublée ; elle avait reconnu cette voix altérée, et ce cri retentit dans son cœur comme un dernier effort, comme un dernier adieu de la vie. On emporta Sténio qui semblait en proie à un accès d'épilepsie. Les spectateurs avides, voyant chanceler Lélia, se pressèrent tumultueusement vers la grille, espérant assister à quelque scandale. L'abbesse, effrayée, donna aussitôt l'ordre de tirer le rideau ; mais la nouvelle camaldule, d'un ton de commandement qui pétrifia et domina toute la communauté, démentit cet ordre et fit continuer la cérémonie. — Madame, dit-elle tout bas à la supérieure qui voulait insister, je ne suis point une enfant ; je vous prie de croire que je sais garder ma dignité moi-même. Vous avez voulu me donner en spectacle. Laissez-moi achever mon rôle.

Elle s'avança au milieu du chœur, où elle devait chanter une prière adoptée par le rituel. Quatre jeunes filles se préparèrent à l'accompagner avec des harpes. Mais, au moment d'entonner cet hymne, soit que sa mémoire vînt à la trahir, soit qu'elle cédât à l'inspiration, Lélia ôta l'instrument des mains d'une des joueuses de harpe, et, s'accompagnant elle-même, improvisa un chant sublime sur ces paroles du cantique de la Captivité :

« Nous nous sommes assises auprès des fleuves de Babylone, et nous y avons pleuré, nous souvenant de Sion.

» Et nous avons suspendu nos harpes aux saules du rivage.

» Quand ceux qui nous avaient emmenées en captivité nous ont demandé des paroles de cantique, et de les réjouir du son de nos harpes, en nous disant :

« Chantez-nous quelque chose des cantiques de Sion, » nous leur avons répondu :

« Comment chanterions-nous le cantique de l'Éternel sur une terre étrangère? »

» Si je t'oublie, Jérusalem, que ma droite s'oublie elle-même !

» Que ma langue soit attachée à mon palais, si je ne me souviens de toi à jamais, et si je ne fais de Jérusalem l'unique sujet de ma réjouissance.

. . . .

» O Éternel! tes filles se souviendront de leurs autels et de leurs bocages auprès des arbres verts sur les hautes collines !

. . . .

» Babylone, qui vas être détruite, puisses-tu ne pas souffrir le mal que tu nous as fait !

. . . .

» C'est pourquoi, vous, femmes, écoutez la parole de l'Éternel, et que votre cœur reçoive la parole de sa bouche. Enseignez vos filles à se lamenter, et que chacune apprenne à sa compagne à faire des complaintes... Car la mort est montée par nos fenêtres, elle s'est logée dans nos demeures... Qu'elles se hâtent, qu'elles prononcent à haute voix une lamentation sur nous, et que nos yeux se fondent en pleurs, et que nos paupières fassent ruisseler des larmes! »

Ce fut la dernière fois que Lélia fit entendre aux hommes cette voix magnifique à laquelle son génie donnait une puissance invincible. A demi agenouillée devant sa harpe, les yeux humides, l'air inspiré, plus belle que jamais sous le voile blanc et la couronne d'hyménée, elle fit une impression profonde sur tous ceux qui la virent. Chacun songea à sainte Cécile et à Corinne.

3.

Mais, parmi tous ceux-là, il n'y eut que Trenmor qui, du premier coup, comprit le sens douloureux et profond des versets sacrés que Lélia avait choisis et arrangés au gré de son inspiration, pour prendre congé de la société humaine, et lui signifier la cause de son divorce avec elle.

SIXIÈME PARTIE.

LIV.

LE CARDINAL.

—Eh bien, madame, vos désirs seront réalisés plus tôt que nous ne l'aurions imaginé. La douloureuse maladie qui va vous enlever votre vénérable abbesse apportera ici de grands changements. Au milieu de toutes les mutations d'emplois et de dignités qui vont avoir lieu, il est difficile que vous ne rencontriez pas l'occupation que vous désirez, et qui convient à votre belle intelligence.

— Monseigneur, répondit Lélia, je ne réclame que les moyens de me rendre utile; mais ces moyens ne sont pas aussi simples que nous le pensions. Toute bonne intention rencontre certainement ici de nobles sympathies; mais elle y rencontre aussi des méfiances obstinées et une opposition funeste. Quiconque n'est pas la première n'est rien; et ce que j'ai à vous demander, monseigneur, j'y ai bien réfléchi, c'est de n'être rien ou d'être la première.

— Vous parlez comme une reine, ma sœur, dit le cardinal en souriant; je voudrais pouvoir vous placer sur un trône; mais dans notre système électif je ne puis que vous faire franchir le plus rapidement possible les divers degrés de la hiérarchie.

— Ce n'est pas ainsi que je l'entends, monseigneur. Je ne consentirai jamais à entrer en lutte avec de petits intérêts ou de petites passions. Vous m'accorderez bien que je ne suis nullement propre à un tel rôle.

— Je le comprends, madame. Pour mon compte, je sais ce que j'ai eu à souffrir dans une carrière beaucoup plus large, et je conçois que vous reculiez devant des tracasseries d'intérieur. Mais êtes-vous bien dans la voie du devoir, chère sœur Annunziata, quand vous refusez le service de votre intelligence à la communauté dont vous faites partie? Vous ne le refusez pas absolument, j'entends bien; mais vous servirez les intérêts de l'Église, à condition que l'Église vous donnera la place la plus éminente dont elle puisse disposer en faveur d'une femme. Abbesse des Camaldules ! mais, quelle que soit votre fierté, quelle qu'ait été votre position dans le monde, songez, madame, que ce que vous demandez est quelque chose !

— C'est quelque chose si je suis capable de quelque bien; sinon, ce n'est rien du tout, monseigneur. Est-ce donc la pourpre de votre vêtement qui vous élève au-dessus du commun des prêtres? Que voulez-vous que je fasse d'une croix d'or ou d'une crosse d'argent, si aucun moyen d'élever mon âme n'est attaché à ces frivoles joyaux? N'en ai-je pas possédé de plus riches, et, comme la plupart des femmes, ne pouvais-je pas me contenter de cette vanité?

— Il est vrai, madame : aussi vous serez abbesse.

— Dites-moi que je le suis, monseigneur; autrement je vous répondrai que je ne le serai jamais.

— Sœur Annunziata, vous êtes étrangement impérieuse !...

— Oui, monseigneur, parce que j'ai pour le côté puéril et mesquin de ces choses tout le mépris que vous en avez eu vous-même. Je ne crains pas d'exiger ce qui peut m'être refusé ; car aucun regret, aucune déception ne seront attachés pour moi à ce refus. Je ne suis pas venue ici pour ouvrir une carrière quelconque à mon ambition. J'y suis venue pour fuir le monde et vivre dans le recueillement. Je ne suis propre à aucun détail de ménage, à aucune occupation subalterne ; je n'en veux pas, parce que je m'y conduirais mal, soit que j'y portasse un amour de l'ordre qui me rendrait toute contradiction insupportable, soit que je fusse capable de m'y endormir dans une nonchalance qui rétrécirait mes idées et abaisserait mon caractère. Vous ne voulez ni l'un ni l'autre, n'est-ce pas ?

— Non, certes ! répondit le prélat avec émotion. Cette grande intelligence et ce grand caractère me sont sacrés. Peut-être suis-je le seul à les comprendre. J'ai du moins la vanité de les avoir devinés le premier, et je surveille ces dons du ciel avec la jalousie d'un père ou d'un frère. Ce sont des trésors dont le Seigneur m'a rendu, pour ainsi dire, dépositaire, et dont il me demandera compte un jour. Je veillerai donc à ce qu'ils soient dépensés pour sa gloire. O Lélia ! vous pouvez beaucoup, je le sais ; aussi je ferai beaucoup pour vous, n'en doutez pas !

— Eh bien ! quoi ? dit Lélia.

— Vous serez aujourd'hui la seconde ici, et demain vous serez la première.

— C'est-à-dire que je serai le ministre d'une volonté étrangère jusqu'à ce que la mort ait éteint cette volonté ? Non, monseigneur.

— Eh quoi ! vous serez la dispensatrice des aumônes, la mère des pauvres, le refuge des affligés ; vous pourrez répandre l'or à pleines mains sur les objets de votre sollicitude !...

— N'étais-je pas libre de le faire avant d'apporter ici mes richesses ? N'ai-je pas fait tout le bien qu'on peut faire avec de l'argent ? N'est-ce pas un plaisir sur lequel je suis blasée ? D'ailleurs, quand même ce mode d'action charitable me conviendrait, l'emploi des richesses de ce couvent peut-il être jamais soumis à la décision de celle qui porte le titre de trésorière ?

— L'abbesse elle-même ne peut disposer de rien sans l'aveu d'un conseil supérieur.

— Ce n'est donc pas là ce que je veux, monseigneur, vous le savez bien. Je ne veux pas seulement donner du pain aux pauvres, je veux donner de l'instruction aux riches; je veux que leurs enfants reçoivent le pain de vie, c'est-à-dire des idées et des principes comme on ne s'est jamais avisé de les leur donner. Vous avez ouvert à leurs fils des écoles libérales, vous avez encouragé le développement de leur intelligence et poursuivi avec ardeur la moralisation de leurs travaux. Vous savez que je pourrais et que je saurais en faire autant pour leurs filles. Vous m'en avez donné l'idée ; vous avez exigé de moi la promesse de m'y employer avec courage, dévouement et persévérance. Mais vous savez mes conditions : point d'emploi intermédiaire, point de postulat entre le doux repos du rang le plus obscur et les soucis honorables du rang le plus élevé.

— Eh bien ! madame, vous serez abbesse, mais songez que nous jouons gros jeu ; songez qu'à nous deux, ma sœur, nous faisons secrètement un schisme dans l'Église. L'Église, nous ne pouvons pas nous le dissimuler, ne comprend pas très-bien sa mission. Les clefs de saint Pierre ne sont pas toujours dans les mains les plus habiles. Je ne sais si elles ouvrent les portes du ciel, mais je crois qu'elles ferment les portes de l'Église, et qu'elles repoussent du catholicisme toute grandeur, toute lumière, toute distinction intellectuelle. Préoccupé du soin frivole et dangereux de garder dans leur intégrité la lettre des derniers conciles, on a oublié l'esprit du christianisme, qui était d'enseigner l'idéal aux hommes et d'ouvrir le temple à deux battants à toutes les âmes, en ayant soin de placer l'élite dans le chœur. On a, tout au contraire, agi de telle sorte que la plèbe grossière est assise au pied de l'autel, et que le patriciat intellectuel est debout à la porte, si bien à la porte qu'il se retire et ne veut plus rentrer. Nous deux, ma sœur, qui voulons replacer chacun à son rang, et subordonner l'ignorance aux conseils de la raison, la superstition aux enseignements de la vraie piété, pensez-vous que nous l'emporterons sur un corps aussi étroitement uni que cette coterie de malheur qu'il leur plaît d'appeler une Église?

— Je l'ignore absolument, monseigneur; si je l'ai cru un instant, c'est que vous avez travaillé à me le faire croire.

— Eh quoi! vous ne me rassurez pas autrement, madame? Je suis effrayé. Quelquefois mon âme succombe sous le poids des ennuis et de la crainte. Peut-être après une vie de travaux assidus et de fatigues desséchantes, me chasseront-ils comme un serviteur inutile, ou me tiendront-ils à l'écart comme un allié dangereux ! Ne trouverai-je dans votre âme comme dans la mienne, à ces heures de triste pressentiment, que doute et langueur? Une grande et sainte amitié ne me consolera-t-elle pas des maux auxquels mon cœur est en proie?

La camaldule et le prélat se regardèrent fixement avec un calme qui jeta secrètement un peu d'effroi dans l'âme de l'un et de l'autre. Puis, comme deux aigles qui, avant de s'attaquer, ont hérissé leurs plumes et mesuré leurs forces, chacun resta sur la défensive. Lélia s'abstint de faire sentir au prince de l'Église qu'il s'agissait entre eux de relations plus sérieuses qu'il ne l'imaginait peut-être, et le cardinal comprit de reste que ni l'ambition de commander à ses compagnes ni l'admiration qu'il était, à plusieurs égards, en droit d'espérer d'elle, ne donnerait le change aux idées austères et aux froides résolutions de la religieuse. Il battit donc en retraite sur-le-champ, avec toute la prudence et la dignité d'un général habile ; et, en vainqueur sage et courtois, Lélia feignit de n'avoir pas compris son attaque. Ce regard, échangé entre eux, avait suffi pour asseoir à tout jamais leur position relative. C'était le premier regard que, depuis un an de trouble et d'incertitude, le prince avait osé attacher sur les yeux noirs de Lélia. Jusque-là, il avait craint de perdre sa confiance et de la voir quitter le couvent. Désormais enchaînée, peut-être ambitieuse, elle lui avait semblé moins redoutable. Mais, au premier choc, il vit qu'à l'exemple des grands vaincus son orgueil augmentait dans les fers.

Monseigneur Annibal n'était point un homme ordinaire. S'il avait de fortes passions, il avait une grande âme pour les y loger. Les objets de sa convoitise pouvaient devenir, en tombant sous sa puissance, les objets de son mépris ; mais ils pouvaient, en se refusant à ses atteintes, n'avoir point à craindre un lâche dépit. C'était l'homme de son temps, et nullement celui du passé ; homme plein de vices et de grandeur, de faiblesses et d'héroïsme. Attaché aux biens et aux jouissances terrestres par l'éducation et par l'habitude, il avait pourtant l'instinct et le culte de l'idéal. Il n'y marchait pas par les droits chemins, cela n'était plus en son pouvoir ; mais, au milieu d'une carrière désordonnée, le sentiment de l'avenir était venu comme une révélation prophétique s'emparer de lui et le pousser aux grandes choses. Les mauvaises ternissaient encore l'éclat de sa vie, mais elles ne l'entravaient pas. Quiconque ne voyait qu'une de ses faces pouvait le mépriser ; mais Lélia, qui du premier coup d'œil avait vu les deux, se méfiait de lui sans le craindre et l'estimait sans l'approuver.

— Monseigneur, reprit-elle après une assez longue pause, je ne vois pas ce que nous aurions à redouter dans une entreprise aussi franchement désintéressée. Je ne sais si je m'abuse, mais, je le répète, je ne vois rien dans le côté extérieur de notre rôle dont la possession puisse nous enivrer, et dont la perte ait droit à nos regrets. Il s'agit de mettre en pratique une foi qui est en nous. L'espérance vous soutient, vous qui depuis plusieurs années travaillez sans relâche. Moi qui n'ai rien essayé, je ne puis connaître encore ni la crainte ni la confiance. Je suis prête à marcher dans la voie que vous m'ouvrirez ; et, si je ne réussis pas, il me semble que ma douleur n'aura rien à faire avec la conduite du clergé à mon égard. Il nous faudra, monseigneur, chercher plus haut la source de nos larmes, si nous ne trouvons pas dans les sympathies sociales de quoi nous dédommager des anathèmes ecclésiastiques.

— Lélia ! dit le prélat en lui tendant la main avec une dignité franche et loyale, vous avez raison, vous êtes plus forte que moi, et, chaque fois que je vous ai vue, j'ai senti mon âme s'élever au contact de la vôtre. Je vaux peut-être beaucoup moins que vous ne pensez dans un sens. Je crains d'être moins détaché des ambitions humaines que vous ne me faites l'honneur de le croire ; mais je sens que je puis m'en détacher encore, et je ne rougirai pas de devoir ce grand exemple à la haute sagesse d'une femme. Comptez sur moi, vous serez abbesse.

— Comme il vous plaira, monseigneur, ceci est la chose qui m'occupe le moins, et je n'aurais pas pris la liberté de vous demander cet entretien si je n'avais eu une grâce plus importante à implorer de Votre Éminence.

— Encore! pensa le cardinal, et malgré lui un reste d'espoir fit scintiller son œil profond. Ma sœur, dit-il, vous avez, je le vois, grande confiance en moi, et je vous en remercie.

— Oui, j'ai grande confiance en vous, dit Lélia d'un air grave ; car il s'agit d'être grand, généreux, hardi : vous le serez.

— Quoi donc? dit le cardinal, dont l'œil devint plus brillant encore à l'idée d'une occasion de satisfaire sa noble vanité.

— Il s'agit de sauver Valmarina, répondit Lélia. Vous le pouvez! vous le voulez!

— Je le veux, dit Annibal vivement. Savez-vous, madame, qu'il y va cette fois de ma vie? Si j'échoue, je ne suis plus seulement un prince disgracié, je suis un citoyen condamné, ou, pour parler plus simplement, ajouta-t-il en riant, un homme pendu.

— C'est vrai, monseigneur, j'y ai songé.

— Lélia! Lélia! s'écria le cardinal en marchant avec agitation, vous m'estimez beaucoup, j'ai droit d'être fier!...

Il prononça ces mots avec tristesse ; mais c'était l'expression d'un regret naïf, respectueux et sans arrière-pensée.

— Où est Valmarina? ajouta-t-il d'un ton décidé.

— De l'autre côté de ce ravin, lui dit Lélia en lui montrant du doigt la direction de la fenêtre.

— On n'est pas sur sa trace.... pourtant il n'y a pas de temps à perdre.... Il faut qu'il passe la frontière.

— Par la forêt, monseigneur, vous n'avez que quatre lieues.

— Oui! mais il lui faut un passe-port!...

— Mais dans votre voiture, avec vous, monseigneur, il n'en a pas besoin.

Le cardinal fit un geste de surprise, puis il sourit. Il était confondu de la manière dont Lélia traitait avec lui de puissance à puissance, tout en lui ôtant le plus léger espoir. Mais cette audace lui plaisait; elle le jetait dans un monde nouveau, et l'élevait à ses propres yeux.

— Et à quelle heure dois-je être au rendez-vous? demanda-t-il d'un air joyeux et attendri.

— Il est une personne à qui Votre Éminence peut se fier, répondit Lélia; cette personne m'a fait savoir ce matin que le proscrit, ne trouvant plus de sûreté dans son asile, se rendrait chez elle ce soir...

— Et quelle est cette personne?

— Voici son billet.

Le cardinal prit le billet. « Ma chère sainte, celui » que tu appelles Trenmor m'a fait demander un asile » pour cette nuit. Il est en danger à l'ermitage, mais » il ne sera pas en sûreté chez moi; tu sais qu'il y » vient des personnages qui peuvent le rencontrer et le » reconnaître. Je crains surtout... »

Le cardinal lut d'un seul regard et le nom de ce personnage redouté, et la signature de la lettre... Il résista au mouvement convulsif qui le portait à la froisser dans ses mains, et regardant Lélia avec une indignation mêlée de terreur...

— Tout ceci est-il un jeu, madame? lui dit-il d'une voix tremblante.

— Monseigneur, répondit Lélia, l'occasion serait mal choisie. Valmarina est en danger, et je vous le livre. Cette femme est ma sœur, ma propre sœur, et je vous la livre également.

— Votre sœur, elle!... C'est impossible!

— Abjecte et grande à la fois, elle a la générosité de le cacher; mais moi, qui n'ai jamais eu aucun souci de plaire au monde, je ne le cache pas. Je ne puis parler d'elle sans souffrir, car je l'ai aimée; mais je pleure sur elle sans rougir d'elle.

— Eh bien! vous l'emportez encore, dit le cardinal en rendant à Lélia le billet qu'elle brûla sur-le-champ; vous avez du courage et vous ne désavouez aucune vérité. Vous êtes tranchante et froide comme le glaive de la justice, sœur Annunziata; mais qui pourrait se révolter contre vous?

— Annibal, dit Lélia en lui tendant la main à son tour; estimez-moi comme je vous estime.

— Oui, ma sœur, répondit-il en serrant sa main avec force, je serai à minuit chez la... chez votre sœur. Ma voiture et mes gens nous attendront aux portes de la ville. Demain dans la journée je viendrai vous rendre compte de mon expédition... si je n'y succombe pas!...

— Dieu ne le permettra pas, dit Lélia.

— Mais, dit le cardinal en revenant sur ses pas au moment de sortir, vous me devez la vérité tout entière... Je suis un homme qui peut, qui doit tout savoir, Lélia... Si vous me ménagez, si vous me tuez à demi... il me semble que je pourrai vous haïr... Confessez-vous volontairement, puisque vous venez de me confesser malgré moi. Valmarina était ici pour vous ?

— Oui, monseigneur.

— Il vous aime ?

— Comme un frère.

— Comme je vous aime, par exemple ?

Lélia hésita et répondit :

— Comme je vous aime, monseigneur.

— Et vous l'avez aimé, cependant ?

— Jamais autrement que je ne l'aime aujourd'hui.

Le cardinal garda le silence un instant, puis il ajouta :

— En conscience, sœur Annonciade, dites-moi ce que vous pensez des questions que je vous fais ?

— Je pense que vous cherchez une nouvelle occasion d'être généreux et magnifique. Vous êtes vain, monseigneur.

— Avec vous, il est vrai, dit Annibal.

Il la regarda quelques instants en silence ; son visage exprimait une passion ardente, mais sans espoir et sans prière.

— Ah ! ajouta-t-il par une transition d'idées facile à comprendre, mais d'un ton qui ne pouvait que satisfaire la fierté de Lélia, j'allais oublier que vous voulez être abbesse. J'y vais travailler sur-le-champ.

Et il sortit précipitamment.

LV.

MA sœur, je ne puis vous porter cette bonne nouvelle moi-même, mais réjouissez-vous, votre ami est sauvé, et désormais vous aurez facilement de ses nouvelles. Vous pourrez aussi me remettre vos lettres pour lui. Je pense qu'il vous sera doux de correspondre du fond de votre retraite avec cet homme respectable.

Oui, Lélia, il m'a frappé de tristesse et de respect, cet infortuné qui travaille pour la vertu et qui fuit la gloire avec autant de soin que les autres en mettent à la chercher. Il a voulu me dire son secret, me raconter sa jeunesse, son crime et son malheur. Admirable délicatesse d'un cœur qui ne veut point accepter l'intérêt d'autrui sans l'éprouver par d'austères aveux ! Étrange et magnifique destinée d'un pénitent qui confesse ce que tout autre voudrait tenir caché, et qui, au contraire de tous les hommes dégradés par la société, fait de tels aveux que nul ne se sent porté à les trahir ! Oui, cet homme cherche la honte, la souffrance, l'expiation avec une effrayante persévérance. Il n'est point chrétien, et il a toute la ferveur, toute l'abnégation, tout l'enthousiasme des premiers chrétiens. Il est un exemple vivant de la profonde et inépuisable source de divinité qui jaillit des profondeurs de l'âme humaine. Il est une énergique protestation contre la faiblesse et la grossièreté des jugements humains. Il a abdiqué sa propre vie, et il ne respire plus que dans l'humanité. Toutes ses pensées sont pour la grande famille des malheureux. Il lui consacre ses travaux, ses souffrances, ses veilles, ses désirs, tous les élans de son intelligence, toutes les pulsations de son cœur ; et la plus simple récompense l'effraie, la plus légitime marque d'approbation ou d'estime le trouble ! Au premier abord, on pourrait croire que c'est une manière habile d'opérer sa réhabilitation sociale ; quand on descend au fond de ses pensées, on voit que l'excès de son humilité est un excès d'orgueil. Mais quel orgueil noble et pieux! Il connaît les hommes; brisé cruellement par eux, il ne peut plus estimer leur suffrage, ni désirer leurs sympathies. Il les mépriserait, s'il n'avait en lui un profond sentiment d'amour et de pitié qui le porte à les plaindre. Alors il se dévoue à les servir, parce qu'il trouve dans leur conduite à son égard la preuve de leur égarement et de leur ignorance ; et ce qu'ils ne peuvent plus faire pour lui, il voudrait qu'ils apprissent à le faire les uns pour les autres. — Eh bien! me disait-il tandis que nous traversions rapidement les bois à la faveur des ténèbres, quand même tout le travail de ma vie ne servirait qu'à amener dans quelques siècles la réconciliation complète d'un criminel avec Dieu et avec la famille humaine, ne serais-je pas bien assez récompensé? Dieu pèse dans une balance équitable les actions des hommes; mais comme, dans les lois de sa perfection, l'idée de justice implique celle de pitié et de générosité, il a fait pour nos crimes un plateau infiniment plus léger que celui qui doit porter nos expiations. Un grain de blé pur jeté dans celui-là l'emporte donc sur des montagnes d'iniquité jetées dans l'autre, et ce grain béni, je l'ai semé. C'est peu de chose sur la terre, c'est beaucoup dans les cieux, parce que là est la source de vie qui fera germer, fructifier et centupler ce grain.

O Lélia! l'exemple de cet homme m'a fait faire un singulier retour sur moi-même ; et moi, prince de la terre, moi qui bénis les hommes prosternés sur mon passage, moi qui élève l'hostie sur la tête inclinée des rois, moi qui vais par des chemins semés de fleurs, traînant l'or et la pourpre comme si j'étais d'un sang plus pur et d'une race plus excellente que le commun des hommes, je me suis trouvé bien petit, bien frivole et bien ridicule auprès de ce proscrit qui se traîne la nuit par les chemins, poursuivi, traqué comme un animal dangereux ; toujours suspendu entre l'échafaud et le poignard stipendié du premier assassin qui reconnaîtra son visage. Et cet homme porte l'idéal dans son âme, l'humanité dans ses entrailles ! Et moi, je ne porte en mon sein que des sentiments d'orgueil, le tourment d'une ambition vulgaire et la souillure de mes vices !

O Lélia ! vous m'avez confessé. Vous avez bien fait, je vous en remercie. Il me semble que je serai purifié de mes taches si je puis vous ouvrir mon âme tout entière. Voyez : nous nous mettons à genoux devant un simple prêtre, et nous lui racontons nos péchés ; mais nous ne nous confessons pas pour cela. Nous ne pouvons oublier, nous puissants, que si nous sommes là pliés sur nos genoux devant ce subalterne, il est, lui, prosterné en esprit devant l'éclat de nos titres. Il écoute en tremblant ce que nous lui disons avec arrogance ; il a peur d'entendre l'aveu de nos fautes, car il craint d'être forcé par son ministère à nous réprimander ; si bien que c'est le juge qui se trouble et s'effraie, tandis que le pénitent, souriant de son angoisse, est le véritable juge et le contempteur superbe de l'humaine faiblesse. Ou bien, si nous nous confessons à nos égaux, nous ne sommes occupés qu'à écarter de nos aveux toute circonstance particulière qui pourrait servir d'aliment à l'intrigue ou d'arme à la jalousie. Au milieu de ces préoccupations étroites, quelle âme assez pieuse, quel repentir assez fervent pourraient s'élever vers Dieu, dégagés de toute pensée terrestre ? Non, Lélia, je ne me suis jamais confessé en esprit et en vérité ; et pourtant, nul plus que moi n'est pénétré de la grandeur et de la sublimité de ce sacrement, qui eût sauvé Trenmor de l'horreur du bagne si l'esprit de la pénitence chrétienne et la sainteté de l'absolution religieuse eussent porté quelque lumière dans les lois sociales. Oh! oui, je comprenais l'importance et le bienfait de cette auguste institution! J'eusse voulu pouvoir y retremper mes forces affaiblies, et renouveler mon âme dans les eaux salutaires de ce nouveau baptême! Mais je ne le pouvais pas, car il m'eût fallu un confesseur digne de mon repentir, et je ne l'ai pas trouvé. J'ai toujours rencontré dans le clergé l'intelligence unie à l'orgueil ou à l'intrigue, la candeur jointe à la superstition ou à l'ignorance. Quand le pénitent est à la hauteur du sacrement, le confesseur n'y est pas; et réciproquement, quand le confesseur est digne de délier l'âme de ses chaînes impures, le captif ne mérite pas sa délivrance. C'est que, pour consacrer le mystère sublime de l'absolution, il faudrait l'association de deux âmes également croyantes, également remplies du sentiment divin. Eh bien! Lélia, il me semble qu'à défaut d'un prêtre, à défaut d'un homme saint, je puis invoquer une sœur, une mère, si vous voulez; car, quoique vous soyez la plus jeune de beaucoup d'années, vous êtes la plus forte et la plus sage de nous deux, et je me sens, moi dont le front commence à se dévaster, tremblant et soumis comme un enfant devant vous. Confessez-moi. Puisque vous n'avez pas craint de me dire en face que j'étais un pécheur, consentez à descendre au fond de ma conscience, et si vous y trouvez une douleur et des remords sentis, absolvez-moi! Il me semble que le ciel ratifiera votre sentence, et que pour la première fois mon âme sera purifiée.

Dites-moi toute votre pensée, et condamnez-moi suivant la rigueur de votre justice. Parce que je cède à des entraînements dont je rougis comme homme, et que, comme prêtre, je suis forcé de cacher, suis-je donc un hypocrite? Si je le croyais, je me ferais horreur à moi-même; mais, en vérité, il ne me semble pas que ce rôle odieux puisse m'être attribué. Au temps où nous vivons, cette conduite que je tiens et que je suis loin de vouloir justifier en elle-même, est-elle celle de Tartufe au dix-septième siècle? Non, je ne puis le croire! Le faux dévot des siècles passés était un athée, et moi je ne le suis pas. Il se raillait de Dieu et des hommes; moi, pour n'avoir peur ni de l'un ni des autres, je n'en révère pas moins l'Éternel, je n'en aime pas moins mes semblables. Seulement, j'ai examiné le fond, j'ai analysé l'essence de la religion chrétienne, et je crois l'avoir mieux comprise que tous ceux qui s'en disent les apôtres. Je la crois progressive, perfectible, par la permission, par la volonté même de son divin auteur; et, quoique je sache bien que je suis hérétique au point de vue de l'Église actuelle, je suis pénétré, dans ma conscience, de la pureté de ma foi et de l'orthodoxie de mes principes. Je ne suis donc pas athée quand je viole les commandements de l'Église; car ces commandements me paraissent insuffisants pour les temps où nous vivons, et l'Église a le droit et le pouvoir de les réformer. Elle a mission de conformer ses institutions aux droits et aux besoins progressifs des hommes. Elle l'a fait de siècle en siècle depuis qu'elle s'est constituée; pourquoi s'est-elle arrêtée dans sa marche providentielle? Pourquoi, elle qui fut l'expression des perfectionnements successifs de l'humanité, et qui marcha si glorieusement à la tête de la civilisation, s'est-elle endormie à la fin de sa journée, sans songer qu'elle avait un lendemain? Se croit-elle donc finie? Est-ce le vertige de l'orgueil ou l'épuisement de la lassitude qui l'entrave ainsi? Ah! je vous l'ai dit souvent, je songe à son réveil, je le pressens, j'y crois, j'y travaille, je l'attends avec impatience, je l'appelle de tous mes vœux! Aussi, je ne veux pas sortir de son sein, je ne veux pas être exclu de sa communion, parce que je ne pense pas qu'un schisme sorti d'elle et arborant un nouvel étendard puisse être dans la véritable voie du progrès religieux. Pour faire schisme ouvertement, il faut se séparer du corps de l'Église, faire scission avec son passé comme avec son présent, conséquemment perdre tous les bénéfices, tous les avantages, tous les fruits de ce passé riche, glorieux et puissant. L'humanité, habituée à marcher dans la voie lage et droite de l'Église, ne peut se détourner dans les sentiers que par fractions et par intervalles. Toujours elle sentira, dans ses institutions religieuses comme dans ses institutions civiles, le besoin irrésistible de l'unité. Il faut un culte à la société, un seul et indivisible culte. L'Église catholique est le seul temple assez vaste, assez antique, assez solide pour contenir et protéger l'humanité. Pour toutes ces nations éparses sur la face de la terre, qui n'ont encore qu'une foi incertaine et des rites grossiers, le catholicisme est la seule morale assez nettement rédigée et assez simplement formulée dans sa sublimité, pour adoucir des mœurs farouches et illuminer les ténèbres de l'entendement. Aucune philosophie moderne, que je sache, ne s'est constituée au point où est l'Église, et n'est en droit de porter sur l'enfance des nations une lumière aussi pure. Je crois donc à l'avenir et à l'éternelle vie de l'Église catholique, et je ne veux pas me séparer des conciles (quoique je regarde ce qu'ils ont fait comme insuffisant et inachevé), parce que nulle autorité nouvelle ne pourra jamais revêtir un caractère aussi sacré. Malgré mon admiration pour Luther et ma sympathie pour les idées de réforme, je ne me serais point enrôlé sous cette bannière, eussé-je vécu à la grande époque de cette insurrection généreuse. Il me semble que j'aurais compris dès lors qu'en consommant son divorce avec ces grands pouvoirs consacrés par les siècles, le protestantisme signait son arrêt de mort dès le jour de sa naissance. Oui, je crois que l'Église, décrépite et agonisante en apparence, cache sous ses cendres attiédies une étincelle d'éternelle vie, et je veux que tous les travaux et tous les efforts de la foi et de l'intelligence tendent à ranimer cette étincelle et à faire de nouveau éclater la flamme sur l'autel. Je veux conserver l'omnipotence du pape et l'infaillibilité du concile, afin que de nouveaux conciles se rassemblent, revisent l'œuvre des conciles précédents et rajustent le vêtement du culte à la taille des hommes grandis et fortifiés.

Entre autres réformes que je voudrais voir discuter et consacrer, je vous citerai une de celles qui m'a le plus occupé depuis que je suis prêtre : c'est l'abolition du célibat pour le clergé. Et ne croyez pas, Lélia, que j'aie été influencé par mes passions individuelles, ou par les sourdes réclamations du jeune clergé. Nous ne gardons pas assez fidèlement notre vœu, nous autres, qui le trouvons difficile et terrible, pour que nous ayons absolument besoin d'une sanction publique à nos infidélités. J'ai cherché plus haut la cause des dangers et des inconvénients funestes attachés au célibat des prêtres, et je l'ai trouvée dans l'histoire. J'ai vu la puissance, l'intelligence et les lumières se conserver dans les castes sacerdotales des antiques religions, à cause du mariage des prêtres et de l'éducation particulière qui créait aux pères de dignes successeurs dans la personne de leurs fils. J'ai vu l'Église chrétienne garder la royauté intellectuelle au-dessus de celle des monarques de la terre, tant qu'elle s'est recrutée dans son propre sein ; mais, en prononçant l'arrêt du célibat pour ses membres, elle a mis son existence en un danger où il est merveilleux qu'elle n'ait pas déjà succombé, mais où elle succombera si elle ne se hâte de retirer cette loi fatale. Elle le fera, je n'en doute pas ; elle comprendra qu'en recrutant ses lévites indistinctement dans toutes les classes, elle introduit dans son sein les éléments les plus divers, les plus hétérogènes, les plus inconciliables : partant, plus d'esprit de corps, plus d'unité, plus d'Église. L'Église n'est plus une patrie où l'héritage enchaîne les âmes et baptise les initiations; c'est un atelier où chaque mercenaire vient recevoir le payement de son travail, sauf à mépriser secrètement ses engagements. Et de là, l'hypocrisie, ce vice abominable dont la seule idée répugne à toute âme honnête, mais sans lequel le clergé n'eût pu se maintenir jusqu'ici comme il l'a fait tant bien que mal, à travers mille désordres, mille mensonges et mille bassesses dont l'Église a été forcée de garder le secret, au lieu de rechercher et de punir : grand témoignage de faiblesse et de dissolution !

J'ai dû vous donner ces explications pour me justifier sous un certain rapport. Je ne crois pas à la sainteté absolue du célibat. Notre Seigneur le Christ en a prêché l'excellence, sans en consacrer l'obligation; et il en a prêché l'excellence aux hommes abrutis par l'abus des jouissances grossières, aux hommes qu'il est venu instruire et civiliser. S'il a investi ses apôtres d'une éternelle autorité, c'est que, dans les prévisions de sa sagesse infinie, il savait qu'un jour viendrait où le célibat serait dangereux à son œuvre divine, et où les successeurs des apôtres auraient mission de l'abolir. Ce jour est venu, j'en suis certain, et l'Église ne tardera pas à le proclamer. En attendant, nous manquons à nos vœux. Sommes-nous excusables? Non, sans doute; car notre doctrine sainte est la doctrine d'une perfection idéale vers laquelle nous devons tendre sans cesse, quoi qu'il nous en coûte; et ici la vertu, la perfection consisteraient, dans la position difficile où nous sommes, à sacrifier nos penchants et à vivre irréprochables dans l'attente d'une sanction à nos instincts légitimes. Cette faiblesse misérable qui m'empêche d'agir ainsi, je la réprouve, je m'en accuse. Condamnez-la, ma sainte! mais, ô mon Dieu! ne me confondez pas avec ces impudents vulgaires qui s'en vantent, ou avec ces lâches menteurs qui s'en défendent. Cette sorte de fourberie n'est plus possible aujourd'hui qu'aux derniers des hommes. Pour peu que nous nous sentions quelque chose dans l'âme, nous savons bien que la partie importante de notre œuvre en ce monde n'est pas de promener par les rues une face pâle et des regards abaissés vers la terre, afin de frapper les hommes de terreur et de respect, comme les fanatiques de l'Inde ou les moines du moyen âge. Nous faisons bon marché de ces austérités, et surtout de la crédule vénération dont elles étaient jadis l'objet. Nous avons d'autres travaux à accomplir, d'autres enseignements à donner, un nouveau développement à imprimer. Nous sommes, ou du moins nous devons être les instigateurs à la vie, et non pas les gardiens de la tombe.

Et cependant nous taisons nos faiblesses, direz-vous!

Nous n'avons pas le courage de proclamer ce droit que nous nous arrogeons individuellement et dont l'exercice hardi serait un énergique appel à de nouvelles institutions. Mais cela, nous ne pouvons pas le faire, puisque nous ne voulons pas nous séparer du corps de l'Église, et perdre nos droits de citoyens dans les assemblées de la cité sainte. Nous subissons la souffrance et la gêne de cette position fausse où nous place l'obstination ou l'incurie de notre législation. Et nous ne sommes pas des fourbes pour cela ; car nous trouverions aujourd'hui plus d'encouragement à nos désordres que nous ne rencontrions jadis d'antipathie et d'intolérance pour nos faiblesses. Oui, je vous l'assure, moi qui connais bien le monde et les hommes dispensateurs des arrêts de l'opinion, on aime mieux chez nous les mœurs faciles, dissolues même, que l'austérité farouche ; parce que nos égarements marquent l'ivresse du progrès, tandis que leur vertu ne témoigne qu'une opiniâtreté rétrograde.

Ne m'accusez donc pas de lâcheté, au nom du ciel ! ma sœur, car il faut plus de courage aujourd'hui pour se taire que pour se dévoiler. Accusez-moi de faiblesse sous d'autres rapports, j'y consens. Oh ! oui, blâmez-moi de n'être pas le disciple pratique de l'idéal, et de vivre ainsi en contradiction avec moi-même. Il me semble que vous pouvez me ramener à la vertu ; car vous me la faites chérir chaque jour davantage, ô noble pécheresse, retirée à la thébaïde pour contempler et pour prophétiser ! Hélas ! parlez-moi, donnez-moi du courage, et priez pour moi, vous que Dieu chérit !

Adieu ! Je reçois à l'instant même l'autorisation de vous proposer pour abbesse à votre communauté. Cette proposition équivaut à un ordre. Vous voilà donc princesse de l'Église, madame. Il faut maintenant servir l'Église. Vous le pouvez, vous le devez. Tout votre sexe a les yeux sur vous !

LVI.

Dieu vous récompensera de ce que vous avez fait. Il enverra le calme à vos nuits et la force à vos jours. Je ne vous remercie pas. Loin de moi la pensée d'attribuer à une condescendance de l'amitié ce que vos nobles instincts vous prescrivaient de faire, monseigneur. Vous avez une belle renommée parmi les hommes, mais vous avez une gloire plus grande dans les cieux, et c'est devant celle-là que je m'incline.

Vous voulez que je réponde à des questions délicates, et que je me prononce sur des choses qui dépassent peut-être la portée de mon intelligence. J'essaierai pourtant de le faire; non que j'accepte ce rôle imposant de confesseur dont vous voulez m'investir, mais parce que je dois à l'admiration que votre caractère m'inspire d'épancher mon cœur dans le vôtre avec une entière sincérité.

Je ne me permets pas de vous blâmer sous certains rapports que vous m'appelez à juger; mais je m'afflige, parce que là je vous vois en contradiction avec vous-même. Vous le sentez bien, puisque vous ne cherchez pas à vous défendre, mais seulement à vous excuser. Oui, sans doute, vous êtes excusable. Dieu nous préserve de méconnaître la liberté sacrée de notre conscience et le droit de reviser les institutions religieuses que Jésus nous a léguées comme une tâche incessante, pour les agrandir et non pour les immobiliser; mais ce droit de la conscience a ses limites dans l'application individuelle ; et peut-être, si vous songiez sérieusement à poser ces limites, la contradiction dont vous souffrez cesserait d'elle-même et sans effort. Il me semble que, quand nos actions se trouvent en désaccord avec nos principes, on peut en conclure que ces principes sont encore chancelants. Du moins, pour les hommes de votre trempe, la certitude des idées doit gouverner les instincts si impérieusement, que, le principe du devoir une fois établi, la pratique de ce devoir devienne facile, nécessaire même, et qu'on n'aperçoive plus la possibilité d'y manquer. Voyons donc ensemble, monseigneur, si ce n'est pas un grand mal d'user d'avance d'une liberté que l'Église n'a pas sanctionnée, quand on persiste à se tenir dans le sein de l'Église, et si les hommes qui ne jugent que sur les faits ne seraient pas en droit de vous adresser ce reproche de duplicité que vous craignez tant, et que vous méritez cependant si peu quand on sait le fond de votre âme.

Vous êtes beaucoup moins catholique que moi dans un sens, monseigneur, et vous l'êtes beaucoup plus dans l'autre. Je me suis rattachée à la foi romaine par système et par une sorte de conviction qui ne peut jamais être taxée d'hypocrisie, puisque je suis résolue à me conformer strictement à toutes ses institutions. Vous vous en détachez par ce côté : vous violez ses commandements, et pourtant vous êtes lié de cœur à l'Église, vous l'avez épousée, si je puis parler ainsi, par inclination, tandis que moi j'ai contracté avec elle un mariage de raison. Vous croyez à son avenir, et vous ne concevez le progrès de l'humanité qu'en elle et par elle. Elle vous blesse, vous contrarie et vous irrite ; vous voyez ses taches, vous signalez ses torts, vous constatez ses erreurs ; mais vous ne l'en aimez pas moins pour cela, et vous préférez sacrifier à son obstination le repos, et (pardonnez-moi ma franchise) la dignité de votre conscience, plutôt que de rompre avec cette épouse impérieuse que vous chérissez.

Il n'en est pas ainsi de moi. Permettez-moi de continuer ce parallèle entre vous et moi, monseigneur; il m'est nécessaire pour me bien expliquer. Je suis rentrée sans ferveur et sans transport dans le giron de cette Église, que j'ai servie jadis avec une candeur enthousiaste. Ce parfum de mes jeunes années, cette aveugle confiance, cette foi exaltée, ne peuvent plus rentrer dans mon âme; je n'y songe pas, et je suis calme, parce que je crois avoir trouvé, sinon la vraie sagesse, du moins le droit chemin vers mon progrès individuel, en embrassant, faute de mieux, cette forme particulière de la religion universelle. J'ai cherché l'expression la mieux formulée de cette religion de l'idéal dont j'avais besoin. Je ne l'ai pas trouvée parfaite ici, mais je l'ai trouvée supérieure à toutes les autres, et je me suis réfugiée dans son sein sans me soucier beaucoup de son avenir. Elle durera toujours plus que nous, monseigneur, et l'existence morale de l'humanité se soutiendra par des secours providentiels qu'il ne nous est peut-être pas donné de prévoir aussi facilement que vous l'imaginez. Je n'ose me fier à mes instincts; j'ai trop souffert du doute pour vouloir porter sur les générations futures un regard investigateur. Je craindrais de m'épouvanter encore, et je m'agenouille humblement dans le présent, priant Dieu de m'éclairer sur les devoirs de ma tâche éphémère. Je ferai ce que je pourrai: ce sera peu, mais, comme dit Trenmor, Dieu fera fructifier le grain s'il le juge digne de sa bénédiction.

Je ne puis pas me dissimuler que nous traversons des temps de transition entre un jour qui s'éteint, et une aube qui s'allume incertaine encore et si pâle, que nous marchons presque dans les ténèbres. J'ai eu de grandes ambitions de certitude que la fatigue et la douleur ont refroidies. J'attends en silence et le cœur brisé, résolue du moins de m'abstenir du mal et abdiquant l'espoir de toute joie personnelle, parce que la corruption des temps et l'incertitude des doctrines ont rendu tous nos droits illégitimes et tous nos désirs irréalisables. Il y a quelques années, n'ayant pas de conviction arrêtée sur les devoirs civils et religieux, voyant bien les défauts de ces deux législations et ne sachant où en trouver le remède, j'osai chercher ma lumière dans l'expérience, et je m'abandonnai au plus noble instinct qui fût en mon âme, à l'amour. Ce fut une expérience funeste. J'y sacrifiai mon repos en ce monde, ma force sociale, c'est-à-dire la pureté de ma réputation. Que m'importait l'opinion des hommes? Je voulais marcher vers l'idéal, et je me croyais sur le chemin; car je sentais tressaillir dans mon cœur mes plus nobles facultés, le dévouement, la fidélité, la confiance, l'abnégation. Je ne fus point secondée. Je ne pouvais pas l'être. Les hommes de mon temps pensaient, sentaient et agissaient d'après leur ancienne loi, et ma loi nouvelle, toute d'instinct et de divination, ne pouvait pas être comprise et développée. Je succombai à la peine, et, brisée par le désespoir, j'errai trop long-temps dans un labyrinthe de vœux et d'espérances contraires, jusqu'au jour où, sur le point de succomber à la tentation d'un nouvel essai, je fus ramenée à la force et à la lumière par le spectacle de la faiblesse et de l'aveuglement. Alors j'ai osé croire que j'avais marché plus vite que l'humanité, et que je devais porter la peine de mon impatience. L'hyménée tel que je le conçois, tel que je l'eusse exigé, n'existait pas encore sur la terre. J'ai dû me retirer au désert et attendre que les desseins de Dieu fussent arrivés à leur maturité. J'avais sous les yeux le déplorable exemple d'une sœur, douée comme moi d'un grand instinct d'indépendance et d'un immense besoin d'affection, tombée dans les abîmes du vice pour avoir osé chercher la réalisation de son rêve. Je n'avais pas de choix entre son sort et celui que je viens d'embrasser. J'ai choisi le cloître; mais c'est le cloître et non pas l'Église qui m'a adoptée, ne vous y trompez pas, monseigneur. Ce n'est pas la gloire d'une caste qui peut faire le sujet de mes rêveries et devenir le but de mes travaux; c'est le salut d'une moitié de l'humanité qui m'occupe et me tourmente. Hélas! c'est le salut de l'humanité tout entière; car les hommes souffrent autant que les femmes de l'absence d'amour, et tout ce qu'ils essaient de mettre à la place, l'ambition, la débauche, la domination, leur crée des souffrances et des ennuis profonds, dont ils cherchent et méconnaissent la cause. Ils croient qu'en resserrant nos liens ils ranimeront nos feux, et ils les voient s'éteindre chaque jour davantage, sans se douter qu'il ne s'agirait que de nous délier du joug brutal pour nous ramener au joug volontaire et sacré. Puisqu'ils ne veulent pas le faire, c'est à nous de les y forcer. Mais comment y parviendrons-nous? Sera-ce en nous précipitant chaque jour dans les bras d'une idole que nous briserons le lendemain? Non! car, à ce compte, nous nous briserions bientôt nous-mêmes. Sera-ce en engageant une lutte scandaleuse au sein de l'hyménée? Non! car les lois nous refusent leur protection, et nos enfants sont souvent immolés dans ces luttes. Sera-ce enfin en nous livrant au désordre, en trompant nos maîtres, en trahissant sans cesse les objets de notre désir éphémère? Non! car nous éteindrions de plus en plus la flamme sacrée; elle disparaîtrait de la face de la terre. Nous deviendrions aussi athées en amour que les hommes; et alors de quel droit nous plaindrions-nous d'être soumises à l'empire de la force?

Eh bien! il est un seul moyen de travailler à notre délivrance : c'est de nous renfermer dans une juste fierté; c'est de suspendre, comme les filles de Sion, nos harpes aux saules de Babylone, et de refuser le cantique de l'amour aux étrangers nos oppresseurs. Nous vivrons dans le deuil et dans les larmes, il est vrai; nous nous ensevelirons vivantes, nous renoncerons aux saintes joies de la famille aussi bien qu'aux enivrements de la volupté; mais nous garderons la mémoire de Jérusalem, le culte de l'idéal. Par là, nous protesterons contre l'impudeur et la grossièreté du siècle, et nous forcerons ces hommes, bientôt las de leurs abjects plaisirs, à nous faire une place nouvelle à leurs côtés, et à nous apporter en dot la même pureté dans le passé, la même fidélité dans l'avenir qu'ils exigent de nous.

Voilà ma pensée, monseigneur. J'ai voulu, la première dans ce but, suspendre ma harpe désormais muette pour les enfants des hommes; et je crois qu'à mon exemple d'autres femmes sages viendront pleurer avec moi sur les collines. J'ai voulu avoir autorité parmi ces femmes, afin de leur faire comprendre l'importance et la solennité de leur vœu. En ceci, monseigneur, je suis dans l'esprit du plus pur christianisme, et je ramène l'esprit monastique à celui de sa première institution. Rappelez-vous ces âges troublés et malheureux qui précédèrent et suivirent la révélation encore peu répandue et mal formulée de l'Évangile ; souvenez-vous de ces Esséniens que Pline nous dépeint rassemblés aux bords de la mer Caspienne : *nation féconde où personne ne naît et où personne ne meurt, race solitaire, compagne des palmiers!* Songez à ces pères du désert, à ces saintes femmes cénobites, à saint Jean le poète inspiré, à saint Augustin rassasié des joies de la terre et affamé de la vie céleste! Le dégoût qui poussa tous ces disciples de l'idéal au fond des thébaïdes, l'inquiétude qui les faisait errer dans les jardins solitaires, l'ascétisme qui les retenait confinés dans leurs cellules, n'était-ce pas l'impossibilité de vivre de la même vie que ces générations funestes au sein desquelles ils avaient été jetés? Voulaient-ils poser un principe absolu, universel, éternel, l'excellence de la virginité, la nécessité du renoncement? Non, sans doute ; ils savaient bien que l'humanité ne peut ni ne doit vouloir son suicide ; mais ils s'immolaient en holocaustes devant le Seigneur, afin que les hommes, témoins de leur mémorable agonie, rentrassent en eux-mêmes et sentissent la nécessité de se convertir.

Le cloître me paraît donc, aujourd'hui comme alors, un refuge contre l'orage, un asile contre les loups dévorants. Le cloître, placé sous la protection de l'Église, doit reconnaître l'autorité et pratiquer la discipline de l'Église. Il peut et doit se recruter, non plus parmi les filles disgraciées de la nature ou de la fortune, mais parmi l'élite des vierges et des veuves. Il a une autre mission encore, c'est de donner une éducation pieuse à un plus grand nombre, sans les enchaîner à jamais. Là, il me semble qu'elles devraient recevoir de tels enseignements qu'elles ne les missent jamais en oubli, et qu'elles pussent y puiser la force et la dignité dont elles auront besoin dans le cours de la vie. Peut-être est-il des principes mieux développés à leur donner que ceux qu'elles ont reçus jusqu'ici, et dont elles paraissent retirer si peu de fruit ou garder si peu le souvenir. Je suis sûre que, sans s'écarter de la doctrine apostolique, on peut obtenir de meilleurs résultats qu'on ne l'a fait depuis long-temps. Le monastère dont vous me faites supérieure fut fondé par une sainte fille, dont la vie est pour moi une source de méditations pleines de charmes et féconde en instructions. Fille et sœur du roi, elle laissa ses brodequins d'or et de soie au seuil de son palais ; elle vint pieds nus, parmi les rochers, vivre de racines au bord des fontaines. Ravie en extase vers le ciel, elle dédaigna les splendeurs de la fortune et l'éclat de la puissance. Elle fit servir sa dot à réunir ses compagnes autour d'elle, et les dons de son intelligence à leur enseigner le mépris des hommes perfides et l'abstinence des plaisirs sans idéal. Oh ! sans doute, pour savoir ces choses, il fallait qu'elle aussi eût essayé d'aimer.

Eh bien ! je voudrais, à l'exemple de cette princesse vraiment auguste, enseigner aux femmes trompées à se consoler et à se relever sous l'abri du Seigneur ; aux filles ignorantes et crédules, à se conserver chastes et fières au sein de l'hyménée. On leur parle trop d'un bonheur possible et sanctionné par la société ; on les trompe ! On leur fait accroire qu'à force de soumission et de dévouement elles obtiendront de leurs époux une réciprocité d'amour et de fidélité ; on les abuse ! Il faut qu'on ne leur parle plus de bonheur, mais de vertu ; il faut qu'on leur enseigne la fierté dans la douceur, la fermeté dans la patience, la sagesse et la prudence dans le dévouement. Il faut surtout qu'on leur fasse aimer Dieu si ardemment, qu'elles se consolent en lui de toutes les déceptions qui les attendent ; afin que, trahies dans leur confiance, brisées dans leur amour, elles n'aillent pas chercher dans le désordre le seul bonheur qu'on leur ait fait comprendre, et pour lequel on les ait façonnées. Il faut enfin qu'elles soient prêtes à souffrir et à renoncer à tout espoir ici-bas ; car tout espoir est fragile, et toute promesse est menteuse, hormis l'espoir et la promesse de Dieu. Ceci, j'espère, est bien dans l'esprit de l'Église ; d'où vient que de tels préceptes ne portent plus leurs fruits ?

Vous voyez, monseigneur, que, sans être aussi dévouée que vous aux intérêts de l'Église, je suis entraînée par ma logique même à la servir plus fidèlement que vous. D'où vient cette différence ? A Dieu ne plaise que je veuille m'élever au-dessus de vous ! Vous possédez des moyens que je n'ai pas au même degré, l'énergie du caractère, la puissance de la volonté, la lumière de la science, l'ardeur du prosélytisme, la force immense de la conviction ; mais vous voulez concilier deux choses inconciliables, la protection de l'Église et votre indépendance. Je crains que l'Église ne soit dans une voie peu favorable aux droits que vous voulez rétablir. Il ne m'est pas permis de juger vos réclamations contre le célibat ecclésiastique ; je ne serais pas disposée pour ma part à les approuver ; et cela, parce que je ne vois pas clairement que l'avenir du monde soit dans l'Église, mais parce que je vois seulement l'Église servir à l'avenir du monde. Dans ce sens, il me semble qu'elle hâterait sa perte en se relâchant de son austérité, seul appui des âmes que le torrent du siècle n'entraîne pas du côté de l'abîme. Trenmor croit à l'avénement d'une religion nouvelle, sortant des ruines de celle-ci, conservant ce qu'elle a fait d'immortel, et s'ouvrant sur des horizons nouveaux. Il croit que cette religion investira tous ses membres de l'autorité pontificale, c'est-à-dire du droit d'examen et de prédication. Chaque homme serait citoyen, c'est-à-dire époux et père, en même temps que prêtre et docteur de la loi religieuse. Cela est possible ; mais alors, monseigneur, ce ne sera plus le catholicisme, et il n'y aura plus d'Église. Si l'Église arrive à ne plus être nécessaire, elle sera bientôt dangereuse ; et en ce cas, qui pourrait la regretter ? Noble prélat, vous êtes trop préoccupé de sa gloire, parce que votre grande intelligence a besoin de gloire elle-même et veut faire rejaillir sur soi celle de l'Église ; mais séparez un instant par la pensée votre gloire personnelle de celle du corps, et vous verrez que vous n'avez pas d'autre chemin à prendre que celui de l'insurrection contre ses décrets. Ainsi, vous êtes un mauvais prêtre, mais vous êtes un grand homme.

Mais vous ne voulez pas vous séparer du corps ? Pourtant vous ne pouvez réprimer vos passions, et vous acceptez un rôle hypocrite, vous encourez un reproche qui vous est amèrement sensible, plutôt que d'abandonner la caste sacerdotale. Alors vous êtes un grand prélat, mais vous n'êtes plus qu'un homme ordinaire. Sacrifiez vos passions, monseigneur, et vous redevenez d'emblée ce que le ciel et la société vous ont fait, un grand homme et un grand prélat. »

LVII.

LES MORTS.

Chaque jour, éveillée long-temps d'avance, je me promène, avant la fin de la nuit, sur ces longues dalles qui toutes portent une épitaphe et abritent un sommeil sans fin. Je me surprends à descendre en idée dans ces caveaux, et à m'y étendre paisiblement pour me reposer de la vie. Tantôt je m'abandonne au rêve du néant, rêve si doux à l'abnégation de l'intelligence et à la fatigue du cœur ; et, ne voyant plus dans ces ossements que je foule que des reliques chères et sacrées, je me cherche une place au milieu d'eux, je mesure de l'œil la toise de marbre qui recouvre la couche muette et tranquille où je serai bientôt, et mon esprit en prend possession avec charme.

Tantôt je me laisse séduire par les superstitions de la poésie chrétienne. Il me semble que mon spectre viendra encore marcher lentement sous ces voûtes, qui ont pris l'habitude de répéter l'écho de mes pas. Je m'imagine quelquefois n'être déjà plus qu'un fantôme qui doit rentrer dans le marbre au crépuscule, et je regarde dans le passé, dans le présent même, comme dans une vie dont la pierre du sépulcre me sépare déjà.

Il y a un endroit que j'aime particulièrement sous ces belles arcades byzantines du cloître. C'est à la lisière du préau, là où le pavé sépulcral se perd sous l'herbe aromatique des allées, où la rose toujours pâle des prisons se penche sur le crâne humain dont l'effigie est gravée à chaque angle de la pierre. Un des grands lauriers-roses du parterre a envahi l'arc léger de la dernière porte. Il arrondit ses branches en touffe splendide sous la voûte de la galerie. Les dalles sont semées de ces belles fleurs, qui, au moindre souffle du vent, se détachent de leur étroit calice et jonchent le lit mortuaire de Francesca.

Francesca était abbesse avant l'abbesse qui m'a précédée. Elle est morte centenaire, avec toute la puissance de sa vertu et de son génie. C'était, dit-on, une sainte et une savante. Elle apparut à Maria del Fiore quelques jours après sa mort, au moment où cette novice craintive venait prier sur sa tombe. L'enfant en eut une telle frayeur, qu'elle mourut huit jours après, moitié souriante, moitié consternée, disant que l'abbesse l'avait appelée et lui avait ordonné de se préparer à mourir. On l'enterra aux pieds de Francesca, sous les lauriers-roses.

C'est là que je veux être enterrée aussi. Il y a là une dalle sans inscription et sans cercueil qui sera levée pour moi et scellée sur moi, entre la femme religieuse et forte qui a supporté cent ans le poids de la vie, et la femme dévote et timide qui a succombé au moindre souffle du vent de la mort; entre ces deux types tant aimés de moi, la force et la grâce, entre une sœur de Trenmor et une sœur de Sténio.

Francesca avait un amour prononcé pour l'astronomie. Elle avait fait des études profondes, et raillait un peu la passion de Maria pour les fleurs. On dit que, lorsque la novice lui montrait le soir les embellissements qu'elle avait faits au préau durant le jour, la vieille abbesse, levant sa main décharnée vers les étoiles, disait d'une voix toujours forte et assurée : *Voilà mon parterre.*

Je me suis plu à questionner les doyennes du couvent sur ce couple endormi, et à recueillir ces détails sur deux existences qui vont bientôt rentrer dans la nuit de l'oubli.

C'est une chose triste que cet effacement complet des morts. Le christianisme corrompu a inspiré pour eux une sorte de terreur mêlée de haine. Ce sentiment est fondé peut-être sur le procédé hideux de nos sépultures, et sur cette nécessité de se séparer brusquement et à jamais de la dépouille de ceux qu'on a aimés. Les anciens n'avaient pas cette frayeur puérile. J'aime à leur voir porter dans leurs bras l'urne qui contient le parent ou l'ami; je la leur vois contempler souvent; je l'entends invoquer dans les grandes occasions, et servir de consécration à tous les actes énergiques. Elle fait partie de leur héritage. La cérémonie des funérailles n'est point confiée à des mercenaires; le fils ne se détourne pas avec horreur du cadavre dont les flancs l'ont porté. Il ne le laisse point toucher à des mains impures. Il accomplit lui-même ce dernier office, et les parfums, emblème d'amour, sont versés par ses propres mains sur la dépouille de sa mère vénérée.

Dans les communautés religieuses, j'ai retrouvé un peu de ce respect et de cette antique affection pour les morts. Des mains fraternelles y roulent le linceul, des fleurs parent le front exposé tout un jour aux regards d'adieux. Le sarcophage a place au milieu de la demeure, au sein des habitudes de la vie. Le cadavre doit dormir à jamais parmi des êtres qui dormiront plus tard à ses côtés, et tous ceux qui passent sur sa tombe le saluent comme un vivant. Le règlement protège son souvenir, et perpétue l'hommage qu'on lui doit. La *règle*, chose si excellente, si nécessaire à la créature humaine, image de la Divinité sur la terre, religieuse préservatrice des abus, généreuse gardienne des bons sentiments et des vieilles affections, se fait ici l'amie de ceux qui n'ont plus d'amis. Elle rappelle chaque jour, dans les prières, une longue liste de morts qui ne possèdent plus sur la terre que ce nom écrit sur une dalle, et prononcé dans le *memento* du soir. J'ai trouvé cet usage si beau, que j'ai rétabli beaucoup d'anciens noms qu'on avait retranchés pour abréger la prière; j'en exige la stricte observance, et je veille à ce que l'essaim des jeunes novices, lorsqu'il rentre avec bruit de la promenade, traverse le cloître en silence et dans le plus grand recueillement.

Quant à l'oubli des faits de la vie, il arrive pour les morts plus vite ici qu'ailleurs. L'absence de postérité en est cause. Toute une génération de religieuses s'éteint presque en même temps; car l'absence d'événements et les habitudes uniformes prolongent en général la vie dans des proportions à peu près égales pour tous les individus. Les longévités sont remarquables, mais la vie finit tout entière. Les intérêts ou l'orgueil de la famille ne font ressortir aucun nom de préférence, et la rivalité du rang n'existant pas, l'égalité de la tombe est solennelle, complète. Cette égalité efface vite les biographies. La règle défend d'en écrire aucune sans une canonisation en forme, et cette prescription est encore une pensée de force et de sagesse. Elle met un frein à l'orgueil, qui est le vice favori des âmes vertueuses; elle empêche l'humilité des vivants d'aspirer à la vanité de la tombe. Au bout de cinquante ans, il est donc bien rare que la tradition ait gardé quelque fait particulier sur une religieuse, et ces faits sont d'autant plus précieux.

Comme la prohibition d'écrire ne s'étend pas jusqu'à moi, je veux vous faire mention d'Agnès de Catane, dont on raconte ici la romanesque histoire. Novice pleine de ferveur, à la veille d'être unie à l'époux céleste, elle fut rappelée au monde par l'inflexible volonté de son père. Mariée à un vieux seigneur français, elle fut traînée à la cour de Louis XV, et y garda son vœu de vierge selon la chair et selon l'esprit, quoique sa grande beauté lui attirât les plus brillants hommages. Enfin, après dix ans d'exil sur *la terre de Chanaan*, elle recouvra sa liberté par la mort de son père et de son époux, et revint se consacrer à Jésus-Christ. Lorsqu'elle arriva par le chemin de la montagne, elle était richement vêtue, et une suite nombreuse l'escortait. Une foule de curieux se pressait pour la voir entrer. La communauté sortit du cloître et vint en procession jusqu'à la dernière grille, les bannières déployées et l'abbesse en tête, en chantant le psaume : *In exitu Israel de Ægypto.* La grille s'ouvrit pour la recevoir. Alors la belle Agnès, détachant son bouquet de son corsage, le jeta en souriant par-dessus son épaule, comme le premier et le dernier gage que le monde eût à recevoir d'elle; et, arrachant avec vivacité la queue de son manteau des mains du petit Maure qui la lui portait, elle franchit rapidement la grille, qui se referma à jamais sur elle, tandis que l'abbesse la recevait dans ses bras et que toutes les sœurs lui apportaient au front le baiser d'alliance. Elle fit le lendemain une confession générale des dix années qu'elle avait passées dans le monde, et le saint directeur trouva tout ce passé si pur et si beau, qu'il lui permit de reprendre le temps de son noviciat où elle l'avait laissé, comme si ces dix ans d'interruption n'eussent duré qu'un jour; jour si chaste et si fervent, qu'il n'avait pas altéré l'état de perfection où était son âme, lorsqu'à la veille de prendre le voile elle avait été traînée à d'autres autels.

Elle fut une des plus simples et des plus humbles religieuses qu'on eût jamais vues dans le couvent. C'était une piété douce, enjouée, tolérante, une sérénité inaltérable, avec des habitudes élégantes. On dit que sa toilette de nonne était toujours très-recherchée, et qu'ayant été reprise de cette vanité en confession, elle répondit naïvement, dans le style de son temps, qu'elle n'en savait rien, et qu'elle se *faisait brave* malgré elle et par l'habitude qu'elle en avait prise dans le monde pour obéir à ses parents ; qu'au reste, elle n'était pas fâchée qu'on lui trouvât *bon air*, parce que le sacrifice d'une jeunesse encore brillante et d'une beauté toujours vantée faisait plus d'honneur au céleste époux de son âme, que celui d'une beauté flétrie et d'une vie prête à s'éteindre. J'ai trouvé une grâce bien suave dans cette histoire.

Sachez, Trenmor, quel est le charme de l'habitude, quelles sont les joies d'une contemplation que rien ne trouble. Cette créature errante que vous avez connue n'ayant pas et ne voulant pas de patrie, vendant et revendant sans cesse ses châteaux et ses terres, dans l'impuissance de s'attacher à aucun lieu ; cette âme voyageuse, qui ne trouvait pas d'asile assez vaste, et qui choisissait pour son tombeau, tantôt la cime des Alpes, tantôt le cratère du Vésuve, et tantôt le sein de l'Océan, s'est enfin prise d'une telle affection pour quelques toises de terrain et pour quelques pierres jointes ensemble, que l'idée d'être ensevelie ailleurs lui serait douloureuse. Elle a conçu pour les morts une si douce sympathie, qu'elle leur tend quelquefois les bras et s'écrie au milieu des nuits :

— O mânes amis ! âmes sympathiques ! vierges qui avez, comme moi, marché dans le silence sur les tombes de vos sœurs ! vous qui avez respiré ces parfums que je respire, et salué cette lune qui me sourit ! vous qui avez peut-être connu aussi les orages de la vie et le tumulte du monde ! vous qui avez aspiré au repos éternel et qui en avez senti l'avant-goût ici-bas, à l'abri de ces voûtes sacrées, sous la protection de cette prison volontaire ! ô vous surtout, qui avez ceint l'auréole de la foi, et qui avez passé des bras d'un ange invisible à ceux d'un époux immortel, chastes amantes de l'Espoir, fortes épouses de la Volonté ! me bénissez-vous, dites-moi, et priez-vous sans cesse pour celle qui se plaît avec vous plus qu'avec les vivants ? Est-ce vous dont les encensoirs d'or répandent ces parfums dans la nuit ? Est-ce vous qui chantez doucement dans ces mélodies de l'air ? Est-ce vous qui, par une sainte magie, rendez si beau, si attrayant, si consolant, ce coin de terre, de marbre et de fleurs où nous reposons vous et moi ? Par quel pouvoir l'avez-vous fait si précieux et si désirable, que toutes les fibres de mon être s'y attachent, que tout le sang de mon cœur s'y élance, que ma vie me semble trop courte pour en jouir, et que j'y veuille une petite place pour mes os, quand le souffle divin les aura délaissés !

Alors, en songeant aux troubles passés et à la sérénité du présent, je les prends à témoin de ma soumission. O mânes sanctifiés ! leur dis-je, ô vierges sœurs ! ô Agnès la belle ! ô douce Maria del Fiore ! ô docte Francesca ! venez voir comme mon cœur abjure son ancien fiel, et comme il se résigne à vivre dans le temps et dans l'espace que Dieu lui assigne ! Voyez ! et allez dire à celui que vous contemplez sans voile : — Lélia ne maudit plus le jour que vous lui avez ordonné de remplir ; elle marche vers sa nuit avec l'esprit de sagesse que vous aimez. Elle ne se passionne plus pour aucun de ces instants qui passent. Elle ne s'attache plus à en retenir quelques-uns, elle ne se hâte plus pour en abréger d'autres. La voilà dans une marche régulière et continue, comme la terre qui accomplit sa rotation sans secousses, et qui voit changer du soir au matin la constellation céleste, sans s'arrêter sous aucun signe, sans vouloir s'enlacer aux bras des belles Pléiades, sans fuir sous le dard brûlant du Sagittaire, sans reculer devant le spectre échevelé de Bérénice. Elle s'est soumise, elle vit! Elle accomplit la loi. Elle ne craint ni ne désire de mourir; elle ne résiste pas à l'ordre universel. Elle mêlera sa poussière à la nôtre sans regret; elle touche déjà sans frayeur nos mains glacées. Voulez-vous, ô Dieu bon! que son épreuve finisse, et qu'avec le lever du jour elle nous suive où nous allons?

Alors il me semble que, dans la brise qui lutte avec l'aube, il y a des voix faibles, confuses, mystérieuses, qui s'élèvent et qui retombent, qui s'efforcent de m'appeler de dessous la pierre, mais qui ne peuvent pas encore vaincre l'obstacle de ma vie. Je m'arrête un instant, je regarde si ma dalle blanche ne se soulève pas, et si la centenaire, debout à côté de moi, ne me montre pas Maria del Fiore doucement endormie sur la première marche de notre caveau. En ce moment-là, il y a, certes, des bruits étranges au sein de la terre, et comme des soupirs sous mes pieds. Mais tout fuit, tout se tait, dès que l'étoile du pôle a disparu. L'ombre grêle des cyprès, que la lune dessinait sur les murs, et qui, balancée par la brise, semblait donner le mouvement et la vie aux figures de la fresque, s'efface peu à peu. La peinture redevient immobile; la voix des plantes fait place à celle des oiseaux. L'alouette s'éveille dans sa cage, et l'air est coupé par des sons pleins et distincts, tandis que les grands lis blancs du parterre se dessinent dans le crépuscule et se dressent immobiles de plaisir sous la rosée abondante. Dans l'attente du soleil, toutes les inquiètes oscillations s'arrêtent, tous les reflets incertains se dégagent du voile fantastique. C'est alors que réellement les spectres s'évanouissent dans l'air blanchi, et que les bruits inexplicables font place à des harmonies pures. Quelquefois un dernier souffle de la nuit secoue le laurier-rose, froisse convulsivement ses branches, plane en tournoyant sur sa tête fleurie, et retombe avec un faible soupir, comme si Maria del Fiore, arrachée à son parterre par la main de Francesca, se détachait avec effort de l'arbre chéri et rentrait dans le domaine des morts avec un léger mouvement de dépit et de regret. Toute illusion cesse enfin ; les coupoles de métal rougissent aux premiers feux du matin. La cloche creuse dans l'air un large sillon où se précipitent tous les bruits épars et flottants ; les paons descendent de la corniche et secouent long-temps leurs plumes humides sur le sable brillant des allées ; la porte des dortoirs roule avec bruit sur ses gonds, et l'*Ave Maria*, chanté par les novices, descend sous la voûte sonore des grands escaliers. Il n'est rien de plus solennel pour moi que ce premier son de la voix humaine au commencement de la journée. Tout ici a de la grandeur et de l'effet, parce que les moindres actes de la vie domestique ont de l'ensemble et de l'unité. Ce cantique matinal, après toutes les divagations, tous les enthousiasmes de mon insomnie, fait passer dans mes veines un tressaillement d'effroi et de plaisir. La règle, cette grande loi dont mon intelligence approfondit à chaque instant l'excellence, mais dont mon imagination poétise quelquefois un peu trop la rigidité, reprend aussitôt sur moi son empire oublié durant les heures romanesques de la nuit. Alors, quittant la dalle de Francesca, où je suis restée immobile et attentive durant tout ce travail du renouvellement de la lumière et du réveil de la nature, je m'ébranle comme l'antique statue qui s'animait et qui trouvait dans son sein une voix au premier rayon du soleil. Comme elle, j'entonne l'hymne de joie et je marche au-devant de mon troupeau en chantant avec force et transport, tandis que les vierges descendent en deux files régulières le vaste escalier qui conduit à l'église. J'ai toujours remarqué en elles un mouvement de terreur lorsqu'elles me voient sortir de la galerie des sépultures pour me mettre à leur tête les bras entr'ouverts et le regard levé vers le ciel. A l'heure où leurs esprits sont encore appesantis par le sommeil, et où le sentiment du devoir lutte en elles contre la faiblesse de la nature, elles sont étonnées de me trouver si pleine de force et de vie, et, malgré tous mes efforts pour les dissuader, elles s'obstinent à penser que j'ai des entretiens avec les morts du préau sous les lauriers-roses. Je les vois pâlir lorsque, croisant leurs blanches mains sur la pourpre de leurs scapulaires, elles s'inclinent en pliant le genou devant moi, et frissonner involontairement lorsque, après s'être relevées, elles sont forcées l'une après l'autre d'effleurer mon voile pour tourner l'angle du mur.

LVIII.

CONTEMPLATION.

UNE porte de mon appartement donne sur les rochers. Des gradins rongés par le temps et la mousse font le tour du bloc escarpé qui soutient cette partie de l'édifice, et, après plusieurs rampes rapides, établissent une communication entre le couvent et la montagne. C'est le seul endroit abordable de notre forteresse ; mais il est effrayant, et, depuis la sainte, personne n'a osé s'y hasarder. Les degrés, creusés inégalement dans le roc, présentent mille difficultés, et l'escarpement qu'ils côtoient, sans offrir aucune espèce de point d'appui, donne des vertiges.

J'ai voulu savoir si, dans la retraite et l'inaction, je n'avais rien perdu de mon courage et de ma force physique. Je me suis aventurée au milieu de la nuit, par un beau clair de lune, à descendre ces degrés. Je suis parvenue sans peine jusqu'à un endroit où la montagne, en s'écroulant, semblait avoir emporté le travail des cénobites. Un instant suspendue entre le ciel et les abîmes, j'ai frémi d'être forcée de me retourner pour revenir sur mes pas. J'étais sur une plate-forme où mes pieds avaient à peine l'espace nécessaire pour tenir tous les deux. Je suis restée long-temps immobile afin d'habituer mes yeux à supporter cette situation, et je songeais à l'empire de la volonté d'une part, de l'autre à celui de l'imagination sur les sens. Si j'eusse cédé à l'imagination, je me serais élancée au fond du gouffre qui semblait m'attirer par un aimant; mais la froide volonté dominait mes terreurs, et me maintenait ferme sur mon étroit piédestal.

Ne pourrait-on proposer cet exemple à ceux qui disent que les tentations sont irrésistibles, que toute contrainte imposée à l'homme est contraire au vœu de la nature et criminelle envers Dieu? O Pulchérie! je pensai à toi en cet instant. Je comparai ces vains plaisirs qui t'ont perdue à cette erreur des sens que je subissais sur le bord du précipice, et qui me poussait à abréger mon angoisse en m'abandonnant au sentiment de ma faiblesse. Je comparai aussi la vertu qui t'eût préservée à cet instinct conservateur de l'être, à cette force de raisonnement qui, chez l'homme, sait lutter victorieusement contre la mollesse et la peur. Oh! vous outragez la bonté de Dieu et vous méprisez profondément ses dons, vous qui prenez pour la plus noble et la plus saine partie de votre être cette faiblesse qu'il vous a infligée comme correctif de la force dont vous eussiez été trop fiers.

En observant d'un œil attentif tous les objets environnants, j'aperçus la continuation de l'escalier sur le roc détaché au-dessous de la plate-forme. J'atteignis sans peine cette nouvelle rampe. Ce qui, au premier coup d'œil, était impossible, devint facile avec la réflexion. Je me trouvai bientôt hors de danger sur les terrasses naturelles de la montagne. Je connaissais de l'œil ces sites inabordables. Il y a cinq ans que, dans mes rêveries, je m'y promène des yeux sans songer à y porter mes pas. Mais cette énorme croûte qui forme le couronnement du mont, et dont les dents aiguës déchirent les nuées, je n'en avais jamais aperçu que les parois extérieures. Quelle fut ma surprise, lorsqu'en les côtoyant je vis la possibilité de pénétrer dans leurs flancs par des fissures dont le lointain aspect offrait à peine l'espace nécessaire pour le passage d'un oiseau ? Je n'hésitai point à m'y glisser, et, à travers les éboulements du basalte, le réseau des plantes pariétaires et les aspérités d'un trajet incertain, je suis parvenue à des régions que nul regard humain n'a contemplées, que nul pied n'a parcourues, depuis le temps où la sainte y venait chercher le recueillement de la prière, loin de tout bruit extérieur et de toute obsession humaine.

On croit, dans le pays, que chaque nuit l'esprit de Dieu la ravissait sur ces sommets sublimes, qu'un ange invisible la portait sur ces escarpements, et aucun habitant n'a osé depuis approfondir le miracle que la foi seule opéra : la foi, que les petits esprits appellent faiblesse, superstition, ineptie ! la foi, qui est la volonté jointe à la confiance, magnifique faculté donnée à l'homme pour dépasser les bornes de la vie animale, et pour reculer jusqu'à l'infini celles de l'entendement.

La montagne, tronquée vers sa cime par l'éruption d'un volcan éteint dans les premiers âges du globe, offrait à mes regards une vaste enceinte de ruines volcaniques, fermée par les inégaux remparts de ses dents et de ses déchirures. Une cendre noire, poussière de métaux vomis par l'éruption; des amas de scories fragiles, que la vitrification préserve de l'action des éléments, mais qui craquent sous le pied comme des ossements épars; un gouffre comblé par les attérissements et recouvert de mousse, des murailles naturelles d'une lave rouge qu'on prendrait pour de la brique, les gigantesques cristallisations du basalte, et partout sur les minéraux les étincelles et les lames d'une pluie de métaux en fusion que fouetta jadis une tempête sortie des entrailles de la terre; de grands lichens rudes et flétris comme la pierre dont ils sont nourris, des eaux qu'on ne voit pas et que l'on entend bouillonner sous les roches, tel est le lieu sauvage où aucun être animé n'a laissé ses traces. Il y avait si long-temps que je ne m'étais retrouvée au désert, que j'eus un instant d'effroi à l'aspect de ces débris d'un monde antérieur à l'homme. Un malaise inexprimable s'empara de moi, et je ne pus me résoudre à m'asseoir au sein de ce chaos. Il me semblait que c'était la demeure de quelque puissance infernale ennemie de la paix de l'homme. Je continuai donc à marcher et à gravir jusqu'à ce que j'eusse atteint les dernières crêtes qui forment, autour de ce large cratère, une orgueilleuse couronne aux fleurons bizarres.

De là, je revis les espaces des cieux et des mers, la

ville, les campagnes fertiles qui l'entourent, le fleuve, les forêts, les promontoires et les belles îles, et le volcan, seul géant dont la tête dépassât la mienne, seule bouche vivante du canal souterrain où se sont précipités tous les torrents de feu qui bouillonnèrent dans les flancs de cette contrée. Les terres cultivées, les hameaux et les maisons de plaisance qui couvrent les croupes amènes des mamelons, se perdaient dans la distance et se confondaient dans les vapeurs du crépuscule. Mais à mesure que le jour grandit à l'horizon maritime, les objets devinrent plus distincts, et bientôt je pus m'assurer que le sol était encore fécond, que l'humanité existait encore. Assise sur ce trône aérien, que la sainte elle-même ne s'est peut-être jamais soucié d'atteindre, il me sembla que je venais de prendre possession d'une région rebelle à l'homme. L'immonde cyclope qui entassa ces blocs pour les précipiter sur la vallée, et qui tira le feu d'enfer de ses réservoirs inconnus pour consumer les jeunes productions de la terre, était tombé sous la colère du Dieu vengeur. Il me sembla que je venais de lui imposer le dernier sceau du vasselage en mettant le pied sur sa tête foudroyée. Ce n'était pas assez que l'Éternel eût permis à la race privilégiée de couvrir de ses triomphes et de ses travaux tout ce sol disputé aux éléments; il fallait qu'une femme gravît jusqu'à cette dernière cime, autel désert et silencieux du Titan renversé. Il fallait qu'au haut de cet autel audacieux la pensée humaine, cet aigle dont le vol embrasse l'infini et possède le trésor des mondes, vînt se poser et replier ses ailes pour se pencher vers la terre et la bénir dans un élan fraternel, créant ainsi, pour la première fois, un rapport sympathique de l'homme à l'homme, au milieu des abîmes de l'espace.

Me retournant alors vers la région désolée que je venais de parcourir, j'essayai de me rendre compte du changement qui s'est opéré dans mes goûts en même temps que dans mes habitudes. Pourquoi donc jadis n'étais-je jamais assez loin à mon gré des lieux habitables ? Pourquoi aujourd'hui aimai-je à m'en rapprocher ? Je n'ai pas découvert dans l'homme des vertus nouvelles, des qualités ignorées jusqu'ici. La société ne m'apparaît pas meilleure depuis que je l'ai quittée. De loin comme de près j'y vois toujours les mêmes vices, toujours la même lenteur à se reconstituer suivant ses besoins nobles et réels. Et quant aux beautés brutes de la nature, je n'ai pas perdu la faculté de les apprécier. Rien n'éteint dans les âmes poétiques le sentiment du beau, et ce qui leur semble mortel au premier abord développe en elles des facultés ignorées, des ressources inépuisables. Cependant autrefois il n'était pas de caverne assez inaccessible, pas de lande assez inculte, pas de plage assez stérile pour exercer la force de mes pieds et l'avidité de mon cerveau. Les Alpes étaient trop basses et la mer trop étroite à mon gré. Les immuables lois de l'équilibre universel fatiguaient mon œil et lassaient ma patience. Je guettais l'avalanche et ne trouvais jamais qu'elle eût assez labouré de neiges, assez balayé de sapins, assez retenti sur les échos effrayés des glaciers. L'orage ne venait jamais assez vite et ne grondait jamais assez haut. J'eusse voulu pousser de la main les sombres nuées et les déchirer avec fracas. J'aurais voulu assister à quelque déluge nouveau, à la chute d'une étoile, à un cataclysme universel. J'aurais crié de joie en m'abîmant avec les ruines du monde, et alors seulement j'aurais proclamé Dieu aussi fort que ma pensée l'avait conçu.

C'est le souvenir de ces jours impétueux et de ces désirs insensés qui me fait frémir maintenant à l'aspect des lieux qui retracent les antiques bouleversements du globe. Cet amour de l'ordre, révélé à moi depuis que j'ai quitté le monde, proscrit les joies que j'éprouvais jadis à entendre gronder le volcan et à voir rouler l'avalanche. Quand je me sentais faible par ma souffrance, je ne cherchais dans les attributs de Dieu que la colère et la force. A présent que je suis apaisée, je comprends que la force, c'est le calme et la douceur. O bonté incréée ! comme tu t'es révélée à moi ! comme je te bénis dans le moindre sillon vert que ton regard féconde ! comme je m'identifie à cette bonne terre où ton grain fructifie ! comme je comprends ton infatigable mansuétude ! O terre, fille du ciel ! comme ton père t'a enseigné la clémence, toi qui ne te dessèches pas sous les pas de l'impie, toi qui te laisses posséder par le riche et qui sembles attendre avec sécurité le jour qui te rendra à tous tes enfants ! Sans doute alors tu te pareras d'attraits nouveaux ; plus riante et plus féconde, tu réaliseras peut-être ces beaux rêves poétiques que l'on entend annoncer par les sectes nouvelles, et qui montent comme des parfums mystérieux sur cet âge de doute, composé étrange de hautaines négations et de tendres espérances.

Ravie dans la contemplation de cette nuit sublime, j'en suivis le cours, le déclin et la fin. A minuit, la lune s'était couchée. La retraite me devenait impossible ; privée de son flambeau, je ne pouvais plus me guider dans ce labyrinthe de débris, et, quoique le ciel fût étincelant d'étoiles, les profondeurs du cratère étaient ensevelies dans les ténèbres. J'attendis qu'une faible lueur blanchît l'horizon. Mais quand elle parut, la terre devint si belle que je ne pus m'arracher au spectacle que chaque instant variait et embellissait sous mes yeux.

Les pâles étoiles du Scorpion se plongèrent une à une dans la mer à ma droite. Nymphes sublimes, inséparables sœurs, elles semblaient s'enlacer l'une à l'autre et s'entraîner en s'invitant aux chastes voluptés du bain. Les soleils innombrables qui sèment l'éther étaient alors plus rares et plus brillants ; le jour ne se montrait pas encore, et cependant le firmament avait pris une teinte plus blanche, comme si un voile d'argent se fût étendu sur l'azur profond de son sein. L'air fraîchissait, et l'éclat des astres semblait ranimé par cette brise, comme une flamme que le vent agite avant de l'éteindre. L'étoile de la Chèvre monta rouge et brillante à ma gauche, au-dessus des grandes forêts, et la Voie lactée s'effaça sur ma tête comme une vapeur qui remonte aux cieux.

Alors l'empyrée devint comme un dôme qui se détachait obliquement de la terre, et l'aube monta chassant devant elle les étoiles paresseuses. Tandis que le vent de ses ailes les soufflait une à une, celles qui s'obstinaient à rester paraissaient toujours plus claires et plus belles. Hesper blanchissait et s'avançait avec tant de majesté qu'il semblait impossible de le détrôner ; l'Ourse abaissait sa courbe gigantesque vers le nord. La terre n'était qu'une masse noire, dont quelques sommets de montagne coupaient, çà et là, l'âpre contour à l'horizon. Les lacs et les ruisseaux se montrèrent successivement comme des taches et des lignes sinueuses d'argent mat sur le linceul de la terre. A mesure que l'aurore remplaça l'aube, toutes ces eaux prirent alternativement les reflets changeants de la nacre. Long-temps l'azur, dont les teintes infinies effaçaient la transition du blanc au noir, fut la seule couleur que l'œil pût saisir sur la terre et dans les cieux. L'orient rougit long-temps avant que la couleur et la forme fussent éveillées dans le paysage. Enfin la forme sortit la première du chaos. Les contours des plans avancés se détachèrent, puis tous les autres successivement jusqu'aux plus lointains ; et, quand tout le dessin fut appréciable, la couleur s'alluma sur le feuillage, et la végétation passa lentement par toutes les teintes qui lui sont propres, depuis le bleu sombre de la nuit jusqu'au vert étincelant du jour.

Le moment le plus suave fut celui qui précéda immédiatement l'apparition du disque du soleil. La forme avait atteint toute la grâce de son développement. La couleur encore pâle avait un indéfinissable charme ; les rayons montaient comme des flammes derrière de grands rideaux de peupliers qui n'en recevaient rien encore et qui se dessinaient en noir sur cette fournaise. Mais, dans la région située entre l'orient et le sud, la lumière répandait de préférence ses prestiges toujours croissants. L'oblique clarté se glissait entre chaque zone de coteaux, de forêts et de jardins. Les masses, éclairées à tous leurs bords, s'enlevaient légères et diaphanes, tandis que leur milieu encore sombre accusait l'épaisseur. Que les arbres étaient beaux ainsi ! Quelle délicatesse avaient les sveltes peupliers, quelle rondeur les caroubiers robustes, quelle mollesse les myrtes et les cytises ! La verdure n'offrait qu'une teinte uniforme, mais la transparence suppléait à la richesse des tons ; de seconde en seconde, l'intensité du rayon pénétrait dans toutes les sinuosités, dans toutes les profondeurs. Derrière chaque rideau de feuillage, un voile semblait tomber, et d'autres rideaux, toujours plus gracieux et plus frais, surgissaient comme par enchantement ; des angles de prairie, des buissons, des massifs d'arbustes, des clairières pleines de mousses et de roseaux se révélaient. Et cependant, dans les fonds des terrains, et vers les entrelacements des tiges, il y avait encore de doux mystères, moins profonds que ceux de la nuit, plus chastes que ceux du jour. Derrière les troncs blanchissants des vieux figuiers, ce n'étaient plus les antres des faunes perfides qui s'ouvraient dans les fourrés, c'étaient les pudiques retraites des silencieuses amadryades. Les oiseaux à peine éveillés ne faisaient entendre que des chants rares et timides. La brise cessa; à la plus haute cime des trembles il n'y avait pas une feuille qui ne fût immobile. Les fleurs, chargées de rosée, retenaient encore leurs parfums. Ce moment a toujours été celui que j'ai préféré dans la journée : il offre l'image de la jeunesse de l'homme. Tout y est candeur, modestie, suavité... O Sténio ! c'est le moment où ta pâle beauté et tes yeux limpides m'apparaissent tels qu'autrefois !

Mais tout à coup les feuilles s'émurent, et de grands vols d'oiseaux traversèrent l'espace. Il y eut comme un tressaillement de joie ; le vent soufflait de l'ouest, et la cime des forêts semblait s'incliner devant le dieu.

De même qu'un roi, précédé d'un brillant cortége, efface bientôt par sa présence l'éclat des pompes qui l'ont annoncé, le soleil, en montant sur l'horizon, fit pâlir la pourpre répandue sur sa route. Il s'élança dans la carrière avec cette rapidité qui nous surprend toujours, parce que c'est le seul instant où notre vue saisisse clairement le mouvement qui nous entraîne et qui semble nous lancer sous les roues ardentes du char céleste. Un moment baigné dans les vapeurs embrasées de l'atmosphère, il flotta et bondit inégal dans sa forme et dans son élan, comme un spectre de feu prêt à s'évanouir et à retomber dans la nuit ; mais ce fut une hésitation rapidement dissipée. Il s'arrondit, et son sein sembla éclater pour projeter au loin la gloire de ses rayons. Ainsi, antique Hélios, au sortir de la mer, il secouait sa brûlante chevelure sur la plage, et couvrait les flots d'une pluie de feu ; ainsi, sublime création du Dieu unique, il apporte la vie aux mondes prosternés.

Avec le soleil, la couleur, jusque-là incomplète et vague, prit toute sa splendeur. Les bords argentés des masses de feuillage se teignirent en vert sombre d'un côté et en émeraude étincelante de l'autre. Le point du paysage que j'examinais de préférence changea d'aspect, et chaque objet eut deux faces : une obscure, et l'autre éblouissante. Chaque feuille devint une goutte de la pluie d'or ; puis des reflets de pourpre marquèrent la transition de la clarté à la chaleur. Les sables blancs des sentiers jaunirent, et, dans les masses grises des rochers, le brun, le jaune, le fauve et le rouge montrèrent leurs mélanges pittoresques. Les prairies absorbèrent la rosée qui les blanchissait et se firent voir si fraîches et si vertes que toute autre verdure sembla effacée. Il y eut partout des nuances au lieu de teintes ; partout sur les plantes, de l'or au lieu d'argent, des rubis au lieu de pourpre, des diamants au lieu de perles. La forêt perdit peu à peu ses mystères ; le dieu vainqueur pénétra dans les plus humbles retraites, dans les ombrages les plus épais. Je vis les fleurs s'ouvrir autour de moi, et lui livrer tous les parfums de leur sein..... Je quittai cette scène qui convenait moins que l'autre à la disposition de mon âme et au caprice de ma destinée. C'était l'image de la jeunesse ardente, non plus celle de l'adolescence paisible; c'était l'excitation fougueuse à une vie que je n'ai pas vécue et que je ne dois pas vivre. Je saluai la création, et je détournai mes regards sans amertume et sans ingratitude.

J'avais passé là plusieurs heures de délices; n'était-ce pas de quoi remercier humblement le Dieu qui a fait la beauté de la terre infinie, afin que chaque être y puisât le bonheur qui lui est propre? Certains êtres ne vivent que pendant quelques instants; d'autres s'éveillent quand tout le reste s'endort; d'autres encore n'existent qu'une partie de l'année. Eh quoi! une créature humaine condamnée à la solitude ne saurait sans colère renoncer à quelques instants de l'ivresse universelle, quand elle participe à toutes les délices du calme! Non, je ne me plaignis pas, et je redescendis la montagne, m'arrêtant pour regarder de temps en temps les cieux embrasés et m'étonner du peu d'instants qui s'étaient écoulés depuis que j'y avais vu régner l'humide pâleur de la lune.

Nulle langue humaine ne saurait raconter la variété magique de cette course où le temps entraîne l'univers. L'homme ne peut ni définir ni décrire le mouvement. Toutes les phases de ce mouvement qu'il appelle le temps portent le même nom dans ses idiomes, et chaque minute en demanderait un différent, puisque aucune n'est celle qui vient de s'écouler. Chacun de ces instants que nous essayons de marquer par les nombres transfigure la création et opère sur des mondes innombrables d'innombrables révolutions. De même qu'aucun jour ne ressemble à un autre jour, aucune nuit à une autre nuit, aucun moment du jour ou de la nuit ne ressemble à celui qui précède et à celui qui suit. Les éléments du grand tout ont dans leur ensemble l'ordre et la règle pour invariables conditions d'existence, et en même temps l'inépuisable variété, image d'un pouvoir infini et d'une activité infatigable, préside à tous les détails de la vie. Depuis la physionomie des constellations jusqu'à celle des traits humains, depuis les flots de la mer jusqu'aux brins d'herbe de la prairie, depuis l'immémorial incendie qui dévore les soleils jusqu'aux inénarrables variations de l'atmosphère qui enveloppe les mondes, il n'est pas de chose qui n'ait son existence propre à elle seule, et qui ne reçoive de chaque période de sa durée une modification sensible ou insensible aux perceptions de l'homme.

Qui donc a vu deux levers de soleil identiquement beaux? L'homme qui se préoccupe de tant d'événements misérables, et qui se récrée à tant de spectacles indignes de lui, ne devrait-il pas trouver ses vrais plaisirs dans la contemplation de ce qu'il y a de grand et d'impérissable? Il n'en est pas un parmi nous qui n'ait gardé un souvenir bien marqué de quelque fait puéril, et nul ne compte parmi ses joies un instant où la nature s'est fait aimer de lui pour elle-même, où le soleil l'a trouvé transporté hors du cercle d'une égoïste individualité, et perdu dans ce fluide d'amour et de bonheur qui enivre tous les êtres au retour de la lumière. Nous goûtons comme malgré nous ces ineffables biens que Dieu nous prodigue; nous les voyons passer sans les accueillir autrement que par des paroles banales. Nous n'en étudions pas le caractère; nous confondons dans une même appréciation, froide et confuse, toutes les nuances de nos jours radieux. Nous ne marquons pas comme un événement heureux le loisir d'une nuit de contemplation, la splendeur d'un matin sans nuage. Il y a eu pour chacun de nous un jour où le soleil lui est apparu plus beau qu'en aucun autre jour de sa vie. Il s'en est à peine aperçu, et il ne s'en souvient pas. O *Mouvement !* vieux Saturne, père de tous les pouvoirs ! c'est toi que les hommes eussent dû adorer sous la figure d'une roue ; mais ils ont donné tes attributs à la Fortune, parce qu'elle seule préside à leurs instants ; elle seule retourne le sablier de leur vie. Ce n'est pas le cours des astres qui règle leurs pensées et leurs besoins, ce n'est pas l'ordre admirable de l'univers qui fait fléchir leurs genoux et palpiter leurs cœurs ; ce sont les jouets fragiles dont ta corne est remplie. Tu la secoues sur leurs pas, et ils se baissent pour chercher quelque chose dans la fange, tandis qu'une source inépuisable de bonheur et de calme ruisselle autour d'eux, abondante et limpide, par tous les pores de la création.

LIX.

LÉLIA, j'ai lu avidement le résumé des nobles et touchantes émotions de votre âme depuis les années qui nous séparent. Vous êtes calme, Dieu soit loué ! Moi aussi je suis calme, mais triste ; car depuis longtemps je suis inutile. Je vous l'ai caché pour ne pas altérer votre précieuse sérénité ; mais maintenant je puis vous le dire, j'ai passé tout ce temps dans les fers ; et cela sur une terre étrangère aux querelles politiques qui m'ont expulsé du pays où vous êtes, sur une terre de refuge et de prétendue liberté. J'ai été trouvé suspect, et le soupçon a suffi pour que l'hospitalité se changeât pour moi en tyrannie. Enfin j'échappe à la prison, et je vais reprendre ma tâche. Ici, comme ailleurs sans doute, je trouverai des sympathies; car ici, plus qu'ailleurs peut-être, il y a de grandes souffrances, de grands besoins et de grandes iniquités.

Vos récits et vos peintures de la vie monastique m'ont apporté au sein de ma misère des heures charmantes et de poétiques rêveries. Moi aussi, Lélia, j'ai eu dans le cachot mes jours de bonheur en dépit du sort et des hommes. Jadis j'avais souvent désiré la solitude. Aux jours des angoisses et des remords sans fruit, j'avais essayé de fuir la présence de l'homme ; mais en vain avais-je parcouru une partie du monde. La solitude me fuyait; l'homme, ou ses influences inévitables, ou son despotique pouvoir sur toute la création, m'avaient poursuivi jusqu'au sein du désert. Dans la prison j'ai trouvé cette solitude si salutaire et si vainement cherchée. Dans ce calme mon cœur s'est rouvert aux charmes de la nature. Jadis à mon admiration blasée les plus belles contrées qu'éclaire le soleil n'avaient pas suffi ; maintenant un pâle rayon entre deux nuages, une plainte mélodieuse du vent sur la grève, le bruissement des vagues, le cri mélancolique des mouettes, le chant lointain d'une jeune fille, le parfum d'une fleur élevée à grand'peine dans la fente d'un mur, ce sont là pour moi de vives jouissances, des trésors dont je sais le prix. Combien de fois ai-je contemplé avec délices, à travers l'étroit grillage d'une meurtrière, la scène immense et grandiose de la mer agitée promenant sa houle convulsive et ses longues lames d'écume d'un horizon à l'autre ! Qu'elle était belle alors, cette mer encadrée dans une fente d'airain ! Comme mon œil, collé à cette ouverture jalouse, étreignait avec transport l'immensité déployée devant moi ! Eh !

ne m'appartenait-elle pas tout entière, cette grande mer que mon regard pouvait embrasser, où ma pensée errait libre et vagabonde, plus rapide, plus souple, plus capricieuse, dans son vol céleste, que les hirondelles aux grandes ailes noires, qui rasaient l'écume et se laissaient bercer endormies dans le vent? Que m'importaient alors la prison et les chaînes? Mon imagination chevauchait la tempête comme les ombres évoquées par la harpe d'Ossian. Depuis je l'ai franchie sur un léger navire, cette mer où mon âme s'était promenée tant de fois. Eh bien! alors elle m'a semblé moins belle peut-être. Les vents étaient lourds et paresseux à mon gré; les flots avaient des reflets moins étincelants, des ondulations moins gracieuses; le soleil s'y levait moins pur, il s'y couchait moins sublime. Cette mer qui me portait, ce n'était plus la mer qui avait bercé mes rêves, la mer qui n'appartenait qu'à moi, et dont j'avais joui tout seul au milieu des esclaves enchaînés.

Maintenant je vis languissamment et sans efforts, comme le convalescent à la suite d'une maladie violente. Avez-vous éprouvé ce délicieux engourdissement de l'âme et du corps après les jours de délire et de cauchemar, jours à la fois longs et rapides, où, dévoré de rêves, fatigué de sensations incohérentes et brusques, on ne s'aperçoit point du temps qui marche et des nuits qui succèdent aux jours? Alors, si vous êtes sortie de ce drame fantastique où vous jette la fièvre pour rentrer dans la vie calme et paresseuse, dans l'idylle et les douces promenades, sous le soleil tiède, parmi les plantes que vous avez laissées en germe et que vous retrouvez en fleurs; si vous avez lentement marché, faible encore, le long du ruisseau nonchalant et paisible comme vous; si vous avez écouté vaguement tous ces bruits de la nature long-temps perdus et presque oubliés sur un lit de douleur ; si vous avez enfin repris à la vie, doucement, et par tous les pores, et par toutes les sensations une à une, vous pouvez comprendre ce que c'est que le repos après les tempêtes de ma vie.

Mais nous n'avons pas le droit de nous arrêter plus d'un jour au bord de notre route. Le ciel nous condamne au travail. Moi, plus qu'un autre, je suis condamné à accomplir un dur pèlerinage. Il est dans le repos des délices infinies ; mais nous ne pouvons pas nous endormir dans ces voluptés, car elles nous donneraient la mort. Elles nous sont envoyées en passant comme des oasis dans le désert, comme un avant-goût du ciel ; mais notre patrie ici-bas est une terre inculte que nous sommes destinés à conquérir, à civiliser, à affranchir de la servitude. Je ne l'oublie pas, Lélia, et déjà je me remets en marche, souhaitant que la paix des cieux reste avec vous !

LX.

LE CHANT DE PULCHÉRIE.

Quand je quitte ma couche voluptueuse pour regarder les étoiles qui blanchissent avec l'azur céleste, mes genoux frissonnent au froid de cette matinée d'hiver. D'affreux nuages pèsent sur l'horizon comme des masses d'airain, et l'aube fait de vains efforts pour se dégager de leurs flancs livides. L'astre du Bouvier darde un dernier rayon rougeâtre aux pieds de l'Ourse boréale, dont le jour éteint un à un les sept flambeaux pâlissants. La lune continue sa course et s'abaisse lentement, froide et sinistre, des hauteurs du zénith vers les créneaux des mornes édifices. La terre commence à montrer des pentes labourées par la pluie, luisantes d'un reflet terne comme l'étain. Les coqs chantent d'une voix aigre, et l'angelus, qui salue cette aurore glacée, semble annoncer le réveil des morts dans leurs suaires, et non celui des vivants dans leurs demeures.

Pourquoi quitter ton grabat à peine échauffé par quelques heures d'un mauvais sommeil, ô laboureur plus pâle que l'aube d'hiver, plus triste que la terre inondée, plus desséché que l'arbre dépouillé de ses feuilles ? Par quelle misérable habitude signes-tu ton front étroit, ridé avant l'âge, au commandement de la cloche catholique ? Par quelle imbécile faiblesse acceptes-tu pour ton seul espoir et ta seule consolation les rites d'une religion qui consacre ta misère et perpétue ta servitude ? Tu restes sourd à la voix de ton cœur qui te crie : Courage et vengeance ! et tu courbes la tête à cette vibration lugubre qui proclame dans les airs ton arrêt éternel : Lâcheté, abaissement, terreur ! Brute indigne de vivre ! regarde comme la nature est ingrate et rechignée, comme le ciel te verse à regret la lumière, comme la nuit s'arrache lentement de ton hémisphère désolé ! Ton estomac vide et inquiet est le seul mobile qui te gouverne encore, et qui te pousse à chercher une chétive pâture, sans discernement et sans force, sur un sol épuisé par tes ignares labeurs, par tes bras lourds et malhabiles, que la faim seule met encore en mouvement comme les marteaux d'une machine. Va broyer la pierre des chemins, moins endurcie que ton cerveau, pour que mes nobles chevaux ne s'écorchent pas les pieds dans leur course orgueilleuse ! Va ensemencer le sillon limoneux afin qu'un pur froment nourrisse mes chiens, et que leurs restes soient mendiés avec convoitise par tes enfants affamés! Va, race infirme et dégradée, chéris la vermine qui te ronge! végète comme l'herbe infecte des marécages! traîne-toi sur le ventre comme le ver dans la fange! Et toi, soleil, ne te montre pas à ces reptiles indignes de te contempler! Nuages de sang qui vous déchirez à son approche, roulez vos plis comme un linceul sur sa face rayonnante, et répandez-vous sur la terre d'Égypte jusqu'à ce que ce peuple abject ait fait pénitence et lavé la souillure de son esclavage.

Mon jeune amant, tu ne me réponds pas, tu ne m'écoutes pas? Ton front repose enfoncé dans un chevet moelleux. Crains-tu de me montrer des larmes généreuses? Pleures-tu sur cette hideuse journée qui commence, sur cette race avilie qui s'éveille? Rêves-tu de carnage et de délivrance? Gémis-tu de douleur et de colère?—Tu dors? Ta chevelure est mouillée de sueur, tes épaules mollissent sous les fatigues de l'amour. Une langueur ineffable accable tes membres et ta pensée... N'as-tu donc d'ardeur et de force que pour le plaisir? — Quoi! tu dors? La volupté suffit donc à ta jeunesse, et tu n'as pas d'autre passion que celle des femmes? Étrange jeunesse, qui ne sait ni dans quel monde, ni dans quel siècle le destin t'a jetée! Tout ton passé est ambition, tout ton présent jouissance, tout ton avenir impunité. Eh bien! si tu as tant d'insouciance et de mépris pour le malheur d'autrui, donne-moi donc un peu de cette lâcheté froide. Que toute la force de nos âmes, que toute l'ardeur de notre sang tourne à l'âpreté de nos délires. Allons! ouvrons nos bras et fermons nos cœurs! abaissons les rideaux entre le jour et notre joie honteuse! Rêvons sous l'influence d'une lascive chaleur le doux climat de la Grèce, et les voluptés antiques, et la débauche païenne ! Que le faible, le pauvre, l'opprimé, le simple suent et souffrent pour manger un pain noir trempé de larmes ; nous, nous vivrons dans l'orgie, et le bruit de nos plaisirs étouffera leurs plaintes ! Que les saints crient dans le désert, que les prophètes reviennent se faire lapider, que les Juifs remettent le Christ en croix, vivons !

Ou bien, veux-tu ? mourons, asphyxions-nous ; quittons la vie par lassitude, comme tant d'autres couples l'ont quittée par fanatisme amoureux. Il faut que notre âme périsse sous le poids de la matière, ou que notre corps, dévoré par l'esprit, se soustraie à l'horreur de la condition humaine.

Il dort toujours ! et moi, je ne saurais retrouver un instant de calme quand le contraste de la misère d'autrui et de ma richesse infâme vient livrer mon sein aux remords ! O ciel ! quelle brute est donc ce jeune homme qu'hier je trouvais si beau ? Regardez-le, étoiles vacillantes qui fuyez dans l'immensité, et voilez-vous à jamais pour lui ! Soleil, ne pénètre pas dans cette chambre, n'éclaire pas ce front flétri par la débauche, qui n'a jamais eu ni une pensée de reproche, ni une malédiction pour la Providence oublieuse !

Et toi, vassal, victime, porteur de haillons ; toi esclave, toi travailleur, regarde-le... regarde-moi, pâle, échevelée, désolée à cette fenêtre... regarde-nous bien tous les deux : un jeune homme riche et beau qui paie l'amour d'une femme, et une femme perdue qui méprise cet homme et son argent ! Voilà les êtres que tu sers, que tu crains, que tu respectes... Ramasse donc les outils de ton travail, ces boulets de ton bagne éternel, et frappe ! écrase ces êtres parasites qui mangent ton pain et te volent jusqu'à ta place au soleil! Tue cet homme qui dort bercé par l'égoïsme, tue aussi cette femme qui pleure, impuissante à sortir du vice!

LXI.

L'ERMITE vit entrer un soir dans sa cellule un jeune homme qu'il reconnut à peine ; car ses vêtements, ses manières, sa démarche, sa voix et jusqu'à ses traits, tout en lui était changé, tout s'était pour ainsi dire dénationalisé, pour prendre le reflet d'une civilisation étrangère.

Quand Sténio eut partagé le frugal souper de Magnus, il prit son bras et descendit avec lui au bord du lac. Il aimait à revoir ce lieu inculte, ces grands cèdres penchés sur le précipice, ces sables argentés par la lune, et cette eau immobile où les étoiles se reflétaient calmes comme dans un autre éther. Il aimait le faible bruissement des insectes dans les joncs, et le vol silencieux des chauves-souris décrivant des cercles mystérieux sur sa tête. Dans la cellule de l'ermite, au bord du ravin, au fond du lac sans rivages, son âme cherchait une pensée d'espoir, un sourire de la destinée. Comme son front était calme et sa bouche muette depuis long-temps, Magnus crut que Dieu avait eu pitié de lui et qu'il avait ouvert enfin à ce cœur souffrant le trésor des espérances divines ; mais tout à coup Sténio, l'arrêtant sous le rayon pur et blanc de la lune, lui dit, en le pénétrant de son regard cynique :

— Moine, raconte-moi donc ton amour pour Lélia, et comment, après t'avoir rendu athée et renégat, elle te fit devenir fou ?

— Mon Dieu! s'écria le pâle cénobite avec égarement, faites que ce calice s'éloigne de moi!

Sténio éclata d'un rire amer, et ôtant son chapeau d'une manière ironique : — Je vous salue, ermite plein de grâce, dit-il; la concupiscence est toujours avec vous, à ce que je vois; car on ne peut vous faire la moindre question sans vous enfoncer mille poignards dans le cœur. N'en parlons donc plus. Je croyais que madame l'abbesse des Camaldules était devenue un personnage assez grave pour ne pas troubler l'imagination même d'un prêtre. Dites-moi, Magnus, l'avez-vous revue depuis qu'elle est là? Et il montrait le couvent des Camaldules, dont les dômes, argentés par la lune, dépassaient un peu les cyprès du cimetière.

Magnus fit un signe de tête négatif.

— Et que faites-vous si près du camp ennemi? dit Sténio, comment êtes-vous venu dresser votre tente sous ses batteries?

— Il y avait déjà une année que j'étais ici, dit Magnus, lorsque j'ai appris qu'elle était au couvent.

— Et depuis ce temps vous avez résisté au désir de franchir ce ravin et d'aller regarder, par le trou de quelque serrure, si l'abbesse est encore belle? Eh bien! je vous admire et je vous approuve. Restez avec votre illusion et avec votre amour, mon père. Il ne vous faudrait peut-être pour guérir que voir celle que vous avez tant aimée. Mais où seraient vos mérites si vous guérissiez? Allons, gagnez le ciel, puisque le ciel est fait pour les dupes. Quant à moi, ajouta-t-il d'un son de voix tout à coup effrayant et lugubre, je sais qu'il n'y a rien de vrai dans les rêves de l'homme, et qu'une fois la vérité dévoilée il n'y a plus pour lui que la patience de l'ennui ou la résolution du désespoir; et quand j'ai dit autrefois que l'homme pouvait se complaire dans sa force individuelle, j'ai menti aux autres et à moi ; car celui qui est arrivé à la possession d'une force inutile, à l'exercice d'une puissance sans valeur et sans but, n'est qu'un fou dont il faut se méfier.

Dans les rêves de ma jeunesse, dans les extases de ma plus fraîche poésie, un fantôme d'amour planait sans cesse et me montrait le ciel. Lélia, mon illusion, ma poésie, mon élysée, mon idéal, qu'êtes-vous devenue ? Où a fui votre spectre léger ? dans quel éther insaisissable s'est évanouie votre essence immatérielle ? C'est que mes yeux se sont ouverts, c'est qu'en apprenant que vous étiez l'impossible, la vie m'est apparue toute nue, toute cynique ; belle parfois, hideuse souvent, mais toujours semblable à elle-même dans ses beautés ou dans ses horreurs ; toujours bornée, toujours assujettie à d'imprescriptibles lois qu'il n'appartient pas à la fantaisie de l'homme de soulever ! Et à mesure que cette fantaisie s'est usée et effacée (cette fantaisie de l'irréalisable qui seule poétise les jours de l'homme et l'attache quelques années à ses frivoles plaisirs), à mesure que mon âme s'est lassée de chercher dans les bras d'un troupeau de femmes le baiser extatique que Lélia seule pouvait donner ; dans le vin, la poésie et la louange, l'ivresse qu'une parole d'amour de Lélia devait résumer, je me suis éclairé au point de savoir... Écoutez-moi, Magnus, et que mes paroles vous profitent. Je me suis éclairé au point de savoir que Lélia elle-même est une femme comme une autre, que ses lèvres n'ont pas un baiser plus suave, que sa parole n'a pas une vertu plus puissante que le baiser et la parole des autres lèvres. Je sais aujourd'hui Lélia tout entière, comme si je l'avais possédée. Je sais ce qui la faisait si belle, si pure, si divine : c'était moi, c'était ma jeunesse. Mais, à mesure que mon âme s'est flétrie, l'image de Lélia s'est flétrie aussi. Aujourd'hui je la vois telle qu'elle est, pâle, la lèvre terne, la chevelure semée de ces premiers fils d'argent qui nous envahissent le crâne, comme l'herbe envahit le tombeau; le front traversé de cet ineffaçable pli que la vieillesse nous imprime, d'abord d'une main indulgente et légère, puis d'un ongle profond et cruel. Pauvre Lélia, vous voilà bien changée! Quand vous passez dans mes rêves, avec vos diamants et vos parures d'autrefois, je ne puis m'empêcher de rire amèrement et de vous dire : — Bien vous prend d'être abbesse, Lélia, et d'avoir beaucoup de vertu, car, sur mon honneur, vous n'êtes plus belle, et, si vous m'invitiez au céleste banquet de votre amour, je vous préférerais la jeune danseuse Torquata ou la joyeuse courtisane Elvire.

Et après tout, Torquata, Elvire, Pulchérie, Lélia, qu'êtes-vous pour m'enivrer, pour m'attacher à ce joug de fer qui ensanglante mon front, pour me pendre à ce gibet où mes membres se sont brisés? Essaim de femmes aux blonds cheveux, aux tresses d'ébène, aux pieds d'ivoire, aux brunes épaules, filles pudiques, rieuses débauchées, vierges aux timides soupirs, Messalines au front d'airain, vous toutes que j'ai possédées ou rêvées, que viendriez-vous faire dans ma vie à présent? Quel secret auriez-vous à me révéler? Me donneriez-vous les ailes de la nuit pour faire le tour de l'univers? me diriez-vous les secrets de l'éternité? feriez-vous descendre les étoiles pour me servir de couronne? feriez-vous seulement épanouir pour moi une fleur plus belle et plus suave que celles qui jonchent la terre de l'homme? Menteuses et impudentes que vous êtes! qu'y a-t-il donc dans vos caresses, pour que vous les mettiez à si haut prix? De quelles joies si divines avez-vous donc le secret, pour que nos désirs vous embellissent à ce point? Illusion et rêverie, c'est vous qui êtes vraiment les reines du monde! Quand votre flambeau est éteint, le monde est inhabitable.

Pauvre Magnus! cesse de dévorer tes entrailles, cesse de te frapper la poitrine pour y faire rentrer l'élan indiscret de tes désirs! Cesse d'étouffer tes soupirs quand Lélia apparaît dans tes songes! Va, c'est toi, pauvre homme, qui la fais si belle et si désirable; indigne autel d'une flamme si sainte, elle rit en elle-même de ton supplice. Car elle sait bien, cette femme, qu'elle n'a rien à te donner en échange de tant d'amour. Plus habile que les autres, elle ne se livre pas, elle se gaze. Elle se refuse, elle se divinise. Mais se voilerait-elle ainsi, si son corps était plus beau que celui des femmes qu'on achète? Son âme se déroberait-elle aux épanchements de l'affection, si son âme était plus vaste et plus grande que la nôtre?

O femme, tu n'es que mensonge! homme, tu n'es que vanité! philosophie, tu n'es que sophisme! dévotion, tu n'es que poltronnerie!

LXII.

DON JUAN.

Durant ces années qui avaient dispersé comme des feuilles d'automne des êtres autrefois si unis, Sténio, par ennui de ses habitudes, ou par nécessité d'échapper à des soupçons politiques, s'était éloigné des rivages qu'enchante le soleil. Il était venu demander à nos froides contrées les merveilles de leurs inventions, le luxe de leurs plaisirs, et aussi, peut-être, les orgueilleux sophismes de leur philosophie. Sténio était riche. Le faste, le bruit, les spectacles, le jeu, la débauche, tous les moyens d'abuser de l'argent et de la vie ne lui manquèrent pas. Mais ce qui le charma le plus, ce fut de trouver un monde tout fait pour son égoïsme et une race toute semblable, et par instinct et par goût, à ce qu'il était devenu par faiblesse et par désespoir. Il fut émerveillé de voir ériger en principe, et pratiquer systématiquement, raisonnablement, ce qu'il avait fait jusqu'alors par défi et avec délire. Il entendit des professeurs justifier, du haut de leur philosophie, tous les caprices, tous les mauvais désirs, toutes les méchantes fantaisies, sous prétexte que l'homme n'a pas d'autre guide que sa raison, et pas d'autre raison que son instinct. Il apprit chez nous toutes les merveilles de la psychologie, toutes les finesses de l'éclectisme, toute la science et toute la morale du siècle : à savoir, que nous devons nous examiner nous-mêmes attentivement, sans nous soucier les uns des autres, et faire ensuite chacun ce qui nous plaît, à condition de le faire avec beaucoup d'esprit. Sténio cessa donc d'être fou, il devint spirituel, élégant et froid. Il hanta les salons et les tavernes, portant dans les tavernes les belles manières d'un grand seigneur, et dans les salons l'impertinence d'un roué. Les prostituées le trouvèrent charmant ; les femmes du monde, original. Il suivit religieusement les modes. Il dépensa son génie dans les albums et fut inspiré tous les soirs en chantant devant trois cents personnes ; après quoi, il discutait sur la passion et sur le génie, sur la science, sur la religion, sur la politique, sur les arts, sur le magnétisme; et, à minuit, il allait souper chez les filles.

Quand il fut ruiné, il retomba malade, il eut le spleen, tout son esprit l'abandonna, et il parla de se brûler la cervelle. Un homme éminent dans les affaires de l'état crut le comprendre et lui offrit de vendre sa muse. Cette insulte rendit Sténio à lui-même. Il s'éloigna profondément blessé, et revint dans son pays, dévoré de tristesse, rapportant, pour tout fruit de ses voyages, cette grande leçon qu'un homme sans argent est méprisable aux yeux des riches, et qu'il faut cacher la pauvreté comme une honte quand on ne veut pas en sortir par l'infamie.

Il trouva qu'un grand changement s'était opéré dans sa province. Le cardinal Annibal et l'abbesse des Camaldules avaient fait dans les mœurs et dans les habitudes une sorte de révolution. Le prélat attirait la foule par ses prédications; mais c'était surtout aux Camaldules que l'élite des hautes classes se plaisait à l'entendre. Dans cette enceinte privilégiée et devant ce public choisi, son éloquence semblait s'élever au-dessus d'elle-même. Soit la présence de l'abbesse derrière le voile du chœur, soit la confiance que lui inspirait un auditoire plus sympathique et moins nombreux que celui des basiliques, le cardinal se sentait véritablement inspiré, et il savait envelopper sous les formes mystiques les plus ingénieuses le fond incisif et pénétrant de son libéralisme éclairé. De son côté, l'abbesse avait ouvert des conférences théologiques dans l'intérieur du couvent, où étaient admises les parentes et les amies des jeunes filles élevées dans le monastère. Ces cours étaient suivis avec assiduité, et n'opéraient pas moins d'effet que les sermons du cardinal. Lélia était la première femme qu'on eût entendue parler avec clarté et élégance sur des matières abstraites, et l'intelligence des femmes qui l'écoutaient s'ouvrait à un monde nouveau. Lélia savait les amener à ses idées sans effaroucher leurs préjugés et sans mettre leur dévotion en méfiance. Elle trouvait où s'appuyer dans la morale chrétienne pour leur prêcher ce qu'elle avait tant à cœur : la pureté des pensées, l'élévation des sentiments, le mépris des vanités si funestes aux femmes, l'aspiration vers un amour infini, si peu connu ou si peu compris d'elles. Insensiblement elle s'était emparée de leurs âmes, et le catholicisme, qui jusqu'alors n'avait été pour elles qu'une affaire de forme, commençait à enfoncer de profondes racines dans leurs convictions. Il faut avouer aussi que la mode aidait au succès de ce prosélytisme ; c'était le temps des dernières lueurs que jeta la foi catholique. De grandes intelligences, avides d'idéal, s'étaient dévouées à la faire revivre ; mais elles ne servirent qu'à hâter la chute de l'Église ; car l'Église les trahit, les repoussa et demeura seule avec son aveuglement et l'indifférence des peuples.

Lorsque Sténio entra dans le boudoir de Pulchérie, il le trouva converti en oratoire. La statue de Léda avait fait place au marbre de Madeleine pénitente. Un collier de perles magnifiques était devenu un rosaire terminé par une croix de diamants. Au lieu du sofa, on voyait un prie-Dieu, et la joyeuse coupe de Benvenuto, enchâssée dans une conque de lapis, s'était convertie en bénitier.

Comme Sténio se frottait les yeux, la Zinzolina revint du sermon. Elle entra, vêtue de velours noir, la tête enveloppée d'une mantille, un livre de chagrin à fermoirs d'argent sous le bras, une grande croix d'or au cou. Sténio se renversa sur le prie-Dieu en éclatant de rire. — Quelle mascarade est-ce là? s'écria-t-il; depuis quand sommes-nous dévote? On dit que le diable se fit ermite lorsque.... mais, Dieu me préserve de vous appliquer cet insolent proverbe, ô ma vénérable matrone romaine! Vous êtes encore belle, quoique vous ayez pris un peu d'embonpoint, et que vos cheveux d'or se soient enrichis de quelques reflets d'argent...

Il fut un temps où Pulchérie, dans tout l'éclat de la jeunesse et dans toute la certitude de ses triomphes, eût accueilli gaiement les sarcasmes de Sténio; mais, comme Sténio l'avait très-bien remarqué, l'astre de sa beauté entrait dans son déclin, et les plaisanteries amères de son jeune amant excitèrent son dépit. L'âme de Pulchérie était plus flétrie encore que ses traits; la piété eût bien difficilement rajeuni ce cœur usé par tant de désirs éphémères, par tant de faiblesses incorrigibles. Elle allait donc à l'église autant pour suivre la mode que pour expliquer extérieurement, au gré de sa vanité, la baisse de ses succès. Elle essaya de défendre la sincérité de sa dévotion; mais elle le fit si faiblement, et les railleries de Sténio furent si cruelles, qu'elle eut tout le désavantage de la lute, et, le sentant bien, elle se mit à pleurer.

Quand ses larmes cessèrent d'amuser Sténio, pour s'épargner le soin de la consoler, il se mit à l'endoctriner d'un ton pédant, et lui répéta tous les lieux communs du Nord, pensant qu'ils seraient tout nouveaux dans le Midi. Il lui permit d'être catholique, lui donnant à entendre, fort peu délicatement, que la religion était faite pour les intelligences bornées, que le peuple en avait besoin, et qu'il était bon de l'encourager. Il en vint à lui prouver que ce qu'elle faisait était d'un bon exemple pour sa femme de chambre, et que d'ailleurs c'était une affaire de bonne compagnie que de se conformer au ton du jour. Il termina sa dissertation en lui disant que ce qui était bienséance dans sa manière extérieure serait, dans son intimité, du dernier mauvais goût, et il l'engagea à faire de la dévotion le matin et de la galanterie le soir. A ce discours, la Zinzolina prit sa revanche et se moqua de lui, surtout lorsqu'elle apprit qu'il était ruiné. Elle fit alors la généreuse, lui offrit sa table et sa voiture; et ce fut certainement de grand cœur, car la Zinzolina était libérale à la manière de ses pareilles; mais l'air de protection qu'elle prit avec Sténio fut pour lui le dernier coup. Un homme en place avait marchandé les chants de sa lyre; une prostituée lui promettait les dons de ses amants. Il se leva furieux et sortit pour ne jamais la revoir.

Quand il vit la dévotion régner partout, et qu'il apprit le grand crédit de l'abbesse des Camaldules, son ironie ne connut plus de bornes. Toute l'amertume qu'il avait couvée contre Lélia se réveilla à l'idée de la voir heureuse ou puissante. Il s'était consolé de ce qu'il appelait une vengeance de sa part, en se persuadant qu'elle le payerait cher, que l'ennui dévorerait sa vie, que ses compagnes la tourmenteraient, et que, douée, comme elle l'était, d'un caractère inflexible, elle serait bientôt un éclat qui la forcerait de quitter le cloître. Quand il vit qu'il s'était trompé, il s'imagina devoir être humilié par cette destinée florissante, et sa mélancolie maladive empira. Il comprit sa vie petitement et jalousa tout ce qui n'était pas flétri et brisé comme lui. Il envia jusqu'aux titres, jusqu'aux richesses des autres hommes. Il fut saisi d'une haine instinctive contre le cardinal, et se plut à émettre des doutes outrageants sur la pureté des relations de l'abbesse avec lui. Il oublia cette tolérance élégante et sceptique qu'il avait apprise au foyer de la civilisation, et, prenant du parti qu'il avait abandonné ce que ce parti avait précisément d'étroit et d'erroné, il déclama aigrement contre la piété, accusa de jésuitisme non-seulement tout ce qui intriguait dans l'État, mais encore tout ce qui cherchait le progrès par les voies religieuses. Il avait conservé la dignité de sa poésie en repoussant les viles séductions de la cupidité; il perdit cette dignité en forçant son génie à produire des satires pleines de fiel et des pamphlets gonflés de haine. C'est ainsi qu'au lieu de donner la main aux esprits nobles et sincères qui rêvaient la liberté et la servaient de tous leurs moyens, la jeunesse contemporaine de Sténio, croyant sauver la liberté, accusa de perfidie et repoussa brutalement ceux qui auraient aidé au triomphe de la vérité, s'il était possible que la lumière et la justice présidassent aux contestations humaines.

Un jour Sténio trouva plaisant de se déguiser en femme et de s'introduire dans le couvent pour assister à une des conférences de l'abbesse des Camaldules. Placé très-loin d'elle, il ne put voir ses traits, mais il entendit ses discours.

Forcée de se renfermer dans les usages du catholicisme, Lélia avait conservé à cet enseignement religieux la forme naïve d'une discussion où l'avocat de la mauvaise cause établit des prétentions que le défenseur de la vérité réfute toujours victorieusement. Dans le principe, le rôle de l'agresseur avait été rempli par une jeune fille exposant des doutes timides, ou par une religieuse feignant de regretter le monde. Mais, peu à

9.

peu, des femmes d'esprit qui assistaient à ces exhortations prièrent l'abbesse de leur permettre d'élever la voix librement contre elle, afin de lui soumettre leurs incertitudes ou de lui exposer leurs chagrins. A elle, de les redresser et de les consoler. Elle se rendit à leur désir, et, consultée à l'improviste sur plusieurs sujets ingénieux et délicats, elle leur répondit toujours avec une sagesse, et les exhorta avec une onction qui les remplit d'admiration et d'attendrissement.

Sténio, témoin de ce gracieux échange d'épanchements nobles et pieux, moitié ravi de l'éloquence de Lélia, moitié irrité de ses faciles victoires sur toutes ces argumentations qui lui semblaient faibles et frivoles, eut la fantaisie de demander la parole à son tour. Il y avait long-temps qu'il ne s'était montré dans le pays; on avait oublié ses traits; d'ailleurs il était déguisé habilement; sa beauté avait conservé un caractère féminin, et sa voix une douceur presque enfantine. Personne ne se douta de la supercherie, et, au premier moment, Lélia elle-même y fut trompée.

— O ma mère! dit-il d'un ton doucereux et triste, vous me prescrivez toujours la prudence, vous me recommandez toujours la sagesse! Vous me dites de consulter, dans le choix d'un époux, non les dons brillants de l'esprit et de la figure, mais les qualités du cœur et la droiture de l'intelligence. Je comprends qu'avec ces précautions je pourrai échapper aux déceptions et aux souffrances; mais les fins de l'âme chrétienne en cette vie sont-elles donc de fuir la douleur et de se conserver tranquille au sein de l'égoïsme? Je pensais qu'au contraire le premier de nos devoirs était le dévouement, et que, si la jeunesse et la beauté ont été investies par le ciel d'une puissance irrésistible, c'était dans le but de révéler l'idéal aux hommes et de le leur faire aimer. Ces dons que vous croyez sans doute funestes, vous, madame, qui les possédiez et qui les avez ensevelis sous le cilice, n'ont pourtant pas été départis inutilement; car le Tout-Puissant ne créa rien d'inutile, à plus forte raison rien de nuisible à l'être qui reçoit la vie et qui n'a pas le pouvoir de la refuser. Moi, je crois que, plus nous sommes faites pour inspirer l'amour, plus nous devons obéir aux desseins du ciel en ouvrant notre âme à l'amour, à un amour généreux, fidèle et plein d'abnégation. La miséricorde est le plus bel attribut de Dieu; d'où vient que vous fermez notre cœur à la miséricorde, en nous prescrivant d'aimer seulement ceux qui n'en ont pas besoin et qui ne nous donneront jamais l'occasion de l'exercer? Quel mérite aurais-je d'être la compagne du juste? Le juste assurera ma paix en ce monde; mais en quoi me rendra-t-il digne d'un monde meilleur? Et quand j'irai me présenter devant le tribunal de Dieu sans lui apporter le trésor de mes larmes pour laver mes faiblesses, ne me sera-t-il pas répondu ce que Jésus disait aux Pharisiens superbes : *Vous avez reçu votre récompense?*

Écoutez, madame l'abbesse : les hommes sages et forts n'ont que faire de la tendresse des femmes. Ceux à qui Dieu la destinait pour soulager et fortifier leurs cœurs, ce sont les pécheurs, ce sont les faibles, ce sont les hommes égarés. Vous ne voulez donc pas qu'ils reviennent à la vertu et au bonheur, ces infortunés que le Christ est venu racheter au prix de son sang? N'est-ce pas pour eux qu'il s'est immolé, et ne devons-nous pas nous proposer la compassion et la charité du Christ pour modèle dans l'emploi de nos plus grandes facultés? O ma mère! au lieu de haïr les méchants, il faudrait songer à les convertir. Et comme ils ne peuvent rien les uns pour les autres; comme, dans le commerce des femmes avilies auquel vous les reléguez, ils ne peuvent que se corrompre et se damner de plus en plus, Dieu nous commande peut-être de nous abaisser jusqu'à eux pour les élever ensuite jusqu'à lui. Sans doute, ils nous feront souffrir par leurs emportements, par leurs infidélités, par tous les défauts et tous les vices qu'ils ont contractés dans l'habitude d'une méchante vie; mais nous souffrirons ces maux en vue de leur salut et du nôtre; car il est écrit qu'il y aura plus de joie dans le ciel pour un pécheur converti que pour cent justes persévérants.

Permettez, madame, que je raconte ici une légende que vous connaissez sans doute, car elle est originaire de votre pays, et les poètes l'ont traduite dans toutes les langues. Il y avait un débauché qui s'appelait don Juan... Que ce nom n'effarouche pas la pudeur, mon récit n'aura rien que d'édifiant. Il avait commis bien des crimes, il avait fait des victimes innombrables. Il avait enlevé une fille vertueuse, et puis il avait tué le père outragé de cette infortunée; il avait abandonné les plus belles et les plus pures d'entre les femmes; il avait même, dit-on, séduit et trahi une religieuse.... Dieu l'avait condamné, il avait permis aux esprits de ténèbres de s'emparer de lui; mais don Juan avait aux cieux la protection ineffable de son ange gardien. Ce bel ange se prosterna devant le trône de l'Éternel, et lui demanda la grâce de changer son existence immuable et divine pour l'humble et douloureuse condition de la femme. Dieu le permit. Et savez-vous, mes sœurs, ce que fit l'ange quand il fut métamorphosé en femme? Il aima don Juan et s'en fit aimer, afin de le purifier et de le convertir.

Sténio se tut. Son discours avait produit une agitation étrange. Sa vieille légende était toute neuve pour les jeunes filles et pour la plupart des nonnes qui l'écoutaient. Plusieurs regardaient l'étrangère qui venait de parler avec une curiosité pleine d'émotion. Le son de sa voix les avait troublées, et le feu de son regard attirait involontairement le leur. Quelques-unes se tournèrent, effrayées, vers l'abbesse, et attendirent sa réponse avec anxiété.

Lélia demeura quelques instants confondue de l'audace de Sténio, et se demanda si elle ne le ferait pas chasser immédiatement de l'enceinte sacrée. Mais, songeant que cet éclat serait pire encore que le discours qu'on venait d'entendre, elle prit le parti de lui répondre.

— Mes sœurs, dit-elle, et vous, mes enfants, vous ne savez pas la fin de la légende, et je vais vous la raconter. Don Juan aima l'ange et ne fut pas converti. Il tua son propre frère et reprit le cours de ses iniquités. Lâche et méchant, il avait peur de l'enfer quand il était ivre. A jeun, il blasphémait Dieu, profanait ses autels et foulait aux pieds les plus belles œuvres de ses mains. L'ange devenu femme perdit la raison, c'est-à-dire la mémoire du ciel sa patrie, la conscience de sa nature divine, l'espérance de l'immortalité. Don Juan mourut dans l'impénitence finale, tourmenté par les démons, c'est-à-dire par les remords tardifs et impuissants de sa conscience. Il y eut au ciel un ange de moins, et dans l'enfer un démon de plus.

Apprenez, mes enfants, que, dans ce temps d'étranges désespoirs et d'inexplicables fantaisies, don Juan est devenu un type, un symbole, une gloire, presque une divinité. Les hommes plaisent aux femmes en ressemblant à don Juan. Les femmes s'imaginent être des anges et avoir reçu du ciel la mission et la puissance de sauver tous ces don Juan ; mais, comme l'ange de la légende, elles ne les convertissent pas, et elles se perdent avec eux. Quant aux hommes, sachez que cette absurdité de revêtir de grandeur et de poésie la personnification du vice est un des plus funestes sophismes qu'ils aient accrédités. O donc Juan ! hideux fantôme, combien d'âmes tu as perdues sans retour ! C'est leur stupide admiration pour toi qui a flétri tant de jeunesses et précipité tant de destinées dans un abîme sans fond ! En marchant sur tes traces elles ont espéré s'élever au-dessus du commun des hommes. Maudit sois-tu, don Juan ! On t'a pris pour la grandeur, et tu n'es que la folie. La poussière de tes pas ne vaut pas plus que la cendre balayée par le vent. Le chemin que tu as suivi ne mène qu'au désespoir et au vertige.

Fat insolent ! où donc avais-tu pris les droits insensés auxquels tu as dévoué ta vie ? A quelle heure, en quel lieu Dieu t'avait-il dit : — Voici la terre, elle est à toi, tu seras le seigneur et le roi de toutes les familles. Toutes les femmes que tu auras préférées sont destinées à ta couche ; tous les yeux à qui tu daigneras sourire fondront en larmes pour implorer ta merci. Les nœuds les plus sacrés se dénoueront dès que tu auras dit : Je le veux. Si un père te réclame sa fille, tu plongeras ton épée dans son cœur désolé, et tu souilleras ses cheveux blancs dans le sang et la boue. Si un époux furieux vient te disputer, le fer à la main, la beauté de sa fiancée, tu railleras sa colère et tu te confieras dans ta mission irrévocable. Tu l'attendras de pied ferme, sans hâter le coup qui doit le frapper. Un ange que j'enverrai obscurcira son regard et le mènera au-devant de la blessure !

C'est-à-dire que Dieu, n'est-ce pas, gouvernait le monde pour tes plaisirs? il commandait au soleil de se lever pour éclairer les hameaux et les tavernes, les couvents et les palais où ta verve libertine improvisait ses aventures; et, quand la nuit était venue, quand ton orgueil insatiable s'était abreuvé de soupirs et de larmes, il allumait au ciel les silencieuses étoiles pour protéger ta retraite et guider tes nouveaux voyages?

L'infamie, infligée par toi, était un honneur digne d'envie. La flétrissure de tes perfidies était un sceau glorieux, ineffaçable, qui marquait ton passage comme les chênes foudroyés la course des nuées ardentes. Tu ne reconnaissais à personne le droit de dire : « Don Juan est un lâche, car il abuse de la faiblesse, il trahit des femmes sans défense. » Non, tu ne reculais pas devant le danger. Si un vengeur s'armait pour les victimes de ta débauche, tu ne faisais pas fi d'un cadavre, et tu ne craignais pas de trébucher en mettant le pied sur ses membres engourdis.

Un jour sans promesse et sans mensonge, une nuit sans adultère et sans duel auraient été une honte irréparable. Tu marchais tête levée, et tes yeux cherchaient hardiment la proie que tu devais dévorer. Depuis la vierge timide qui frémissait au bruit de tes pas, jusqu'à la courtisane effrontée qui mettait au défi ton courage et ta renommée, tu ne voulais ignorer aucune des joies de l'âme ou des sens : le marbre du temple ou le fumier de l'étable servait d'oreiller à ton sommeil.

Que voulais-tu donc, ô don Juan! que voulais-tu de ces femmes éplorées? Est-ce le bonheur que tu demandais à leurs bras? Espérais-tu faire une halte après ce laborieux pèlerinage? Croyais-tu que Dieu t'enverrait enfin, pour fixer tes inconstantes amours, une femme supérieure à toutes celles que tu avais trahies? Mais pourquoi les trahissais-tu? Est-ce qu'en les quittant tu sentais au dedans de toi-même le dépit et le découragement d'une illusion perdue? Est-ce que leur amour n'atteignait pas à la hauteur de tes rêves? Avais-tu dit dans ton orgueil solitaire et monstrueux : « Elles me doivent une félicité infinie que je ne puis leur donner : leurs soupirs et leurs gémissements sont une douce musique à mon oreille ; les tortures et les angoisses de mes premières étreintes réjouissent mes yeux. Esclaves soumises et dévouées, j'aime à les voir s'embellir d'une joie menteuse pour ne pas troubler mon plaisir ; mais je leur défends de planter leur espérance sur le seuil de ma pensée, je leur défends d'attendre la fidélité en échange du sacrifice? »

Est-ce que tu tressaillais de colère chaque fois que tu devinais au fond de leur âme l'inconstance qui les faisait égales à toi, et qui peut-être allait te gagner de vitesse? Étais-tu honteux et humilié quand leurs serments te menaçaient d'un amour opiniâtre et acharné qui aurait enchaîné ton égoïsme et ta gloire? Avais-tu lu quelque part dans les conseils de Dieu que la femme est une chose faite pour le plaisir de l'homme, incapable de résistance ou de changement? Pensais-tu que cette perfection idéale de renoncement existait pour toi seul sur la terre et devait assurer l'inépuisable renouvellement de tes joies? Croyais-tu qu'un jour le délire arracherait aux lèvres de ta victime une promesse impie, et qu'elle s'écrierait: « Je t'aime parce que je souffre, je t'aime parce que tu goûtes un plaisir sans partage, je t'aime parce que je sens à tes transports qui se ralentissent, à tes bras qui s'ouvrent et m'abandonnent, que tu seras bientôt las de moi et que tu m'oublieras. Je me dévoue parce que tu me repousses, je me souviendrai parce que tu m'effaceras de ta mémoire. Je t'élèverai dans mon cœur un sanctuaire inviolable, parce que tu vas inscrire mon nom dans les archives de ton mépris! »

Si tu as nourri un seul instant cette absurde espérance, tu n'étais qu'un fou, ô don Juan! Si tu as cru un seul instant que la femme peut donner à l'homme qu'elle aime autre chose que sa beauté, son amour et sa confiance, tu n'étais qu'un sot; si tu as cru qu'elle ne s'indignerait pas lorsque ta main la repousserait comme un vêtement inutile, tu n'étais qu'un aveugle. Va! tu n'étais qu'un libertin sans cœur, une âme de courtisan effronté dans le corps d'un rustre!

Oh! qu'ils t'ont mal compris ceux qui ont vu dans ta destinée l'emblème d'une lutte glorieuse et persévérante contre la réalité! S'ils avaient renouvelé à leurs dépens l'épreuve que tu as tentée, ils ne te feraient pas la part si belle; ils confesseraient à haute voix la misère de tes ambitions, la mesquinerie de tes espérances. S'ils avaient comme toi combattu corps à corps avec l'impureté, comme ils sauraient ce qui t'a manqué, à toi qui n'as jamais connu l'amour, et qui, au lieu de reprendre avec ton bon ange la route des cieux, l'as précipité dans l'enfer à ta suite!

C'est pour cela, don Juan, que ta mort les effraie et les consterne, et qu'ils t'adorent à genoux. Leurs yeux ne franchissent pas l'horizon que tu avais embrassé; ils ne sont heureux, comme toi, qu'avec des grincements de dents. L'épuisement et la douleur de tes derniers jours, le duel implacable de ton cerveau égaré contre ton sang engourdi, l'agonie et le râle de tes nuits sans sommeil les frappent de terreur comme une menace prophétique.

Ils ne savent pas, les insensés, que tes plaintes étaient des blasphèmes, et que ta mort est un châtiment équitable. Ils ne savent pas que Dieu punit en toi l'égoïsme et la vanité, qu'il t'a envoyé le désespoir pour venger les victimes dont la voix s'élevait contre toi.

Mais tu n'as pas le droit de te plaindre ; le châtiment qui t'a frappé n'est qu'une représaille. Tu n'étais pas sage, don Juan, si tu ignorais le dénoûment fatal de toutes les tragédies que tu avais jouées. Tu avais bien mal étudié les modèles qui t'avaient précédé dans la carrière et que tu voulais rajeunir. Tu ne savais donc pas que le crime, pour avoir quelque grandeur, pour prétendre à l'empire du monde, doit vivre dans la conscience anticipée de la peine qu'il mérite chaque jour? Alors peut-être il peut se vanter de son courage, car il n'ignore pas la fin qui lui est réservée. Mais si tu croyais échapper à la vengeance céleste, don Juan, tu n'étais donc qu'un lâche !

O mes sœurs! ô mes filles! voilà ce que c'est que don Juan. Aimez-le maintenant si vous pouvez. Que votre imagination s'exalte à l'idée de livrer les trésors de votre âme au souffle empoisonné de l'impie; que les romans, les poèmes, le théâtre, vous montrent la perversité triomphante de votre grossier contempteur. Adorez-le à genoux, abjurez pour lui tous les dons du ciel, faites-en un chemin splendide où ses pieds viennent répandre le sang et la fange! Allez! courbez vos fronts, quittez le sein de Dieu, jeunes anges qui vivez en lui. Faites-vous victimes, faites-vous esclaves, faites-vous femmes!

Ou plutôt déjouez ce piége grossier que le vice vous

tend. Pour se dispenser de vous obtenir par des voies meilleures, sans doute son rôle est de se rendre aimable, sa tactique est de se peindre intéressant. Il vous dira qu'il souffre, qu'il soupire après le ciel qui le repousse, qu'il n'attend que vous pour y retourner; mais il a déjà fait ces lâches mensonges et ces perfides promesses à des femmes aussi candides que vous ; et, quand il vous aura profanées et brisées comme elles, comme elles vous serez délaissées et enregistrées comme une date sur la liste de ses débauches.

Sans doute il est des circonstances, heureusement bien rares, où le pardon et la patience de la femme servent, dans les desseins de Dieu, à la conversion de tels hommes. Quand de telles circonstances se rencontrent dans notre vie, malgré nous et en dépit de toute prévision, acceptons cette épreuve. Il y a des souffrances qui nous viennent de Dieu : que le dévouement, la douceur et l'abnégation soient les ressources de la femme à qui la Providence a envoyé le fléau d'un pareil époux. Mais ce dévouement doit avoir une limite ; car ce qu'il y a de pis au monde, c'est d'oublier que le vice est haïssable en lui-même et de se mettre à aimer le vice. Si, comme les hommes aiment à le proclamer, la femme est un être faible, ignorant et crédule, de quel droit nous appellent-ils pour les convertir ? Nous ne le pouvons pas sans doute ; et eux, nos supérieurs, nos maîtres, ils peuvent donc nous pervertir et nous perdre ? Voyez quelle hypocrisie ou quelle absurdité dans leur raisonnement !

S'il est des souffrances qui viennent de Dieu, il en est bien plus, croyez-moi, qui nous viennent de nous-mêmes et que nous avons cherchées par notre témérité. Désirer l'amour du méchant, mettre son idéal dans la société du vice!... Mais cela est-il croyable, cela est-il possible? Le mal est si contagieux que les anges même y succombent. Quel orgueil insensé ira donc tenter un pareil sort? Ah! si jamais l'une de vous éprouve cette tentation, qu'elle s'examine bien elle-même, et elle verra que son prosélytisme n'est qu'un prétexte de la vanité. Il serait si beau de convertir don Juan! il serait si glorieux de l'emporter sur toutes celles qui ont échoué! Eh bien! vous êtes belle, vous êtes persuasive, vous êtes un être privilégié; peut-être marquerez-vous dans la vie de don Juan. Il n'a jamais aimé la même femme plus d'un jour; peut-être aura-t-il pour vous deux jours de fidélité. Ce sera un beau triomphe; on en parlera. Mais que deviendrez-vous le troisième jour? Oserez-vous vous présenter devant Dieu pour lui demander sa paix que vous possédiez et que vous avez aliénée pour l'honneur de posséder don Juan? Vous aviez promis au Seigneur de lui ramener cette âme égarée; et pourtant vous revenez seule, abattue, souillée. Votre âme a perdu sa virginité, votre beauté sa puissance, votre jeunesse son espoir. Le souffle de don Juan est sur vous. Faites pénitence; il faudra beaucoup prier, beaucoup pleurer avant que cette tache soit lavée et que cette blessure ait fini de saigner. Mais quoi! votre réconciliation avec Dieu vous épouvante! vous craignez les reproches de la conscience, l'horreur de la solitude! vous vous jetez dans le tumulte du monde! Vous espérez vous enivrer et oublier votre mal. Mais le monde vous raille et vous dédaigne. Le monde est cruel, impitoyable. Vos larmes, qui eussent attendri le Seigneur, ne seront pour le monde qu'un sujet de risée. Alors il vous faut vaincre l'insolence du monde, et relever votre vanité froissée en cherchant de nouveaux triomphes. Il vous faut d'autres amours, vous ne pouvez pas rester seule et abandonnée. Vous ne pouvez pas être un objet de pitié pour les autres femmes. Il faut vous obstiner à soumettre don Juan. Retournez à lui; votre persévérance l'enorgueillira, et, pendant un jour encore, vous croirez être au comble du bonheur et de la gloire. Mais avec don Juan, il est un lendemain inévitable. Un charme magique pèse sur lui, l'ennui le poursuit partout et le chasse de partout. Il le chassera de vos bras comme de ceux des autres. Suivez-le si vous l'osez !

Mais non, faites mieux, abandonnez-vous à la colère, à la vengeance. Oubliez don Juan, prouvez-lui que vous êtes aussi forte, aussi légère que lui, cherchez un réparateur de votre affront, un consolateur à votre peine. Un autre don Juan se présentera, car il y en a beaucoup dans le temps où nous vivons. Il en viendra un plus beau, plus élégant, plus impudent que le premier. Celui-là ne vous eût pas cherchée alors que vous étiez pure. Il n'aime que le vice effronté ; et, quand il saura que vous avez été profanée, il se flattera de vous trouver telle qu'il vous désire. Il vous poursuivra, il vous persuadera sans peine ; car il sait que c'est le dépit et non le besoin d'aimer qui vous attire à lui. Il a trop d'expérience pour croire à un amour que vous n'éprouvez pas, et lui, qui n'en éprouve pas davantage, il ne craindra pas de vous tromper par les plus absurdes promesses. Avec le premier vous aviez eu deux ou trois jours de tendresse, avec le second vous n'en aurez pas un seul.

Je m'arrête ; c'est assez mettre sous vos yeux le tableau hideux de l'égarement et du désespoir. Détournez vos regards, ô mes douces et chastes compagnes ! élevez-les au ciel et voyez si les anges s'ennuient de la société de l'Éternel ! voyez si la légende est vraie et si les bienheureux abjurent leurs ineffables délices pour la société des hommes corrompus !

La belle Claudia pleurait.....

Sténio n'entendit pas la fin du discours de l'abbesse. Elle avait, comme de coutume, ramené à elle tout son auditoire, et la gloire de don Juan était renversée. Comme il vit que, malgré l'attention qu'on donnait à l'abbesse, de temps en temps des regards incertains et curieux s'attachaient sur lui, il craignait d'être reconnu s'il sortait avec la foule. Il s'échappa sans bruit et revint chez lui quitter son travestissement, tout en roulant dans son esprit mille projets de vengeance, tous plus fous les uns que les autres.

LXIII.

A force de faire des projets, Sténio sortit sans s'être arrêté à aucun. Il avait repris les habits de son sexe, et sa toilette était des plus recherchées. Quand il eut marché long-temps, il se demanda ce qu'il allait faire ; il était près du couvent des Camaldules. Son instinct et sa destinée l'avaient porté là sans qu'il en eût conscience.

Autrefois, Sténio avait pénétré dans ce monastère. Pendant deux nuits il avait erré sur les terrasses, dans les cloîtres, autour des dortoirs. Il retrouva sans peine la cellule de Claudia, et, grimpant le long du berceau de jasmin qui entourait la croisée, il hésita s'il ne casserait pas un carreau pour entrer.

Sténio voulait à tout prix mortifier l'orgueil de Lélia. Ne pouvant le briser, il voulait au moins le tourmenter, et il se demandait sur qui porterait sa première tentative. Serait-ce sur Claudia, cette enfant qu'il avait trouvée jadis si bien disposée à l'écouter? Elle était devenue une grande et belle personne, pleine de dignité, de raison et de piété sincère. Son éducation avait été le chef-d'œuvre de l'abbesse, car nulle âme n'avait été plus près de se corrompre, et nulle n'avait eu autant d'efforts à faire pour s'ouvrir à la droiture et à la sagesse. Claudia sentait le mal que lui avait fait sa première éducation, et, dans sa lutte avec les mauvaises influences du passé, elle avait été si effrayée de l'avenir que son caprice s'était changé en résolution inébranlable. Elle avait pris le voile. Elle était novice.

Quelle gloire pour Sténio, et quelle humiliation pour Lélia, s'il venait à bout d'arracher cette proie au prosélytisme! Comme Claudia, dédaignée par lui chez la courtisane où elle était venue le chercher, et puis attirée ensuite à un rendez-vous où elle ne l'avait pas trouvé, et enfin arrachée à des résolutions sérieuses et à une jeunesse mûrie par la réflexion, serait une belle conquête à afficher! Peut-être en ce moment la fière abbesse racontait aux vieilles nonnes qu'elle avait reconnu, dans l'orateur femelle de la conférence, un fat qu'elle s'était plu, dans sa réponse, à persifler et à humilier! Peut-être, le lendemain, grâce au caquet des nonnes, on saurait dans toute la ville le triomphe d'éloquence que Sténio était venu procurer à Lélia. Il lui fallait une aventure scandaleuse pour mettre les rieurs de son côté. Mais serait-ce Claudia, serait-ce Lélia elle-même que Sténio attaquerait de préférence?

Suspendu aux barreaux de la cellule, il distinguait, à la faible lueur d'une lampe allumée devant l'image de la Vierge, une forme blanche élégamment jetée sur une couche étroite et basse. C'était la belle Claudia dormant sur son lit en forme de cercueil. Son sommeil n'était pas parfaitement calme. De temps en temps un soupir profond, vague réminiscence du chagrin, de la crainte ou du repentir, venait soulever sa poitrine. Son bandeau s'était dérangé, et ses longs cheveux noirs, dont elle devait bientôt, comme Lélia, faire le sacrifice, retombaient sur son bras d'albâtre, mal caché par une large manche de lin.

La beauté de cette fille avait tellement augmenté depuis le temps où Sténio l'avait connue, son attitude était si gracieuse, il y avait en elle un si singulier mélange de volupté instinctive luttant encore, quoique faiblement, contre la chasteté victorieuse, que Sténio, troublé, oublia ses projets et ne songea qu'à la désirer pour elle-même. Mais ce soupir qui de temps en temps échappait à Claudia comme une note mystérieuse exhalée vers le ciel, causait un effroi involontaire à ce débauché. Les malédictions que Lélia avait données à don Juan lui revenaient aussi en mémoire et ne lui semblaient plus des attaques personnelles contre lui. Après tout, se dit-il en regardant le sommeil virginal de Claudia, cette homélie ne peut m'avoir été adressée. Je ne suis point un roué; je suis libertin, mais non pas lâche ni menteur. Je vis avec des femmes débauchées, et je n'ai pas une grande opinion de la vertu des autres; mais je ne cherche pas à m'en assurer, car il y a toujours eu dans le souvenir de ma première déception quelque chose qui m'a mis en méfiance de moi-même. J'ai peut-être les manières et l'aplomb d'un Lovelace, mais je n'en ai pas la confiance superbe. Je n'ai trompé ni séduit aucune femme, pas même celle-ci, qui est venue me trouver dans un mauvais lieu et que je regarde dormir à cette heure dans son voile de novice, sans en écarter le moindre pli. Qu'ai-je donc de commun avec don Juan? J'ai eu quelques velléités de l'imiter; mais j'ai senti aussitôt que je ne le pouvais pas. Je vaux mieux ou moins que lui, mais je ne lui ressemble pas. Je n'ai ni assez de santé, ni assez de gaieté, ni assez d'effronterie pour me donner tant de peine, sachant que je puis trouver des plaisirs faciles. Si Lélia s'imagine avoir frappé juste sur moi en écrasant don Juan sous sa rhétorique, elle se trompe beaucoup, elle a lancé son javelot dans le vide.

Il quitta les barreaux de la cellule et se promena dans le jardin, occupé toujours des anathèmes de Lélia et sentant croître en lui, non plus le désir de s'en venger en les méritant, mais de les repousser en faisant connaître qu'il ne les méritait pas. L'âme de Sténio était foncièrement honnête et amie de la droiture. Il avait la prétention, en général, d'être plus vicieux qu'il ne l'était en effet; mais, si on le prenait au mot, sa fierté se révoltait, et son indignation prouvait que ses principes, à certains égards, étaient inébranlables.

Il marchait avec agitation sous les myrtes du préau, et toutes les paroles de l'abbesse lui revenaient à la mémoire avec une précision qui tenait du prodige. Sa colère avait fait place à une souffrance profonde. Il n'avait pu se défendre d'admirer la parole de l'abbesse; le son de sa voix était plus harmonieux que jamais, et le ton dont elle disait révélait, comme autrefois, cette conviction profonde, cette incorruptible bonne foi que Lélia avait portée dans le scepticisme comme dans la piété. Il n'avait pas bien vu son visage; mais elle lui avait semblé toujours belle, et sa taille n'avait pas, comme celle de Pulchérie, perdu son élégance et sa légèreté.

Malgré lui, Sténio avait été frappé du progrès intellectuel qui s'était accompli dans cette âme déchirée à l'âge où les femmes subissent avec la perte de leurs charmes une sorte de décadence morale. Lélia avait donné un démenti puissant à toutes les prévisions applicables aux destinées vulgaires. Elle avait triomphé de tout, de son amant, du monde et d'elle-même. Sa force effrayait Sténio ; il ne savait plus s'il devait la maudire ou se prosterner. Ce qui était bien nettement senti de lui, c'était la douleur d'être méconnu par elle, méprisé sans doute, à l'heure où il ne pouvait se défendre de la respecter ou de la craindre.

Tel est le cœur humain : l'amour est la lutte des plus hautes facultés de deux âmes qui cherchent à se fondre l'une dans l'autre par la sympathie. Quand elles n'y parviennent pas, le désir de s'égaler au moins par le mérite devient un tourment pour leur orgueil mutuellement blessé. Chacune voudrait laisser à l'autre des regrets, et celle qui croit les éprouver seule est en proie à un véritable supplice.

Sténio, de plus en plus agité, sortit du jardin et suivit au hasard une galerie étroite soutenue d'arcades élégantes. Au bout de cette galerie, un escalier tournant en spirale sur un palmier de marbre s'offrit devant lui. Il le monta, pensant que ce passage le ramènerait aux terrasses par lesquelles il était venu. Il trouva un rideau de drap noir et le souleva à tout hasard, quoique avec précaution. La chaleur avait été accablante dans la journée. Cette tenture était la seule porte qui fermât les appartements de l'abbesse. Sténio traversa une pièce qui servait d'oratoire, et se trouva dans la cellule de Lélia.

Cette cellule était simple et recherchée à la fois. Elle

était toute revêtue, à la voûte et aux parois, d'un stuc blanc comme l'albâtre. Un grand christ d'ivoire, d'un beau travail, se détachait sur un fond de velours violet encadré dans des baguettes de bronze artistement ciselées. De grandes chaises d'ébène massives, carrées, mais d'un goût pur, relevées par des coussins de velours écarlate, un prie-Dieu et une table du même style sur laquelle étaient posés une tête de mort, un sablier, des livres et un vase de grès rempli de fleurs magnifiques, composaient tout l'ameublement. Une lampe de bronze antique posée sur le prie-Dieu éclairait seule cette pièce assez vaste, au fond de laquelle Sténio ne distingua Lélia qu'au bout de quelques instants. Puis, quand il la vit, il resta cloué à sa place ; car il ne sut si c'était elle ou une statue d'albâtre toute semblable à elle, ou le spectre qu'il avait cru voir dans des jours de délire et d'épuisement.

Elle était assise sur sa couche, cercueil d'ébène gisant à terre. Ses pieds nus reposaient sur le pavé et se confondaient avec la blancheur du marbre. Elle était tout enveloppée de ses voiles blancs dont la fraîcheur était incomparable. A quelque heure qu'on vît la belle abbesse des Camaldules, elle était toujours ainsi ; et l'éclat de ce vêtement sans tache et sans pli avait quelque chose de fantastique qui donnait l'idée d'une existence immatérielle, d'une sérénité en dehors des lois du possible. A ce vêtement si pur, ses compagnes attachaient un respect presque superstitieux. Aucune n'eût osé le toucher ; car l'abbesse était réputée sainte, et tout ce qui lui appartenait était considéré comme une relique. Peut-être elle-même attachait une idée romanesque à cette blancheur du lin qui lui servait de parure. Elle trouvait avec la poésie chrétienne les plus touchants emblèmes de la pureté de l'âme dans cette robe d'innocence si précieuse et si vantée.

Lélia ne vit pas Sténio, quoiqu'il fût debout devant elle ; et Sténio ne sut pas si elle dormait ou si elle méditait, tant elle demeura immobile et absorbée malgré sa présence. Ses grands yeux noirs étaient ouverts cependant ; mais leur fixité tranquille avait quelque chose d'effrayant comme la mort. Sa respiration n'était pas saisissable. Ses mains de neige posées l'une sur l'autre n'indiquaient ni la souffrance, ni la prière, ni l'abattement. On eût dit d'une statue allégorique représentant le calme.

Sténio la regarda long-temps. Elle était plus belle qu'elle n'avait jamais été ; quoiqu'elle ne fût plus jeune, il était impossible d'imaginer en la voyant qu'elle eût plus de vingt-cinq ans ; et cependant elle était pâle comme un lis, et aucun embonpoint ne voilait sur ses joues le ravage des années. Mais Lélia était un être à part, différent de tous les autres, passionné au fond de l'âme, impassible à l'extérieur. Le désespoir avait tellement creusé en elle qu'il était devenu la sérénité. Toute pensée de bonheur personnel avait été abjurée avec tant de puissance, qu'il ne restait pas la moindre trace de regret ou de mélancolie sur son front. Et cependant Lélia connaissait des douleurs auxquelles rien dans la vie des autres êtres ne pouvait se comparer ; mais elle était comme la mer calme, quand on la regarde du sommet des montagnes, alors qu'elle paraît si unie qu'on ne peut comprendre les orages cachés dans son sein profond.

Quand Sténio la vit ainsi, lui qui s'était toujours attendu à la retrouver déchue de toute sa puissance, un trouble, un attendrissement, un transport imprévus s'emparèrent de lui. Six années de dépit, de méfiance ou d'ironie furent oubliées en un instant devant la beauté de la femme ; six années de désordres, de scepticisme ou d'impiété furent abjurées comme par magie au spectacle de la beauté de l'âme. Ce que Sténio avait adoré autrefois dans Lélia, c'était précisément cette réunion de la beauté physique et de la beauté intellectuelle. Cette force de l'intelligence qui lui avait résisté était devenue l'objet de sa haine. Il n'avait voulu garder dans sa mémoire que le souvenir d'une belle femme, et, pour consoler son amour-propre d'avoir plié le genou devant Lélia, il se plaisait à répéter que sa beauté seule l'avait ébloui et lui avait fait rêver en elle un génie qu'elle n'avait pas. En contemplant Lélia ainsi pensive, il fut impossible à Sténio de ne pas sentir qu'entre cette femme, qu'il eût pu mériter, et toutes celles qu'il prétendait comparer et égaler à elle, il y avait l'abîme de l'infini. Comme un prodigue ruiné à l'aspect d'un trésor négligé qui lui échappe, il fut pris de vertige et de désespoir, et s'appuya contre la porte pour ne pas se laisser tomber à genoux. Lélia ne vit pas son trouble. Emportée par l'esprit dans un autre monde, elle n'existait pas, à cet instant-là, de la vie des sens.

Sténio resta presque une heure devant elle, l'étudiant avec avidité, épiant le réveil du sentiment dans cette extase de la pensée, se demandant avec angoisse si elle songeait à lui en cet instant, et si c'était pour le plaindre, le regretter ou le mépriser. Enfin elle fit un léger mouvement, et parut sortir de son rêve, mais peu à peu, et sans se rendre encore bien compte de la vie extérieure. Puis elle se leva, et marcha lentement dans le fond de sa chambre. La lampe envoyait au mur pâle le reflet transparent de son ombre voilée. On eût dit d'un spectre qui marchait à côté d'elle. Enfin elle s'arrêta devant sa table, et, croisant ses bras sur sa poitrine, la tête penchée en avant et l'air mélancolique cette fois, elle contempla long-temps le vase rempli de fleurs. Sténio la vit essuyer quelques larmes qui coulaient de ses yeux lentement et tranquillement, comme l'eau d'une source limpide et silencieuse. Il ne put résister plus long-temps à son émotion.

— Oh! lui dit-il en faisant quelques pas vers elle, voici la seconde fois que je te vois pleurer. La première fois j'étais à tes pieds; aujourd'hui j'y serai encore si tu veux me dire le secret de tes larmes.

Lélia ne tressaillit point : elle regarda Sténio d'un air étrange et sans montrer ni crainte ni colère de le voir pénétrer chez elle au milieu de la nuit.

— Sténio, lui dit-elle, je pensais à toi; il me semblait te voir et t'entendre; ton image était dans ma pensée. Que viens-tu faire ici, tel que te voilà ?

— Ma présence vous fait horreur, Lélia? dit Sténio effrayé de cet accueil glacial.

— Non, répondit Lélia.

— Mais, dit Sténio, elle vous offense et vous irrite?

— Non plus, répondit Lélia.

— Eh bien! elle vous afflige peut-être ?

— Je ne sais pas ce qui peut m'affliger désormais, Sténio. Mon âme vit dans la présence incessante, éternelle, des sujets de sa réflexion et des causes de sa douleur. Tu vois que ta visite ne m'émeut pas plus que ton souvenir, et ta personne pas plus que ton image.

— Vous pleuriez, Lélia, et vous dites que vous pensiez à moi !

— Regarde cette fleur, dit Lélia en lui montrant un

narcisse blanc d'un parfum exquis. Elle m'a rappelé ce que tu étais dans ta jeunesse, alors que je t'aimais ; et tout à coup j'ai vu tes traits, j'ai entendu le son de ta voix, et mon cœur a été délicieusement ému comme aux jours où je me croyais aimée de toi.

— Est-ce un rêve que je fais? s'écria Sténio hors de lui. Est-ce Lélia qui me parle ainsi ? Et si c'est elle, est-ce parce que la sœur Annonciade s'ennuie de la solitude, ou parce que l'abbesse des Camaldules veut railler amèrement mon audace ?

Lélia ne sembla pas entendre ce que disait Sténio; elle tenait le narcisse et le regardait avec attendrissement.

— Te voilà, mon poète, lui dit-elle, comme je t'ai souvent contemplé à ton insu. Souvent, dans nos courses rêveuses, je t'ai vu, plus faible que Trenmor et moi, céder à la fatigue et t'endormir à mes pieds sous une chaude brise de midi, parmi les fleurs de la forêt. Penchée sur toi, je protégeais ton sommeil, j'écartais de toi les insectes malfaisants. Je te couvrais de mon ombre quand le soleil perçait les branches pour jeter un baiser à ton beau front. Je me plaçais entre toi et lui. Mon âme despote et jalouse t'enveloppait de son amour. Ma lèvre tranquille effleurait quelquefois l'air chaud et parfumé qui frémissait autour de toi. J'étais heureuse alors et je t'aimais! Je t'aimais autant que je puis aimer. Je te respirais comme un beau lis, je te souriais comme à un enfant, mais comme à un enfant plein de génie. J'aurais voulu être ta mère et pouvoir te presser dans mes bras sans éveiller en toi les sens d'un homme.

D'autres fois j'ai surpris le secret de tes promenades solitaires. Tantôt, penché sur le bassin d'une source ou appuyé sur la mousse des rochers, tu regardais le ciel dans les eaux. Le plus souvent tes yeux étaient à demi fermés, et tu semblais mort à toutes les impressions extérieures. Comme maintenant, tu semblais te recueillir et regarder en toi-même Dieu et les anges réfléchis dans le mystérieux miroir de ton âme. Te voilà, comme tu étais alors, frêle adolescent, encore sans mauvaise passion, étranger aux ivresses et aux souffrances de la vie. Fiancé de quelque vierge aux ailes d'or, tu n'avais pas encore jeté ton anneau dans les flots orageux. Est-ce que tant de jours, tant de maux ont été subis depuis cette matinée sereine où je t'ai rencontré comme un jeune oiseau ouvrant ses ailes tremblantes aux premières brises du ciel? Est-ce que nous avons vécu et souffert depuis cette heure où tu me demandais de t'expliquer l'amour, le bonheur, la gloire et la sagesse? Enfant qui croyais à toutes ces choses et qui cherchais en moi ces trésors imaginaires, est-il vrai que tant de larmes, tant d'épouvantes, tant de déceptions nous séparent de cette matinée délicieuse? Est-ce que tes pas, qui n'avaient courbé que des fleurs, ont marché depuis dans la fange et sur le gravier? Est-ce que ta voix, qui chantait de si suaves harmonies, s'est enrouée à crier dans l'ivresse? Est-ce que ta poitrine, épanouie et dilatée dans l'air pur des montagnes, s'est desséchée et brûlée au feu de l'orgie? est-ce que ta lèvre, que les anges venaient baiser dans ton sommeil, s'est souillée à des lèvres infâmes? Est-ce que tu as tant souffert, tant rougi et tant lutté, ô Sténio, ô le bien-aimé fils du ciel?

— Lélia, Lélia! ne parle pas ainsi, s'écria Sténio en tombant aux genoux de l'abbesse; tu brises mon cœur par une froide moquerie; tu ne m'aimes pas, tu ne m'as jamais aimé!...

En sentant la main de Sténio chercher la sienne, l'abbesse recula avec un frisson douloureux.

— Oh! dit-elle, ne parlez pas ainsi vous-même. Je songeais à cette fleur au fond de laquelle je croyais voir une image qui s'est effacée. Maintenant, Sténio, adieu!

Elle laissa tomber la fleur à ses pieds, un profond soupir s'exhala de son sein, et, levant les yeux au ciel dans un mouvement d'inexprimable tristesse, elle passa la main sur son front comme pour chasser une illusion et revenir avec effort au sentiment de la réalité. Sténio attendait avec anxiété qu'elle s'expliquât sur le présent. Elle le regarda avec un mélange d'étonnement et de froideur.

— Vous avez voulu me voir, dit-elle ; je ne vous demande pas pourquoi, car vous ne le savez pas vous-même. Maintenant que votre inquiétude est satisfaite, il faut vous retirer.

— Pas avant que vous me disiez ce que vous éprouvez vous-même en me voyant, répondit Sténio. Je veux savoir quel sentiment succède en vous à ce souvenir d'amour que vous n'avez pas craint d'exprimer devant moi.

— Aucun, répondit Lélia, pas même la colère.

— Quoi! pas même la haine?

— Pas même le mépris, répondit Lélia. Vous n'existez pas pour moi. Il me semble que je suis seule, et que je regarde un portrait de vous qui ne vous ressemble pas.

— Quoi! pas même le mépris? dit Sténio irrité; pas même la peur? ajouta-t-il en se relevant et en la suivant de près, tandis qu'elle reprenait sa promenade au fond de la cellule.

— La peur moins que toute autre chose, dit Lélia

sans daigner faire attention à la fureur qui s'emparait de lui. Vous n'êtes pas encore don Juan, Sténio! Vous êtes une nature faible et non perverse. Comme vous ne croyez pas en Dieu, vous ne croyez pas non plus à Satan; vous n'avez fait aucun pacte avec l'esprit du mal, car rien n'est mal comme rien n'est bien à vos yeux. Vos instincts ne vous portent point au crime; ils repoussent l'infâmie. Vous fûtes un type de candeur et de grâce, vous n'êtes aujourd'hui le type de rien : vous vous ennuyez! L'ennui n'avilit ni ne dégrade, mais il efface, il détruit!

— Vous le savez sans doute, madame l'abbesse, répondit Sténio avec aigreur; car j'ai surpris le secret de vos nuits, et je sais que vous ne lisez pas, que vous ne dormez pas, que vous ne priez pas; je sais que, vous aussi, l'ennui vous dévore!

— Le chagrin me dévore, non l'ennui! répondit Lélia avec une franchise qui brisa l'orgueil de Sténio.

— Le chagrin? dit-il avec surprise. Vous en convenez donc? Oh! oui, en vous voyant si calme, j'aurais dû comprendre que vous nourrissiez tranquillement et patiemment, comme jadis, le désespoir dans votre sein; pauvre Lélia!

— Oui, pauvre Lélia! répondit l'abbesse, je mérite d'être appelée ainsi, et pourtant j'ai de grandes richesses, de grandes espérances, de grandes consolations: la conscience d'avoir agi comme je devais, la certitude d'un Dieu ami des malheureux, et l'intelligence des joies saintes auxquelles une âme résignée peut aspirer.

— Mais vous souffrez, Lélia, dit Sténio de plus en plus étonné de la trouver si sincère; vous n'êtes donc pas résignée? Vous ne ressentez donc pas ces joies que vous comprenez? Ce Dieu, ami des infortunés, ne vous assiste donc pas? La paix de votre conscience n'est donc pas une félicité suffisante?

— Je ne m'étonne pas que vous me le demandiez, répondit Lélia ; car vous ne savez plus rien de toutes ces choses, et vous devez trouver un certain attrait de curiosité à les rapprendre ; je vais donc vous les dire.

Elle lui fit signe de s'éloigner d'elle, car il marchait à ses côtés, et il n'osa pas résister à ce geste dont l'autorité semblait surhumaine. Elle s'éloigna aussi, et, appuyant son coude contre le bord de la fenêtre, elle lui parla debout et le regard fixé sur lui avec assurance.

— Je ne veux pas vous tromper, lui dit-elle. Je sens que ces paroles échangées à cette heure entre nous ont une solennité qu'il n'est pas en mon pouvoir de détourner. Si Dieu a permis que vous entrassiez sans obstacle dans le sanctuaire de mon repos, s'il a livré à votre curiosité malveillante ou frivole le secret douloureux de mes veilles, sa volonté est apparemment que vous connaissiez mes pensées ; et vous les connaîtrez pour en faire l'usage que Dieu a prévu et ordonné. La fierté que je professe, que j'enseigne et que je pratique est, je le sais, l'objet de votre aversion et de votre ressentiment. Vous la combattez avec âpreté dans vos entretiens, dans vos écrits, dans le sein même de mon humble école ; mais vous la combattez par un faible argument, Sténio. Vous dites que mon chemin ne mène point au bonheur, que je suis moi-même la première victime de cet indomptable orgueil que j'exalte. Vous vous trompez, Sténio! Ce n'est pas de mon orgueil que je suis victime, c'est de l'absence des affections qui font la vie de l'âme. La vie de l'âme en Dieu est une existence sublime ; mais elle ne suffit pas, parce qu'elle ne peut pas exister complète, incessante, infinie. Dieu nous aime et nous porte en lui à toute heure ; nous aussi, nous l'aimons et le portons en nous ; mais nous ne sentons pas, comme lui, à toute heure, cette vie universelle qui est en lui naturelle et nécessaire ; en nous, accidentelle, extraordinaire, jaculatoire. L'amour infini est donc la vie de Dieu. La vie de l'homme se compose de l'amour infini, qui a Dieu et l'univers pour objet, et de l'amour fini ou terrestre, qui a pour objet les âmes humaines associées par le sentiment à l'être humain. Cette association, c'est l'amour, l'hyménée, la génération, la famille. Qu'une créature humaine s'isole et renonce à ces éléments nécessaires de son existence, elle souffre, elle languit, elle n'existe plus qu'à demi. Elle a bien l'immensité de Dieu pour refuge ; mais, faible et bornée qu'elle est, elle se perd au sein de cette immensité et s'y sent absorbée, dévorée, anéantie, comme un atome dans le foyer des astres. Quelquefois cette absorption est enivrante, délicieuse, sublime ; il est, dans la prière et dans la contemplation, des ravissements inouïs et dont nulle joie terrestre ne peut donner l'idée. Mais ils sont rares, ils s'évanouissent rapidement, et ne reviennent pas au premier cri de notre souffrance ; ils sont rares, parce que notre âme, malgré tous nos efforts, a besoin pour les ressentir d'un état de puissance auquel la nature humaine ne peut aisément s'élever ni se soutenir ; ils sont fugitifs, parce que Dieu ne nous permet point de passer en cette vie de l'état d'homme à l'état d'ange : il faut que nous subissions notre sévère destinée, et que notre pèlerinage s'accomplisse dans les dures conditions de la vie terrestre.

Au milieu de sa rigueur, Dieu est bon et prodigue envers nous. Il a permis que nous eussions sur cette terre des affections tendres, fortes, exclusives ; mais il a voulu, pour sanctionner ces affections, qu'elles revêtissent un caractère de grandeur, de justice et de sublimité, moyennant lesquelles elles ressemblent à l'amour divin, parce qu'elles s'y retrempent et s'y confondent; et sans lesquelles elles se matérialisent, s'avilissent et s'éteignent, parce que l'amour divin ne les inspire et ne les gouverne plus. Ainsi, quand les générations se corrompent ou s'endorment, quand le progrès de la justice est entravé sur la terre, quand les lois ne sont plus en harmonie avec les besoins de ce progrès, et que les cœurs font de vains efforts pour vivre selon la liberté, qui fait la sincérité et la fidélité des affections, Dieu retire à l'amour terrestre ce rayon dont il l'avait éclairé. Les nobles instincts de l'homme retombent au niveau de la brute. Les mystères sacrés de l'hymen s'accomplissent dans la fange ou dans les pleurs; les passions deviennent cuisantes, jalouses, meurtrières; les appétits, grossiers, impudiques et lâches : l'amour est une orgie, le mariage un marché, la famille un bagne. Alors l'ordre est un supplice et une agonie; le désordre, un refuge, c'est-à-dire un suicide.

Eh bien! ce désordre, nous y vivons, Sténio; vous, parce que vous vous êtes jeté dans la débauche, et moi, parce que je me suis reléguée dans le cloître; vous, parce que vous avez abusé de l'existence, et moi, parce j'ai renoncé à exister. Nous avons transgressé tous deux les lois divines, faute d'avoir vécu sous des lois humaines qui nous permissent de nous entendre et de nous aimer. Les préjugés de votre éducation et les habitudes de votre esprit, l'exemple de l'humanité, la sanction des lois vous eussent donné sur moi des droits de commandement et de possession que ma volonté seule eût pu ratifier, et que ma volonté n'a pas voulu ratifier, craignant l'abus inévitable où vous entraîneraient tant de puissances réunies contre moi. A ne parler que d'un seul de vos droits exclusifs, la société ne me donnait aucune garantie contre votre infidélité, et, tout au contraire, elle vous donnait contre la mienne les garanties les plus avilissantes pour ma dignité. Ne dites pas que nous eussions pu nous élever au-dessus de cette société et braver ses institutions en contractant une union libre de formalités. J'avais fait cette expérience, et je savais qu'elle est impossible ; car là, moins encore que dans le mariage, la femme peut être la compagne et l'égale de l'homme. Les intérêts sont opposés ; l'homme croit les siens plus précieux et plus importants. Il faut que la femme y sacrifie les siens et s'engage dans une carrière de dévouement, sans compensation possible de la part de l'homme ; car l'homme tient à la société ; quoi qu'il fasse il ne peut s'isoler, et la société repousse le lien illégitime. Il faut donc que l'existence de la femme disparaisse, absorbée par celle de l'homme : et moi, je voulais exister. Je ne l'ai pas pu, j'ai préféré scinder mon existence et sacrifier ma part de vie humaine à la vie divine, que de perdre l'une et l'autre dans une lutte vaine et funeste.

Vous, Sténio, vous aviez compris instinctivement mes prétentions et mes droits ; car vous m'aimiez plus que vous n'eussiez aimé une autre femme. Mais il n'était pas en votre pouvoir d'y acquiescer. Comme il y a pour les hommes deux existences, l'une sociale et l'autre individuelle, il y a en eux deux natures, deux âmes, pour ainsi dire : l'une qui veut l'adhésion de la société, l'autre qui veut les joies de l'amour. Or, quand ces deux existences sont en guerre, le cœur de l'homme est en guerre contre lui-même. Il sent que l'idéal n'est pas dans une société injuste et corrompue, mais il sent aussi que son idéal ne peut exister dans l'amour sans la sanction de la société. Qu'il rompe avec l'amour ou avec la société, il scinde également sa vie. Dieu a mis en lui des instincts de tendresse et des besoins de bonheur, voilà pour son amour ; mais il a mis aussi en lui des instincts de dévouement et des sentiments de devoir, voilà pour son rôle de citoyen. Les lois ont concilié ces besoins et ces devoirs de telle façon qu'en renonçant à son rôle de citoyen l'homme est sacrifié à la femme, et qu'en renonçant à l'amour il est sacrifié à la société.

Nous ne pouvions ni l'un ni l'autre sortir de ce dédale. Aussi, Sténio, nous nous sommes arrêtés sur le seuil ; vous avez renoncé à l'amour. Que ne puis-je dire : Vous y avez renoncé pour la société ! Mais cette société qui vous gouvernait vous faisait horreur. Vous avez compris qu'on ne pouvait s'élever sur ses abus sans lâcheté. Il vous restait un grand rôle, la lutte contre ses abus.

Ce rôle de réformateur vous a lassé trop vite, et vous vous êtes jeté dans l'écume du torrent que vous ne vouliez ni suivre ni remonter. Vous vous y laissez bercer comme un insecte qui se noie dans la lie des coupes, et qui meurt dans ce vin où l'homme puise la vie ou l'ivresse, la force généreuse ou la fureur brutale. Voilà pourquoi je vous dis que vous êtes un être faible, et que vous n'existez pas.

Quant à moi, je souffre ; si c'est là ce que vous voulez savoir et ce qui peut vous consoler de votre ennui, sachez-le bien, ma vie est un martyre ; car, si les grandes résolutions enchaînent nos instincts, elles ne les détruisent pas. J'ai résolu de ne pas vivre, je ne cède pas au désir de la vie ; mais mon cœur n'en vit pas moins éternellement jeune, puissant, plein du besoin d'aimer et de l'ardeur de la vie. Ce feu sans aliment me consume; et plus mon âme s'exalte dans la vie divine, plus elle se renouvelle dans le regret et le besoin de la vie humaine. Ce cœur si froid, si altier, si insensible, selon vous, Sténio, est un incendie qui me dévore; et ces yeux que vous n'aviez vus pleurer qu'une seule fois, versent, chaque nuit, devant ce crucifix, des larmes qu'ils ne sentent même plus couler, tant la source en est féconde, intarissable!...

— Et ces larmes tombent sur le marbre insensible! ah! Lélia! qu'elles tombent sur mon cœur!

Sténio, emporté par un retour invincible de passion, se précipita aux pieds de Lélia et les couvrit de baisers.

— Tu aimes, s'écria-t-il, oh! oui, tu aimes! je le sais, je le comprends maintenant, toi que j'ai tant méconnue, tant calomniée!.....

— J'aime, répondit Lélia en le repoussant avec une fermeté mêlée de douceur; mais je n'aime personne, Sténio; car l'homme que je pourrais aimer n'est pas né, et il ne naîtra peut-être que plusieurs siècles après ma mort.

— O mon Dieu! dit Sténio en sanglotant, ne puis-je être cet homme? Toi, prophétesse qui as arraché au ciel les secrets de l'avenir, ne peux-tu faire un miracle, ne peux-tu faire que j'anticipe sur le cours des âges, et que, seul parmi les hommes, je mérite ton amour?

— Non, Sténio, répondit-elle, je ne puis t'aimer, ar je ne puis faire que tu m'aimes!

LXIV.

Sténio erra les nuits suivantes autour du monastère ; mais il n'y put jamais pénétrer. Les escarpements de la montagne ne lui offrirent plus de passage, même au péril de ses jours. On avait fait sauter le bloc de laves qui joignait la montagne aux terrasses du couvent par une rampe escarpée, presque impraticable. Ce dangereux sentier, jeté comme un pont sur l'abîme, n'avait pas effrayé Sténio. Il fut miné, et Sténio trouva un jour au fond du ravin les pics qui la veille baignaient leurs crêtes dans les nuages. De l'autre côté de la montagne, les murs du monastère n'offraient plus la moindre brèche où l'on pût poser le pied. Les gardiens de la porte avaient été changés : ils étaient désormais incorruptibles. Sténio chercha, imagina, essaya tous les moyens ; aucun ne lui réussit. Il épuisa le reste de ses ressources d'argent et acheva de ruiner sa santé mal raffermie, sans pouvoir percer les murailles enchantées qui lui cachaient l'objet de ses rêves. L'abbesse, informée de ses tentatives, lui fit dire plus d'une fois en secret que tout était inutile, qu'elle ne pouvait consentir à le revoir, et qu'elle prendrait toutes les mesures pour déjouer son obstination. Sténio persévérait dans son dessein avec un aveuglement qui tenait de près à la folie.

Il avait cédé à l'ascendant qu'elle exerçait sur lui, la nuit où il l'avait quittée, abattu et troublé. Mais à peine s'était-il retrouvé seul avec ses pensées, qu'il s'était reproché de n'avoir pas su vaincre l'incrédulité de Lélia par une obsession plus ardente. Il avait rougi de cet instant de naïveté qui l'avait rempli de honte, de douleur et de découragement en sa présence, et il s'était promis d'être à l'avenir moins timide ou moins crédule.

Mais cet avenir n'amena rien de ce qu'il rêvait. Sous prétexte d'une retraite, pratique de dévotion usitée à de certaines occasions, l'abbesse avait fait fermer le couvent. Les conférences et les prédications étaient suspendues. Lélia ne craignait point la présence de Sténio, elle ne pouvait plus l'aimer; mais elle voulait respecter ses vœux autant dans l'apparence que dans la réalité; car pour un esprit aussi droit et aussi logique que le sien, la rigidité des démarches était inséparable de celle des pensées. D'ailleurs, elle n'espérait en aucune façon guérir Sténio. Elle s'était montrée au-dessus de tout préjugé et de toute crainte puérile en lui parlant comme elle avait osé le faire; il lui semblait que tout avait été dit cette nuit-là et qu'il serait au moins inutile d'y revenir. Elle pria Dieu pour lui du fond de son âme, et demeura avec sa tristesse habituelle, se souvenant à toute heure qu'elle avait aimé Sténio, mais se rappelant rarement qu'il existait encore.

Sténio tomba dans une tristesse mortelle. La franchise et la raison de Lélia l'avaient écrasé. Son amour-propre n'osait plus lutter contre l'invincible vérité qui parlait en elle. Il ne songeait plus à la faire descendre dans son opinion ou dans celle des autres de la position élevée où elle s'était assise dans sa douleur et dans sa majesté. Chaque jour détruisait en lui la confiance du libertin; l'invincible résistance de Lélia lui prouvait bien qu'elle regrettait l'amour d'une façon abstraite, et sans songer à aucun homme.

Sténio fut obligé de s'avouer dans le fond de son

âme qu'elle avait vaincu. Cette guerre sourde et patiente qu'ils s'étaient faite l'un à l'autre en marchant avec persistance vers les deux buts les plus extrêmes de la volonté, se terminait enfin par le triomphe de Lélia. Elle était inébranlable dans sa résignation douloureuse ; elle était sans faiblesse pour Sténio, sans pitié pour elle-même. Et Sténio avait plié le genou devant elle, il l'avait implorée ; et, ce qui le consternait le plus, c'est qu'il l'aimait encore, il l'aimait plus que jamais, il l'aimait comme il ne l'avait pas encore aimée.

Mais il était trop tard pour que cet amour fût salutaire à elle ou à lui. Elle n'espérait plus rien de la part des hommes, et lui aussi avait perdu la faculté d'espérer quelque chose de lui-même. Il ne pouvait abandonner la débauche. Cette impudente maîtresse s'était emparée de sa vie, et le poursuivait jusqu'au sein des rêves les plus doux et des images les plus pures. Elle lui était nécessaire pour lui faire oublier quelques instants la perte de l'idéal. Aussi l'idéal ne pouvait-il reprendre vie dans son âme ; l'âme s'épuisait dans ce partage entre le désir exalté et la réalisation abrutissante. On le vit prendre souvent, à l'entrée de la nuit, le chemin des montagnes, et rentrer le matin, pâle, épuisé, l'air farouche et le front chargé d'ennuis. Il allait souvent s'asseoir sur le rocher de Magnus. De là, il voyait les dômes du couvent, les ombrages du cimetière et les rives de ce lac où il avait promené tant de sombres rêveries et où la tentation du suicide l'avait si souvent retenu des nuits entières penché sur l'abîme.

Un jour, il reçut une lettre de Trenmor qui lui reprochait vivement sa coupable indifférence et l'invitait à venir le rejoindre. Trenmor était engagé dans de nouvelles entreprises du genre de celles où il avait déjà attiré Sténio. Il était toujours plein de foi en la sainteté de sa mission, sinon d'espoir dans le succès prochain de ses travaux. La constance de son dévouement et l'ardeur de sa propagande irritèrent Sténio. Mécontent de son inaction et de son impuissance, il essaya de nier encore les vertus qu'il n'avait pas ; et puis, sa conscience qui était restée saine, la noblesse innée et inaltérable d'une moitié de son être réclamèrent puissamment contre ces blasphèmes. Sténio eut un dernier accès de désespoir qui ne réveilla plus aucune énergie ni pour le mal, ni pour le bien. Il alla au bord du lac et n'en revint plus.

Il était venu vers minuit frapper à la porte de l'ermite. Celui-ci, habitué à le voir venir à toute heure troubler ses prières ou son sommeil, commençait à ne pouvoir plus supporter cet hôte fantasque et dangereux. Il était effrayé de ses déclamations impies et blessé surtout de l'insistance cruelle qu'il mettait à faire saigner ses blessures mal fermées. C'était un étrange plaisir pour Sténio que de tourmenter le prêtre. On eût dit qu'il était heureux de trouver dans cet homme, voué à la peur et à la souffrance, un exemple de l'inutilité de tout effort humain, une preuve de l'impuissance de la foi religieuse devant la fougue des instincts et les emportements de l'imagination. Il se vengeait avec lui de la honte que lui causait la force glorieuse de Trenmor et de Lélia, et il abusait lâchement de la faiblesse de cet adversaire, croyant qu'après avoir ébranlé sa confiance en Dieu il assurerait la sienne propre dans l'athéisme ; mais il le faisait souffrir en pure perte, et Dieu le punissait de son orgueil en augmentant son incertitude et son effroi après qu'il avait réussi à troubler cette âme tremblante et tourmentée.

Cette nuit-là, l'ermite feignit de dormir profondément et n'ouvrit point à Sténio. Mais, quand le jeune homme se fut éloigné, Magnus craignit d'avoir manqué à la patience et à l'humilité en refusant cette épreuve que lui envoyait le ciel. Il lui sembla que Sténio lui avait crié à travers la porte un adieu étrange, et qu'il nourrissait quelque projet sinistre. Il se leva pour le rappeler. Sténio était déjà loin. Il marchait avec rapidité vers le lac, en chantant d'une voix altérée le refrain d'une chanson graveleuse. Magnus se hâta de rentrer dans sa cellule et se mit en prières. Mais au bout d'une heure il sentit comme un avertissement secret et se rendit au bord du lac. La lune était couchée ; on ne distinguait au fond de l'abîme qu'une vapeur morne étendue sur les roseaux comme un linceul. Un silence profond régnait partout. L'odeur des iris montait faiblement sur la brise tiède et nonchalante. L'air était si doux, la nuit si bleue et si paisible, que les pensées sinistres du moine s'effacèrent involontairement. Un rossignol se mit à chanter d'une voix si suave, que Magnus rêveur s'arrêta à l'écouter. Était-il possible qu'une horrible tragédie eût pour théâtre un lieu si calme, une si belle nuit d'été ?

Magnus reprit lentement et en silence le chemin de sa cellule. Il remonta le sentier enveloppé de ténèbres, dirigé par l'instinct et l'habitude, au travers des arbres et des rochers. Quelquefois pourtant il se heurta contre le roc, et se trouva enveloppé et comme saisi par les branches pendantes des vieux ifs. Mais aucune voix plaintive, aucune main tiède encore ne l'arrêta. Il s'étendit sur les joncs de sa couche, et les heures de la nuit sonnèrent dans le silence.

Mais il essaya vainement de s'endormir. A peine avait-il fermé les yeux qu'il voyait se dresser devant lui je ne sais quelles images incertaines et menaçantes. Bientôt une image plus distincte, plus terrible, vint l'assaillir et le réveiller : Sténio avec ses blasphèmes, ses doutes impies, Sténio qu'il avait laissé seul au sein de la nuit lugubre. Il lui semblait le voir errer autour de sa couche et l'entendre recommencer ses questions injurieuses et cruelles pour tourmenter l'âme du pauvre prêtre. Magnus se souleva, et, s'asseyant sur sa couche, la face appuyée sur ses genoux tremblants, il s'interrogea, comme pour la première fois, sur les desseins de Sténio. Pourquoi le poète lui avait-il crié cet adieu d'une voix si solennelle? Est-ce qu'il allait rejoindre Trenmor? Mais Sténio avait raillé la veille les desseins et les espérances de son ami. Était-ce Lélia qu'il poursuivait? A cette pensée le prêtre bondit sur sa couche ; un instant il souhaita la mort de Sténio.

Mais bientôt ce désir impie fit place à des inquiétudes plus généreuses. Il craignit que, las de lutter contre un Dieu inexorable, Sténio n'eût accompli quelque projet sinistre. Il se rappelait avec effroi certaines paroles affreuses que le jeune homme avait dites la veille sur le néant qui absolvait le suicide, sur l'éternité qui ne le défendait pas, sur la colère divine qui ne pouvait le prévenir, sur l'indulgence miséricordieuse qui devait le permettre. Magnus n'avait pas oublié que la vie présente était pour Sténio un châtiment qui défiait toutes les peines à venir dont l'Église le menaçait.

Le prêtre consterné parcourut sa cellule à pas précipités. Il ne pouvait s'assurer de ce qu'était devenu Sténio avant le retour de la lumière. Il tomba dans une douloureuse rêverie.

Il repassa dans sa mémoire toutes les années de sa jeunesse ; il compara ses douleurs aux douleurs de Sténio ; il se glorifia dans sa résignation ; il essaya de mépriser la colère du malheureux qu'il venait de repousser. Il balbutia quelques paroles hautaines et dédaigneuses ; il murmura entre ses dents, ébranlées par le jeûne et l'insomnie, quelques syllabes confuses, comme s'il voulait se féliciter d'une victoire décisive sur ses passions ; puis il récita à la hâte quelques versets mutilés qui consolèrent son orgueil, sans adoucir l'amertume de son cœur.

Chaque fois que l'horloge du monastère sonnait au loin les heures, Magnus tressaillait ; il accusait la marche du temps ; il regardait le ciel ; il comptait les étoiles obstinées ; puis, quand le son s'évanouissait, quand tout rentrait dans le silence, quand il se retrouvait seul avec Dieu et ses pensées, il recommençait machinalement sa prière monotone et plaintive.

Enfin, le jour parut comme une ligne blanche à l'horizon, et Magnus retourna au bord du lac. Le vent n'avait pas encore soulevé ses voiles de brume, et le moine ne distinguait que les objets voisins de sa vue. Il s'assit sur la pierre où Sténio avait coutume de s'asseoir. Le jour grandissait lentement à son gré, son inquiétude croissait. A mesure que la lumière augmenta, il crut distinguer à ses pieds des caractères tracés sur le sable. Il se baissa, et lut :

« Magnus, tu feras savoir à Lélia qu'elle peut dormir tranquille. Celui qui ne pouvait pas vivre a su mourir. »

Après cette inscription, la trace d'un pied, un léger éboulement de sable, puis plus rien que la pente rapide où la poussière du sol incliné ne gardait plus d'empreinte, et le lac avec ses nénuphars et quelques sarcelles noires dans la fumée blanche.

Agité d'une terreur plus vive, Magnus essaya de descendre dans le ravin. Il alla chercher une bêche dans sa cellule, et, s'ouvrant avec précaution un escalier dans le sable à mesure qu'il y enfonçait son pied incertain, il parvint, après mille dangers, au bord de l'eau tranquille. Sur un tapis de lotus d'un vert tendre et velouté, dormait, pâle et paisible, le jeune homme aux yeux bleus. Son regard était attaché au ciel, dont il reflétait encore l'azur dans son cristal immobile, comme l'eau dont la source est tarie, mais dont le bassin est encore plein et limpide. Les pieds de Sténio étaient enterrés dans le sable de la rive; sa tête reposait parmi les fleurs au froid calice qu'un faible vent courbait sur elle. Les longs insectes qui voltigent sur les roseaux étaient venus par centaines se poser autour de lui. Les uns s'abreuvaient d'un reste de parfum imprégné à ses cheveux mouillés; d'autres agitaient leurs robes diaprées sur son visage, comme pour en admirer curieusement la beauté, ou pour l'effleurer du vent frais de leurs ailes. C'était un si beau spectacle que cette nature tendre et coquette autour d'un cadavre, que Magnus, ne pouvant croire au témoignage de sa raison, appela Sténio d'une voix stridente, et saisit sa main glacée comme s'il eût espéré l'éveiller. Mais, voyant qu'il ne respirait plus, une peur superstitieuse s'empara de son âme timorée; il se crut coupable de ce suicide, et, prêt à tomber auprès de Sténio, il laissa échapper des cris sourds et inarticulés.

Des pâtres de la vallée qui passèrent sur l'autre rive du lac virent ce moine désolé qui faisait de vains efforts pour retirer de l'eau le cadavre de Sténio. Ils descendirent par une pente plus douce, et avec des branches et des cordes ils emportèrent l'homme mort et l'homme vivant sur l'escarpement de l'autre bord.

Les pâtres ne savaient pas le secret de la mort de Sténio ; ils portaient religieusement sur leurs épaules le moine et le poète ; ils s'interrogeaient entre eux d'un regard avide et inquiet, interrompant quelquefois le silence de leur marche pour essayer quelque timide conjecture ; mais pas un d'entre eux ne soupçonnait la vérité.

L'évanouissement de Magnus semblait à ces intelligences rudes et grossières un spectacle de pitié, plutôt qu'un objet de sympathie. Ils se demandaient comment un prêtre, voué par son devoir à consoler les vivants et à bénir les trépassés, perdait courage comme une femme, au lieu de prier sur celui que Dieu venait de rappeler à lui. Ils ne comprenaient pas comment l'ermite, qui avait suivi tant de funérailles, qui avait recueilli les derniers soupirs de tant d'agonisants, se conduisait si lâchement en présence d'un cadavre, pareil pourtant à tous ceux qu'il avait vus.

Au réveil de la nature succéda bientôt le réveil de la vie active. Les travaux interrompus recommençaient avec le jour naissant. Quand les habitants de la plaine aperçurent de loin les pâtres qui s'avançaient, ils s'empressèrent autour d'eux ; mais, à la vue des branches entrelacées où reposaient Magnus et Sténio, la question qu'ils allaient faire expira sur leurs lèvres ; leur curiosité naïve fit place à une tristesse morne et muette : car la mort ne passe inaperçue qu'au milieu des villes populeuses et bruyantes. Dans le silence des champs, au milieu de la vie austère des campagnes, elle est toujours saluée comme la voix de Dieu. Il n'y a que ceux qui passent leurs jours à oublier de vivre qui se détournent de la mort comme d'un spectacle importun. Ceux qui s'agenouillent soir et matin pour demander au ciel et à la terre la possibilité de vivre, ne passent pas indifférents devant un cercueil.

Non loin des bords du lac où ils avaient trouvé Sténio, les pâtres firent halte et déposèrent leur pieux fardeau sur l'herbe humide. Le soleil levant colorait l'horizon d'un ton de pourpre et d'orange. On voyait flotter sur le versant des collines une vapeur abondante et chaude; descendue du ciel, la fécondante rosée y remontait comme l'ardeur sainte d'une âme reconnaissante retourne à Dieu, qui l'a embrasée de son amour. Chaque narcisse de la montagne était un diamant. Les cimes nuageuses se couronnaient d'un diadème d'or. Tout était joie, amour et beauté autour du catafalque rustique.

Un groupe de jeunes filles traversait le val pour mener au bord des lacs les génisses aux flancs rayés, et pour confier aux échos ces rudes ballades, plus simples que prudentes, dont quelquefois le refrain arrivait jusqu'aux oreilles des Camaldules en prières. Ces bruns enfants de la montagne s'arrêtèrent sans terreur devant le spectacle funèbre ; mais sous leurs larges poitrines d'homme, la simple nature avait laissé vivre le cœur droit et compatissant de la femme. Elles s'attendrirent, sans pleurer, sur la destinée de ces deux infortunés, et se chargèrent de l'expliquer aux pâtres. — Celui-ci, dirent-elles en montrant le moine, est le frère de celui qui est noyé. Ils auront voulu pêcher les truites du lac; le plus hardi des deux se sera risqué trop avant; il aura crié au secours, mais l'autre aura eu peur, et la force lui aura manqué. Il faut cueillir des herbes pour le guérir. Nous lui mettrons des feuilles de sauge rouge sur la langue et de la tanaisie sur les tempes. Nous brûlerons de la résine autour de lui, et nous l'éventerons avec des feuilles de fougère.

Tandis que les plus grandes de ces filles cherchaient dans l'herbe mouillée les aromates qu'elles destinaient à secourir Magnus, quelques matrones récitèrent à demi-voix la prière pour les morts, et les plus jeunes montagnardes s'agenouillèrent autour de Sténio demi-recueillies et demi-curieuses. Elles touchaient ses vêtements avec un mélange de crainte et d'admiration. — C'était un riche, disaient les vieilles; c'est bien malheureux pour lui d'être mort.

Une petite fille passait ses doigts dans les cheveux blonds de Sténio, et les essuyait dans son tablier avec un soin qui tenait le milieu entre la vénération et le plaisir sérieux de jouer avec un objet inusité.

Au bruit de leurs voix confuses, le prêtre s'éveilla et promena autour de lui des yeux égarés. Les matrones vinrent baiser sa main décharnée et lui demandèrent dévotement sa bénédiction. Il frissonna en sentant leurs lèvres se coller à ses doigts.

— Laissez, laissez, leur dit-il en les repoussant, je suis un pécheur; Dieu s'est retiré de moi. Priez pour moi, c'est moi qui suis en danger de périr.

Il se leva et regarda le cadavre. Assuré alors qu'il ne faisait pas un rêve, il tressaillit d'une muette et intérieure convulsion, et se rassit par terre, accablé sous le poids de son épouvante.

Les pâtres, voyant qu'il ne songeait pas à leur donner des ordres, lui offrirent de porter le cadavre au seuil de l'église des Camaldules. Cette proposition réveilla toutes les angoisses du moine.

— Non, non, dit-il, cela ne se peut. Aidez-moi seulement à me traîner jusqu'à la porte du monastère.

Magnus avait vu de loin la voiture du cardinal approcher du couvent. Il l'attendit à la porte; et, quand il le vit descendu, il l'emmena à l'écart et s'agenouilla devant lui.

— Bénissez-moi, monseigneur, lui dit-il, car je viens à vous souillé d'un grand crime. J'ai causé la damnation d'une âme. Sténio, le voyageur, l'ami du sage Trenmor, le jeune Sténio, cet enfant du siècle que vous m'aviez permis d'entretenir souvent pour tâcher de le ramener à la vérité, je l'ai mal conseillé, j'ai manqué de force et d'onction pour le convertir; mes prières n'ont pas été assez ferventes; mon intercession n'a pas été agréable au Seigneur, j'ai échoué.... O mon père ! serai-je pardonné ? Ne serai-je pas maudit pour ma faiblesse et mon impuissance ?

— Mon fils, dit le cardinal, les desseins de Dieu sont impénétrables, et sa miséricorde est immense. Que savez-vous de l'avenir ? Le pécheur peut devenir un grand saint. Il nous a repoussés, mais Dieu ne l'a pas abandonné, Dieu le sauvera. La grâce peut l'atteindre partout et le retirer des plus profonds abîmes.

— Dieu ne l'a pas voulu, dit Magnus, dont l'œil fixe était attaché sur la terre avec égarement, Dieu l'a laissé tomber dans le lac....

— Que dites-vous ? s'écria le prélat en se levant. Votre raison est-elle troublée ? Le pécheur est-il mort?

— Mort, répondit Magnus, noyé, perdu, damné !...

— Et comment ce malheur est-il arrivé ? dit le cardinal. En avez-vous été témoin ? N'avez-vous pas essayé de le prévenir ?

— J'aurais dû le prévoir, j'aurais dû l'empêcher; j'ai manqué de persévérance, j'ai eu peur. Il venait presque tous les soirs à mon ermitage, et là il parlait des heures entières d'une voix haute et lamentable. Il accusait le sort, les hommes et Dieu; il invoquait une autre justice que celle en qui nous nous confions ; il foulait aux pieds nos croyances les plus saintes ; il appelait le néant ; il raillait nos prières, nos sacrifices et nos espérances. En l'entendant blasphémer ainsi, ô monseigneur, pardonnez-moi ! au lieu d'être enflammé d'une sainte indignation, je pleurais. Debout à quelques pas de lui, j'entendais à demi ses paroles funestes. Quelquefois le vent les saisissait au passage et les emportait vers le ciel, qui seul était assez puissant pour les absoudre. Quand le vent se taisait, cette voix lugubre, cette malédiction épouvantable revenait frapper mon oreille et glacer mon sang. J'étais lâche, j'étais abattu, j'essayais d'élever un rempart entre les traits empoisonnés de sa parole et mon âme tremblante. C'était en vain. Le découragement, le désespoir s'insinuaient en moi comme un venin. Je voulais l'interrompre, l'idée de son affreux sourire enchaînait ma langue. Je voulais le réprimander, l'audace de son regard contempteur me paralysait à ma place. Je n'avais plus qu'une pensée, qu'un besoin, qu'une tentation insurmontable : c'était de le fuir, c'était d'échapper à ce danger que je ne pouvais détourner de lui et qui m'envahissait moi-même. Alors il me priait de le quitter, et je le quittais machinalement, heureux de me soustraire à ma souffrance et d'aller me réfugier aux pieds du Christ. Je m'occupais trop de moi-même, j'oubliais trop la garde du pécheur que Dieu m'avait confié. Au lieu de prendre la brebis égarée sur mes épaules, j'avais peur de la solitude, de la nuit et des loups dévorants. Je revenais seul au bercail ; mauvais pasteur, j'abandonnais la brebis égarée.... et quand je revins, je ne la trouvai plus. Satan avait enlevé sa proie. L'esprit du mal avait entraîné cette victime dans le gouffre de l'éternelle perdition.

— Mais quoi ! où est Sténio ? s'écria le cardinal en voyant que Magnus parlait dans l'égarement de la fièvre. Que savez-vous de sa mort ?

— J'ai trouvé ce matin dans les herbes du lac ce corps où l'âme ne réside plus ; je n'ai plus rien à faire, rien à espérer pour Sténio. Ordonnez-moi une rude pénitence, monseigneur, afin que j'aille l'accomplir et laver mon âme.

— Parlez-moi de Sténio ! s'écria le cardinal d'un ton sévère. Oubliez-vous un peu vous-même. Votre âme est-elle plus précieuse que la sienne pour que nous l'abandonnions ainsi ? Commençons par prier pour le pécheur que Dieu a châtié, nous verrons ensuite à vous purifier. Où est le corps du jeune homme ? Avez-vous récité les psaumes sur sa dépouille mortelle ? L'avez-vous aspergée de l'eau qui purifie ? l'avez-vous fait porter au seuil de la chapelle ? Avez-vous dit au chapitre de se rassembler ? Le soleil est déjà haut dans le ciel, qu'avez-vous fait depuis son lever ?

— Rien, dit le moine consterné ; j'ai perdu le sentiment de l'existence ; et quand je suis revenu à moi-même, je me suis dit que j'étais perdu.

— Et Sténio, Sténio ? dit Annibal impatienté.

— Sténio ! reprit le moine, n'est-il pas perdu sans retour ? Avons-nous le droit de prier pour lui ? Dieu révoquera-t-il pour lui ses immuables arrêts ? N'est-il pas mort de la mort de Judas Iscariote ?

— De quelle mort ? dit le prélat épouvanté. Le suicide ?

— Le suicide, répondit Magnus d'une voix creuse.

Le cardinal joignait les mains dans un sentiment d'horreur et de consternation inexprimables. Puis, se tournant vers Magnus, il le réprimanda.

— Une telle catastrophe s'est passée presque sous vos yeux, un tel scandale s'est accompli, et vous ne l'avez pas empêché! Et vous êtes allé prier comme Marie quand il fallait agir comme Marthe! Vous avez été lever le front devant le Seigneur comme le Pharisien! Vous avez dit : « Regardez-moi et bénissez-moi, mon Dieu, car je suis un saint prêtre ; et cet impie qui meurt là-bas peut se passer de vous et de moi! » Vous avez été rêver et dormir quand il fallait vous attacher aux pas de ce malheureux, vous jeter à ses pieds, vous traîner dans la poussière, employer les larmes, les menaces, les prières et la force même pour l'empêcher de consommer son affreux sacrifice! Au lieu de fuir le pécheur comme un objet d'horreur et de scandale, ne fallait-il pas baiser ses genoux et l'appeler mon fils et mon frère pour attendrir son cœur et lui faire prendre courage, ne fût-ce qu'un jour, un jour qui eût suffi peut-être pour le sauver? Le médecin déserte-t-il le chevet du malade dans la crainte de la contagion? Le Samaritain se détourna-t-il de dégoût en voyant la plaie hideuse du Juif? Non, il s'en approcha sans crainte, il y versa le baume, il le prit sur sa monture et le sauva. Et vous, pour sauver votre âme, vous avez perdu l'occasion de ramener l'enfant prodigue aux bras du père : c'est vous, c'est vous, âme étroite et dure, qui frémirez d'épouvante quand Dieu criera au milieu de vos nuits sans sommeil : « Caïn, qu'as-tu fait de ton frère? »

— Assez, assez! monseigneur, dit le moine en tombant sur le visage et en traînant sa barbe dans la poussière ; épargnez mon cerveau qui se brise, épargnez ma raison qui s'égare... Venez, s'écria-t-il en s'attachant à la robe du prélat, venez avec moi prier sur sa dépouille, venez prononcer les mots qui délient, venez toucher l'hysope qui lave et qui blanchit, venez dire les exorcismes qui brisent l'orgueil de Satan, venez verser l'huile sainte qui enlève toutes les souillures de la vie...

Le cardinal, touché de sa douleur, se leva triste et irrésolu.

— Êtes-vous bien sûr qu'il se soit donné la mort lui-même? dit-il avec hésitation; n'est-ce pas l'effet du hasard, ou (disons mieux) d'une sévérité céleste qu'il ne nous est pas permis d'interpréter, et au bout de laquelle son âme aura trouvé le pardon? Que savons-nous? Il peut s'être trompé... Dans les ténèbres... Un accident peut arriver. Parlez donc, mon fils, avez-vous des preuves certaines du suicide?

Magnus hésita; il eut envie de dire que non; il espéra tromper la clairvoyance de Dieu, et, au moyen des sacrements de l'Église, envoyer au ciel cette âme condamnée par l'Église; mais il ne l'osa pas. Il avoua en frémissant toute la vérité : il rapporta les paroles écrites sur le sable : « Magnus, va dire à Lélia qu'elle peut dormir tranquille. »

— Il est donc vrai! dit le prélat en laissant couler ses larmes; il n'y a pas moyen d'échapper à cette funeste lumière. Pauvre enfant! Mon Dieu, votre justice est sévère et votre colère est terrible!...

— Allez, Magnus, ajouta-t-il après un instant de silence, faites fermer les portes de cette chapelle, et priez quelque bûcheron ou quelque berger de donner la sépulture à ce cadavre. L'Église nous défend de lui ouvrir les portes du temple et de l'ensevelir en terre sainte...

Cet arrêt effraya Magnus plus que tout le reste. Il

frappa sa tête avec violence sur le pavé, et son sang coula sur sa joue livide sans qu'il s'en aperçût.

— Allez, mon fils, dit le prélat en le relevant ; prenez courage. Obéissons à la sainte Église, mais espérons. Dieu est grand, Dieu est bon ; nul n'a sondé jusqu'au fond les trésors de sa miséricorde. D'ailleurs nous sommes des hommes faibles et des esprits bornés. Aucun homme, fût-il le chef de l'Église, n'a le droit de condamner un autre homme irrévocablement. L'agonie du pécheur a pu être longue. En se débattant contre les approches de la mort, il a pu être éclairé d'une soudaine lumière. Il a pu se repentir et faire entendre une prière si fervente et si pure qu'elle l'ait réconcilié avec le Seigneur. Ce n'est pas le sacrement qui absout, c'est la contrition, vous le savez ; et un instant de cette contrition sincère et profonde peut valoir toute une vie de pénitence. Prions et soyons humbles de cœur. Dans la jeunesse de Sténio, les vertus ont été assez sublimes peut-être pour laver toutes les iniquités de l'avenir, et dans notre vie passée il y a peut-être de telles souillures que toutes les abstinences du présent et de l'avenir auront peine à les absoudre. Allez, mon fils ; si la règle me défend d'admettre ce cadavre dans le temple et de l'accompagner au cimetière avec les cérémonies du culte, au moins l'Église m'autorise à vous donner une licence particulière : c'est d'aller veiller auprès du corps et de l'accompagner jusqu'à sa dernière demeure en faisant telle prière que votre charité vous dictera. Allez, c'est votre devoir, c'est la seule manière de réparer autant qu'il est en vous le mal que vous n'avez pas su empêcher. C'est à vous d'obtenir grâce pour lui et pour vous. Je prierai de mon côté, nous prierons tous, non pas en chœur et dans le sanctuaire, mais chacun dans notre oratoire et dans la ferveur de nos âmes.

Le moine infortuné retourna près de Sténio. Les bergers l'avaient placé à l'abri du soleil, à l'entrée d'une grotte où les femmes brûlaient de la résine de cèdre et des branches de genièvre. Ces pieux montagnards attendaient que Magnus revînt leur donner l'ordre de le porter au couvent, et ils l'avaient déposé sur un brancard fait avec plus d'art et de soin que le premier. Ils avaient entrelacé des branches de sapin et de cyprès avec leurs rameaux vivaces, qui formaient au cadavre un lit de sombre verdure. Les enfants l'avaient parsemé d'herbes aromatiques, et les femmes lui avaient mis au front une couronne de ces blanches fleurs étoilées qui croissent dans les prés humides. Les liserons blancs et les clématites, qui grimpaient le long des flancs du rocher, se suspendaient à la voûte en festons gracieux et sauvages. Ce lit funèbre, si frais, si agreste, surmonté d'un dais de fleurs et baigné des plus suaves parfums, était digne de protéger le dernier sommeil d'un jeune et beau poëte endormi dans le Seigneur.

Les montagnards s'agenouillèrent en voyant le prêtre s'agenouiller ; les femmes, dont le nombre avait grossi considérablement depuis le matin, commencèrent à égrener leur rosaire ; tous s'apprêtaient à suivre le moine et le cadavre jusqu'à la grille des Camaldules. Mais, lorsque après une longue attente ils virent le soleil descendre vers l'horizon sans que Magnus leur dît d'enlever le corps, ils s'étonnèrent et se hasardèrent à l'interroger. Magnus les regarda d'un air égaré, essaya de leur répondre, et balbutia des paroles incertaines. Alors, voyant à quel point la douleur l'avait troublé et craignant de l'affliger davantage en le pressant de questions, un des plus vieux bûcherons de la vallée se décida à se rendre au couvent avec ses fils, et à demander des ordres à l'abbesse.

Au bout d'une heure, le bûcheron revint; il était silencieux, triste et recueilli. Il n'osait parler devant Magnus, et, comme tous les regards l'interrogeaient, il fit signe à ses compagnons de le suivre à l'écart. Tous ceux qui entouraient le cadavre, entraînés par la curiosité, s'éloignèrent sans bruit et le joignirent à quelque distance. Là ils apprirent avec surprise, avec terreur, le suicide de Sténio et le refus du cardinal de le faire ensevelir en terre sainte.

S'il avait fallu au cardinal toute la fermeté d'un esprit généreux, toute la chaleur d'une âme indulgente, pour ne pas désespérer du salut de Sténio, à plus forte raison ces hommes simples et bornés furent-ils épouvantés d'un crime condamné si sévèrement dans les croyances catholiques. Les vieilles femmes furent les premières à le maudire. — Il s'est tué, l'impie! s'écrièrent-elles; quel crime avait-il donc commis? Il ne mérite pas nos prières; l'Église lui refuse un tombeau dans la terre consacrée. Il faut qu'il ait fait quelque chose d'abominable, car monseigneur est si indulgent et si saint! Il avait une plaie honteuse au cœur, cet homme qui a désespéré du pardon et qui s'est fait justice lui-même; ne le plaignons pas; d'ailleurs, il est défendu de prier pour les damnés. Allons-nous-en; que l'ermite fasse son métier; c'est à lui de le garder durant la nuit. Il a le pouvoir de prononcer les exorcismes; si le démon vient réclamer sa proie, il le conjurera. Partons.

Les jeunes filles épouvantées ne se firent pas prier pour suivre leurs mères, et plus d'une, en retournant vers sa demeure, crut voir passer une figure blanche dans les profondeurs du taillis, et entendre sur l'herbe humide de la rosée du soir glisser une ombre qui murmurait tristement : — Détournez-vous, jeune fille, et voyez ma face livide. Je suis l'âme d'un pécheur et je vais au jugement. Priez pour moi. Elles pressaient le pas et arrivaient palpitantes et pâles à la porte de leurs chalets ; mais le soir, lorsqu'elles s'endormirent, je ne sais quelle voix faible et mystérieuse répétait à leur chevet : — Priez pour moi.

Les bergers, habitués aux veilles de la nuit et à la solitude des bois, furent moins accessibles à ces terreurs superstitieuses. Quelques-uns allèrent rejoindre Magnus, et résolurent de garder le mort avec lui. Ils plantèrent aux quatre coins du catafalque rustique de grandes torches de sapin résineux, et déplièrent leurs casaques de peau de chèvre, pour se préserver du froid de la nuit. Mais quand les torches furent allumées, elles commencèrent à projeter sur le cadavre des lueurs d'un rouge livide. Le vent, qui les agitait, faisait passer des clartés sinistres sur ce visage près de tomber en dissolution, et par instants le mouvement de la flamme semblait se communiquer aux traits et aux membres de Sténio. Il leur sembla qu'il ouvrait les yeux, qu'il agitait une main convulsive, qu'il allait se lever. La frayeur s'empara d'eux, et, sans oser s'avouer mutuellement leur puérilité, ils adoptèrent tacitement l'aveu unanime de se retirer. L'ermite, dont la présence les avait un instant rassurés, commençait à les épouvanter plus que le mort lui-même. Son immobilité, son silence, sa pâleur et je ne sais quoi de sombre et de terrible dans son front chauve et luisant, lui donnaient l'aspect d'un esprit de ténèbres. Ils pensèrent que le démon avait pu prendre cette forme pour damner le jeune homme, pour le précipiter dans le lac ; et qu'il était là maintenant, veillant sur sa proie, en attendant l'heure de minuit, où les horribles mystères du sabbat s'accomplissent.

Le plus courageux d'entre eux offrit de revenir le lendemain dès l'aube, pour creuser la fosse et y descendre le cadavre. — C'est bien inutile, répondit un des plus consternés ; et cette réponse fut comprise. Ils se regardèrent en silence ; leur pâleur les effraya mutuellement. Ils descendirent vers la vallée, et se séparèrent d'un pas flageolant, prêts à se prendre les uns les autres pour des spectres.

LXV.

MAGNUS, resté seul auprès du cadavre, ne s'était pas aperçu de la désertion des bergers. Il était toujours à genoux, mais il ne priait pas, il ne pensait pas, sa force était brisée. Il ne sentait son existence que par la souffrance aiguë de son front qu'il avait ébranlé et presque fracassé sur le pavé. Cette commotion physique, jointe aux émotions affreuses de son âme, avait achevé de le plonger dans un affaissement qui ressemblait à l'imbécillité.

Mais en voyant devant lui cette figure pâle de Sténio, qui dormait du sommeil des anges, il s'arrêta, sourit affreusement à son blanc linceul et à sa couronne de fleurs, et murmura d'une voix émue : — O femme ! ô beauté !...

Puis il prit la main du cadavre, et le froid de la

mort apaisa son délire et chassa les trompeuses illusions de la fièvre. Il reconnut que ce n'était pas là une femme endormie, mais un homme couché sur le cercueil, un homme dont il se reprochait la perte.

Il regarda autour de lui, et, ne voyant rien que les flancs noirs du rocher où vacillait la flamme des torches, n'entendant rien que le vent qui mugissait dans les mélèzes, il sentit tout l'effroi de la solitude, toutes les terreurs de la nuit tomber sur son crâne comme une montagne de glace.

Il crut voir quelque chose se mouvoir et ramper sur le rocher auprès de lui. Il ferma les yeux pour ne plus voir; il les rouvrit et regarda involontairement. Il vit une figure effrayante qui se tenait immobile et noire à son côté. Il la regarda pendant près d'une heure, sans oser faire un mouvement, retenant son haleine de peur d'éveiller l'attention de ce fantôme, qu'il croyait prêt à se lever et à marcher vers lui. Le flambeau de résine, qui jetait le profil de Magnus au mur de la grotte, s'éteignit, et le fantôme disparut sans que le moine eût compris que c'était son ombre.

Des pas légers effleurèrent les buissons de la colline. C'était peut-être un chamois qui s'approchait curieusement des flambeaux. Magnus se signa et jeta un regard tremblant sur le sentier qui menait à la vallée. Il crut voir une forme blanche, une femme errante et seule dans la nuit. Le désir inquiet fit bondir son cœur avec violence; il se leva prêt à courir vers elle, la peur le retint. C'était un spectre qui venait appeler Sténio, une ombre sortie du sépulcre pour hurler dans les ténèbres. Il enfonça son visage dans ses mains, s'enveloppa la tête dans son capuchon, et se roula dans un coin, décidé à ne rien voir, à ne rien entendre.

Aucun bruit n'arrivant plus à son oreille, il se rassura un peu et leva la tête. Il vit l'abbesse des Camaldules agenouillée près de Sténio.

Il voulut crier, sa langue s'attacha à son palais. Il voulut fuir, ses jambes devinrent plus froides et plus immobiles que le granit du rocher. Il resta l'œil hagard, la main ouverte, le visage ombragé de son capuchon.

Lélia était penchée sur le lit funèbre. Son voile blanc cachait à demi son visage ; elle semblait aussi morte que Sténio. C'était la digne fiancée d'un cadavre.

Elle avait écouté les discours des bergers ; elle avait voulu contempler la poussière de Sténio. Guidée par le phare sinistre allumé devant la grotte, elle était venue seule, sans effroi, sans remords, sans douleur peut-être !

Cependant, à l'aspect de ce beau front couvert des ombres de la mort, elle sentit son âme s'amollir ; la tendre pitié adoucit la rudesse de cette âme sombre et calme dans le désespoir.

— Oui, Sténio, dit-elle sans s'inquiéter ou sans s'apercevoir de la présence du moine, je te plains, parce que tu m'as maudite. Je te plains, parce que tu n'as pas compris que Dieu, en nous créant, n'avait pas résolu l'union de nos destinées. Tu as cru, je le sais, que je prenais plaisir à multiplier tes tortures. Tu as cru que je voulais venger sur toi les douleurs et les déceptions de mes premières années. Tu te trompais, Sténio, et je te pardonne l'anathème que tu as prononcé contre moi. Celui qui juge nos pensées avant même que nous puissions les prévoir, celui qui feuillette à toute heure le livre de nos consciences et qui lit sans ambiguïté les desseins mystérieux qui n'y sont pas encore inscrits, celui-là, Sténio, n'a pas accueilli tes menaces et ne les réalisera pas. Il ne te punira pas, parce que tu as été aveugle. Il ne châtiera pas ta faiblesse, parce que tu as refusé de te confier dans une sagesse qui n'était pas la tienne. Tu as payé trop cher la lumière qui est venue éclairer tes derniers jours pour qu'il te reproche d'avoir long-temps erré dans les ténèbres. Le savoir douloureux et terrible que tu emportes avec toi n'a pas besoin d'expiation, car ta lèvre s'est desséchée en goûtant le fruit que tu avais cueilli!

Mais Dieu, j'en ai la ferme confiance, Dieu nous réunira dans l'éternité. Assis ensemble à ses pieds, nous assisterons à ses conseils, et nous saurons alors pourquoi il nous a séparés sur la terre. En lisant sur son front radieux le secret de ses volontés impénétrables aux yeux mortels, ta colère et ton étonnement seront comme s'ils n'avaient jamais été.

Alors, Sténio, tu n'essaieras plus de me haïr; tu n'accuseras plus mon injustice et ma cruauté. Quand Dieu, faisant à chacun de nous la part qu'il mérite, distribuera nos travaux selon nos forces, tu comprendras, ô infortuné! que nous ne pouvions pas ici suivre la même route, ni marcher au même but. Les douleurs qu'il nous a envoyées n'ont pas été pareilles. Le maître sévère que nous avons servi tous deux nous expliquera le mystère de nos souffrances. En ouvrant devant nous l'éclatante perspective d'une éternelle effusion, il nous dira pourquoi il lui a plu de préparer la réunion de nos deux âmes par les voies obscures que notre œil ne soupçonnait pas.

Il te montrera, Sténio, dans sa nudité saignante, mon cœur à qui tu imputais le dédain et la dureté. La terreur que tu as ressentie en écoutant mes paroles, l'humiliation qui obscurcissait ton regard quand je t'avouais que je ne pouvais t'aimer, la confusion tremblante de tes pensées se changera en une compassion sérieuse. Lélia, que tu croyais si fort au-dessus de toi, que tu désespérais d'atteindre, Lélia s'abaissera devant toi ; tu oublieras, comme elle, l'admiration et le respect dont les hommes environnaient ses pas, tu sauras pourquoi elle allait seule et sans jamais demander secours.

Confondus sous l'œil de Dieu, dans une félicité progressive, chacun de nous accomplira courageusement la tâche qu'il aura reçue. Nos regards, en se rencontrant, doubleront notre confiance et nos forces : le souvenir de nos misères passées s'évanouira comme un songe, et il nous arrivera de nous demander si vraiment nous avons vécu.

Elle se pencha sur Sténio, détacha de sa couronne une fleur flétrie qu'elle mit sur son cœur, et reprit le sentier de la vallée sans avoir fait attention au moine, qui, debout dans l'ombre, adossé au mur de la grotte, dardait sur elle ses yeux étincelants.

La raison de Magnus l'avait abandonné ; il ne comprenait rien aux discours de Lélia. Il la voyait seulement, et il la trouva belle ; sa passion se réveillait avec violence, il ne se souvenait plus que des désirs qu'il avait si long-temps comprimés et qui le dévoraient plus que jamais.

Quand il la vit parler à Sténio, une affreuse jalousie, qu'il n'avait jamais connue parce qu'il n'avait pas eu occasion de la ressentir, éclata en lui. Il aurait frappé Sténio, s'il l'eût osé ; mais ce cadavre lui faisait peur, et le désir s'allumait en lui encore plus intense que la vengeance.

Il s'élança sur les traces de Lélia; et, comme elle tournait le sentier, il la saisit par le bras.

Lélia se retourna sans crier, sans tressaillir; et regarda cette figure hâve, cet œil sanglant, cette bouche tremblante, sans peur et presque sans surprise.

— Femme, lui dit le moine, tu m'as assez fait souffrir; console-moi, aime-moi.

Lélia, ne reconnaissant pas dans ce moine chauve et voûté le prêtre qu'elle avait vu jeune et fier peu d'années auparavant, s'arrêta étonnée.

— Mon père, lui dit-elle, adressez-vous à Dieu; son amour est le seul qui puisse consoler.

— Ne te souvient-il plus, Lélia, répondit le moine sans l'écouter, que c'est moi qui t'ai sauvé la vie? Sans moi tu périssais dans les ruines du monastère où tu passas deux ans. Tu t'en souviens, femme? je me jetai au milieu des décombres près de m'écraser, je t'emportai, je te mis sur mon cheval, et je voyageai tout le jour en te tenant dans mes bras, et je n'osai pas seulement baiser ton vêtement. Mais dès ce jour un feu dévorant s'alluma dans ma poitrine. En vain j'ai jeûné et prié, Dieu ne veut pas me guérir. Il faut que tu m'aimes: quand je serai aimé je serai guéri; je ferai pénitence, et je serai sauvé. Autrement je redeviendrai fou, et je serai damné.

— Je te reconnais bien, Magnus, répondit-elle. Hélas! voici donc le fruit de tes expiations et de tes combats!

— Ne me raille pas, femme, répondit-il avec un regard sombre; car je suis aussi près de la haine que de l'amour; et, si tu me repousses... je ne sais pas ce que la colère peut me conseiller...

— Laisse mon bras, Magnus, dit Lélia avec le

calme du dédain. Assieds-toi sur cette roche, et je vais te parler.

Il y avait tant d'autorité dans sa voix que le moine, habitué à la soumission passive, obéit comme par instinct et s'assit à deux pas d'elle. Son cœur battait si fort qu'il ne pouvait parler. Il prit dans ses deux mains sa tête saignante et douloureuse, et rassembla tout ce qui lui restait de force et de mémoire pour écouter et comprendre.

— Magnus, lui dit Lélia, si, lorsque vous étiez jeune encore et capable de réaliser une existence sociale, vous m'eussiez consultée sur votre avenir, je ne vous aurais pas conseillé d'être prêtre. Vos passions devaient vous rendre impossibles ces devoirs rigides que vous n'accomplissez que de fait. Vous avez été un mauvais prêtre ; mais Dieu vous pardonnera, parce que vous avez beaucoup souffert. Maintenant il est trop tard pour que vous rentriez dans la vie ordinaire ; vous avez perdu la force d'atteindre à aucune vertu. Il faut vous en tenir à l'abstinence. Vous devez attendre dans la retraite la fin de vos souffrances ; elle ne saurait tarder : regardez vos mains, regardez vos cheveux gris. Tant mieux pour toi, Magnus ! que ne suis-je aussi près de la tombe ! Va, malheureux, nous ne pouvons rien les uns pour les autres. Tu t'es trompé, tu t'es retranché de la vie, et tu as senti le besoin de vivre ; maintenant tu t'en effraies, et tu crois qu'il te serait possible encore d'être heureux. Insensé ! il n'est plus temps d'y songer. Tu aurais pu trouver le bonheur dans la liberté, il y a quelques années ; ta raison aurait pu s'éclairer, ton âme s'endurcir contre de vains remords. Mais aujourd'hui, l'horreur, le dégoût et l'effroi te poursuivraient partout. Tu ne pourrais pas connaître l'amour, tu le prendrais toujours pour le crime, et l'habitude de flétrir du nom de péché les joies légitimes te rendrait criminel et vicieux, aux yeux de ta conscience, dans les bras de la femme la plus pure. Résigne-toi, pauvre ermite, abaisse ton orgueil. Tu t'es cru assez grand pour cette terrible vertu du célibat; tu t'es trompé, te dis-je. Mais qu'importe? Tu arrives au terme de tes maux; songe à ne pas en perdre le fruit. Tu n'as pas été assez grand pour que Dieu te pardonnât le désespoir. Soumets-toi.

Magnus avait écouté vainement; son cerveau se refusait à tout emploi de facultés. Il souffrait, il croyait comprendre que Lélia le raillait; la figure tranquille et fière de cette femme l'humiliait profondément. Il la détestait par instants et voulait la fuir; mais il se croyait saisi et fasciné par l'œil du démon.

Lélia ne faisait plus attention à lui. Elle rêvait et semblait projeter quelque chose.

— Écoute, lui dit-elle après un instant de silence et d'incertitude: tu vas m'obéir, et, au lieu de te livrer à des pensées indignes de ta vocation, tu vas m'aider à rendre à ce cadavre les derniers honneurs. Il a été assez errant, assez tourmenté, assez vagabond dans cette vie; il faut que sa dépouille repose en paix et qu'elle ne soit pas foulée par le pied des passants. Je sais une place où elle dormira ignorée, privée des cérémonies de l'église, puisque telle est la volonté de monseigneur; mais non privée du respect que l'on doit aux sépultures, et des prières collectives qu'on récite dans l'enceinte des cimetières. Prends ce cadavre sur tes épaules, et suis-moi.

Magnus hésita.

— Où voulez-vous que je porte ce mort? dit-il avec

effroi. Monseigneur lui refuse la sépulture bénite, et vous parlez de le déposer dans un cimetière ?

— Fais ce que je te dis, reprit Lélia. Je sais mieux que toi la pensée de monseigneur. Forcé d'obéir aux règlements de l'Église, et ne voulant point, en cette circonstance, encourager par une infraction l'indulgence qu'on pourrait accorder au suicide, il a dû te commander des choses qu'il m'autorisera à enfreindre. Obéis, Magnus, je te l'ordonne.

Lélia savait bien que sa volonté fascinait Magnus. Il obéit machinalement et sans savoir ce qu'il faisait. Il porta le corps de Sténio jusqu'au cimetière des Camaldules. Dans un angle obscur de ce jardin, on avait déraciné le matin même un if brisé par la foudre. Cette fosse, ouverte par le hasard, n'était pas encore comblée. L'ermite, aidé de l'abbesse des Camaldules, y déposa le cadavre, et le recouvrit de terre et de gazon; puis il reprit, tremblant et consterné, le chemin de son ermitage, tandis que Lélia, agenouillée sur la tombe du poète, implorait pour lui cette mansuétude et cette sagesse infinie qui n'infligent pas de châtiments sans retour, et qui remettent dans le creuset de l'éternité le métal brisé par les épreuves de cette vie.

LXVI.

La mort de Sténio fut le signal d'autres événements tragiques. Le cardinal mourut, peu de temps après, d'un mal si rapide et si violent qu'on l'attribua au poison. Magnus avait abandonné son ermitage. Il avait erré plusieurs jours dans les montagnes, en proie à un affreux délire. Les montagnards consternés entendirent ses cris lamentables retentir dans l'horreur de la nuit ; ses pas inégaux et précipités ébranlèrent le seuil de leurs chalets et les y retinrent jusqu'au jour éveillés et tremblants. Enfin, il disparut et alla s'ensevelir dans un couvent de chartreux. Mais bientôt d'étranges révélations sortirent de cet asile, et allèrent bouleverser les existences les plus sereines et les plus brillantes. Annibal succomba sans être appelé à aucune explication. Plusieurs évêques qui l'avaient secondé dans ses vues généreuses, grand nombre de prêtres les plus distingués du clergé par leurs lumières et la noblesse de leur conduite, furent disgraciés ou interdits. Quant à Lélia, on pensa que de tels châtiments seraient trop doux pour l'expiation de ses crimes, et qu'il fallait lui infliger l'humiliation et la honte. L'inquisition instruisit son procès. Le prélat puissant qui l'avait soutenue dans sa carrière était abattu. Les animosités profondes, résultat de cette nouvelle direction donnée par eux et par leurs adhérents aux idées religieuses, et qui avaient grondé sourdement sous leurs pieds, éclatèrent tout à coup et prirent leur revanche. On versa le venin de la calomnie sur la tombe à peine fermée du cardinal, libation impure offerte aux passions infernales. On rechercha les actions secrètes de sa vie, et, au lieu de blâmer celles qui auraient pu être répréhensibles, on les passa sous silence pour ne s'occuper que des dernières années de sa vie; années qui, sous l'influence de Lélia, étaient devenues aussi pures que l'âme de Lélia le souhaitait pour sympathiser entièrement avec celle du prélat. On prit plaisir à répandre la fange du scandale et de l'imposture sur cette amitié sacrée qui eût pu produire de si grandes choses dans l'intérêt de l'Église, si l'Église, comme toutes les puissances qui finissent, n'eût pris à tâche de se précipiter elle-même dans l'abîme où elle dort aujourd'hui sans espoir du réveil.

L'abbesse des Camaldules fut donc accusée d'avoir été l'épouse adultère du Christ et d'avoir entraîné dans des voies de perdition un prince de l'Église qui, avant sa liaison funeste avec elle, avait été, disait-on, une des colonnes de la foi. En outre, elle fut accusée d'avoir professé des doctrines étranges, nouvelles, pleines de passions mondaines, et toutes imprégnées d'hérésie ; puis d'avoir entretenu des relations criminelles avec un impie qui s'introduisait la nuit dans sa cellule ; enfin, d'avoir mis le comble au délire de l'apostasie et à l'audace du sacrilége en faisant inhumer le cadavre de cet impie dans la terre consacrée aux sépultures des Camaldules : infraction aux lois de l'Église, qui refusent la sépulture en terre sainte aux athées décédés de mort volontaire ; infraction aux règles monastiques qui n'admettent pas la sépulture des hommes dans l'enceinte réservée aux tombes des vierges.

A ce dernier chef d'accusation, Lélia connut d'où partait le coup dont elle était frappée. Elle n'en douta plus lorsque, appelée à rendre compte de sa conduite devant ses sombres juges, elle se vit confrontée avec Magnus. Toutes ces turpitudes lui causèrent un tel dégoût qu'elle se refusa à toute interrogation, et n'essaya pas de se justifier. Magnus était si tremblant devant elle, qu'en face de juges intègres le trouble de l'accusateur et le calme de l'accusée eussent suffi pour éclairer les consciences. Mais la sentence était portée d'avance, et les débats n'avaient lieu que pour la forme. Lélia sentit dans son cœur trop de mépris pour accuser Magnus à son tour. Elle se contenta de lui dire, en le voyant chanceler et s'appuyer sur les bras du familier du saint-office : — Rassure-toi, la terre ne s'entr'ouvrira pas sous tes pieds. Ton supplice sera dans ton cœur. Ne crains pas que je te rende blessure pour blessure, outrage pour outrage. Va, misérable, je te plains, je sais à quelles lâches terreurs tu obéis en me calomniant. Va te cacher à tous les yeux, toi qui espères gagner le ciel en commettant l'iniquité ; que Dieu t'éclaire et te pardonne comme je te pardonne moi-même !

Lélia fut accusée aussi par deux de ses religieuses qui l'avaient toujours haïe à cause de son amour pour la justice, et qui espéraient prendre sa place. Elles l'accusèrent d'avoir eu des relations avec les carbonari, et d'avoir aidé, conjointement avec le cardinal, à l'évasion du féroce et impie Valmarina. Enfin elles lui firent un crime d'avoir disposé avec une prodigalité insensée des richesses du couvent, et d'avoir, dans une année de disette, fait vendre des vases d'or et des effets précieux dépendants du trésor de leur église pour soulager la misère des habitants de la contrée. Interrogée sur ce fait, Lélia répondit en souriant qu'elle se déclarait coupable.

Elle fut condamnée à être dégradée de sa dignité en présence de toute sa communauté. On attira autant de monde qu'on put à ce spectacle ; mais peu de personnes s'y rendirent, et celles que la curiosité y poussa s'en retournèrent émues profondément de la dignité calme avec laquelle l'abbesse, soumise à ces affronts, les reçut d'un air à faire pâlir ceux qui les lui infligeaient.

Elle fut ensuite reléguée dans une chartreuse ruinée que la communauté des Camaldules possédait dans le nord des montagnes, et dont elle faisait entretenir une partie pour servir d'asile pénitentiaire à ses délinquantes. C'était un lieu froid et humide, où de grands sapins toujours baignés par les nuages bornaient l'horizon de toutes parts. C'est là que, l'année suivante, Trenmor trouva Lélia mourante, et l'engagea de tout son pouvoir à rompre son vœu et à fuir avec lui sous un autre ciel. Mais Lélia fut inébranlable dans sa résolution.

— Que m'importe, quant à moi, lui dit-elle, de mourir ici ou ailleurs, et de vivre quelques semaines de plus ou de moins? N'ai-je pas assez souffert, et le ciel ne m'a-t-il pas concédé enfin le droit d'entrer dans le repos? D'ailleurs je dois rester ici pour confondre la haine de mes ennemis et pour donner un démenti à leurs prédictions. Ils ont espéré que je me soustrairais au martyre; ils seront déçus de leur attente. Il n'est pas inutile que le monde aperçoive quelque différence entre eux et moi. Les idées auxquelles je me suis vouée exigent de ma part une conduite exemplaire, pure de toute faiblesse, exempte de tout reproche. Croyez bien qu'au point où j'en suis une telle force me coûte peu.

Trenmor la vit s'éteindre rapidement, toujours belle et toujours calme. Elle eut cependant, vers sa dernière heure, quelques instants de trouble et de désespoir. L'idée de voir l'ancien monde finir sans faire surgir un monde nouveau lui était amère et insupportable.

— Eh quoi! disait-elle, tout ce qui est est-il donc comme moi frappé à mort et destiné à périr sans laisser de descendance pour recueillir son héritage? J'ai cru, pendant quelques années, qu'à la faveur d'un entier renoncement à toute satisfaction personnelle j'arriverais à vivre par la charité et à me réjouir dans l'avenir de la race humaine. Mais comment puis-je aimer une race aveugle, stupide et méchante? Que puis-je espérer d'une génération sans conscience, sans foi, sans intelligence et sans cœur?

Trenmor s'efforçait en vain de lui faire comprendre qu'elle s'était abusée en cherchant l'avenir dans le passé. Il ne pouvait être là, disait-il, qu'un germe mystérieux dont l'éclosion serait longue, parce qu'il lui fallait, pour s'ouvrir à la vie, que le vieux tronc fût abattu et desséché. Tant qu'il y aura un catholicisme et une Église catholique, lui disait-il, il n'y aura ni foi, ni culte, ni progrès chez les hommes. Il faut que cette ruine s'écroule, et qu'on en balaie les débris pour que le sol puisse produire des fruits là où il n'y a maintenant que des pierres. Votre grande âme, celle d'Annibal et de plusieurs autres se sont rattachées au dernier lambeau de la foi, sans songer qu'il valait mieux arracher ce lambeau, puisqu'il ne servait qu'à voiler encore la vérité. Une philosophie nouvelle, une foi plus pure et plus éclairée, va se lever à l'horizon. Nous n'en saluons que l'aube incertaine et pâle; mais les lumières et les inspirations qui font la vie de l'humanité ne manqueront pas plus à l'avenir des générations que le soleil ne manque chaque matin à la terre endormie et plongée dans les ténèbres.

L'âme ardente de Lélia ne pouvait s'ouvrir à ces espérances lointaines. Elle n'avait jamais su s'accommoder des promesses de l'avenir, à moins qu'elle ne sentît l'action qui doit produire ces choses agir sur elle ou émaner d'elle. Son cœur avait d'infinis besoins, et il allait s'éteindre sans en avoir satisfait aucun. Il eût fallu à cette immense douleur l'immense consolation de la certitude. Elle eût pardonné au ciel de l'avoir frustrée de tout bonheur si elle eût pu lire clairement dans les destins de l'humanité future quelque chose de mieux que ce qu'elle avait eu elle-même en partage.

Une nuit Trenmor la rencontra sur le sommet de la montagne. Il faisait un temps affreux, la pluie coulait par torrents, le vent mugissait dans la forêt, et les arbres craquaient de toutes parts. De pâles éclairs sillonnaient les nuages; Trenmor l'avait laissée dans sa cellule si épuisée et si faible qu'il avait craint de ne pas la retrouver vivante le lendemain. En la rencontrant ainsi errante sur les rochers glissants, et toute baignée de l'écume des torrents qui se formaient et grossissaient autour d'elle, Trenmor crut voir son spectre, et il l'invoqua comme un pur esprit; mais elle lui prit la main, et, l'attirant vers elle, elle lui parla ainsi d'une voix forte et l'œil enflammé d'un feu sombre.

LXVII.

DÉLIRE.

— IL est des heures dans la nuit où je me sens accablée d'une épouvantable douleur. D'abord c'est une tristesse vague, un malaise inexprimable. La nature tout entière pèse sur moi, et je me traîne brisée, fléchissant sous le fardeau de la vie comme un nain qui serait forcé de porter un géant. Dans ces moments-là, j'ai besoin d'expansion, j'ai besoin de soulagement, et je voudrais embrasser l'univers dans une effusion filiale et fraternelle; mais il semble que l'univers me repousse tout à coup, et qu'il se tourne vers moi pour m'écraser, comme si moi, atome, j'insultais l'univers en l'appelant à moi. Alors l'élan poétique et tendre tourne en moi à l'effroi et au reproche.

Je hais l'éternelle beauté des étoiles, et la splendeur des choses qui nourrissent mes contemplations ordinaires ne me paraît plus que l'implacable indifférence de la puissance pour la faiblesse. Je suis en désaccord avec tout, et mon âme crie au sein de la création comme une corde qui se brise au milieu des mélodies triomphantes d'un instrument sacré. Si le ciel est calme, il me semble revêtir un Dieu inflexible, étranger à mes désirs et à mes besoins. Si l'orage bouleverse les éléments, je vois en eux comme en moi la souffrance inutile, les cris inexaucés !

Oh ! oui ! oui, hélas ! le désespoir règne, et la souffrance et la plainte émanent de tous les pores de la création. Cette vague se tord sur la grève en gémissant, ce vent pleure lamentablement dans la forêt. Tous ces arbres qui se plient et qui se relèvent pour retomber encore sous le fouet de la tempête, subissent une torture effroyable. Il y a un être malheureux, maudit, un être immense, terrible, et tel que ce monde où nous vivons ne peut le contenir. Cet être invisible est dans tout, et sa voix remplit l'espace d'un éternel sanglot. Prisonnier dans l'immensité, il s'agite, il se débat, il frappe sa tête et ses épaules aux confins du ciel et de la terre. Il ne peut les franchir ; tout le serre, tout l'écrase, tout le maudit, tout le brise, tout le hait. Quel est-il et d'où vient-il ? Est-ce l'ange rebelle qui fut chassé de l'empyrée, et ce monde est-il l'enfer qui lui sert de cachot ? Est-ce toi, force que nous sentons et que nous voyons ? Est-ce vous, colère et désespoir qui vous révélez à nos sens, et que nos sens reçoivent de vous ? Est-ce toi, rage éternelle qui bruis sur nos têtes et roules dans nos cieux ? Est-ce toi, esprit inconnu mais sensible, qui es le maître ou le ministre, ou l'esclave ou le tyran, ou le geôlier ou le martyr? Combien de fois j'ai senti ton vol ardent sur ma tête! Combien de fois ta voix est venue arracher mes larmes sympathiques du fond de mes entrailles et les faire couler comme le torrent des montagnes ou la pluie du ciel! Quand tu es en moi, j'entends ta voix qui me crie : « Tu souffres, tu souffres... » et moi, je voudrais t'embrasser et pleurer sur ton sein puissant; il me semble que ma douleur est infinie comme la tienne, et qu'il te faut ma souffrance pour compléter ta plainte éloquente. Et moi aussi, je m'écrie : « Tu souffres, tu souffres... », mais tu passes, tu fuis : tu t'apaises ou tu t'endors. Un rayon de la lune dissipe tes nuages, la moindre étoile qui brille derrière ton linceul semble rire de ta misère et te réduire au silence. Il me semble parfois voir ton spectre tomber dans une rafale, comme un aigle immense dont les ailes couvriraient toute la mer et dont le dernier cri s'éteindrait au sein des flots, et je vois que tu es vaincu : vaincu comme moi, faible comme moi, terrassé comme moi. Le ciel s'éclaire et s'illumine des feux de la joie, et une sorte de terreur stupide s'empare de moi aussi. Prométhée, Prométhée, est-ce toi, toi qui voulais affranchir l'homme des liens de la fatalité? Est-ce toi qui, brisé par un Dieu jaloux, et dévoré par ta bile incurable, retombes épuisé sur ton rocher, sans avoir pu délivrer ni l'homme, ni toi son seul ami, son père, son vrai Dieu peut-être? Les hommes t'ont donné mille noms symboliques : audace, désespoir, délire, rébellion, malédiction. Ceux-ci t'ont appelé Satan, ceux-là crime : moi je t'appelle désir.

Moi, sibylle, sibylle désolée; moi, esprit des temps anciens, enfermé dans un cerveau rebelle à l'inspiration divine, lyre brisée, instrument muet dont les vivants d'aujourd'hui ne comprendraient plus les sons, mais au sein duquel murmure comprimée l'harmonie éternelle ! moi, prêtresse de la mort, qui sens bien avoir été déjà pythie, avoir déjà pleuré, déjà parlé ; mais qui ne me souviens pas, qui ne sais pas, hélas ! ce qu'il faudrait dire pour guérir ! Oui, oui, je me souviens des antres de la vérité et des délires de la révélation ; mais le mot de la destinée humaine, je l'ai oublié ; mais le talisman de la délivrance, je l'ai perdu. Et pourtant, j'ai vu beaucoup de choses ; et quand la souffrance me presse, quand l'indignation me dévore, quand je sens Prométhée s'agiter dans mon sein et battre de ses grandes ailes la pierre où il est scellé, quand l'enfer gronde sous moi comme un volcan prêt à m'engloutir, quand les esprits de la mer viennent pleurer à mes pieds, et ceux de l'air frémir sur mon front... oh ! alors, en proie à un délire sans nom, à un désespoir sans bornes, j'appelle le maître et l'ami inconnu qui pourrait éclairer mon esprit et délier ma langue,... mais je flotte dans les ténèbres, et mes bras fatigués n'embrassent que des ombres trompeuses. O vérité, vérité ! pour te trouver je suis descendue dans des abîmes dont la seule vue donnait le vertige de la peur aux hommes les plus braves. J'ai suivi Dante et Virgile dans les sept cercles du rêve magique. J'ai suivi Curtius dans le gouffre qui s'est refermé sur lui ; j'ai suivi Régulus dans son hideux supplice ; j'ai laissé partout ma chair et mon sang ; j'ai suivi Madeleine au pied de la croix, et mon front a été inondé du sang du Christ et des larmes de Marie. J'ai tout cherché, tout souffert, tout cru, tout accepté. Je me suis agenouillée devant tous les gibets, consumée sur tous les bûchers, prosternée devant tous les autels. J'ai demandé à l'amour ses joies, à la foi ses mystères, à la douleur ses mérites.

Je me suis offerte à Dieu sous toutes les formes; j'ai sondé mon propre cœur avec férocité, je l'ai arraché de ma poitrine pour l'examiner, je l'ai déchiré en mille pièces, je l'ai traversé de mille poignards pour le connaître. J'en ai offert les lambeaux à tous les dieux supérieurs et inférieurs. J'ai évoqué tous les spectres, j'ai lutté avec tous les démons, j'ai supplié tous les saints et tous les anges, j'ai sacrifié à toutes les passions. Vérité! vérité! tu ne t'es pas révélée, depuis dix mille ans je te cherche et je ne t'ai pas trouvée!

Et depuis dix mille ans, pour toute réponse à mes cris, pour tout soulagement à mon agonie, j'entends planer sur cette terre maudite le sanglot désespéré du désir impuissant! Depuis dix mille ans je t'ai sentie dans mon cœur sans pouvoir te traduire à mon intelligence, sans pouvoir trouver la formule terrible qui te révélerait au monde et qui te ferait régner sur la terre et dans les cieux. Depuis dix mille ans j'ai crié dans l'infini : *Vérité, vérité!* Depuis dix mille ans, l'infini me répond : *Désir, désir!* O sibylle désolée, ô muette pythie, brise donc ta tête aux rochers de ton antre, et mêle ton sang fumant de rage à l'écume de la mer; car tu crois avoir possédé le Verbe tout-puissant, et depuis dix mille ans tu le cherches en vain.

. . . .

. . . Comme elle parlait encore, Trenmor sentit la main brûlante de Lélia se glacer tout à coup dans la sienne. Puis elle se leva comme si elle allait se précipiter. Trenmor, épouvanté, la retint dans ses bras. Elle retomba roide sur le rocher : elle avait cessé de vivre.

Lélia avait toujours vécu sous un beau ciel, elle haïssait les contrées que le soleil n'éclaire pas largement. Le froid l'avait tuée avec promptitude, comme s'il eût voulu seconder les desseins de ses ennemis. La coterie qui l'avait perdue était déjà tombée ; une autre coterie remplaça celle-là, et voulut humilier sa rivale en réhabilitant la mémoire de ceux qu'elle avait abattus. On fit des obsèques magnifiques au cardinal, et on rapporta au monastère des Camaldules les cendres de l'abbesse, qu'on honora comme une sainte et comme une martyre. Lélia fut ensevelie dans le cimetière, et on permit à Trenmor d'élever une tombe à Sténio sur la rive opposée, près de la cellule délaissée de l'ermite, là où on avait fait transporter les restes du poète après les avoir expulsés du monastère.

Un soir Trenmor, ayant terminé les funérailles de ses deux amis, descendit lentement sur les rives du lac. La lune, en se levant, jetait un rayon oblique sur ces deux tombes blanches que le lac séparait. Des météores s'élevèrent comme de coutume sur la surface brumeuse de l'eau. Trenmor contempla tristement leur pâle éclat et leur danse mélancolique. Il en remarqua deux qui, venus des deux rives opposées, se joignirent, se poursuivirent mutuellement, et restèrent ensemble toute la nuit, soit qu'ils vinssent se jouer dans les roseaux, soit qu'ils se laissassent glisser sur les flots tranquilles, soit qu'ils se tinssent tremblants dans la brume comme deux lampes près de finir. Trenmor se laissa dominer par une idée superstitieuse et douce. Il passa la nuit entière à suivre de l'œil ces inséparables lumières qui se cherchaient et se suivaient comme deux âmes amoureuses. Deux ou trois fois elles vinrent près de lui, et il les nomma de deux noms chéris en versant des larmes comme un enfant.

Quand le jour parut tous les météores s'éteignirent. Les deux flammes mystérieuses se tinrent quelque temps sur le milieu du lac, comme si elles eussent eu de la peine à se séparer; puis elles furent chassées toutes deux en sens contraire, comme si elles allaient rejoindre chacune la tombe qu'elle habitait. Quand elles se furent effacées, Trenmor passa sa main sur son front comme pour en chasser le rêve affaiblissant d'une nuit de douleur et de tendresse. Il remonta vers la tombe de Sténio, et un instant il s'arrêta incertain.

— Que ferai-je sans vous dans la vie? s'écria-t-il; à qui serai-je utile? à qui m'intéresserai-je? A quoi me serviront ma sagesse et ma force si je n'ai plus d'amis à consoler et à soutenir? Ne vaudrait-il pas mieux avoir une tombe au bord de cette eau si belle, auprès de ces deux tombes silencieuses? Mais non, l'expiation n'est pas finie : Magnus vit peut-être encore, peut-être puis-je le guérir. D'ailleurs il y a partout des hommes qui luttent et qui souffrent, il y a partout des devoirs à remplir, une force à employer, une destinée à réaliser.

Il salua de loin le marbre qui renfermait Lélia; il baisa celui où dormait Sténio : puis il regarda le soleil, ce flambeau qui devait éclairer ses journées de travail, ce phare éternel qui lui montrait la terre d'exil où il faut agir et marcher, l'immensité des cieux toujours accessibles à l'espoir des forts.

Il ramassa son bâton blanc et se remit en route.

FIN DE LÉLIA.

SPIRIDION.

A M. PIERRE LEROUX.

Ami et frère par les années, père et maître par la vertu et la science, agréez l'envoi d'un de mes contes, non comme un travail digne de vous être dédié, mais comme un témoignage d'amitié et de vénération.

George Sand.

Lorsque j'entrai comme novice au couvent des Bénédictins, j'étais à peine âgé de seize ans. Mon caractère doux et timide sembla inspirer d'abord la confiance et l'affection; mais je ne tardai pas à voir la bienveillance des frères se changer en froideur; et le père trésorier, qui seul me conserva un peu d'intérêt, me prit plusieurs fois à part pour me dire tout bas que, si je ne faisais attention à moi-même, je tomberais dans la disgrâce du Prieur.

Je le pressais en vain de s'expliquer; il mettait un doigt sur ses lèvres; et, s'éloignant d'un air mystérieux, il ajoutait pour toute réponse :

— Vous savez bien, mon cher fils, ce que je veux dire.

Je cherchais vainement mon crime. Il m'était impossible, après le plus scrupuleux examen, de découvrir en moi des torts assez graves pour mériter une réprimande. Des semaines, des mois s'écoulèrent, et l'espèce de réprobation tacite qui pesait sur moi ne s'adoucit point. En vain je redoublais de ferveur et de zèle ; en vain je veillais à toutes mes paroles, à toutes mes pensées ; en vain j'étais le plus assidu aux offices et le plus ardent au travail ; je voyais chaque jour la solitude élargir un cercle autour de moi. Tous mes amis m'avaient quitté. Personne ne m'adressait plus la parole. Les novices les moins réguliers et les moins méritants semblaient s'arroger le droit de me mépriser. Quelques-uns même, lorsqu'ils passaient près de moi, serraient contre leur corps les plis de leur robe, comme s'ils eussent craint de toucher un lépreux. Quoique je récitasse mes leçons sans faire une seule faute, et que je fisse dans le chant de très-grands progrès, un profond silence régnait dans les salles d'étude quand ma timide voix avait cessé de résonner sous la voûte. Les docteurs et les maîtres n'avaient pas pour moi un seul regard d'encouragement, tandis que des novices nonchalants ou incapables étaient comblés d'éloges et de récompenses. Lorsque je passais devant l'abbé, il détournait la tête, comme s'il eût eu horreur de mon salut.

J'examinais tous les mouvements de mon cœur, et je m'interrogeais sévèrement pour savoir si l'orgueil blessé n'avait pas une grande part dans ma souffrance. Je pouvais du moins me rendre ce témoignage que je n'avais rien épargné pour combattre toute révolte de la vanité, et je sentais bien que mon cœur était réduit à une tristesse profonde par l'isolement où on le refoulait, par le manque d'affection, et non par le manque d'amusements et de flatteries.

Je résolus de prendre pour appui le seul religieux

qui ne pût fuir mes confidences, mon confesseur. J'allai me jeter à ses pieds, je lui exposai mes douleurs, mes efforts pour mériter un sort moins rigoureux, mes combats contre l'esprit de reproche et d'amertume qui commençait à s'élever en moi. Mais quelle fut ma consternation lorsqu'il me répondit d'un ton glacial :

— Tant que vous ne m'ouvrirez pas votre cœur avec une entière sincérité et une parfaite soumission, je ne pourrai rien faire pour vous.

— O père Hégésippe ! lui répondis-je, vous pouvez lire la vérité au fond de mes entrailles ; car je ne vous ai jamais rien caché.

Alors il se leva et me dit avec un accent terrible :

— Misérable pécheur ! âme basse et perverse ! vous savez bien que vous me cachez un secret formidable, et que votre conscience est un abîme d'iniquité. Mais vous ne tromperez pas l'œil de Dieu, vous n'échapperez point à sa justice. Allez, retirez-vous de moi ; je ne veux plus entendre vos plaintes hypocrites. Jusqu'à ce que la contrition ait touché votre cœur, et que vous ayez lavé par une pénitence sincère les souillures de votre esprit, je vous défends d'approcher du tribunal de la pénitence.

— O mon père ! mon père ! m'écriai-je, ne me repoussez pas ainsi, ne me réduisez pas au désespoir, ne me faites pas douter de la bonté de Dieu et de la sagesse de vos jugements. Je suis innocent devant le Seigneur ; ayez pitié de mes souffrances...

— Reptile audacieux ! s'écria-t-il d'une voix tonnante, glorifie-toi de ton parjure et invoque le nom du Seigneur pour appuyer tes faux serments ; mais laisse-moi, ôte-toi de devant mes yeux, ton endurcissement me fait horreur !

En parlant ainsi, il dégagea sa robe que je tenais dans mes mains suppliantes. Je m'y attachai avec une sorte d'égarement; alors il me repoussa de toute sa force, et je tombai la face contre terre. Il s'éloigna, poussant violemment derrière lui la porte de la sacristie où cette scène se passait. Je demeurai dans les ténèbres. Soit par la violence de ma chute, soit par l'excès de mon chagrin, une veine se rompit dans ma gorge, et j'eus une hémorrhagie. Je ne pus me relever, je me sentis défaillir rapidement, et bientôt je fus étendu sans connaissance sur le pavé baigné de mon sang.

Je ne sais combien de temps je passai ainsi. Quand je commençai à revenir à moi, je sentis une fraîcheur agréable; une brise harmonieuse semblait se jouer autour de moi, séchait la sueur de mon front et courait dans ma chevelure; puis semblait s'éloigner avec un son vague, imperceptible, murmurer je ne sais quelles notes faibles dans les coins de la salle, et revenir sur moi comme pour me rendre des forces et m'engager à me relever.

Cependant je ne pouvais m'y décider encore, car j'éprouvais un bien-être inouï, et j'écoutais dans une sorte d'aberration paisible les bruits de ce souffle d'été qui se glissait furtivement par la fente d'une persienne. Alors il me sembla entendre une voix qui partait du fond de la sacristie, et qui parlait si bas que je ne distinguais pas les paroles. Je restai immobile et prêtai toute mon attention. La voix paraissait faire une de ces prières entrecoupées que nous appelons oraisons jaculatoires. Enfin je saisis distinctement ces mots : *Esprit de vérité, relève les victimes de l'ignorance et de l'imposture.* — Père Hégésippe ! dis-je d'un ton faible, est-ce vous qui revenez vers moi? Mais personne ne me répondit. Je me soulevai sur mes mains et sur mes genoux, j'écoutai encore, je n'entendis plus rien. Je me relevai tout à fait, je regardai autour de moi; j'étais tombé si près de la porte unique de cette petite salle, que personne après le départ de mon confesseur n'eût pu rentrer sans marcher sur mon corps; d'ailleurs, cette porte ne s'ouvrait qu'en dedans par un loquet de forme ancienne. J'y touchai, et je m'assurai qu'il était fermé. Je fus pris de terreur, et je restai quelques instants sans oser faire un pas. Adossé contre la porte, je cherchais à percer de mon regard l'obscurité dans laquelle les angles de la salle étaient plongés. Une lueur blafarde, tombant d'une lucarne à volet de plein chêne, tremblait vers le milieu de cette pièce. Un faible vent, tourmentant le volet, agrandissait et diminuait tour à tour la fente qui laissait pénétrer cette rare lumière. Les objets qui se trouvaient dans cette région à demi éclairée, le prie-Dieu surmonté d'une tête de mort, quelques livres épars sur le plancher, une aube suspendue à la muraille, semblaient se mouvoir avec l'ombre du feuillage que l'air agitait derrière la croisée. Quand je crus voir que j'étais seul, j'eus honte de ma timidité : je fis un signe de croix, et je m'apprêtai à aller ouvrir tout à fait le volet; mais un profond soupir qui partait du prie-Dieu me retint cloué à ma place. Cependant je voyais assez distinctement ce prie-Dieu pour être bien sûr qu'il n'y avait personne. Une idée que j'aurais dû concevoir plus tôt vint me rassurer; quelqu'un pouvait être appuyé dehors contre la fenêtre, et faire sa prière sans songer à moi. Mais qui donc pouvait être assez hardi pour émettre des vœux et prononcer des paroles comme celles que j'avais entendues?

La curiosité, seule passion et seule distraction permise dans le cloître, s'empara de moi. Je m'avançai vers la fenêtre ; mais à peine eus-je fait un pas, qu'une ombre noire, se détachant, à ce qu'il me parut, du prie-Dieu, traversa la salle en se dirigeant vers la fenêtre, et passa devant moi comme un éclair. Ce mouvement fut si rapide que je n'eus pas le temps d'éviter ce que je prenais pour un corps, et ma frayeur fut si grande que je faillis m'évanouir une seconde fois. Mais je ne sentis rien, et, comme si j'eusse été traversé par cette ombre, je la vis disparaître à ma gauche.

Je m'élançai vers la fenêtre, je poussai le volet avec précipitation; je jetai les yeux dans la sacristie, j'y étais absolument seul; je les promenai sur tout le jardin, il était désert, et le vent du midi courait sur les fleurs. Je pris courage : j'explorai tous les coins de la salle, je regardai derrière le prie-Dieu, qui était fort grand; je secouai tous les vêtements sacerdotaux suspendus aux murailles ; je trouvai toutes choses dans leur état naturel, et rien ne put m'expliquer ce qui s'était passé. La vue de tout le sang que j'avais perdu me porta à croire que mon cerveau, affaibli par cette hémorrhagie, avait été en proie à une hallucination. Je me retirai dans ma cellule, et j'y demeurai enfermé jusqu'au lendemain.

Je passai ce jour et cette nuit dans les larmes. L'inanition, la perte de sang, les vaines terreurs de la sacristie, avaient brisé tout mon être. Nul ne vint me secourir ou me consoler ; nul ne s'enquit de ce que j'étais devenu. Je vis de ma fenêtre la troupe des novices se répandre dans le jardin. Les grands chiens qui gardaient la maison vinrent gaiement à leur rencontre, et reçurent d'eux mille caresses. Mon cœur se serra et se brisa à la vue de ces animaux, mieux traités cent fois, et cent fois plus heureux que moi.

J'avais trop de foi en ma vocation pour concevoir aucune idée de révolte ou de fuite. J'acceptai en somme ces humiliations, ces injustices et ce délaissement, comme une épreuve envoyée par le ciel et comme une occasion de mériter. Je priai, je m'humiliai, je frappai ma poitrine, je recommandai ma cause à la justice de Dieu, à la protection de tous les saints, et vers le matin je finis par goûter un doux repos. Je fus éveillé en sursaut par un rêve. Le père Alexis m'était apparu, et, me secouant rudement, il m'avait répété à peu près les paroles qu'un être mystérieux m'avait dites dans la sacristie :

— Relève-toi, victime de l'ignorance et de l'imposture.

Quel rapport le père Alexis pouvait-il avoir avec cette réminiscence? Je n'en trouvai aucun, sinon que la vision de la sacristie m'avait beaucoup occupé au moment où je m'étais endormi, et qu'à ce moment même j'avais vu de mon grabat le père Alexis rentrer du jardin dans le couvent, vers le coucher de la lune, une heure environ avant le jour.

Cette matinale promenade du père Alexis ne m'avait pourtant pas frappé comme un fait extraordinaire. Le père Alexis était le plus savant de nos moines : il était grand astronome, et il avait la garde des instruments de physique et de géométrie, dont l'observatoire du couvent était assez bien fourni. Il passait une partie des nuits à faire ses expériences et à contempler les astres; il allait et venait à toute heure, sans être astreint à celles des offices, et il était dispensé de descendre à l'église pour matines et laudes. Mais mon rêve le ramenant à ma pensée, je me mis à songer que c'était un homme bizarre, toujours préoccupé, souvent inintelligible dans ses paroles, errant sans cesse dans le couvent comme une âme en peine ; qu'en un mot ce pouvait bien être lui qui, la veille, appuyé contre la fenêtre de la sacristie, avait murmuré une formule d'invocation, et fait passer son ombre sur le mur, par hasard, sans se douter de mes terreurs. Je résolus de le lui demander, et, en réfléchissant à la manière dont il accueillerait mes questions, je m'enhardis à saisir ce prétexte pour faire connaissance avec lui. Je me rappelai que ce sombre vieillard était le seul dont je n'eusse reçu aucune insulte muette ou verbale, qu'il ne s'était jamais détourné de moi avec horreur, et qu'il paraissait absolument étranger à toutes les résolutions qui se prenaient dans la communauté. Il est vrai qu'il ne m'avait jamais dit une parole amie, que son regard n'avait jamais rencontré le mien, et qu'il ne paraissait pas seulement se souvenir de mon nom ; mais il n'accordait pas plus d'attention aux autres novices. Il vivait dans un monde à part, absorbé dans ses spéculations scientifiques. On ne savait s'il était pieux ou indifférent à la religion ; il ne parlait jamais que du monde extérieur et visible, et ne paraissait pas se soucier beaucoup de l'autre. Personne n'en disait de mal, personne n'en disait de bien ; et quand les novices se permettaient quelque remarque ou quelque question sur lui, les moines leur imposaient silence d'un ton sévère.

Peut-être, pensai-je, si j'allais lui confier mes tourments, il me donnerait un bon conseil ; peut-être lui qui passe sa vie tout seul, si tristement, serait touché de voir pour la première fois un novice venir à lui et lui demander son assistance. Les malheureux se cherchent et se comprennent. Peut-être est-il malheureux, lui aussi ; peut-être sympathisera-t-il avec mes douleurs. Je me levai, et, avant de l'aller trouver, je passai au réfectoire. Un frère convers coupait du pain : je lui en demandai, et il m'en jeta un morceau comme il eût fait à un animal importun. J'eusse mieux aimé des injures que cette muette et brutale pitié. On me trouvait indigne d'entendre le son de la voix humaine, et on me jetait ma nourriture par terre, comme si, dans mon abjection, j'eusse été réduit à ramper avec les bêtes.

Quand j'eus mangé ce pain amer et trempé de mes pleurs, je me rendis à la cellule du père Alexis. Elle était située, loin de toutes les autres, dans la partie la plus élevée du bâtiment, à côté du cabinet de physique. On y arrivait par un étroit balcon, suspendu à l'extérieur du dôme. Je frappai, on ne me répondit pas : j'entrai. Je trouvai le père Alexis endormi sur son fauteuil, un livre à la main. Sa figure, sombre et pensive jusque dans le sommeil, faillit m'ôter ma résolution. C'était un vieillard de taille moyenne, robuste, large des épaules, voûté par l'étude plus que par les années. Son crâne chauve était encore garni par derrière de cheveux noirs crépus. Ses traits énergiques ne manquaient cependant pas de finesse. Il y avait sur cette face flétrie un mélange inexprimable de décrépitude et de force virile. Je passai derrière son fauteuil sans faire aucun bruit, dans la crainte de le mal disposer en l'éveillant brusquement ; mais, malgré mes précautions extrêmes, il s'aperçut de ma présence ; et, sans soulever sa tête appesantie, sans ouvrir ses yeux caves, sans témoigner ni humeur ni surprise, il me dit : — *Je t'entends.*

— Père Alexis... lui dis-je d'une voix timide.

— Pourquoi m'appelles-tu père? reprit-il sans changer de ton ni d'attitude ; tu n'as pas coutume de m'appeler ainsi. Je ne suis pas ton père, mais bien plutôt ton fils, quoique je sois flétri par l'âge, tandis que toi, tu restes éternellement jeune, éternellement beau!

Ce discours étrange troublait toutes mes idées. Je gardai le silence. Le moine reprit :

— Eh bien! parle, je t'écoute. Tu sais bien que je t'aime comme l'enfant de mes entrailles, comme le père qui m'a engendré, comme le soleil qui m'éclaire, comme l'air que je respire, et plus que tout cela encore.

— O père Alexis, lui dis-je, étonné et attendri d'entendre des paroles si douces sortir de cette bouche rigide, ce n'est pas à moi, misérable enfant, que s'adressent des sentiments si tendres. Je ne suis pas digne d'une telle affection, et je n'ai le bonheur de l'inspirer à personne; mais, puisque je vous surprends au milieu d'un heureux songe, puisque le souvenir d'un ami égaie votre cœur, bon père Alexis, que votre réveil me soit favorable, que votre regard tombe sur moi sans colère, et que votre main ne repousse pas ma tête humiliée, couverte des cendres de la douleur et de l'expiation.

En parlant ainsi, je pliai les genoux devant lui, et j'attendis qu'il jetât les yeux sur moi. Mais à peine m'eut-il vu qu'il se leva comme saisi de fureur et d'épouvante en même temps. L'éclair de la colère brillait dans ses yeux, une sueur froide ruisselait sur ses tempes dévastées.

— Qui êtes-vous? s'écria-t-il. Que me voulez-vous? Que venez-vous faire ici? Je ne vous connais pas!

J'essayai vainement de le rassurer par mon humble posture, par mes regards suppliants.

— Vous êtes un novice, me dit-il, je n'ai point affaire avec les novices. Je ne suis pas un directeur de consciences, ni un dispensateur de grâces et de faveurs. Pourquoi venez-vous m'espionner pendant mon sommeil? Vous ne surprendrez pas le secret de mes pensées. Retournez vers ceux qui vous envoient, dites-leur que je n'ai pas long-temps à vivre, et que je demande qu'on me laisse tranquille. Sortez, sortez; j'ai à travailler. Pourquoi violez-vous la consigne qui défend d'approcher de mon laboratoire? Vous exposez votre vie et la mienne : allez-vous-en !

J'obéis tristement, et je me retirais à pas lents, découragé, brisé de douleurs, le long de la galerie extérieure par laquelle j'étais venu. Il m'avait suivi jusqu'en dehors, comme pour s'assurer que je m'éloignais. Lorsque j'eus atteint l'escalier, je me retournai, et je le vis debout, l'œil toujours enflammé de colère, les lèvres contractées par la méfiance. D'un geste impérieux il m'ordonna de m'éloigner. J'essayai d'obéir; je n'avais plus la force de marcher, je n'avais plus celle de vivre. Je perdis l'équilibre, je roulai quelques marches, je faillis être entraîné dans ma chute par-dessus la rampe, et du haut de la tour me briser sur le pavé. Le père Alexis s'élança vers moi avec la force et l'agilité d'un chat. Il me saisit, et me soutenant dans ses bras :

— Qu'avez-vous donc? me dit-il d'un ton brusque, mais plein de sollicitude. Êtes-vous malade, êtes-vous désespéré, êtes-vous fou?

Je balbutiai quelques paroles, et, cachant ma tête dans sa poitrine, je fondis en larmes. Il m'emporta alors comme si j'eusse été un enfant au berceau, et, entrant dans sa cellule, il me déposa sur son fauteuil, frotta mes tempes d'une liqueur spiritueuse, et en humecta mes narines et mes lèvres froides. Puis, voyant que je reprenais mes esprits, il m'interrogea avec douceur. Alors je lui ouvris mon âme tout entière : je lui racontai les angoisses auxquelles on m'abandonnait, jusqu'à me refuser le secours de la confession. Je protestai de mon innocence, de mes bonnes intentions, de ma patience, et je me plaignis amèrement de n'avoir pas un seul ami pour me consoler et me fortifier dans cette épreuve au-dessus de mes forces.

Il m'écouta d'abord avec un reste de crainte et de méfiance ; puis son front austère s'éclaircit peu à peu ; et, comme j'achevais le récit de mes peines, je vis de grosses larmes ruisseler sur ses joues creuses.

— Pauvre enfant, me dit-il, voilà bien ce qu'ils m'ont fait souffrir ! victime, victime de l'ignorance et de l'imposture !

A ces paroles, je crus reconnaître la voix que j'avais entendue dans la sacristie ; et, cessant de m'en inquiéter, je ne songeai point à lui demander l'explication de cette aventure; seulement je fus frappé du sens de cette exclamation ; et, voyant qu'il demeurait comme plongé en lui-même, je le suppliai de me faire entendre encore sa voix amie, si douce à mon oreille, si chère à mon cœur au milieu de ma détresse.

— Jeune homme, me dit-il, avez-vous compris ce que vous faisiez quand vous êtes entré dans un cloître? Vous êtes-vous bien dit que c'était enfermer votre jeunesse dans la nuit du tombeau et vous résoudre à vivre dans les bras de la mort?

— O mon père, lui dis-je, je l'ai compris, je l'ai résolu, je l'ai voulu, et je le veux encore ; mais c'était à la vie du siècle, à la vie du monde, à la vie de la chair que je consentais à mourir...

— Ah ! tu as cru, enfant, qu'on te laisserait celle de l'âme ! tu t'es livré à des moines, et tu as pu le croire !

— J'ai voulu donner la vie à mon âme, j'ai voulu élever et purifier mon esprit, afin de vivre de Dieu, dans l'esprit de Dieu ; mais voilà que, au lieu de m'accueillir et de m'aider, on m'arrache violemment du sein de mon père, et on me livre aux ténèbres du doute et du désespoir...

— « *Gustans gustavi paululum mellis, et ecce morior !* » dit le moine d'un air sombre en s'asseyant sur son grabat ; et, croisant ses bras maigres sur sa poitrine, il tomba dans la méditation.

Puis se levant et marchant dans sa cellule avec activité :

— Comment vous nomme-t-on ? me dit-il.

— Frère Angel, pour servir Dieu et vous honorer, répondis-je. Mais il n'écouta pas ma réponse, et après un instant de silence :

— Vous vous êtes trompé, me dit-il ; si vous voulez être moine, si vous voulez habiter le cloître, il faut changer toutes vos idées ; autrement *vous mourrez !*

— Dois-je donc mourir en effet pour avoir mangé le miel de la grâce, pour avoir cru, pour avoir espéré, pour avoir dit : « Seigneur, aimez-moi ? »

— Oui, pour cela *tu mourras !* répondit-il d'une voix forte, en promenant autour de lui des regards farouches ; puis il retomba encore dans sa rêverie, et ne fit plus attention à moi. Je commençais à me trouver mal à l'aise auprès de lui ; ses paroles entrecoupées, son aspect rude et chagrin, ses éclairs de sensibilité suivis aussitôt d'une profonde indifférence, tout en lui avait un caractère d'aliénation. Tout d'un coup il renouvela sa question, et me dit d'un ton presque impérieux :

— Votre nom?

— Angel, répondis-je avec douceur.

— Angel! s'écria-t-il en me regardant d'un air inspiré. Il m'a été dit : « Vers la fin de tes jours un ange te sera envoyé, et tu le reconnaîtras à la flèche qui lui traversera le cœur. Il viendra te trouver, et il te dira : — Retire-moi cette flèche qui me donne la mort... Et si tu lui retires cette flèche, aussitôt celle qui te traverse tombera, ta plaie sera fermée, et tu vivras. »

— Mon père, lui dis-je, je ne connais point ce texte, je ne l'ai rencontré nulle part.

— C'est que tu connais peu de choses, me répondit-il en posant amicalement sa main sur ma tête; c'est que tu n'as point encore rencontré la main qui doit guérir ta blessure; moi je comprends la parole de l'*Esprit*, et je te connais. Tu es celui qui devait venir vers moi ; je te reconnais à cette heure, et ta chevelure est blonde comme la chevelure de celui qui t'envoie. Mon fils, sois béni, et que le pouvoir de l'*Esprit* s'accomplisse en toi... Tu es mon fils bien-aimé, et c'est en toi que je mettrai toute mon affection.

Il me pressa sur son sein, et, levant les yeux au ciel, il me parut sublime. Son visage prit une expression que je n'avais vue que dans ces têtes de saints et d'apôtres, chefs-d'œuvre de peinture qui ornaient l'église du couvent. Ce que j'avais pris pour de l'égarement eut à mes yeux le caractère de l'inspiration. Je crus voir un archange, et, pliant les deux genoux, je me prosternai devant lui.

Il m'imposa les mains, en disant :

— Cesse de souffrir ! que la flèche acérée de la douleur cesse de déchirer ton sein ; que le dard empoisonné de l'injustice et de la persécution cesse de percer ta poitrine ; que le sang de ton cœur cesse d'arroser des marbres insensibles. Sois consolé, sois guéri, sois fort, sois béni. Lève-toi !

Je me relevai et sentis mon âme inondée d'une telle consolation, mon esprit raffermi par une espérance si vive, que je m'écriai :

— Oui, un miracle s'est accompli en moi, et je reconnais maintenant que vous êtes un saint devant le Seigneur.

— Ne parle pas ainsi, mon enfant, d'un homme faible et malheureux, me dit-il avec tristesse ; je suis un être ignorant et borné, dont l'*Esprit* a eu pitié quelquefois. Qu'il soit loué à cette heure, puisque j'ai eu la puissance de te guérir. Va en paix ; sois prudent, ne me parle en présence de personne, et ne viens me voir qu'en secret.

— Ne me renvoyez pas encore, mon père, lui dis-je ; car qui sait quand je pourrai revenir ? Il y a des peines si sévères contre ceux qui approchent de votre laboratoire que je serai peut-être bien long-temps avant de pouvoir goûter de nouveau la douceur de votre entretien.

— Il faut que je te quitte et que *je consulte*, répondit le père Alexis. Il est possible qu'on te persécute pour la tendresse que tu vas m'accorder ; mais l'Esprit te donnera la force de vaincre tous les obstacles, car il m'a prédit ta venue, et ce qui doit s'accomplir *est dit*.

Il se rassit sur son fauteuil, et tomba dans un profond sommeil. Je contemplai long-temps sa tête, empreinte d'une sérénité et d'une beauté surnaturelle, bien différente en ce moment de ce qu'elle m'était apparue d'abord ; puis, baisant avec amour le bord de sa robe grise, je me retirai sans bruit.

Quand je ne fus plus sous le charme de sa présence, ce qui s'était passé entre lui et moi me fit l'effet d'un songe. Moi, si croyant, si orthodoxe dans mes études et dans mes intentions; moi, que le seul mot d'hérésie faisait frémir de crainte et d'horreur, par quelles paroles avais-je donc été fasciné, et par quelle formule avais-je laissé unir clandestinement ma destinée à cette destinée inconnue? Alexis m'avait soufflé l'esprit de révolte contre mes supérieurs, contre ces hommes que je devais croire et que j'avais toujours crus infaillibles. Il m'avait parlé d'eux avec un profond mépris, avec une haine concentrée, et je m'étais laissé surprendre par les figures et l'obscurité de son langage. Maintenant ma mémoire me retraçait tout ce qui eût dû me faire douter de sa foi, et je me souvenais avec terreur de lui avoir entendu citer et invoquer à chaque instant l'*Esprit*, sans qu'il y joignît jamais l'épithète consacrée par laquelle nous désignons la troisième personne de la Trinité divine. C'était peut-être au nom du malin esprit qu'il m'avait imposé les mains. Peut-être avais-je fait alliance avec les esprits de ténèbres en recevant les caresses et les consolations de ce moine suspect. Je fus troublé, agité; je ne pus fermer l'œil de la nuit. Comme la veille, je fus oublié et abandonné. De même que la nuit précédente, je m'endormis au jour et me réveillai tard. J'eus honte alors d'avoir manqué depuis tant d'heures à mes exercices de piété : je me rendis à l'église, et je priai ardemment l'Esprit saint de m'éclairer et de me préserver des embûches du tentateur.

Je me sentis si triste et si peu fortifié au sortir de

l'église, que je me crus dans une voie de perdition, et je résolus d'aller me confesser. J'écrivis un mot au père Hégésippe pour le supplier de m'entendre; mais il me fit faire verbalement, par un des convers les plus grossiers, une réponse méprisante et un refus positif. En même temps ce convers m'intima, de la part du Prieur, l'ordre de sortir de l'église et de n'y jamais mettre les pieds avant la fin des offices du soir. Encore, si un religieux prolongeait sa prière dans le chœur, ou y rentrait pour s'y livrer à quelque acte de dévotion particulière, je devais à l'instant même purger la maison de Dieu de mon souffle impur, et céder ma place à un serviteur de Dieu.

Cet arrêt inique me blessa tellement que j'entrai dans une colère insensée. Je sortis de l'église en frappant du poing sur les murs comme un furieux. Le convers me chassait dehors en me traitant de blasphémateur et de sacrilége.

Au moment où je franchissais la porte au fond du chœur qui donnait sur le jardin, le chagrin et l'indignation faillirent me faire perdre encore une fois l'usage de mes sens. Je chancelai; un nuage passa devant mes yeux; mais la fierté vainquit le mal, et je m'élançai vers le jardin, en me jetant un peu de côté pour faire place à une personne que je vis tout à coup sur le seuil face à face avec moi. C'était un jeune homme d'une beauté surprenante, et portant un costume étranger. Bien qu'il fût couvert d'une robe noire, semblable à celle des supérieurs de notre ordre, il avait en dessous une jaquette demi-courte en drap fin, attachée par une ceinture de cuir à boucle d'argent, à la manière des anciens étudiants allemands. Comme eux, il portait, au lieu des sandales de nos moines, des bottines collantes, et sur son col de chemise, rabattu et blanc comme la neige, tombait à grandes ondes dorées la plus belle chevelure blonde que j'aie vue de ma vie. Il était grand, et son attitude élégante semblait révéler l'habitude du commandement. Frappé de respect et rempli d'incertitude, je le saluai à demi. Il ne me rendit point mon salut; mais il me sourit d'un air si bienveillant, et en même temps ses beaux yeux, d'un bleu sévère, s'adoucirent pour me regarder avec une compassion si tendre, que jamais ses traits ne sont sortis de ma mémoire. Je m'arrêtai, espérant qu'il me parlerait, et me persuadant, d'après la majesté de son aspect, qu'il avait le pouvoir de me protéger; mais le convers qui marchait derrière moi, et qui ne semblait faire aucune attention à lui, le força brutalement de se retirer contre le mur, et me poussa presque jusqu'à me faire tomber. Ne voulant point engager une lutte avilissante avec cet homme grossier, je me hâtai de sortir; mais, après avoir fait trois pas dans le jardin, je me retournai, et je vis l'inconnu qui restait debout à la même place et me suivait des yeux avec une affectueuse sollicitude. Le soleil donnait en plein sur lui et faisait rayonner sa chevelure. Il soupira, et, levant ses beaux yeux vers le ciel, comme pour appeler sur moi le secours de la justice éternelle et la prendre à témoin de mon infortune, il se tourna lentement vers le sanctuaire, entra dans le chœur et se perdit dans l'ombre; car la brillante clarté du jour faisait paraître ténébreux l'intérieur de l'église. J'avais envie de retourner sur mes pas malgré le convers, de suivre ce noble étranger et de lui dire mes peines; mais quel était-il pour les accueillir et les faire cesser? D'ailleurs, s'il attirait vers lui la sympathie de mon âme, il m'inspirait aussi une sorte de crainte; car il y avait dans sa physionomie autant d'austérité que de douceur.

Je montai vers le père Alexis, et lui racontai les nouvelles cruautés exercées envers moi.

— Pourquoi avez-vous douté, ô homme de peu de foi? me dit-il d'un air triste. Vous vous nommez Ange, et, au lieu de reconnaître l'esprit de vie qui tressaille en vous, vous avez voulu aller vous jeter aux pieds d'un homme ignorant, demander la vie à un cadavre ! Ce directeur ignare vous repousse et vous humilie. Vous êtes puni par où vous avez péché, et votre souffrance n'a rien de noble, votre martyre rien d'utile pour vous-même, parce que vous sacrifiez les forces de votre entendement à des idées fausses ou étroites. Au reste, j'avais prévu ce qui vous arrive ; vous me craignez ; vous ne savez pas si je suis le serviteur des anges ou l'esclave des démons. Vous avez passé la nuit dernière à commenter toutes mes paroles, et vous avez résolu ce matin de me vendre à mes ennemis pour une absolution.

— Oh ! ne le croyez pas, m'écriai-je ; je me serais confessé de tout ce qui m'était personnel sans prononcer votre nom, sans redire une seule de vos paroles. Hélas! serez-vous donc, vous aussi, injuste envers moi? Serai-je repoussé de partout? La maison de Dieu m'est fermée, votre cœur me le sera-t-il de même? Le père Hégésippe m'accuse d'impiété; et vous, mon père, vous m'accusez d'être lâche !

— C'est que vous l'avez été, répondit Alexis. La puissance des moines vous intimide, leur haine vous épouvante. Vous enviez leurs suffrages et leurs cajoleries aux ineptes disciples qu'ils choient tendrement. Vous ne savez pas vivre seul, souffrir seul, aimer seul.

— Eh bien ! mon père, il est vrai, je ne sais pas me passer d'affection ; j'ai cette faiblesse, cette lâcheté, si vous voulez. Je suis peut-être un caractère faible, mais je sens en moi une âme tendre, et j'ai besoin d'un ami. Dieu est si grand que je me sens terrifié en sa présence. Mon esprit est si timide qu'il ne trouve pas en lui-même la force d'embrasser ce Dieu tout-puissant, et d'arracher de sa main terrible les dons de la grâce. J'ai besoin d'intermédiaire entre le ciel et moi. Il me faut des appuis, des conseils, des médiateurs. Il faut qu'on m'aime, qu'on travaille pour moi et avec moi à mon salut. Il faut qu'on prie avec moi, qu'on me dise d'espérer et qu'on me promette les récompenses éternelles. Autrement je doute, non de la bonté de Dieu, mais de celle de mes intentions. J'ai peur du Seigneur, parce que j'ai peur de moi-même. Je m'attiédis, je me décourage, je me sens mourir, mon cerveau se trouble, et je ne distingue plus la voix du ciel de celle de l'enfer. Je cherche un appui ; fût-ce un maître impitoyable qui me châtiât sans cesse, je le préférerais à un père indulgent qui m'oublie.

— Pauvre ange égaré sur le terre ! dit le père Alexis avec attendrissement ; étincelle d'amour tombée de l'auréole du maître, et condamnée à couver sous la cendre de cette misérable vie ! Je reconnais à tes tourments la nature divine qui m'anima dans ma jeunesse, avant qu'on eût épaissi sur mes yeux les ténèbres de l'endurcissement, avant qu'on eût glacé sous le cilice les battements de ce cœur brûlant, avant qu'on eût rendu mes communications avec l'*Esprit* pénibles, rares, douloureuses et à jamais incomplètes. Ils feront de toi ce qu'ils ont fait de moi. Ils rempliront ton esprit de doutes poignants, de puérils remords et d'imbéciles terreurs. Ils te rendront malade, vieux avant l'âge, infirme d'esprit; et quand tu auras secoué tous les liens de l'ignorance et de l'imposture, quand tu te sentiras assez éclairé pour déchirer tous les voiles de la superstition, tu n'en auras plus la force. Ta fibre sera relâchée, ta vue trouble, ta main débile, ton cerveau paresseux et fatigué. Tu voudras lever les yeux vers les astres, et ta tête pesante retombera stupidement sur ta poitrine; tu voudras lire, et des fantômes danseront devant tes yeux; tu voudras te rappeler, et mille lueurs incertaines se joueront dans ta mémoire épuisée; tu voudras méditer, et tu t'endormiras sur ta chaise. Et pendant ton sommeil, si l'Esprit te parle, ce sera en des termes si obscurs que tu ne pourras les expliquer à ton réveil. Ah! victime! victime! je te plains, et ne puis te sauver.

En parlant ainsi, il frissonnait comme un homme pris de fièvre : son haleine brûlante semblait raréfier l'air de sa cellule, et on eût dit, à la langueur de son être, qu'il lui restait à peine quelques instants à vivre.

— Bon père Alexis, lui dis-je, votre tendresse pour moi est-elle donc déjà fatiguée? J'ai été faible et craintif, il est vrai; mais vous me sembliez si fort, si vivant, que je comptais retrouver en vous assez de chaleur pour me pardonner ma faute, pour l'effacer et pour me fortifier de nouveau. Mon âme retombe dans la mort avec la vôtre : ne pouvez-vous, comme hier, faire un miracle qui nous ranime tous les deux?

— L'Esprit n'est point avec moi aujourd'hui, dit-il. Je suis triste, je doute de tout, et même de toi. Reviens demain, je serai peut-être illuminé.

— Et que deviendrai-je jusque là?

— L'Esprit est fort, l'Esprit est bon; peut-être t'assistera-t-il directement. En attendant, je veux te donner un conseil pour adoucir l'amertume de ta situation. Je sais pourquoi les moines ont adopté envers toi ce système d'inflexible méchanceté. Ils agissent ainsi avec tous ceux dont ils craignent l'esprit de justice et la droiture naturelle. Ils ont pressenti en toi un homme de cœur, sensible à l'outrage, compatissant à la souffrance, ennemi des féroces et lâches passions. Ils se sont dit que dans un tel homme ils ne trouveraient pas un complice, mais un juge; et ils veulent faire de toi ce qu'ils font de tous ceux dont la vertu les effraie et dont la candeur les gêne. Ils veulent t'abrutir, effacer en toi par la persécution toute notion du juste et de l'injuste, émousser par d'inutiles souffrances toute généreuse énergie. Ils veulent, par de mystérieux et vils complots, par des énigmes sans mot et des châtiments sans objet, t'habituer à vivre brutalement dans l'amour et l'estime de toi seul, à te passer de sympathie, à perdre toute confiance, à mépriser toute amitié. Ils veulent te faire désespérer de la bonté du maître, te dégoûter de la prière, te forcer à mentir ou à trahir tes frères dans la confession, te rendre envieux, sournois, calomniateur, délateur. Ils veulent te rendre pervers, stupide et infâme. Ils veulent t'enseigner que le premier des biens c'est l'intempérance et l'oisiveté, que pour s'y livrer en paix il faut tout avilir, tout sacrifier, dépouiller tout souvenir de grandeur, tuer tout noble instinct. Ils veulent t'enseigner la haine hypocrite, la vengeance patiente, la couardise et la férocité. Ils veulent que ton âme meure pour avoir été nourrie de miel, pour avoir aimé la douceur et l'innocence. Ils veulent, en un mot, faire de toi un moine. Voilà ce qu'ils veulent, mon fils; voilà ce qu'ils ont entrepris, voilà ce qu'ils poursuivent d'un commun accord, les uns par calcul, les autres par instinct, les meilleurs par faiblesse, par obéissance et par crainte.

— Qu'entends-je? m'écriai-je, et dans quel monde d'iniquité faites-vous entrer mon âme tremblante! Père Alexis, père Alexis! dans quel abîme serais-je tombé, s'il en était ainsi! O ciel! ne vous trompez-vous point? N'êtes-vous point aveuglé par le souvenir de quelque injure personnelle? Ce monastère n'est-il habité que par des moines prévaricateurs? Dois-je chercher parmi des âmes plus sincères la foi et la charité qu'un impur démon semble avoir chassées de ces murs maudits?

— Tu chercherais en vain un couvent moins souillé et des moines meilleurs; tous sont ainsi. La foi est perdue sur la terre, et le vice est impuni. Accepte le travail et la douleur; car vivre, c'est travailler et souffrir.

— Je le veux, je le veux! mais je veux semer pour recueillir. Je veux travailler dans la foi et dans l'espérance; je veux souffrir selon la charité. Je fuirai cet abominable réceptacle de crimes; je déchirerai cette robe blanche, emblème menteur d'une vie de pureté. Je retournerai à la vie du monde, ou je me retirerai dans une thébaïde pour pleurer sur les fautes du genre humain et me préserver de la contagion...

— C'est bien, me dit le père Alexis en prenant dans ses mains mes mains que je tordais avec désespoir, j'aime ce mouvement d'indignation et cet éclair du courage. J'ai connu ces angoisses, j'ai formé ces résolutions. Ainsi j'ai voulu fuir, ainsi j'ai désiré de vivre parmi les hommes du siècle, ou de m'enfermer dans des cavernes inaccessibles; mais écoute les conseils que l'Esprit m'a donnés aux temps de mon épreuve, et grave-les dans ta mémoire:

« Ne dis pas : Je vivrai parmi les hommes, et je serai le meilleur d'entre eux ; car toute chair est faible, et ton esprit s'éteindra comme le leur dans la vie de la chair.

» Ne dis pas non plus : Je me retirerai dans la solitude et j'y vivrai de l'esprit ; car l'esprit de l'homme est enclin à l'orgueil, et l'orgueil corrompt l'esprit.

» Vis avec les hommes qui sont autour de toi. Garde-toi de leur malice. Cherche ta solitude au milieu d'eux. Détourne les yeux de leur iniquité, regarde en toi-même, et garde-toi de les haïr autant que de les imiter. Fais-leur du bien dans le temps présent en ne leur fermant ni ton cœur ni ta main. Fais-leur du bien dans leur postérité en ouvrant ton esprit à la lumière de l'*Esprit*.

» La vie du siècle débilite, la vie du désert irrite.

» Quand un instrument est exposé aux intempéries des saisons, les cordes se détendent ; quand il est enfermé sans air dans un étui, les cordes se rompent.

» Si tu écoutes le sens des paroles humaines, tu oublieras l'Esprit, et tu ne pourras plus le comprendre. Mais si tu ne laisses venir à toi les sons de la voix humaine, tu oublieras les hommes, et tu ne pourras plus les enseigner. »

En récitant ces versets d'une Bible inconnue, le père Alexis tenait ouvert le livre que j'avais vu déjà entre ses mains, et il tournait les pages pour les consulter, comme s'il eût aidé sa mémoire d'un texte écrit ; mais les pages de ce livre étaient blanches, et ne paraissaient pas avoir jamais porté l'empreinte d'aucun caractère.

Ce fait bizarre réveilla mes inquiétudes, et je commençai à l'observer avec curiosité. Rien dans son aspect n'annonçait en ce moment l'égarement, ou seulement l'exaltation. Il renferma doucement son livre, et me parlant avec calme :

— Garde-toi donc, me dit-il en commentant son texte, de retourner au monde ; car tu es un faible enfant, et si le vent des passions venait à souffler sur toi, il éteindrait le flambeau de ton intelligence. La concupiscence et la vanité ne te trouveraient peut-être pas assez fort pour résister à leur aiguillon. Quant à moi, j'ai fui le monde, parce que j'étais fort, et que les passions eussent changé ma force en fureur. J'aurais surmonté la présomption et terrassé la luxure ; j'aurais succombé sous les tentations de l'ambition et de la haine ; j'aurais été dur, intolérant, vindicatif, orgueilleux, c'est-à-dire égoïste. Nous sommes faits l'un et l'autre pour le cloître. Quand un homme a entendu l'Esprit l'appeler, ne fût-ce qu'une fois et faiblement, il doit tout quitter pour le suivre, et rester là où il l'a conduit, quelque mal qu'il s'y trouve. Retourner en arrière n'est plus en son pouvoir, et quiconque a méprisé une seule fois la chair pour l'esprit, ne peut plus revenir aux plaisirs de la chair ; car la chair révoltée se venge et veut chasser l'esprit à son tour. Alors le cœur de l'homme est le théâtre d'une lutte terrible où la chair et l'esprit se dévorent l'un l'autre ; l'homme succombe et meurt sans avoir vécu. La vie de l'esprit est une vie sublime ; mais elle est difficile et douloureuse. Ce n'est pas une vaine précaution que de mettre entre la contagion du siècle et le règne de la chair, des murailles, des remparts de pierre et des grilles d'airain. Ce n'est pas trop pour enchaîner la convoitise des choses vaines que de descendre vivant dans un cercueil scellé. Mais il est bon de voir autour de soi d'autres hommes voués au culte de l'esprit, ne fût-ce qu'en apparence. Ce fut l'œuvre d'une grande sagesse que d'instituer les communautés religieuses. Où est le temps où les hommes s'y chérissaient comme des frères et y travaillaient de concert, en s'aidant charitablement les uns les autres, à implorer, à poursuivre l'esprit, à vaincre les grossiers conseils de la matière ? Toute lumière, tout progrès, toute grandeur sont sortis du cloître ; mais toute lumière, tout progrès, toute grandeur doivent y périr, si quelques-uns d'entre nous ne persévèrent dans la lutte effroyable que l'ignorance et l'imposture livrent désormais à la vérité. Soutenons ce combat avec acharnement ; poursuivons notre entreprise, eussions-nous contre nous toute l'armée de l'enfer. Si on coupe nos deux bras, saisissons le navire avec les dents ; car l'Esprit est avec nous. C'est ici qu'il habite ; malheur à ceux qui profanent son sanctuaire ! Restons fidèles à son culte, et, si nous sommes d'inutiles martyrs, ne soyons pas du moins de lâches déserteurs.

— Vous avez raison, mon père, répondis-je, frappé des paroles qu'il disait. Votre enseignement est celui de la sagesse. Je veux être votre disciple et ne me conduire que d'après vos décisions. Dites-moi ce que je dois faire pour conserver ma force et poursuivre courageusement l'œuvre de mon salut au milieu des persécutions qu'on me suscite.

— Les subir toutes avec indifférence, répondit-il ; ce sera une tâche facile, si tu considères le peu que vaut l'estime des moines, et la faiblesse de leurs moyens contre nous. Il pourra se faire qu'à la vue d'une victime innocente comme toi, et comme toi maltraitée, tu sentes souvent l'indignation brûler tes entrailles ; mais ton rôle, en ce qui t'est personnel, c'est de sourire, et c'est aussi toute la vengeance que tu dois tirer de leurs vains efforts. En outre, ton insouciance fera tomber leur animosité. Ce qu'ils veulent, c'est de te rendre insensible à force de douleur ; sois-le à force de courage ou de raison. Ils sont grossiers; ils s'y méprendront. Sèche tes larmes, prends un visage sans expression, feins un bon sommeil et un grand appétit, ne demande plus la confession, ne parais plus à l'église, ou feins d'y être morne et froid. Quand ils te verront ainsi, ils n'auront plus peur de toi ; et, cessant de jouer une sale comédie, ils seront indulgents à ton égard, comme l'est un maître paresseux envers un élève inepte. Fais ce que je te dis, et avant trois jours je t'annonce que le Prieur te mandera devant lui pour faire sa paix avec toi.

Avant de quitter le père Alexis je lui parlai du personnage que j'avais rencontré au sortir de l'église, et lui demandai qui il pouvait être. D'abord il m'écouta avec préoccupation, hochant la tête, comme pour dire qu'il ne connaissait et ne se souciait de connaître aucun dignitaire de l'ordre; mais, à mesure que je lui détaillais les traits et l'habillement de l'inconnu, son œil s'animait, et bientôt il m'accabla de questions précipitées. Le soin minutieux que je mis à y répondre acheva de graver dans ma mémoire le souvenir de celui que je crois voir encore et que je ne verrai plus.

Enfin le père Alexis, saisissant mes mains avec une grande expression de tendresse et de joie, s'écria à plusieurs reprises :

— Est-il possible? est-il possible? as-tu vu cela? Il est donc revenu? il est donc avec nous? il t'a connu? il t'a appelé? Il ôtera la flèche de ton cœur ! C'est donc bien toi, mon enfant, toi qui l'as vu !

— Quel est-il donc, mon père, cet ami inconnu vers lequel mon cœur s'est élancé tout d'abord ? Faites-lemoi connaître, menez-moi vers lui, dites-lui de m'aimer comme je vous aime et comme vous semblez m'aimer aussi. Avec quelle reconnaissance n'embrasserais-je pas celui dont la vue remplit votre âme d'une telle joie!

— Il n'est pas en mon pouvoir d'aller vers lui, répondit Alexis. C'est lui qui vient vers moi, et il faut l'attendre. Sans doute, je le verrai aujourd'hui, et je te dirai ce que je dois te dire ; jusque-là ne me fais pas de questions; car il m'est défendu de parler de lui, et ne dis à personne ce que tu viens de me dire.

J'objectai que l'étranger ne m'avait pas semblé agir d'une manière mystérieuse, et que le frère convers avait dû le voir. Le père secoua la tête en souriant.

— Les hommes de chair ne le connaissent point, dit-il.

Aiguillonné par la curiosité, je montai le soir même à la cellule du père Alexis ; mais il refusa de m'ouvrir la porte.

— Laisse-moi seul, me dit-il; je suis triste, je ne pourrais te consoler.

— Et votre ami? lui dis-je timidement.

— Tais-toi, répondit-il d'un ton absolu; il n'est pas venu; il est parti sans me voir; il reviendra peut-être. Ne t'en inquiète pas. Il n'aime pas qu'on parle de lui. Va dormir, et demain conduis-toi comme je te l'ai prescrit.

Au moment où je sortais, il me rappela pour me dire :

— Angel, a-t-il fait du soleil aujourd'hui?

— Oui, mon père, un beau soleil, une brillante matinée.

— Et quand tu as rencontré cette figure, le soleil brillait?

— Oui, mon père.

— Bon, bon, reprit-il ; à demain.

Je suivis le conseil du père Alexis, et je restai au lit tout le lendemain. Le soir je descendis au réfectoire à l'heure où le chapitre était assemblé, et, me jetant sur un plat de viandes fumantes, je le dévorai avidement ; puis, mettant mes coudes sur la table, au lieu de faire attention à la Vie des saints qu'on lisait à haute voix, et que j'avais coutume d'écouter avec recueillement, je feignis de tomber dans une somnolence brutale. Alors les autres novices, qui avaient détourné les yeux avec horreur lorsqu'ils m'avaient vu dolent et contrit, se prirent à rire de mon abrutissement, et j'entendis les supérieurs encourager cette épaisse gaieté par la leur. Je continuai cette feinte pendant trois jours, et, comme le père Alexis me l'avait prédit, je fus mandé le soir du troisième jour dans la chambre du Prieur. Je parus devant lui dans une attitude craintive et sans dignité ; j'affectai des manières gauches, un air lourd, une âme appesantie. Je faisais ces choses, non pour me réconcilier avec ces hommes que je commençais à mépriser, mais pour voir si le père Alexis les avait bien jugés. Je pus me convaincre de la justesse de ses paroles en entendant le Prieur m'annoncer que la vérité était enfin connue, que j'avais été injustement accusé d'une faute qu'un novice venait de confesser.

Le Prieur devait, disait-il, à la contrition du coupable et à l'esprit de charité, de me taire son nom et la nature de sa faute ; mais il m'exhortait à reprendre ma place à l'église et mes études au noviciat, sans conserver ni chagrin ni rancune contre personne. Il ajouta en me regardant avec attention :

— Vous avez pourtant droit, mon cher fils, à une réparation éclatante ou à un dédommagement agréable pour le tort que vous avez souffert. Choisissez, ou de recevoir en présence de toute la communauté les excuses de ceux des novices qui, par leurs officieux rapports, nous ont induits en erreur, ou bien d'être dispensé pendant un mois des offices de la nuit.

Jaloux de poursuivre mon expérience, je choisis la dernière offre, et je vis aussitôt le Prieur devenir tout à fait bienveillant et familier avec moi. Il m'embrassa, et le père trésorier étant entré en cet instant :

— Tout est arrangé, lui dit-il ; cet enfant ne demande, pour dédommagement du chagrin involontaire que nous lui avons fait, autre chose qu'un peu de repos pendant un mois ; car sa santé a souffert dans cette épreuve. Au reste, il accepte humblement les excuses tacites de ses accusateurs, et il prend son parti sur tout ceci avec une grande douceur et une aimable insouciance.

— A la bonne heure ! dit le trésorier avec un gros rire et en me frappant la joue avec familiarité ; c'est ainsi que nous les aimons ; c'est de ce bon et paisible caractère qu'il nous les faut.

Le père Alexis me donna un autre conseil, ce fut de demander la permission de m'adonner aux sciences, et de devenir son élève et le préparateur de ses expériences physiques et chimiques.

— On te verra avec plaisir accepter cet emploi, me dit-il ; parce que la chose qu'on craint le plus ici, c'est la ferveur et l'ascétisme. Tout ce qui peut détourner l'intelligence de son véritable but et l'appliquer aux choses matérielles est encouragé par le Prieur. Il m'a proposé cent fois de m'adjoindre un disciple, et, craignant de trouver un espion et un traître dans les sujets qu'on me présentait, j'ai toujours refusé sous divers prétextes. On a voulu une fois me contraindre en ce point ; j'ai déclaré que je ne m'occuperais plus de science et que j'abandonnerais l'observatoire si on ne me laissait vivre seul et à ma guise. On a cédé, parce que, d'une part, il n'y avait personne pour me remplacer, et que les moines mettent une vanité immense à paraître savants et à promener les voyageurs dans leurs cabinets et bibliothèques ; parce que, de l'autre, on sait que je ne manque pas d'énergie, et qu'on a mieux aimé se débarrasser de cette énergie au profit des spéculations scientifiques, qui ne font point de jaloux ici, que d'engager une lutte dans laquelle mon âme n'eût jamais plié. Va donc ; dis que tu as obtenu de moi l'autorisation de faire ta demande. Si on hésite, marque de l'humeur, prends un air sombre ; pendant quelques jours reste sans cesse prosterné dans l'église, jeûne, soupire, montre-toi farouche, exalté dans ta dévotion, et, de peur que tu ne deviennes un saint, on cherchera à faire de toi un savant.

Je trouvai le Prieur encore mieux disposé à accueillir ma demande que le père Alexis ne me l'avait fait espérer. Il y eut même dans le regard pénétrant qu'il attacha sur moi, en recevant mes remercîments, quelque chose d'âcre et de satirique, équivalant à l'action d'un homme qui se frotte les mains. Il avait dans l'âme une pensée que ni le père Alexis ni moi n'avions pressentie.

Je fus aussitôt dispensé d'une grande partie de mes exercices religieux, afin de pouvoir consacrer ce temps à l'étude, et on plaça même mon lit dans une petite cellule voisine de celle d'Alexis, afin que je pusse me livrer avec lui, la nuit, à la contemplation des astres.

C'est à partir de ce moment que je contractai avec le père Alexis une étroite amitié. Chaque jour elle s'accrut par la découverte des inépuisables trésors de son âme. Il n'a jamais existé sur la terre un cœur plus tendre, une sollicitude plus paternelle, une patience plus angélique. Il mit à m'instruire un zèle et une persévérance au-dessus de toute gratitude. Aussi avec quelle anxiété je voyais sa santé se détériorer de plus en plus! Avec quel amour je le soignais jour et nuit, cherchant à lire ses moindres désirs dans ses regards éteints! Ma présence semblait avoir rendu la vie à son cœur longtemps vide d'affection humaine, et, selon son expression, affamé de tendresse; l'émulation à son intelligence fatiguée de solitude et lasse de se tourmenter sans cesse en face d'elle-même. Mais en même temps que son esprit reprenait de la vigueur et de l'activité, son corps s'affaiblissait de jour en jour. Il ne dormait presque plus, son estomac ne digérait plus que des liquides, et ses membres étaient tour à tour frappés de paralysie durant des jours entiers. Il sentait arriver sa fin avec sérénité, sans terreur et sans impatience. Quant à moi, je le voyais dépérir avec désespoir, car il m'avait ouvert un monde inconnu; mon cœur avide d'amour nageait à l'aise dans cette vie de sentiment, de confiance et d'effusion qu'il venait de me révéler.

Toutes les pensées qui m'étaient venues d'abord sur le dérangement possible de son cerveau s'étaient évanouies. Il me sembla désormais que son exaltation mystérieuse était l'élan du génie; son langage obscur me devenait de plus en plus intelligible, et, quand je ne le comprenais pas bien, j'en attribuais la faute à mon ignorance, et je vivais dans l'espoir d'arriver à le pénétrer parfaitement.

Cependant cette félicité n'était pas sans nuages. Il y avait comme un ver rongeur au fond de ma conscience timorée. Le père Alexis ne me semblait pas croire en Dieu selon les lois de l'Église chrétienne. Il y a plus, il me semblait parfois qu'il ne servait pas le même Dieu que moi. Nous n'étions jamais en dissidence ouverte sur aucun point, parce qu'il évitait soigneusement tout rapport entre les sujets de nos études scientifiques et les enseignements du dogme. Mais il semblait que nous nous fissions mutuellement cette concession, lui, de ne pas l'attaquer, moi, de ne pas le défendre. Quand par hasard je lui soumettais un cas de conscience ou une difficulté théologique, il refusait de s'expliquer en disant :

— Ceci n'est pas de mon ressort; vous avez des docteurs versés dans ces matières, allez les consulter; moi, en fait de culte, je ne m'embarrasse pas dans le labyrinthe de la scolastique, je sers mon maître comme je l'entends, et ne demande point à un directeur ce que je dois admettre ou rejeter : ma conscience est en paix avec elle-même, et je suis trop vieux pour aller me remettre sur les bancs.

Son thème favori était de parler *sur la chair et sur l'esprit;* mais, quoiqu'il ne se déclarât jamais en dissidence avec la foi, il traitait ces matières bien plus en philosophe métaphysicien qu'en serviteur zélé de l'Église catholique et romaine.

J'avais encore remarqué une chose qui me donnait bien à penser. Il avait souvent l'air préoccupé de mon instruction scientifique, et alors il me faisait entreprendre des expériences chimiques dont j'apercevais moi-même, grâce aux enseignements qu'il m'avait déjà donnés, l'insignifiance et la grossièreté; puis bientôt il m'interrompait au milieu de mes manipulations pour me faire chercher dans des livres inconnus des éclaircissements qu'il disait précieux. Je lisais à voix haute, en commençant à la page qu'il m'indiquait, pendant des heures entières. Lui, pendant ce temps, se promenait de long en large, levant les yeux au ciel avec enthousiasme, passant lentement la main sur son front dépouillé, et s'écriant de temps en temps : « *Bon! bon!* » Pour moi, j'avais bientôt reconnu que ce n'étaient pas là des articles de science sèche et précise, mais bien des pages pleines d'une philosophie audacieuse et d'une morale inconnue. Je continuais quelque temps par respect pour lui, espérant toujours qu'il m'arrêterait ; mais, voyant qu'il me laissait aller, je me mettais à craindre pour ma foi, et, posant le livre tout d'un coup, je lui disais :

— Mais, mon père, ne sont-ce pas des hérésies que nous lisons là, et croyez-vous qu'il n'y ait rien dans ces pages, trop belles peut-être, qui soit contraire à notre sainte religion ?

En entendant ces paroles, il s'arrêtait brusquement dans sa marche d'un air découragé, me prenait le livre des mains, et le jetait sur une table en me disant :

— Je ne sais pas ! je ne sais pas, mon enfant ; je suis une créature malade et bornée ; je ne puis juger ces choses ; je les lis, mais sans dire qu'elles sont bonnes ni mauvaises. Je ne sais pas ! je ne sais pas ! Travaillons !

Et nous nous remettions tous deux en silence à l'ouvrage, sans oser, moi approfondir mes pensées, lui me communiquer les siennes.

Ce qui me fâchait le plus, c'était de l'entendre citer et invoquer sans cesse les révélations d'un Esprit tout-puissant qu'il ne désignait jamais clairement. Il donnait à ce nom d'Esprit l'extension la plus vague. Tantôt il semblait s'en servir pour qualifier Dieu créateur et inspirateur de toutes choses, et tantôt il réduisait les proportions de cette essence universelle jusqu'à personnifier une sorte de génie familier avec lequel il aurait eu, comme Socrate, des communications cabalistiques. Dans ces instants-là, j'étais saisi d'une telle frayeur que je n'osais dormir ; je me recommandais à mon ange gardien, et je murmurais des formules d'exorcisme chaque fois que mes yeux appesantis voyaient passer les visions des rêves. Mon esprit devenait alors si faible que j'étais tenté d'aller encore me confesser au père Hégésippe; si je ne le faisais pas, c'est que, ma tendresse pour Alexis restant inaltérable, je craignais de le perdre par mes aveux, quelque réserve et quelque prudence que je pusse y mettre. Cependant les deux choses qui m'avaient le plus inquiété n'avaient plus lieu. Lorsque mon maître s'endormait un livre à la main, la tête penchée dans l'attitude d'un homme qui lit, à son réveil il ne se persuadait plus avoir lu, et il ne me rapportait plus les sentences imaginaires qu'il prétendait avoir trouvées dans ce livre. En outre, je ne voyais plus paraître le cahier sur les pages immaculées duquel il lisait couramment, affectant de se reprendre et de tourner les feuillets comme il eût fait d'un véritable livre. Je pouvais attribuer ces pratiques bizarres à un affaiblissement passager de ses facultés mentales, phase douloureuse de la maladie, dont il était sorti et dont il n'avait plus conscience. Aussi me gardais-je bien de lui en parler, dans la crainte de l'affliger. Si son état physique empirait, du moins son cerveau paraissait très-bien rétabli; il pensait, et ne rêvait plus.

Comme il ne prenait aucun soin de sa santé, il ne voulait s'astreindre à aucun régime. Je n'avais plus guère d'espérance de le voir se rétablir. Il repoussait toutes mes instances, disant que l'arrêt du destin était inévitable, et parlant avec une résignation toute chrétienne de la fatalité, qu'il semblait concevoir à la manière des musulmans. Enfin, un jour, m'étant jeté à ses pieds, et l'ayant supplié avec larmes de consulter un célèbre médecin qui se trouvait alors dans le pays, je le vis céder à mes vœux avec une complaisance mélancolique.

— Tu le veux, me dit-il; mais à quoi bon? que peut un homme sur un autre homme? relever quelque peu les forces de la matière et y retenir le souffle animal quelques jours de plus! L'esprit n'obéit jamais qu'au souffle de l'Esprit, et l'Esprit qui règne sur moi ne cédera pas à la parole d'un médecin, d'un homme de chair et d'os! Quand l'heure marquée sonnera, il faudra restituer l'étincelle de mon âme au foyer qui me l'a départie. Que feras-tu d'un homme en enfance, d'un vieillard idiot, d'un corps sans âme?

Il consentit néanmoins à recevoir la visite du médecin. Celui-ci s'étonna, en le voyant, de trouver un homme encore si jeune (le père Alexis n'avait pas plus de soixante ans) et d'une constitution si robuste dans un tel état d'épuisement. Il jugea que les travaux de l'intelligence avaient ruiné ce corps trop négligé, et je me souviens qu'il lui dit ces paroles proverbiales qui frappèrent mon oreille pour la première fois :

— Mon père, la lame a usé le fourreau.

— Qu'est-ce qu'une misérable gaîne de plus ou de moins? répondit mon maître en souriant; la lame n'est-elle pas indestructible?

— Oui, répondit le docteur ; mais elle peut se rouiller quand la gaîne usée ne la protége plus.

— Qu'importe qu'une lame ébréchée se rouille? reprit le père Alexis ; elle est déjà hors de service. Il faut que le métal soit remis dans la fournaise pour être travaillé et employé de nouveau.

Le docteur, voyant que j'étais le seul qui portât un sincère intérêt au père Alexis, me prit à part et m'interrogea avec détail sur son genre de vie. Quand il sut de moi l'excès de travail auquel s'abandonnait mon maître et l'excitation qu'il entretenait dans son cerveau, il dit comme se parlant à lui-même :

— Il est évident que le four a trop chauffé ; il y a peu de ressources ; la flamme sublime a tout dévoré ; il faudra essayer de l'éteindre un peu.

Il écrivit une ordonnance, et m'engagea à la faire exécuter fidèlement ; après quoi il demanda à son malade la permission de l'embrasser, le peu d'instants qu'il avait passés près de lui ayant gagné son cœur. Cette marque de sympathie pour mon maître me toucha et m'attrista profondément ; ce baiser ressemblait à un éternel adieu. Le docteur devait repasser dans le pays à la fin de la saison où nous venions d'entrer.

Les remèdes qu'il avait prescrits eurent d'abord un effet merveilleux. Mon bon maître retrouva l'aisance et l'activité de ses membres ; son estomac devint plus robuste, et il eut plusieurs nuits d'un excellent sommeil. Mais je n'eus pas long-temps lieu de me réjouir ; car, à mesure que son corps se fortifiait, son esprit tombait dans la mélancolie. La mélancolie fut suivie de tristesse, la tristesse d'engourdissement, l'engourdissement de désordre. Puis toutes ces phases se répétèrent alternativement dans la même journée, et toutes ses facultés perdirent leur équilibre. Je vis reparaître ces somnolences durant lesquelles son cerveau travaillait péniblement sur des chimères. Je vis reparaître aussi le maudit livre blanc qui m'avait tant déplu ; et non-seulement il y lisait, mais il y traçait chaque jour des caractères imaginaires avec une plume qu'il ne songeait point à imbiber d'encre. Un profond ennui et une inquiétude secrète semblaient miner les ressorts détendus de son âme. Pourtant il continuait à me témoigner la même bonté, la même tendresse ; il essayait, malgré moi, de continuer mes leçons ; mais il s'assoupissait au bout d'un instant, et, s'éveillant en sursaut, il me saisissait le bras en me disant :

— Tu l'as pourtant vu, n'est-ce pas ? Tu l'as bien vu ? Ne l'as-tu donc vu qu'une fois ?

— O mon bon maître ! lui disais-je, que ne puis-je ramener près de vous cet ami qui vous est si cher ! sa présence adoucirait votre mal et ranimerait votre âme.

Mais alors il s'éveillait tout à fait, et me disait :

— Tais-toi, imprudent, tais-toi ; de quoi parles-tu là, malheureux ? Tu veux donc qu'il ne revienne plus, et que je meure sans l'avoir revu ?

Je n'osais ajouter un mot ; toute curiosité était morte en moi. Il n'y avait plus de place que pour la douleur, et le sentiment d'une vague épouvante était le seul qui vînt parfois s'y mêler.

Une nuit qu'accablé de fatigue je m'étais endormi plus tôt et plus profondément que de coutume, je fis un songe. Je rêvai que je revoyais le bel inconnu dont l'absence affligeait tant mon maître. Il s'approchait de mon lit, et, se penchant vers moi, il me parlait à l'oreille : — Ne dites pas que je suis là, me disait-il ; car ce vieillard obstiné s'acharnerait à me voir, et je ne veux le visiter qu'à l'heure de sa mort. Je le suppliais d'aller vers mon maître, lui disant qu'il soupirait après sa venue, et que les douleurs de son âme étaient dignes de pitié. Je m'éveillais alors et me mettais sur mon séant ; car j'avais l'esprit frappé de ce rêve, et j'avais besoin d'ouvrir les yeux et d'étendre les bras pour me convaincre que c'était un fantôme créé par le sommeil. Par trois fois ce jeune homme m'apparut dans toute sa douceur et dans toute sa beauté. Sa voix résonnait à mon oreille comme les sons éloignés d'une lyre, et sa présence répandait un parfum comme celui des lis au lever de l'aurore. Par trois fois je le suppliai d'aller visiter mon maître, et par trois fois je m'éveillai et me convainquis que c'était un songe ; mais à la troisième j'entendis de la cellule voisine le père Alexis qui m'appelait avec véhémence. Je courus à lui, et, à la lueur d'une veilleuse qui brûlait sur la table, je le vis assis sur son lit, les yeux brillants, la barbe hérissée, et comme hors de lui-même.

— Vous l'avez vu ! me dit-il d'une voix forte et rude, qui n'avait rien de son timbre ordinaire. Vous l'avez vu, et vous ne m'avez pas averti ! il vous a parlé, et vous ne m'avez pas appelé ! Il vous a quitté, et vous ne l'avez pas envoyé vers moi ! Malheureux ! serpent réchauffé dans mon sein ! vous m'avez enlevé mon ami, et mon hôte est devenu le vôtre ; vipère ! vous m'avez trahi, vous m'avez dépouillé, vous me donnez la mort !

Il se jeta en arrière sur son chevet, et resta privé de sentiment pendant plusieurs minutes. Je crus qu'il venait d'expirer ; je frottai ses tempes glacées avec l'essence qu'il avait coutume d'employer lorsqu'il était menacé de défaillance. Je réchauffai ses pieds avec ma robe, et ses mains avec mon haleine. Je ne percevais plus le bruit de la sienne, et ses doigts étaient roidis par un froid mortel. Je commençais à me désespérer, lorsqu'il revint à lui, et, se soulevant doucement, il appuya sa tête sur mon épaule :

— Angel, que fais-tu près de moi à cette heure ? me dit-il avec une douceur ineffable. Suis-je donc plus malade que de coutume ? Mon pauvre enfant, je suis cause de tes soucis et de tes fatigues.

Je ne voulus pas lui dire ce qui s'était passé, et encore moins lui demander compte de l'incroyable coïncidence de sa vision avec la mienne ; j'eusse craint de réveiller son délire. Il semblait n'en avoir pas gardé le moindre souvenir, et il exigea que je retournasse à mon lit. J'obéis, mais je restai attentif à tous ses mouvements ; il me sembla qu'il dormait, et que sa respiration était gênée ; son oppression augmentait et diminuait comme le bruit lointain de la mer. Enfin il me parut soulagé, et je succombai au sommeil ; mais, au bout de peu d'instants, je fus réveillé de nouveau par le son d'une voix puissante qui ne ressemblait point à la sienne.

— Non, tu ne m'as jamais connu, jamais compris, disait cette voix sévère ; je suis venu vers toi cent fois et tu n'as pas osé m'appartenir une seule ; mais que peut-on attendre d'un moine, sinon l'incertitude, la couardise et le sophisme ?

— Mais je t'ai aimé ! répondit la voix plaintive et affaiblie du père Alexis. Tu le sais, je t'ai imploré, je t'ai poursuivi ; j'ai employé toutes les puissances de mon être à pénétrer le sens de tes paraboles ; je t'ai invoqué à genoux ; j'ai délaissé le culte des Hébreux ; j'ai laissé le dieu des Juifs et des gentils se tordre douloureusement sur son gibet sanglant, sans lui accorder une larme, sans lui adresser une prière.

— Et qui te l'avait commandé ainsi? reprit la voix. Moine ignorant, philosophe sans entrailles! martyr sans enthousiasme et sans foi! t'ai-je jamais prescrit de mépriser le Nazaréen?

— Non, tu n'as jamais daigné te prononcer sur aucune chose, et tu n'as pas voulu faire voir la lumière à celui qui pour toi aurait passé par toutes les idolâtries. Tu le sais! tu le sais! si tu l'avais voulu, j'aurais déchiré le froc et ceint le glaive. J'aurais fait retentir ma parole et prêché ton Évangile aux quatre coins de la terre; j'y aurais porté le fer et la flamme; j'aurais bouleversé la face des nations et imposé ton culte aux humains du sud au septentrion, du couchant à l'aurore. J'avais la volonté, j'avais la puissance; tu n'avais qu'à dire : Marche! à mettre le flambeau dans ma main et marcher devant moi comme une étoile; j'aurais, en ton nom, enchaîné les mers et transporté les montagnes. Que ne l'as-tu voulu! tu aurais des autels, et j'aurais vécu! tu serais un dieu, et je serais ton prophète!

— Oui, oui, dit la voix inconnue, tu avais l'orgueil et l'ambition en partage; et, si je t'avais encouragé, tu aurais consenti à être dieu toi-même.

— O maître! ne me méprise pas, ne me tourne pas en dérision! J'avais ces instincts et je les ai refoulés. Tu as blâmé mes vœux téméraires, mon audace insensée, et je t'ai sacrifié tous mes rêves. Tu m'as dit que la violence ne gouvernait pas les siècles, et que l'*Esprit* n'habitait pas dans la vapeur du sang et dans le tumulte des armées. Tu m'as dit qu'il fallait le chercher dans l'ombre, dans la solitude, dans le silence et le recueillement. Tu m'as dit qu'on le trouvait dans l'étude, dans le renoncement, dans une vie humble et cachée, dans les veilles, dans la méditation, dans l'incessante aspiration de l'âme. Tu m'as dit de le chercher dans les entrailles de la terre, dans la poussière des livres, dans les vers du sépulcre; et je l'ai cherché où tu m'avais dit, et pourtant je ne l'ai pas trouvé, et je vais mourir dans l'horreur du doute et dans l'épouvante du néant!...

— Tais-toi, lâche blasphémateur! reprit la voix tonnante; c'est ta soif de gloire qui cause tes regrets, c'est ton orgueil qui te pousse au désespoir. Vermisseau superbe, qui ne peux te soumettre à descendre dans la tombe sans avoir pénétré le secret de la toute-puissance! Mais qu'importe à l'inexorable passé, à l'innumérable avenir des êtres, qu'un moine de plus ou de moins ait vécu dans l'imposture et soit mort dans l'ignorance? L'intelligence universelle périra-t-elle parce qu'un bénédictin a ergoté contre elle? La puissance infinie sera-t-elle détrônée parce qu'un moine astronome n'a pu la mesurer avec son compas et ses lunettes?

Un rire impitoyable fit retentir la cellule du père Alexis, et la voix de mon maître y répondit par un lamentable sanglot. J'avais écouté ce dialogue avec une affreuse angoisse. Debout près de la porte entr'ouverte, les pieds nus sur le carreau, retenant mon haleine, j'avais essayé de voir l'hôte inconnu de cette veillée sinistre; mais la lampe s'était éteinte, et mes yeux, troublés par la peur, ne pouvaient percer les ténèbres. La douleur de mon maître ranima mon courage; j'entrai dans sa cellule, je rallumai la lampe avec du phosphore, et je m'approchai de son lit. Il n'y avait personne autre que lui et moi dans la chambre ; aucun bruit, aucun désordre ne trahissait le départ précipité de son interlocuteur. Je surmontai mon effroi pour m'occuper de mon maître, dont le désespoir me déchirait. Assis sur son traversin, le corps plié en deux comme si une main formidable eût brisé ses reins, il cachait sa face dans ses genoux convulsifs, ses dents claquaient dans sa bouche, et des torrents de larmes ruisselaient sur sa barbe grise. Je me jetai à genoux près de lui, je mêlai mes pleurs aux siens, je lui prodiguai de filiales caresses. Il s'abandonna quelques instants à cette effusion sympathique, et s'écria plusieurs fois en se jetant dans mon sein :

— Mourir ! mourir désespéré ! mourir sans avoir vécu, et ne pas savoir si l'on meurt pour revivre !

— Mon père, mon maître bien-aimé, lui dis-je, je ne sais quelles désolantes visions troublent votre sommeil et le mien. Je ne sais quel fantôme est entré ici cette nuit pour nous tenter et nous menacer ; mais que ce soit un ministre du Dieu vivant qui vient nous inspirer une terreur salutaire, ou que ce soit un esprit de ténèbres qui vient pour nous damner en nous faisant désespérer de la bonté de Dieu, faites cesser ces choses surnaturelles en rentrant dans le giron de la sainte Église. Exorcisez les démons qui vous assiègent, ou rendez-vous favorables les anges qui vous visitent en recevant les sacrements, et en me permettant de vous dire les prières de notre sainte liturgie...

— Laisse-moi, laisse-moi, mon cher Angel, dit-il en me repoussant avec douceur, ne fatigue pas mon cerveau par des discours puérils. Laisse-moi seul, ne trouble plus ton sommeil et le mien par de vaines frayeurs. Tout ceci est un rêve, et je me sens tout à fait bien maintenant; les larmes m'ont soulagé, les larmes sont une pluie bienfaisante après l'orage. Que rien de ce que je puis dire dans mon sommeil ne t'étonne. Aux approches de la mort, l'âme, dans ses efforts pour briser les liens de la matière, tombe dans d'étranges détresses; mais l'Esprit la relève et l'assiste, dit-on, au moment solennel.

Dans la matinée, je reçus ordre de me rendre auprès du Prieur. Je descendis à sa chambre ; on me dit qu'il était occupé et que j'eusse à l'attendre dans la salle du chapitre, qui y était contiguë. J'entrai dans cette salle et j'en fis le tour; c'était la seconde fois, je crois, que j'y pénétrais, et je n'avais jamais eu le loisir d'en contempler l'architecture, qui était grande et sévère. Au reste, je n'y pouvais faire en cet instant même qu'une médiocre attention ; j'étais accablé des émotions de la nuit, troublé et épouvanté dans ma conscience, affligé, par-dessous tout, des douleurs physiques et morales de mon cher maître. En outre, l'entretien auquel m'appelait le Prieur ne laissait pas de m'inquiéter ; car j'avais singulièrement négligé mes devoirs religieux depuis que j'étais le disciple d'Alexis, et je m'en faisais de sérieux reproches.

Cependant, tout en promenant mes regards mélancoliques autour de moi pour me distraire de ces tristesses et me fortifier contre ces appréhensions, je fus frappé de la belle ordonnance de cette antique salle, cintrée avec une force et une hardiesse inconnues de nos modernes architectes. Des pendentifs accolés à la muraille donnaient naissance aux rinceaux de pierre qui s'entre-croisaient en arceaux à la voûte, et au-dessous de chacun de ces pendentifs était suspendu le portrait d'un dignitaire ou d'un personnage illustre de l'ordre. C'étaient tous de beaux tableaux, richement encadrés, et cette longue galerie de graves personnages vêtus de noir avait quelque chose d'imposant et de funéraire. On était aux derniers beaux jours de l'automne. Le soleil, entrant par les hautes croisées, projetait de grands rayons d'or pâle sur les traits austères de ces morts respectables, et donnait un reste d'éclat aux dorures massives des cadres noircis par le temps. Un silence profond régnait dans les cours et dans les jardins; les voûtes me renvoyaient l'écho de mes pas.

Tout d'un coup il me sembla entendre d'autres pas derrière les miens, et ces pas avaient quelque chose de si ferme et de si solennel que je crus que c'était le Prieur. Je me retournai pour le saluer; mais je ne vis personne et je pensai m'être trompé. Je recommençai à marcher, et j'entendis ces pas une seconde fois, et une troisième, quoique je fusse absolument seul dans la salle. Alors les terreurs qui m'avaient déjà assailli recommencèrent, je songeai à m'enfuir; mais forcé d'attendre le Prieur, j'essayai de surmonter ma faiblesse et d'attribuer ces rêveries à l'accablement de mon corps et de mon esprit. Pour y échapper, je m'assis sur un banc, vis-à-vis du tableau qui occupait le milieu parmi tous les autres. Il représentait notre patron, le grand saint Benoît. J'espérais que la contemplation de cette belle peinture chasserait les visions dont j'étais obsédé, lorsqu'il me sembla reconnaître, dans la tête pâle et douloureusement extatique du saint, les traits de l'inconnu que j'avais rencontré un matin au seuil de l'église. Je me levai, je me rassis, je m'approchai, je me reculai, et plus je regardai, plus je me convainquis que c'étaient les mêmes traits et la même expression; seulement la chevelure du saint était rejetée en désordre derrière sa tête, son front était un peu dégarni et ses traits annonçaient un âge plus mûr. Le costume ne consistait qu'en une robe noire qui laissait voir ses pieds nus. La découverte de cette ressemblance me causa un transport de joie. J'eus un instant l'orgueil de croire que notre saint patron m'était apparu, et que son esprit veillait sur moi. En même temps je songeai avec bonheur que le père Alexis était dans la bonne voie, et qu'il était un saint lui-même, puisque le bienheureux était en commerce avec lui, et venait l'assister tantôt de salutaires reproches, et tantôt, sans doute, de tendres encouragements.

Je m'avançai pour m'agenouiller devant cette image sacrée ; mais il me sembla encore qu'on me suivait pas à pas, et je me retournai encore sans voir personne. En ce moment mes yeux se portèrent sur le tableau qui faisait face à celui de saint Benoît; et quelle fut ma surprise en retrouvant les mêmes traits avec une expression douce et grave, et la belle chevelure ondoyante que j'avais cru voir en réalité ! Ce personnage était bien plus identique que l'autre avec ma vision. Il était debout et dans l'attitude où il m'était apparu. Il portait exactement le même costume, le même manteau, la même ceinture, les mêmes bottines. Ses grands yeux bleus, un peu enfoncés sous l'arcade régulière de ses sourcils, s'abaissaient doucement avec une expression méditative et pénétrante. La peinture était si belle qu'elle me sembla être sortie du même pinceau que le saint Benoît, et le personnage était si beau lui-même que toutes mes méfiances à cet égard firent place à une joie extrême de le revoir, ne fût-ce qu'en effigie. Il était représenté un livre à la main, et beaucoup de livres étaient épars à ses pieds. Il paraissait fouler ceux-là avec indifférence et mépris, tandis qu'il élevait l'autre dans la main, et semblait dire ce qui était écrit en effet sur la couverture de ce livre : *Hic est veritas!*

Comme je le contemplais avec ravissement, me disant que ce ne pouvait être qu'un homme vénérable, puisque son image décorait cette salle, la porte du fond s'ouvrit, et le père trésorier, qui était un bonhomme assez volontiers bavard, vint causer avec moi en attendant l'arrivée du Prieur.

— Vous me paraissez charmé de la vue de ces tableaux, me dit-il. Notre saint Benoît est un superbe morceau, à ce qu'on assure. Quelques amateurs l'ont pris pour un Van-Dyck ; mais Van-Dyck était mort quand cette toile a été peinte. C'est l'ouvrage d'un de ses élèves, qui continuait admirablement sa manière. Il n'y a pas à se tromper sur les dates ; car, lorsque Pierre Hébronius vint ici, vers l'an 1690, Van-Dyck n'était plus ; et, comme vous avez dû le remarquer, c'est la tête de Pierre Hébronius, alors âgé d'un peu plus de trente ans, qui a servi de modèle au peintre de saint Benoît.

— Et qui donc était ce Pierre Hébronius? demandai-je.

— Eh! mais, reprit le moine en me montrant le portrait de mon ami inconnu, c'est celui que l'on connaît ici sous le nom de l'abbé Spiridion, le vénérable fondateur de notre communauté. C'était, comme vous voyez, un des plus beaux hommes de son temps, et le peintre ne pouvait pas trouver une plus belle tête de saint.

— Et il est mort ? m'écriai-je, sans songer à ce que je disais.

— Vers l'an 1698, répondit le trésorier, il y a près d'un siècle. Vous voyez que le peintre l'a représenté

19.

tenant en main un livre et en foulant plusieurs autres sous les pieds. Celui qu'il tient est, dit-on, le quatrième écrit de Bossuet contre les protestants; les autres sont les livres exécrables de Luther et de ses adeptes. Cette action faisait allusion à la conversion récente de Pierre Hébronius, et marquait son passage à la vraie foi, qu'il a servie avec éclat depuis en embrassant la vie religieuse et en consacrant ses biens à l'édification de cette sainte maison.

— J'ai ouï dire en effet, repris-je, que ce fondateur fut un homme de grand mérite, qu'il vécut et mourut en odeur de sainteté.

Le trésorier secoua la tête en souriant.

— Il est facile de bien vivre, dit-il; plus facile que de bien mourir! Il n'est pas bon de tant cultiver la science dans le cloître. L'esprit s'exalte, l'orgueil s'empare souvent des meilleures têtes, et l'ennui fait aussi qu'on se lasse de croire toujours aux mêmes vérités. On veut en découvrir de nouvelles; on s'égare. Le démon fait son profit de cela et vous suscite parfois, sous les formes d'une belle philosophie et sous les apparences d'une céleste inspiration, de monstrueuses erreurs, bien malaisées à abjurer quand l'heure de rendre compte vous surprend. J'ai ouï dire tout bas, par des gens bien informés, que l'abbé Spiridion, sur la fin de sa carrière, quoique menant une vie austère et sainte, ayant lu beaucoup de mauvais livres, sous prétexte de les réfuter à loisir, s'était laissé infecter peu à peu, et à son insu, par le poison de l'erreur. Il conserva toujours l'extérieur d'un bon religieux; mais il paraît que secrètement il était tombé dans des hérésies plus monstrueuses encore que celles de sa jeunesse. Les livres abominables du juif Spinoza et les infernales doctrines des philosophes de cette école l'avaient rendu panthéiste, c'est-à-dire athée. Mon cher fils, oh! que l'amour de la science, qui n'est qu'une vaine curiosité, ne vous entraîne jamais à de telles chutes! On prétend que, dans ses dernières années, Hébronius avait écrit des abominations sans nombre. Heureusement il se repentit à son lit de mort, et les brûla de sa propre main, afin que le poison n'infectât pas, par la suite, les esprits simples qui les liraient. Il est mort en paix avec le Seigneur, en apparence; mais ceux qui n'avaient vu que sa vie extérieure, et qui le regardaient comme un saint, furent étonnés de ce qu'il ne fît point de miracles pour eux sur son tombeau. Les esprits droits, qui avaient appris à le mieux juger, s'abstinrent toujours de dire leurs craintes sur son sort dans l'autre vie. Quelques-uns pensèrent même qu'il avait été jusqu'à se livrer à des pratiques de sorcellerie, et que le diable parut auprès de lui lorsqu'il expira. Mais ce sont des choses dont il est impossible de s'assurer pleinement, et dont il est imprudent, dangereux peut-être de parler. Paix soit donc à sa mémoire! Son portrait est resté ici pour marquer que Dieu peut bien lui avoir tout pardonné en considération de ses grandes aumônes et de la fondation de ce monastère.

Nous fûmes interrompus par l'arrivée du Prieur. Le trésorier s'inclina jusqu'à terre, les bras croisés sur la poitrine, et nous laissa ensemble.

Alors le Prieur, me toisant de la tête aux pieds et me parlant avec sécheresse, me demanda compte des longues veilles du père Alexis et du bruit de voix qu'on entendait partir chaque nuit de sa cellule. J'essayai d'expliquer ces faits par l'état de maladie de mon maître; mais le Prieur me dit qu'une personne digne de foi, en allant avant le jour remonter l'horloge de l'église, avait entendu dans nos cellules un grand bruit de voix, des menaces, des cris et des imprécations.

— J'espère, ajouta le Prieur, que vous me répondrez avec sincérité et simplicité; car il y a grâce pour toutes les fautes quand le coupable se confesse et se repent; mais, si vous n'éclaircissez pas mes doutes d'une manière satisfaisante, les plus rudes châtiments vous y contraindront.

— Mon révérend père, répondis-je, je ne sais quels soupçons peuvent peser sur moi en de telles circonstances. Il est vrai que le père Alexis a parlé à voix haute toute la nuit et avec assez de véhémence; car il avait le délire. Quant à moi, j'ai pleuré, tant sa souffrance me faisait de peine; et, dans les instants où il revenait à lui-même, il murmurait à Dieu de ferventes prières. J'unissais ma voix à la sienne et mon cœur au sien.

— Cette explication ne manque pas d'habileté, reprit le Prieur d'un ton méprisant; mais comment expliquerez-vous la grande lueur qui tout d'un coup a éclairé vos cellules et le dôme entier, et la flamme qui est sortie par le faîte et qui s'est répandue dans les airs, accompagnée d'une horrible odeur de soufre?

— Je ne comprendrais pas, mon révérend père, répondis-je, qu'il y eût plus de mal à me servir de phosphore et de soufre pour allumer une lampe qu'il n'y en en a, selon moi, à veiller un malade pendant la nuit et à prier auprès de son lit. Il est possible que je me sois servi imprudemment de cette composition, et que, dans mon empressement, j'aie laissé ouvert le flacon, dont l'odeur désagréable a pu se répandre dans la maison; mais j'ose affirmer que cette odeur n'a rien de dangereux, et qu'en aucun cas le phosphore ne pourrait causer un incendie. Je supplie donc Votre Révérence de me pardonner si j'ai manqué de prudence, et de n'en imputer la faute qu'à moi seul.

Le Prieur fixa long-temps sur moi un regard inquisiteur, comme s'il eût voulu voir jusqu'où irait mon impudence; puis, levant les yeux au ciel dans un transport d'indignation, il sortit sans me dire une seule parole.

Resté seul et frappé d'épouvante, non à cause de moi, mais à cause de l'orage que je voyais s'amasser sur la tête d'Alexis, je regardai involontairement le portrait d'Hébronius, et je joignis les mains, emporté par un mouvement irrésistible de confiance et d'espoir. Le soleil frappait en cet instant le visage du fondateur, et il me sembla voir sa tête se détacher du fond, puis sa main et tout son corps quitter le cadre et se pencher en avant. Le mouvement fit ondoyer légèrement la chevelure, les yeux s'animèrent et attachèrent sur moi un regard vivant. Alors je fus pris d'une palpitation si violente que mon sang bourdonna dans mes oreilles, ma vue se troubla; et, sentant défaillir mon courage, je m'éloignai précipitamment.

Je me retirai fort triste et fort inquiet. Soit que la haine et la calomnie eussent envenimé des faits qui restaient pour moi à l'état de problème, soit que je fusse, ainsi que le père Alexis, en butte aux attaques du malin esprit, et qu'il se fût passé aux yeux d'un témoin véridique quelque chose de plus que ce que j'avais aperçu, je prévoyais que mon infortuné maître allait être accablé de persécutions, et que ses derniers instants, déjà si douloureux, seraient abreuvés d'amertume. J'eusse voulu lui cacher ce qui venait de se passer entre le Prieur et moi ; mais le seul moyen de détourner les châtiments qu'on lui préparait sans doute, c'était de l'engager à se réconcilier avec l'esprit de l'Église.

Il écouta mon récit et mes supplications avec indifférence, et quand j'eus fini de parler :

— Sois en paix, me dit-il ; l'Esprit est avec nous, et rien ne nous arrivera de la part des hommes de chair. L'Esprit est rude, il est sévère, il est irrité ; mais il est pour nous. Et quand même nous serions livrés aux châtiments, quand même on plongerait ton corps délicat et mon vieux corps agonisant dans les humides ténèbres d'un cachot, l'Esprit monterait vers nous des entrailles de la terre, comme il descend sur nous à cette heure des rayons d'or du soleil. Ne crains pas, mon fils ; là où est l'Esprit, là aussi sont la lumière, la chaleur et la vie.

Je voulus lui parler encore ; il me fit signe avec douceur de ne pas le troubler ; et, s'asseyant dans son fauteuil, il tomba dans une contemplation intérieure durant laquelle son front chauve et ses yeux abaissés vers la terre offrirent l'image de la plus auguste sérénité. Il y avait en lui, à coup sûr, une vertu inconnue qui subjuguait toutes mes répugnances et dominait toutes mes craintes. Je l'aimais plus qu'un fils n'a jamais aimé son père. Ses maux étaient les miens, et, s'il eût été damné, malgré mon sincère désir de plaire à Dieu, j'eusse voulu partager cette damnation. Jusque-là j'avais été rongé de scrupules ; mais désormais le sentiment de son danger donnait tant de force à ma tendresse que je ne connaissais plus l'incertitude. Mon choix était fait entre la voix de ma conscience et le cri de son angoisse ; ma sollicitude prenait un caractère tout humain, je l'avoue. S'il ne peut être sauvé dans l'autre vie, me disais-je, qu'il achève du moins paisiblement celle-ci ; et, si je dois être à jamais châtié de ce vœu, la volonté de Dieu soit faite !...

Le soir, comme il s'assoupissait doucement et que j'achevais ma prière à côté de son lit, la porte s'ouvrit brusquement, et une figure épouvantable vint se placer en face de moi. Je demeurai terrifié au point de ne pouvoir articuler un son ni faire un mouvement. Mes cheveux se dressaient sur ma tête et mes yeux restaient attachés sur cette horrible apparition comme ceux de l'oiseau fasciné par un serpent. Mon maître ne s'éveillait point, et l'odieuse chose était immobile au pied de son lit. Je fermai les yeux pour ne plus la voir et pour chercher ma raison et ma force au fond de moi-même. Je rouvris les yeux, elle était toujours là. Alors je fis un grand effort pour crier ; et, un râlement sourd sortant de ma poitrine, mon maître s'éveilla. Il vit cela devant lui, et, au lieu de témoigner de l'horreur ou de l'effroi, il dit seulement du ton d'un homme un peu étonné :

— Ah ! ah !

— Me voici, car tu m'as appelé, dit le fantôme.

Mon maître haussa les épaules, et se tournant vers moi :

— Tu as peur? me dit-il ; tu prends cela pour un esprit, pour le diable, n'est-ce pas? Non, non, les esprits ne revêtent pas cette forme, et, s'il en était d'aussi sottement laids, ils n'auraient pas le pouvoir de se montrer aux hommes. La raison humaine est sous la garde de l'esprit de sagesse. Ceci n'est point une vision, ajouta-t-il en se levant et en s'approchant du fantôme ; ceci est un homme *de chair et d'os*. Allons, ôtez ce masque, dit-il en saisissant le spectre à la gorge, et ne pensez pas que cette crapuleuse mascarade puisse m'épouvanter.

Alors, secouant ce fantôme avec une main de fer, il le fit tomber sur les genoux ; et, Alexis lui arrachant son masque, je reconnus le frère convers qui m'avait chassé de l'église, et qui avait nom Dominique.

— Prends la lampe ! me dit Alexis d'une voix forte et l'œil étincelant d'une joie ironique. Marche devant moi ; il faut que j'aie raison de cette abomination. Allons, dépêche-toi ! obéis ! As-tu moins de force et de courage qu'un lièvre ?

J'étais encore si bouleversé que ma main tremblait et ne pouvait soutenir la lampe.

— Ouvre la porte, me dit mon maître d'un ton impérieux.

J'obéis ; mais, en le voyant traîner, comme un haillon sur le pavé, le misérable Dominique, je fus saisi d'horreur ; car le père Alexis avait, dans l'indignation, des instants de violence effrénée, et je crus qu'il allait précipiter le prétendu démon par-dessus la rampe du dôme.

— Grâce ! grâce ! mon père, lui dis-je en me mettant devant lui. Ne souillez pas vos mains de sang.

Le père Alexis haussa les épaules et dit :

— Tu es insensé ! Puisque tu ne veux pas marcher devant, suis-moi ! Et, traînant toujours le convers, qui était pourtant un homme robuste, mais qui semblait terrassé par une force surhumaine, il descendit rapidement l'escalier. Alors je repris courage et le suivis. Au bruit que nous faisions, plusieurs personnes, qui attendaient sans doute au bas de l'escalier le résultat des aveux que le faux démon prétendait arracher à mon maître, se montrèrent ; mais, en voyant une scène si différente de ce qu'elles attendaient, elles s'enveloppèrent dans leurs capuchons et s'enfuirent dans les ténèbres. Nous eûmes le temps de remarquer à leurs robes que c'étaient des frères convers et des novices. Aucun des pères ne s'était compromis dans cette farce sacrilége, dirigée cependant, comme nous le sûmes depuis, par des ordres supérieurs.

Alexis marchait toujours à grands pas, traînant son prisonnier. De temps en temps celui-ci faisait des efforts pour se dégager de sa main formidable ; mais le père, s'arrêtant, lui imprimait un mouvement de strangulation, et le faisait rouler sur les degrés. Les ongles d'Alexis étaient imprégnés de sang, et les yeux de Dominique sortaient de leurs orbites. Je les suivais toujours, et ainsi nous arrivâmes au bas du grand escalier qui donnait sur le cloître. Là était suspendue la grosse cloche que l'on ne sonnait qu'à l'agonie des religieux, et que l'on appelait l'*articulo mortis*. Tenant toujours d'une main son démon terrassé, Alexis se mit à sonner de l'autre avec une telle vigueur que tout le monastère en fut ébranlé. Bientôt nous entendîmes ouvrir précipitamment les portes des cellules, et tous les escaliers se remplirent de bruit. Les moines, les novices, les serviteurs, toute la maison accourait, et bientôt le cloître fut plein de monde. Toutes ces figures effarées et en désordre, éclairées seulement par la lueur tremblante de ma lampe, offraient l'aspect des habitants de la vallée de Josaphat s'éveillant du sommeil de la mort au son de la trompette du jugement. Le père sonnait toujours, et en vain on l'accablait de questions, en vain on voulait arracher de ses mains le malheureux Dominique : il était animé d'une force surnaturelle ; il faisait face à cette foule, et la dominant du bruit de son tocsin et de sa voix de tonnerre :

— Il me manque quelqu'un, disait-il ; quand il sera ici, je parlerai, je me soumettrai ; mais je ne cesserai de sonner qu'il ne soit descendu comme les autres.

Enfin le Prieur parut le dernier, et le père Alexis cessa d'agiter la cloche. Il était si fort et si beau en cet instant, debout, les yeux étincelants, l'air victorieux, et tenant sous ses pieds cette figure de monstre, qu'on l'eût pris pour l'archange Michel terrassant le démon. Tout le monde le regardait immobile ; pas un souffle ne s'entendait sous la profonde voûte du cloître. Alors le vieillard, élevant la voix au milieu de ce silence funèbre, dit en s'adressant au Prieur :

— Mon père, voyez ce qui se passe ! Pendant que j'agonise sur mon lit, des hommes de cette sainte maison, et qui s'appellent mes frères, viennent assiéger mon dernier soupir d'une lâche curiosité et d'une supercherie infâme. Ils envoient dans ma cellule celui-ci, ce Dominique ! (Et en disant cela il élevait assez haut la tête du convers pour que toute l'assemblée fût bien à même de le reconnaître.) Ils l'envoient, affublé d'un déguisement hideux, se placer à mon chevet et crier à mon oreille d'une voix furieuse pour me réveiller en sursaut de mon sommeil, de mon dernier sommeil peut-être ! Qu'espéraient-ils ? m'épouvanter, glacer par une apparition terrifiante mon esprit qu'ils supposaient abattu, et arracher à mon délire de honteuses paroles et d'horribles secrets ? Quelle est cette nouvelle et incroyable persécution, mon père, et depuis quand n'est-il plus permis au pécheur de passer dans le silence et dans la paix son heure suprême ? S'ils eussent eu affaire à un faible d'esprit, et qu'ils m'eussent tué par cette vision infernale sans me laisser le temps de me reconnaître et d'invoquer le Seigneur, sur qui, dites-moi, aurait dû retomber le poids de ma damnation? O vous tous, hommes de bonne volonté qui vous trouvez ici, ce n'est pas pour moi que je parle, pour moi qui vais mourir; c'est pour vous qui survivez, c'est pour que vous puissiez boire tranquillement le calice de votre mort, que je vous dis de demander tous avec moi justice à notre père spirituel qui est devant nous, et au besoin à l'autre qui est au-dessus de nous. Justice donc, mon père! j'attends : faites justice!

Et les hommes de bonne volonté qui étaient là crièrent tous ensemble : — Justice! justice! et les échos émus du cloître répétèrent : — Justice!

Le Prieur assistait à cette scène avec un visage impassible. Seulement il me sembla plus pâle qu'à l'ordinaire. Il resta quelques instants sans répondre, le sourcil légèrement contracté. Enfin il éleva la voix, et dit :

— Mon fils Alexis, pardonne à cet homme.

— Oui, je lui pardonne à condition que vous le punirez, mon père, répondit Alexis.

— Mon fils Alexis, reprit le Prieur, sont-ce là les sentiments d'un homme qui se dit prêt à paraître devant le tribunal de Dieu? Je vous prie de pardonner à cet homme et de retirer votre main de dessus lui.

Alexis hésita un instant; mais il sentit que, s'il ne réprimait sa colère, ses ennemis allaient triompher. Il fit deux pas en avant, et, poussant sa proie aux pieds du Prieur sans la lâcher :

— Mon révérend, dit-il en s'inclinant, je pardonne, parce que je le dois et parce que vous le voulez ; mais comme ce n'est pas moi, comme c'est le ciel qui a été offensé, comme c'est votre vertu, votre sagesse et votre autorité qui ont été outragées, j'amène le coupable à vos genoux, et, m'y prosternant avec lui, je supplie Votre Révérence de lui faire grâce, et de prier pour que la justice éternelle lui pardonne aussi.

Les ennemis de mon maître avaient espéré que, par son emportement et sa résistance, il allait gâter sa cause; mais cet acte de soumission déjoua tous leurs mauvais desseins, et ceux qui étaient pour lui donnèrent à sa conduite de telles marques d'approbation que le Prieur fut forcé de prendre son parti, du moins en apparence.

— Mon fils Alexis, lui dit-il en le relevant et en l'embrassant, je suis touché de votre humilité et de votre miséricorde; mais je ne puis pardonner à cet homme comme vous lui pardonnez. Votre devoir était d'intercéder pour lui, le mien est de le châtier sévèrement, et il sera fait ainsi que le veulent la justice céleste et les statuts de notre ordre.

A cet arrêt sévère, un frémissement d'effroi passa de proche en proche; car les peines contre le sacrilége étaient les plus sévères de toutes, et aucun religieux n'en connaissait l'étendue avant de les avoir subies. Il était défendu, en outre, de les révéler, sous peine de les subir une seconde fois. Les condamnés ne sortaient du cachot que dans un état épouvantable de souffrance, et plusieurs avaient succombé peu de temps après avoir reçu leur grâce. Sans doute, mon maître ne fut pas dupe de la sévérité du Prieur, car je vis un sourire étrange errer sur ses lèvres : néanmoins sa fierté était satisfaite, et alors seulement il lâcha sa proie. Sa main était tellement crispée et roidie au collet de son ennemi qu'il fut forcé d'employer son autre main pour l'en détacher. Dominique tomba évanoui aux pieds du Prieur, qui fit un signe, et aussitôt quatre autres convers l'emportèrent aux yeux de l'assemblée consternée. Il ne reparut jamais dans le couvent. Il fut défendu de jamais prononcer ni son nom, ni aucune parole qui eût rapport à son étrange faute ; l'office des morts fut récité pour lui sans qu'il nous fût permis de demander ce qu'il était devenu ; mais par la suite je l'ai revu dehors, gras, dispos et allègre, et riant d'un air sournois quand on lui rappelait cette aventure.

Mon maître s'appuya sur moi, chancela, pâlit, et perdant tout à coup la force miraculeuse qui l'avait soutenu jusque-là, il se traîna à grand'peine à son lit ; je lui fis avaler quelques gouttes d'un cordial, et il me dit :

— Angel, je crois bien que je l'aurais tué si le Prieur l'eût protégé.

Il s'endormit sans ajouter une parole.

Le lendemain, le père Alexis s'éveilla assez tard : il était calme, mais très-faible ; il eut besoin de s'appuyer sur moi pour gagner son fauteuil, et il y tomba plutôt qu'il ne s'assit, en poussant un soupir. Je ne concevais pas que ce corps si débile eût été, la veille, capable de si puissants efforts.

— Mon père, lui dis-je en le regardant avec inquiétude, est-ce que vous vous trouvez plus mal, et souffrez-vous davantage ?

— Non, me répondit-il, non, je suis bien.

— Mais vous paraissez profondément absorbé.

— Je réfléchis.

— Vous réfléchissez à tout ce qui s'est passé, mon père. Je le conçois ; il y a lieu à méditer. Mais vous devriez, ce me semble, être plus serein, car il y a aussi lieu à se réjouir. Nous avons fini par voir clair au fond de cet abîme, et nous savons maintenant que vous n'êtes pas réellement assiégé par les mauvais esprits.

Alexis se mit à sourire d'un air doucement ironique, en secouant la tête :

— Tu crois donc encore aux mauvais esprits, mon pauvre Angel? me dit-il. Erreur! erreur! Crois-tu aussi, comme les physiciens d'autrefois, que la nature a horreur du vide? Il n'y a pas plus de mauvais esprits que de vide. Que serait donc l'homme, cette créature intelligente, ce fils de l'esprit, si les mauvaises passions, les vils instincts de la chair, pouvaient venir, sous une forme hideuse ou grotesque, assaillir sa veille ou fatiguer son sommeil? Non : tous ces démons, toutes ces créations infernales, dont parlent tous les jours les ignorants ou les imposteurs, sont de vains fantômes créés par l'imagination des uns pour épouvanter celle des autres. L'homme fort sent sa propre dignité, rit en lui-même des pitoyables inventions avec lesquelles on veut tenter son courage, et, sûr de leur impuissance, il s'endort sans inquiétude et se réveille sans crainte.

— Pourtant, lui répondis-je étonné, il s'est passé ici même des choses qui doivent me faire penser le contraire. L'autre nuit, vous savez, je vous ai entendu vous entretenir avec une autre voix plus forte que la vôtre qui semblait vous gourmander durement. Vous lui répondiez avec l'accent de la crainte et de la douleur; et, comme j'étais effrayé de cela, je suis venu dans votre chambre pour vous secourir, et je vous ai trouvé seul, accablé et pleurant amèrement. Qu'était-ce donc?

— C'était lui.

— Lui! qui, lui?

— Tu le sais bien, puisqu'il était avec toi, puisqu'il t'avait appelé par trois fois, comme l'esprit du Seigneur appela durant la nuit le jeune Samuel endormi dans le temple.

— Comment le savez-vous, mon père?

Alexis ne sembla pas entendre ma question. Il resta quelque temps absorbé, la tête baissée sur la poitrine; puis il reprit la parole sans changer de position ni faire aucun mouvement.

— Dis-moi, Angel, quand tu l'as vu, c'était en plein jour?

— Oui, mon père, à l'heure de midi. Vous m'avez déjà fait cette question.

— Et le soleil brillait?

— Il rayonnait sur sa face.

— Ne l'as-tu vu que cette seule fois?

J'hésitais à répondre; je craignais d'être dupe d'une illusion et de donner par mes propres aberrations de la consistance à celles d'Alexis.

— Tu l'as vu une autre fois! s'écria-t-il avec impatience, et tu ne me l'as pas dit!

— Mon bon maître, quelle importance voulez-vous donner à des apparitions qui ne sont peut-être que l'effet d'une ressemblance fortuite, ou même de simples jeux de la lumière?

— Angel, que voulez-vous dire? Ce que vous voulez me cacher m'est révélé par vos réticences mêmes. Parlez, il le faut, il y va du repos de mes derniers jours!

Vaincu par sa persistance, je lui racontai, pour le satisfaire, la frayeur que j'avais eue dans la sacristie un jour que, me croyant seul et sortant d'un profond évanouissement, j'avais entendu murmurer des paroles et vu passer une ombre, sans pouvoir m'expliquer ensuite ces choses d'une manière naturelle.

— Et quelles étaient ces paroles? dit Alexis.

— Un appel à Dieu en faveur des victimes de l'ignorance et de l'imposture.

— Comment appelait-il celui qu'il invoquait? Disait-il : O Esprit! ou bien disait-il : O Jéhovah!

— Il disait : O Esprit de sagesse!

— Et comment était faite cette ombre?

— Je ne le sais point. Elle sortit de l'obscurité, et se perdit dans le rayon qui tombait de la fenêtre, avant que j'eusse eu le temps ou le courage de l'examiner. Mais, écoutez, mon bon maître, j'ai toujours pensé que c'était vous qui, appuyé contre la fenêtre et vous parlant à vous-même...

Alexis fit un geste d'incrédulité.

— Pourriez-vous avoir gardé le souvenir du contraire, sans cesse errant, à cette époque, dans les jardins, et fortement préoccupé comme vous l'êtes toujours?

— Mais tu l'as vu d'autres fois encore? interrompit Alexis avec une sorte de violence. Tu ne veux pas me dire tout, tu veux que je meure sans léguer mon secret à un ami! Réponds à cette question, du moins. Quand tu te promenais seul dans les beaux jours, le long des allées écartées du jardin, et qu'en proie à de douloureuses pensées, tu invoquais une providence amie des hommes, n'as-tu pas entendu derrière tes pas d'autres pas qui faisaient crier le sable?

Je tressaillis, et lui dis que ce bruit de pas m'avait poursuivi dans la salle du chapitre la veille même.

— Et alors rien ne t'est apparu?

J'avouai l'effet prodigieux du soleil sur le portrait

du fondateur. Il serra ses mains l'une dans l'autre avec transport, en répétant à plusieurs reprises :

— C'est lui, c'est lui !... Il t'a choisi, il t'a envoyé, il veut que je te parle. Eh bien ! je vais te parler ! Recueille tes pensées, et qu'une vaine curiosité n'agite point ton âme. Reçois la confidence que je vais te faire, comme les fleurs au matin reçoivent avec calme la délicieuse rosée du ciel. As-tu jamais entendu parler de *Samuel Hébronius?*

— Oui, mon père, s'il est en effet le même que l'abbé Spiridion.

Et je lui rapportai ce que le trésorier m'avait raconté.

Le père Alexis haussa les épaules avec une expression de mépris, et me parla en ces termes :

« Il est d'autres héritages que ceux de la famille, où l'on se lègue, selon la chair, les richesses matérielles. D'autres parentés plus nobles amènent souvent des héritages plus saints. Quand un homme a passé sa vie à chercher la vérité par tous les moyens et de tout son pouvoir, et qu'à force de soins et d'études il est arrivé à quelques découvertes dans le vaste monde de l'esprit, jaloux de ne pas laisser s'enfouir dans la terre le trésor qu'il a trouvé, et rentrer dans la nuit le rayon de lumière qu'il a entrevu, dès qu'il sent approcher son terme, il se hâte de choisir parmi des hommes plus jeunes une intelligence sympathique à la sienne, dont il puisse faire, avant de mourir, le dépositaire de ses pensées et de sa science, afin que l'œuvre sacrée, ininterrompue malgré la mort du premier ouvrier, marche, s'agrandisse, et, perpétuée de race en race par des successions pareilles, parvienne à la fin des temps à son entier accomplissement. Et crois bien, mon fils, qu'il est besoin, pour entreprendre et continuer de pareils travaux, pour faire et accepter de pareils legs, d'une intelligence généreuse et d'un fort dévouement, quand on sait d'avance qu'on ne connaîtra pas le mot de la grande énigme à l'intelligence de laquelle on a pourtant consacré sa vie. Pardonne-moi cet orgueil, mon enfant ; ce sera peut-être la seule récompense que je retirerai de toute cette vie de labeur ; peut-être sera-ce le seul épi que je récolterai dans le rude sillon que j'ai labouré à la sueur de mon front. Je suis l'héritier spirituel du père Fulgence, comme tu seras le mien, Angel. Le père Fulgence était un moine de ce couvent ; il avait, dans sa jeunesse, connu le fondateur, notre vénéré maître Hébronius, ou, comme on l'appelle ici, l'abbé Spiridion. Il était alors pour lui ce que tu es pour moi, mon fils ; il était jeune et bon, inexpérimenté et timide comme toi ; son maître l'aimait comme je t'aime, et il lui apprit, avec une partie de ses secrets, l'histoire de sa vie. C'est donc de l'héritier même du maître que je tiens les choses que je vais te redire.

» Pierre Hébronius ne s'appelait pas ainsi d'abord. Son vrai nom était Samuel. Il était juif, et né dans un petit village des environs d'Inspruck. Sa famille, maîtresse d'une assez grande fortune, le laissa, dans sa première jeunesse, complétement libre de suivre ses inclinations. Dès l'enfance il en montra de sérieuses. Il aimait à vivre dans la solitude, et passait ses journées, et quelquefois ses nuits à parcourir les âpres montagnes et les étroites vallées de son pays. Souvent il allait s'asseoir sur le bord des torrents ou sur les rives des lacs, et il y restait long-temps à écouter la voix des ondes, cherchant à démêler le sens que la nature cachait dans ces bruits. A mesure qu'il avança en âge, son intelligence devint plus curieuse et plus grave. Il fallut donc songer à lui donner une instruction solide. Ses parents l'envoyèrent étudier aux universités d'Allemagne. Il y avait à peine un siècle que Luther était mort, et son souvenir et sa parole vivaient encore dans l'enthousiasme de ses disciples. La nouvelle foi affermissait les conquêtes qu'elle avait faites, et semblait s'épanouir dans son triomphe. C'était, parmi les réformés, la même ardeur qu'aux premiers jours, seulement plus éclairée et plus mesurée. Le prosélytisme y régnait encore dans toute sa ferveur, et faisait chaque jour de nouveaux adeptes. En entendant prêcher une morale et expliquer des dogmes que le luthéranisme avait pris dans le catholicisme, Samuel fut pénétré d'admiration. Comme c'était un esprit sincère et hardi, il compara tout de suite les doctrines qu'on lui exposait présentement avec celles dans lesquelles on l'avait élevé; et, éclairé par cette comparaison, il reconnut tout d'abord l'infériorité du judaïsme. Il se dit qu'une religion faite pour un seul peuple à l'exclusion de tous les autres, qui ne donnait à l'intelligence ni satisfaction dans le présent ni certitude dans l'avenir, méconnaissait les nobles besoins d'amour qui sont dans le cœur de l'homme, et n'offrait pour règle de conduite qu'une justice barbare; il se dit que cette religion ne pouvait être celle des belles âmes et des grands esprits, et que celui-là n'était pas le Dieu de vérité qui ne dictait qu'au bruit du tonnerre ses changeantes volontés, et n'appelait à l'exécution de ses étroites pensées que les esclaves d'une terreur grossière. Toujours conséquent avec lui-même, Samuel, qui avait dit selon sa pensée, fit ensuite selon son dire, et, un an après son arrivée en Allemagne, il abjura solennellement le judaïsme pour entrer dans le sein de l'église réformée. Comme il ne savait pas faire les choses à moitié, il voulut, autant qu'il était en lui, dépouiller le vieil homme et se faire une vie toute nouvelle ; c'est alors qu'il changea son nom de Samuel pour celui de Pierre. Quelque temps se passa, pendant lequel il s'affermit et s'instruisit davantage dans sa nouvelle religion. Bientôt il en arriva au point de chercher pour elle des objections à réfuter et des adversaires à combattre. Comme il était audacieux et entreprenant, il s'adressa d'abord aux plus rudes. Bossuet fut le premier auteur catholique qu'il se mit à lire. Ce fut avec une sorte de dédain qu'il le commença : croyant que dans la foi qu'il venait d'embrasser résidait la vérité pure, il méprisait toutes les attaques que l'on pouvait tenter contre elle, et riait un peu d'avance des arguments irrésistibles de l'Aigle de Meaux. Mais son ironique méfiance fit bientôt place à l'étonnement, et ensuite à l'admiration. Quand il vit avec quelle logique puissante et quelle poésie grandiose le prélat français défendait l'église de Rome, il se dit que la cause plaidée par un pareil avocat en devenait au moins respectable ; et, par une transition naturelle, il arriva à penser que les grands esprits ne pouvaient se dévouer qu'à de grandes choses. Alors il étudia le catholicisme avec la même ardeur et la même impartialité qu'il avait fait pour le luthéranisme, se plaçant vis-à-vis de lui, non pas comme font d'ordinaire les sectaires, au point de vue de la controverse et du dénigrement, mais à celui de la recherche et de la comparaison. Il alla en France s'éclairer auprès des docteurs sur la religion-mère, comme il avait fait en Allemagne pour la réformée. Il vit le grand Arnauld et le second Grégoire de Nazianze, Fénelon, et ce même Bossuet. Guidé par ces maîtres, dont la vertu lui faisait aimer l'intelligence, il pénétra rapidement au fond des mystères de la morale et du dogme catholiques. Il y retrouva tout ce qui faisait pour lui la grandeur et la beauté du protestantisme, le dogme de l'unité et de l'éternité de Dieu que les deux religions avaient emprunté au judaïsme, et ceux qui semblent en découler naturellement et que pourtant celui-ci n'avait pas reconnus, l'immortalité de l'âme, le libre arbitre dans cette vie, et dans l'autre la récompense pour les bons et la punition pour les méchants. Il y retrouva, plus pure peut-être et plus élevée encore, cette morale sublime qui prêche aux hommes l'égalité entre eux, la fraternité, l'amour, la charité, le dévouement à autrui, le renoncement à soi-même. Le catholicisme lui paraissait avoir en outre l'avantage d'une formule plus vaste et d'une unité vigoureuse qui manquait au luthéranisme. Celui-ci avait, il est vrai, en retour, conquis la liberté d'examen, qui est aussi un besoin de la nature humaine, et proclamé l'autorité de la raison individuelle; mais il avait, par cela même, renoncé au principe de l'infaillibilité, qui est la base nécessaire et la condition vitale de toute religion révélée, puisqu'on ne peut faire vivre une chose qu'en vertu des lois qui ont présidé à sa naissance, et qu'on ne peut, par conséquent, confirmer et continuer une révélation que par une autre. Or, l'infaillibilité n'est autre chose que la révélation continuée par Dieu même ou le Verbe dans la personne de ses vicaires. Le luthéranisme, qui prétendait partager l'origine du catholicisme et s'appuyer à la même révélation, avait, en brisant la chaîne traditionnelle qui rattachait le christianisme tout entier à cette même révélation, sapé de ses propres mains les fondements de son édifice. En livrant à la libre discussion la continuation de la religion révélée, il avait par là même livré aussi son commencement, et attenté ainsi lui-même à l'inviolabilité de cette origine qu'il partageait avec la secte rivale. Comme l'esprit d'Hébronius se trouvait en ce moment plus porté vers la foi que vers la critique, et qu'il avait bien moins besoin de discussion que de conviction, il se trouva naturellement porté à préférer la certitude et l'autorité du catholicisme à la liberté et à l'incertitude du protestantisme. Ce sentiment se fortifiait encore à l'aspect du caractère sacré d'antiquité que le temps avait imprimé au front de la religion-mère. Puis la pompe et l'éclat dont s'entourait le culte romain semblaient à cet esprit poétique l'expression harmonieuse et nécessaire d'une religion révélée par le Dieu de la gloire et de la toute-puissance. Enfin, après de mûres réflexions, il se reconnut sincèrement et entièrement convaincu, et reçut de nouveau le baptême des mains de Bossuet. Il ajouta sur les fonts le nom de Spiridion à celui de Pierre, en mémoire de ce qu'il avait été deux fois éclairé par l'esprit. Résolu dès lors à consacrer sa vie tout entière à l'adoration du nouveau Dieu qui l'avait appelé à lui et à l'approfondissement de sa doctrine, il passa en Italie, et y fit bâtir, à l'aide de la grande fortune que lui avait laissée un de ses oncles, catholique comme lui, le couvent où nous sommes. Fidèle à l'esprit de la loi qui avait créé les communautés religieuses, il y rassembla autour de lui les moines les mieux famés par leur intelligence et leur vertu, pour se livrer avec eux à la recherche de toutes les vérités, et travailler à l'agrandissement et à la corroboration de la foi par la science. Son entreprise parut d'abord réussir. Stimulés par son exemple, ses compagnons se livrèrent pendant quelques années avec ardeur à l'étude, à la prière et à la méditation. Ils s'étaient placés sous la protection de saint Benoît, et avaient adopté les règles de son ordre. Quand le moment fut venu pour eux de se donner un chef spirituel, ils portèrent unanimement sur Hébronius leur choix, qui fut ratifié par le pape. Le nouveau Prieur, un instant heureux de la confiance des frères qu'il s'était choisis, se remit à ses travaux avec plus d'ardeur et d'espérance que jamais. Mais son illusion ne fut pas de longue durée. Il ne fut pas longtemps à reconnaître qu'il s'était cruellement trompé sur le compte des hommes qu'il avait appelés à partager son entreprise. Comme il les avait pris parmi les plus pauvres religieux de l'Italie, il n'eut pas de peine à en obtenir du zèle et du soin pendant les premières années. Accoutumés qu'ils étaient à une vie dure et active, ils avaient facilement adopté le genre d'existence qu'il leur avait donné, et s'étaient conformés volontiers à ses désirs. Mais, à mesure qu'ils s'habituèrent à l'opulence, ils devinrent moins laborieux, et se laissèrent peu à peu aller aux défauts et aux vices dont ils avaient vu autrefois l'exemple chez leurs confrères plus riches, et dont peut-être ils avaient conservé en eux-mêmes le germe. La frugalité fit place à l'intempérance, l'activité à la paresse, la charité à l'égoïsme; le jour n'eut plus de prières, la nuit plus de veilles; la médisance et la gourmandise trônèrent dans le couvent comme deux reines impures; l'ignorance et la grossièreté y pénétrèrent à leur suite, et firent du temple destiné aux vertus austères et aux nobles travaux un réceptacle de honteux plaisirs et de lâches oisivetés.

» Hébronius, endormi dans sa confiance et perdu dans ses profondes spéculations, ne s'apercevait pas du ravage que faisaient autour de lui les misérables instincts de la matière. Quand il ouvrit les yeux, il était déjà trop tard : n'ayant pas vu la transition par laquelle toutes ces âmes vulgaires étaient allées du bien au mal, trop éloigné d'elles par la grandeur de sa nature pour pouvoir comprendre leurs faiblesses, il se prit pour elles d'un immense dédain; et, au lieu de se baisser vers les pécheurs avec indulgence et de chercher à les ramener à leur vertu première, il s'en détourna avec dégoût, et dressa vers le ciel sa tête désormais solitaire. Mais, comme l'aigle blessé qui monte au soleil avec le venin d'un reptile dans l'aile, il ne put, dans la hauteur de son isolement, se débarrasser des révoltantes images qui avaient surpris ses yeux. L'idée de la corruption et de la bassesse vint se mêler à toutes ses méditations théologiques, et s'attacher, comme une lèpre honteuse, à l'idée de la religion. Il ne put bientôt plus séparer, malgré sa puissance d'abstraction, le catholicisme des catholiques. Cela l'amena, sans qu'il s'en aperçût, à le considérer sous ses côtés les plus faibles, comme il l'avait jadis considéré sous les plus forts, et à en rechercher, malgré lui, les possibilités mauvaises. Avec le génie investigateur et la puissante faculté d'analyse dont il était doué, il ne fut pas long-temps à les trouver; mais, comme ces magiciens téméraires qui évoquaient des spectres et tremblaient à leur apparition, il s'épouvanta lui-même de ses découvertes. Il n'avait plus cette fougue de la première jeunesse qui le poussait toujours en avant; et il se disait que, cette troisième religion une fois détruite, il n'en aurait plus aucune sous laquelle il pût s'abriter. Il s'efforça donc de raffermir sa foi, qui commençait à chanceler, et pour cela il se mit à relire les plus beaux écrits des défenseurs contemporains de l'Église. Il revint naturellement à Bossuet; mais il était déjà à un autre point de vue, et ce qui lui avait autrefois paru concluant et sans réplique lui semblait maintenant controversable ou niable en bien des points. Les arguments du docteur catholique lui rappelèrent les objections des protestants; et la liberté d'examen, qu'il avait autrefois dédaignée, rentra victorieusement dans son intelligence. Obligé de lutter individuellement contre la doctrine infaillible, il cessa de nier l'autorité de la raison individuelle. Bientôt, même, il en fit un usage plus audacieux que tous ceux qui l'avaient proclamée. Il avait hésité au début; mais, une fois son élan pris, il ne s'arrêta plus. Il remonta de conséquence en conséquence jusqu'à la révélation elle-même, l'attaqua avec la même logique que le reste, et força de redescendre sur la terre cette religion qui voulait cacher sa tête dans les cieux. Lorsqu'il eut livré à la foi cette bataille décisive, il continua presque forcément sa marche et poursuivit sa victoire; victoire funeste, qui lui coûta bien des larmes et bien des insomnies. Après avoir dépouillé de sa divinité le père du christianisme, il ne craignit pas de demander compte à lui et à ses successeurs de l'œuvre humaine qu'ils avaient accomplie. Le compte fut sévère. Hébronius alla au fond de toutes les choses. Il trouva beaucoup de mal mêlé à beaucoup de bien, et de grandes erreurs à de grandes vérités. Le grand champ catholique avait porté autant d'ivraie, peut-être, que de pur froment. Dans la nature d'esprit d'Hébronius, l'idée d'un Dieu pur esprit, tirant de lui-même un monde matériel et pouvant le faire rentrer en lui par un anéantissement pareil à sa création, lui semblait être le produit d'une imagination malade, pressée d'enfanter une théologie quelconque ; et voici ce qu'il se disait souvent : — Organisé comme il l'est, l'homme, qui ne doit pourtant juger et croire que d'après ses perceptions, peut-il concevoir qu'on fasse de rien quelque chose, et de quelque chose rien? Et sur cette base, quel édifice se trouve bâti? Que vient faire l'homme sur ce monde matériel que le pur esprit a tiré de lui-même? Il a été tiré et formé de la matière, puis placé dessus par le Dieu qui connaît l'avenir, pour être soumis à des épreuves que ce Dieu dispose à son gré et dont il sait d'avance l'issue ; pour lutter, en un mot, contre un danger auquel il doit nécessairement succomber, et expier ensuite une faute qu'il n'a pu s'empêcher de commettre.

» Cette pensée des hommes appelés, sans leur consentement, à une vie de périls et d'angoisses, suivie pour la plupart de souffrances éternelles et inévitables, arrachait à l'âme droite d'Hébronius des cris de douleur et d'indignation. — Oui, s'écriait-il, oui, chrétiens, vous êtes bien les descendants de ces Juifs implacables qui, dans les villes conquises, massacraient jusqu'aux enfants des femmes et aux petits des brebis ; et votre Dieu est le fils agrandi de ce Jéhovah féroce qui ne parlait jamais à ses adorateurs que de colère et de vengeance !

» Il renonça donc sans retour au christianisme; mais, comme il n'avait plus de religion nouvelle à embrasser à la place, et que, devenu plus prudent et plus calme, il ne voulait pas se faire inutilement accuser encore d'inconstance et d'apostasie, il garda toutes les pratiques extérieures de ce culte qu'il avait intérieurement abjuré. Mais ce n'était pas assez d'avoir quitté l'erreur; il aurait encore fallu trouver la vérité. Hébronius avait beau tourner les yeux autour de lui, il ne voyait rien qui y ressemblât. Alors commença pour lui une suite de souffrances inconnues et terribles. Placé face à face avec le doute, cet esprit sincère et religieux s'épouvanta de son isolement, et se prit à suer l'eau et le sang, comme le Christ sur la montagne, à la vue de son calice. Et comme il n'avait d'autre but et d'autre désir que la vérité, que rien hors elle ne l'intéressait ici-bas, il vivait absorbé dans ses douloureuses contemplations; ses regards erraient sans cesse dans le vague qui l'entourait comme un océan sans bornes, et il voyait l'horizon reculer sans cesse devant lui à mesure qu'il voulait le saisir. Perdu dans cette immense incertitude, il se sentait pris peu à peu de vertige, et se mettait à tourbillonner sur lui-même. Puis, fatigué de ses vaines recherches et de ses tentatives sans espérance, il retombait affaissé, morne, désorganisé, ne vivant plus que par la sourde douleur qu'il ressentait sans la comprendre.

» Pourtant il conservait encore assez de force pour ne rien laisser voir au dehors de sa misère intérieure. On soupçonnait bien, à la pâleur de son front, à sa lente et mélancolique démarche, à quelques larmes furtives qui glissaient de temps en temps sur ses joues amaigries, que son âme était fortement travaillée, mais on ne savait par quoi. Le manteau de sa tristesse cachait à tous les yeux le secret de sa blessure. Comme il n'avait confié à personne la cause de son mal, personne n'aurait pu dire s'il venait d'une incrédulité désespérée ou d'une foi trop vive que rien sur la terre ne pouvait assouvir. Le doute, à cet égard, n'était même guère possible. L'abbé Spiridion accomplissait avec une si irréprochable exactitude toutes les pratiques extérieures du culte et tous ses devoirs visibles de parfait catholique, qu'il ne laissait ni prise à ses ennemis ni prétexte à une accusation plausible.

Tous les moines, dont sa rigide vertu contenait les vices et dont ses austères labeurs condamnaient la lâche paresse, blessés à la fois dans leur égoïsme et dans leur vanité, nourrissaient contre lui une haine implacable, et cherchaient avidement les moyens de le perdre; mais, ne trouvant pas dans sa conduite l'ombre d'une faute, ils étaient forcés de ronger leur frein en silence, et se contentaient de le voir souffrir par lui-même. Hébronius connaissait le fond de leur pensée, et, tout en méprisant leur impuissance, s'indignait de leur méchanceté. Aussi, quand, par instants, il sortait de ses préoccupations intérieures pour jeter un regard sur la vie réelle, il leur faisait rudement porter le poids de leur malice. Autant il était doux avec les bons, autant il était dur avec les mauvais. Si toutes les faiblesses le trouvaient compatissant, et toutes les souffrances sympathique, tous les vices le trouvaient sévère, et toutes les impostures impitoyable. Il semblait même trouver quelque adoucissement à ses maux dans cet exercice complet de la justice. Sa grande âme s'exaltait encore à l'idée de faire le bien. Il n'avait plus de règle certaine ni de loi absolue; mais une sorte de raison instinctive, que rien ne pouvait anéantir ni détourner, le guidait dans toutes ses actions et le conduisait au juste. Ce fut probablement par ce côté qu'il se rattacha à la vie; en sentant fermenter ces généreux sentiments, il se dit que l'étincelle sacrée n'avait pas cessé de brûler en lui, mais seulement de briller; et que Dieu veillait encore dans son cœur, bien que caché à son intelligence par des voiles impénétrables. Que ce fût cette idée ou une autre qui le ranimât, toujours est-il qu'on vit peu à peu son front s'éclaircir, et ses yeux, ternis par les larmes, reprendre leur ancien éclat. Il se remit avec plus d'ardeur que jamais aux travaux qu'il avait abandonnés, et commença à mener une vie plus retirée encore qu'auparavant. Ses ennemis se réjouirent d'abord, espérant que c'était la maladie qui le retenait dans la solitude ; mais leur erreur ne fut pas de longue durée. L'abbé, au lieu de s'affaiblir, reprenait chaque jour de nouvelles forces, et semblait se retremper dans les fatigues toujours plus grandes qu'il s'imposait. A quelque heure de la nuit que l'on regardât à sa fenêtre, on était sûr d'y voir de la lumière ; et les curieux qui s'approchaient de sa porte pour tâcher de connaître l'emploi qu'il faisait de son temps, entendaient presque toujours dans sa cellule le bruit de feuillets qui se tournaient rapidement, ou le cri d'une plume sur le papier, souvent des pas mesurés et tranquilles, comme ceux d'un homme qui médite. Quelquefois même des paroles inintelligibles arrivaient aux oreilles des espions, et des cris confus pleins de colère ou d'enthousiasme les clouaient d'étonnement à leur place ou les faisaient fuir d'épouvante. Les moines, qui n'avaient rien compris à l'abattement de l'abbé, ne comprirent rien à son exaltation. Ils se mirent à chercher la cause de son bien-être, le but de ses travaux, et leurs sottes cervelles n'imaginèrent rien de mieux que la magie. La magie ! comme si les grands hommes pouvaient rapetisser leur intelligence immortelle au métier de sorcière, et consacrer toute leur vie à souffler dans des fourneaux pour faire apparaître aux enfants effrayés des diables à queue de chien avec des pieds de bouc ! Mais la matière ignorante ne comprend rien à la marche de l'esprit, et les hiboux ne connaissent pas les chemins par où les aigles vont au soleil.

» Cependant la monacaille n'osa pas dire tout haut

son opinion, et la calomnie erra honteusement dans l'ombre autour du maître, sans oser l'attaquer en face. Il trouva, dans la terreur qu'inspiraient à ces imbéciles ennemis des machinations imaginaires, une sécurité qu'il n'aurait pas trouvée dans la vénération due à son génie et à sa vertu. Du mystère profond qui l'entourait, ils s'attendaient à voir sortir quelque terrible prodige, comme d'un sombre nuage des feux dévorants. C'est ainsi qu'il fut donné à Hébronius d'arriver tranquille à son heure dernière. Quand il la vit approcher, il fit venir Fulgence, pour qui il nourrissait une paternelle affection. Il lui dit qu'il l'avait distingué de tous ses autres compagnons, à cause de la sincérité de son cœur et de son ardent amour du beau et du vrai, qu'il l'avait depuis long-temps choisi pour être son héritier spirituel, et que l'instant était venu de lui révéler sa pensée. Alors il lui raconta l'histoire intime de sa vie. Arrivé à la dernière période, il s'arrêta un instant, comme pour méditer, avant de prononcer les paroles suprêmes et définitives; puis il reprit de la sorte : — Mon cher enfant, je t'ai initié à toutes les luttes, à tous les doutes, à toutes les croyances de ma vie. Je t'ai dit tout ce que j'avais trouvé de bon et de mauvais, de vrai et de faux dans toutes les religions que j'ai traversées. Je t'en laisse le juge, et remets à ta conscience le soin de décider. Si tu penses que j'aie tort, et que le catholicisme, où tu as vécu depuis ton enfance, satisfasse à la fois ton esprit et ton cœur, ne te laisse pas entraîner par mon exemple, et garde ta croyance. On doit rester là où on est bien. Pour aller d'une foi à une autre il faut traverser des abîmes, et je sais trop combien la route est pénible pour t'y pousser malgré toi. La sagesse mesure aux plantes le terrain et le vent: à la rose elle donne la plaine et la brise, au cèdre la montagne et l'ouragan. Il est des esprits hardis et curieux qui veulent et cherchent avant tout la vérité ; il en est d'autres, plus timides et plus modestes, qui ne demandent que du repos. Si tu me ressemblais, si le premier besoin de ta nature était de savoir, je t'ouvrirais sans hésiter ma pensée tout entière. Je te ferais boire à la coupe de vérité que j'ai remplie de mes larmes, au risque de t'enivrer. Mais il n'en est pas ainsi, hélas! Tu es fait pour aimer bien plus que pour savoir, et ton cœur est plus fort que ton esprit. Tu es attaché au catholicisme, je le crois du moins, par des liens de sentiment que tu ne pourrais briser sans douleur ; et, si tu le faisais, cette vérité, pour laquelle tu aurais immolé toutes tes sympathies, ne te payerait pas de tes sacrifices. Au lieu de t'exalter, elle t'accablerait peut-être. C'est une nourriture trop forte pour les poitrines délicates, et qui étouffe quand elle ne vivifie pas. Je ne veux donc pas te révéler cette doctrine qui fait le triomphe de ma vie et la consolation de mon heure dernière, parce qu'elle ferait peut-être ton deuil et ton désespoir. Que sait-on des âmes? Pourtant, à cause même de ton amour, il est possible que le culte du beau te mène au besoin du vrai, et l'heure peut sonner où ton esprit sincère aura soif et faim de l'absolu. Je ne veux pas alors que tu cries en vain vers le ciel, et que tu répandes sur une ignorance incurable des larmes inexaucées. Je laisse après moi une essence de moi, la meilleure partie de mon intelligence, quelques pages, fruit de toute une vie de méditations et de travaux. De toutes les œuvres qu'ont enfantées mes longues veilles, c'est la seule que je n'aie pas livrée aux flammes, parce que c'était la seule complète. Là je suis tout entier ; là est la vérité. Or le sage a dit de ne pas enfouir les trésors au fond des puits. Il faut donc que cet écrit échappe à la brutale stupidité de ces moines. Mais comme il ne doit passer qu'en des mains dignes de le toucher et ne s'ouvrir qu'à des yeux capables de le comprendre, j'y veux mettre une condition qui sera en même temps une épreuve. Je veux l'emporter dans la tombe, afin que celui de vous qui voudra un jour le lire ait assez de courage pour braver de vaines terreurs en l'arrachant à la poussière du sépulcre. Ainsi, écoute ma dernière volonté. Dès que j'aurai fermé les yeux, place cet écrit sur ma poitrine. Je l'ai enfermé moi-même dans un étui de parchemin, dont la préparation particulière pourrait le garantir de la corruption durant plusieurs siècles. Ne laisse personne toucher à mon cadavre; c'est là un triste soin qu'on ne se dispute guère et qu'on te laissera volontiers. Roule toi-même le linceul autour de mes membres exténués, et veille sur ma dépouille d'un œil jaloux, jusqu'à ce que je sois descendu dans le sein de la terre avec mon trésor; car le temps n'est pas venu où tu pourrais toi-même en profiter. Tu n'en adopterais l'esprit que sur la foi de ma parole, et cette foi ne suffirait pas à l'épreuve d'une lutte chaque jour renouvelée contre toi par le catholicisme. Comme chaque génération de l'humanité, chaque homme a ses besoins intellectuels, dont la limite marque celle de ses investigations et de ses conquêtes. Pour lire avec fruit ces lignes que je confie au silence de la tombe, il faudra que ton esprit soit arrivé, comme le mien, à la nécessité d'une transformation complète. Alors seulement tu dépouilleras sans crainte et sans regret le vieux vêtement, et tu revêtiras le nouveau avec la certitude d'une bonne conscience. Quand ce jour luira pour toi, brise sans inquiétude la pierre et le métal, ouvre mon cercueil et

plonge dans mes entrailles desséchées une main ferme
et pieuse. Ah! quand viendra cette heure, il me semble
que mon cœur éteint tressaillera comme l'herbe glacée
au retour d'un soleil de printemps, et que du sein de
ses transformations infinies mon esprit entrera en commerce immédiat avec le tien : car l'esprit vit à jamais, il
est l'éternel producteur et l'éternel aliment de l'esprit ;
il nourrit ce qu'il engendre ; et, comme chaque destruction alimente une production nouvelle dans l'ordre
matériel, de même chaque souffle intellectuel entretient,
par une invisible communion, le souffle éveillé par lui
dans un sanctuaire nouveau de l'intelligence.

» Ce discours n'éveilla pas dans le sein de Fulgence
une ardeur plus grande que son maître ne l'avait pressenti; Spiridion l'avait bien jugé en lui disant que
l'heure de la connaissance n'était pas sonnée pour lui.
Sans doute, des esprits plus hardis et des cerveaux plus
vastes que celui de Fulgence eussent pu être institués
dépositaires du secret de l'abbé ; à cette époque il s'en
trouvait encore dans le cloître. Mais, sans doute aussi,
ces caractères ne lui offraient point une garantie suffisante de sincérité et de désintéressement ; il devait
craindre que son trésor ne devînt un moyen de puissance temporelle ou de gloire mondaine dans les mains
des ambitieux, peut-être une source d'impiété, une
cause d'athéisme, sous l'interprétation d'une âme aride
et d'une intelligence privée d'amour. Il savait que
Fulgence était, comme dit l'Écriture, *un or très-pur*,
et que si, le courage lui manquant, il venait à ne point
profiter du legs sacré, du moins il n'en ferait jamais un
usage funeste. Quand il vit avec quelle humble résignation ce disciple bien-aimé avait écouté ses confidences,
il s'applaudit de l'avoir laissé à son libre arbitre, et lui

fit jurer seulement qu'il ne mourrait point sans avoir fait passer le legs en des mains dignes de le posséder. Fulgence le jura.

— Mais, ô mon maître ! s'écria-t-il, à quoi connaîtrai-je ces mains pures ? et si nul ne m'inspire assez de confiance pour que je lui transmette votre héritage, du sein de la tombe votre voix ne montera-t-elle pas vers moi pour tancer mon aveuglement ou ma timidité ? Pourrai-je, quand la lumière sera éteinte, me diriger seul dans les ténèbres ?

— Aucune lumière ne s'éteint, répondit l'abbé, et les ténèbres de l'entendement sont, pour un esprit généreux et sincère, des voiles faciles à déchirer. Rien ne se perd; la forme elle-même ne meurt pas; et, ma figure restant gravée dans le plus intime sanctuaire de ta mémoire, qui pourra dire que ma figure a disparu de ce monde et que les vers ont détruit mon image ? La mort rompra-t-elle les liens de notre amitié, et ce qui est conservé dans le cœur d'un ami a-t-il cessé d'être ? L'âme a-t-elle besoin des yeux du corps pour contempler ce qu'elle aime, et n'est-elle pas un miroir d'où rien ne s'efface ? Va, la mer cessera de refléter l'azur des cieux avant que l'image d'un être aimé retombe dans le néant; et l'artiste qui fixe une ressemblance sur la toile ou sur le marbre ne donne-t-il pas, lui aussi, une sorte d'immortalité à la matière ?

» Tels étaient les derniers entretiens de Spiridion avec son ami. Mais ici commence pour ce dernier une série de faits personnels sur lesquels j'appelle toute ton attention ; les voici tels qu'ils m'ont été transmis maintes fois par lui avec la plus scrupuleuse exactitude.

» Fulgence ne pouvait s'habituer à l'idée de voir mourir son ami et son maître. En vain les médecins lui disaient que l'abbé avait peu de jours à vivre, sa maladie ayant dépassé déjà le terme où cessent les espérances et où s'arrêtent les ressources de l'art ; il ne concevait pas que cet homme, encore si vigoureux d'esprit et de caractère, fût à la veille de sa destruction. Jamais il ne l'avait vu plus clair et plus éloquent dans ses paroles, plus subtil dans ses aperçus et plus large dans ses vues. Au seuil d'une autre vie, il avait encore de l'énergie et de l'activité pour s'occuper des détails de la vie qu'il allait quitter. Plein de sollicitude pour ses frères, il donnait à chacun l'instruction qui lui convenait : aux mauvais, la prédication ardente ; aux bons, l'encouragement paternel. Il était plus inquiet et plus touché de la douleur de Fulgence que de ses propres souffrances physiques, et sa tendresse pour ce jeune homme lui faisait oublier ce qu'a de solennel et de terrible le pas qu'il allait franchir. »

Ici le père Alexis s'interrompit en voyant mes yeux se remplir de larmes, et ma tête se pencha sur sa main glacée, à la pensée d'un rapprochement si intime entre la situation qu'il me décrivait et celle où nous nous trouvions l'un et l'autre. Il me comprit, serra ma main avec force et continua.

« Spiridion, voyant que cette âme tendre et passionnée dans ses attachements allait se briser avec le fil de sa vie, essayait de lui adoucir l'horreur dont le catholicisme environne l'idée de la mort ; il lui peignait sous des couleurs sereines et consolantes ce passage d'une existence éphémère à une existence sans fin.

— Je ne vous plains pas de mourir, lui répondait Fulgence ; je me plains parce que vous me quittez. Je ne suis pas inquiet de votre avenir, je sais que vous allez passer de mes bras dans ceux d'un Dieu qui vous aime ;

mais moi je vais gémir sur une terre aride et traîner une existence délaissée parmi des êtres qui ne vous remplaceront jamais pour moi!

— O mon enfant! ne parle pas ainsi, répondit l'abbé; il y a une providence pour les hommes bons, pour les cœurs aimants. Si elle te retire un ami dont la mission auprès de toi est remplie, elle donnera en récompense à ta vieillesse un ami fidèle, un fils dévoué, un disciple confiant, qui entourera tes derniers jours des consolations que tu me procures aujourd'hui.

— Nul ne pourra m'aimer comme je vous aime, reprenait Fulgence, car jamais je ne serai digne d'un amour semblable à celui que vous m'inspirez; et quand même cela devrait arriver, je suis si jeune encore! Imaginez ce que j'aurai à souffrir, privé de guide et d'appui, durant les années de ma vie où vos conseils et votre protection m'eussent été le plus nécessaires!

— Écoute, lui dit un jour l'abbé, je veux te dire une pensée qui a traversé plusieurs fois mon esprit sans s'y arrêter. Nul n'est plus ennemi que moi, tu le sais, des grossières jongleries dont les moines se servent pour terrifier leurs adeptes; je ne suis pas davantage partisan des extases que d'ignorants visionnaires ou de vils imposteurs ont fait servir à leur fortune ou à la satisfaction de leur misérable vanité; mais je crois aux apparitions et aux songes qui ont jeté quelquefois une salutaire terreur ou apporté une vivifiante espérance à des esprits sincères et pieusement enthousiastes. Les miracles ne me paraissent pas inadmissibles à la raison la plus froide et la plus éclairée. Parmi les choses surnaturelles qui, loin de causer de la répugnance à mon esprit, lui sont un doux rêve et une vague croyance, j'accepterais comme possibles les communications directes de nos sens avec ce qui reste en nous et autour de nous des morts que nous avons chéris. Sans croire que les cadavres puissent briser la pierre du sépulcre et reprendre pour quelques instants les fonctions de la vie, je m'imagine quelquefois que les éléments de notre être ne se divisent pas subitement, et qu'avant leur diffusion un reflet de nous-mêmes se projette autour de nous, comme le spectre solaire frappe encore nos regards de tout son éclat plusieurs minutes après que l'astre s'est abaissé derrière notre horizon. S'il faut t'avouer tout ce qui se passe en moi à cet égard, je te confesserai qu'il était une tradition dans ma famille que je n'ai jamais eu la force de rejeter comme une fable. On disait que la vie était dans le sang de mes ancêtres à un tel degré d'intensité que leur âme éprouvait, au moment de quitter le corps, l'effort d'une crise étrange, inconnue. Ils voyaient alors leur propre image se détacher d'eux, et leur apparaître quelquefois double et triple. Ma mère assurait qu'à l'heure suprême où mon père rendit l'esprit, il prétendait voir de chaque côté de son lit un spectre tout semblable à lui, revêtu de l'habit qu'il portait les jours de fête pour aller à la synagogue dont il était rabbin. Il eût été si facile à la raison hautaine de repousser cette légende que je ne m'en suis jamais donné la peine. Elle plaisait à mon imagination, et j'eusse été affligé de la condamner au néant des erreurs *jugées*. Ces discours te causent quelque surprise, je le vois. Tu m'as vu repousser si durement les tentatives de nos visionnaires et railler d'une manière si impitoyable leurs hallucinations, que tu penses peut-être qu'en cet instant mon cerveau s'affaiblit. Je sens, au contraire, que les voiles se dégagent, et il me semble que jamais je n'ai pénétré avec plus de lucidité dans les perceptions inconnues d'un nouvel ordre d'idées. A l'heure d'abdiquer l'exercice de la raison superbe, l'homme sincère, sentant qu'il n'a plus besoin de se défendre des terreurs de la mort, jette son bouclier et contemple d'un œil calme le champ de bataille qu'il abandonne. Alors il peut voir que, de même que l'ignorance et l'imposture, la raison et la science ont leurs préjugés, leurs aveuglements, leurs négations téméraires, leurs étroites obstinations. Que dis-je ? il voit que la raison et la science humaines ne sont que des aperçus provisoires, des horizons nouvellement découverts, au delà desquels s'ouvrent des horizons infinis, inconnus encore, et qu'il juge insaisissables, parce que la courte durée de sa vie et la faible mesure de ses forces ne lui permettent pas de pousser plus loin son voyage. Il voit, à vrai dire, que la raison et la science ne sont que la supériorité d'un siècle relativement à un autre, et il se dit en tremblant que les erreurs qui le font sourire en son temps ont été le dernier mot de la sagesse humaine pour ses devanciers. Il peut se dire que ses descendants riront également de sa science, et que les travaux de toute sa vie, après avoir porté leurs fruits pendant une saison, seront nécessairement rejetés comme le vieux tronc d'un arbre qu'on recèpe. Qu'il s'humilie donc alors, et qu'il contemple avec un calme philosophique cette suite de générations qui l'ont précédé et cette suite de générations qui le suivront; et qu'il sourie en voyant le point intermédiaire où il a végété, atome obscur, imperceptible anneau de la chaîne infinie ! Qu'il dise : J'ai été plus loin que mes ancêtres, j'ai grossi ou épuré le trésor qu'ils avaient conquis. Mais qu'il ne dise pas : Ce que je n'ai pas fait est impossible à faire, ce que je n'ai pas compris est un mystère incompréhensible, et jamais l'homme ne surmontera les obstacles qui m'ont arrêté. Car cela serait un blasphème, et ce serait pour de tels arrêts qu'il faudrait rallumer les bûchers où l'inquisition jette les écrits des novateurs.

» Ce jour-là, Spiridion mit sa tête dans ses mains, et ne s'expliqua pas davantage. Le lendemain, il reprit un entretien qui semblait lui plaire et le distraire de ses souffrances.

— Fulgence! dit-il, que peut signifier ce mot, *passé*? et quelle action veut marquer ce verbe, *n'être plus*? Ne sont-ce pas là des idées créées par l'erreur de nos sens et l'impuissance de notre raison? Ce qui a été peut-il cesser d'être, et ce qui est peut-il n'avoir pas été de tout temps?

— Est-ce à dire, maître, lui répliqua le simple Fulgence, que vous ne mourrez point, ou que je vous verrai encore après que vous ne serez plus?

— Je ne serai plus et je serai encore, répondit le maître. Si tu ne cesses pas de m'aimer, tu me verras, tu me sentiras, tu m'entendras partout. Ma forme sera devant tes yeux, parce qu'elle restera gravée dans ton esprit; ma voix vibrera à ton oreille, parce qu'elle restera dans la mémoire de ton cœur; mon esprit se révélera encore à ton esprit, parce que ton âme me comprend et me possède. Et peut-être, ajouta-t-il avec une sorte d'enthousiasme et comme frappé d'une idée nouvelle, peut-être te dirai-je, après ma mort, ce que mon ignorance et la tienne nous ont empêchés de découvrir ensemble et de nous communiquer l'un à l'autre. Peut-être ta pensée fécondera-t-elle la mienne; peut-être la semence laissée par moi dans ton âme fructifiera-t-elle, échauffée par ton souffle. Prie, prie! et ne pleure pas. Rappelle-toi que le jeune prophète Élisée demanda pour toute grâce au Seigneur qu'il mît sur lui une double part de l'esprit du prophète Élie, son maître. Nous sommes tous prophètes aujourd'hui, mon enfant. Nous cherchons tous la parole de vie et l'esprit de vérité.

» Le dernier jour, l'abbé reçut les sacrements avec tout le calme et toute la dignité d'un homme qui accomplit un acte extérieur et qui l'accepte comme un symbole respectable. Il reçut tous les adieux de ses frères, leur donna sa dernière bénédiction, et, se tournant vers Fulgence, il lui dit tout bas au moment où celui-ci, le voyant si fort et si tranquille, espérait presque qu'une crise favorable s'opérait et que son ami allait lui être rendu :

— Fais-les sortir, Fulgence; je veux être seul avec toi. Hâte-toi, je vais mourir.

» Fulgence, consterné, obéit; et quand il fut seul avec l'abbé, il lui demanda, en tremblant et en pleurant, d'où lui venait, dans un moment où il semblait si calme, la pensée que sa vie allait finir si vite.

— Je me sens extraordinairement bien, en effet, répondit Spiridion, et, si je m'en rapportais au bien-être que j'éprouve dans mon corps et dans mon âme, je croirais volontiers que je ne fus jamais plus fort et mieux portant. Mais il est certain que je vais mourir; car j'ai vu tout à l'heure mon spectre qui me montrait le sablier, et qui me faisait signe de renvoyer tous ces témoins inutiles ou malveillants. Dis-moi où en est le sable.

— O mon maître! plus d'à moitié écoulé dans le réceptacle.

— C'est bien, mon enfant... Donne-moi l'écrit... place-le sur ma poitrine, et mets tout de suite le linceul autour de mes reins.

» Fulgence obéit, le front baigné d'une sueur froide. L'abbé lui prit les mains, et lui dit encore :

— Je ne m'en vais pas... Tous les éléments de mon être retournent à *Dieu*, et une partie de moi passe en toi.

» Puis il ferma les yeux et se recueillit. Au bout d'une demi-heure, il les ouvrit, et dit :

— Cet instant est ineffable ; je ne fus jamais plus heureux... Fulgence, reste-t-il du sable ?

» Fulgence tourna ses yeux humides vers le sablier. Il ne restait plus que quelques grains dans le récipient. Emporté par un mouvement de douleur inexprimable, il serra convulsivement les deux mains de son maître, qui étaient enlacées aux siennes, et qu'il sentait se refroidir rapidement. L'abbé lui rendit son étreinte avec force, et sourit en lui disant : — *Voici l'heure!*

» En cet instant, Fulgence sentit une main pleine de chaleur se poser sur sa tête. Il se retourna brusquement, et vit debout derrière lui un homme en tout semblable à l'abbé, qui le regardait d'un air grave et paternel. Il reporta ses regards sur le mourant; ses mains s'étaient étendues, ses yeux étaient fermés. Il avait cessé de vivre de la vie des hommes.

» Fulgence n'osa se retourner. Partagé entre la terreur et le désespoir, il colla son visage au bord du lit, et perdit connaissance pendant quelques instants. Mais bientôt, se rappelant le devoir qu'il avait à remplir, il reprit courage, et acheva d'ensevelir son maître bien-aimé dans le linceul. Il arrangea le manuscrit avec le plus grand soin, mit le crucifix dessus, suivant l'usage, et croisa les bras du cadavre sur la poitrine. A peine y furent-ils placés, qu'ils se roidirent comme l'acier, et il sembla à Fulgence que nul pouvoir humain n'eût pu arracher le livre à ce corps privé de vie.

» Il ne le quitta pas une seule minute, et le porta lui-même, avec trois autres novices, dans l'église. Là, il se prosterna auprès de son catafalque, et y resta, sans prendre aucun aliment ni goûter aucun sommeil, jusqu'à ce qu'il eût de ses mains soudé le cercueil et qu'il eût vu de ses yeux sceller la pierre du caveau. Quand ce fut fait, il se prosterna sur cette dalle, et l'arrosa de larmes amères. Alors il entendit une voix qui lui dit à l'oreille : — *T'ai-je donc quitté ?* Il n'osa pas regarder auprès de lui. Il ferma les yeux pour ne rien voir. Mais la voix qu'il avait entendue était bien celle de son ami. Les chants funèbres résonnaient encore sous la voûte du temple, et le cortége des moines défilait lentement.

» Là, poursuivit Alexis après s'être un peu reposé, cessent pour moi les intimes révélations de Fulgence. Lorsqu'il me raconta ces choses, il crut devoir ne me rien cacher de la vie et de la mort de son maître ; mais, soit scrupule de chrétien, soit une sorte de confusion et de repentir envers la mémoire de Spiridion, il ne voulut point me raconter ce qui s'était passé depuis entre lui et l'ombre assidue à le visiter. J'ai la certitude intime qu'il eut de nombreuses apparitions dans les premiers temps ; mais la crainte qu'elles lui causaient et les efforts qu'il faisait pour s'y soustraire les rendirent de plus en plus rares et confuses. Fulgence était un caractère flottant, une conscience timorée. Quand il eut perdu son maître, le charme de sa présence continuelle n'agissant plus sur lui, il fut effrayé de tout ce qu'il avait entendu, et peut-être de ce qu'il avait fait en inhumant le livre. Personne mieux que lui ne savait combien l'accusation de magie était indigne de la haute sagesse et de la puissante raison de l'abbé. Néanmoins, à force d'entendre dire, après la mort de celui-ci, qu'il s'était adonné à cet art détestable et qu'il avait eu commerce avec les démons, Fulgence, épouvanté des choses surnaturelles qu'il avait vues, et de celles qui, sans doute, se passaient encore en lui, chercha dans l'observance scrupuleuse de ses devoirs de chrétien un refuge contre la lumière qui éblouissait sa faible vue. Ce qu'il faut admirer dans cet homme généreux et droit, c'est qu'il trouva dans son cœur la force qui manquait à son esprit, et qu'il ne trahit jamais, même au sein des investigations menaçantes ou perfides du confessionnal, aucun des secrets de son maître. L'existence du manuscrit demeura ignorée, et, à l'heure de sa mort, il exécuta fidèlement la volonté suprême de Spiridion en me confiant ce que je viens de te confier.

» Spiridion avait érigé en statut particulier de notre abbaye, que tout religieux atteint d'une maladie grave serait en droit de réclamer, outre les soins de l'infirmier ordinaire, ceux d'un novice ou d'un religieux à son choix. L'abbé avait institué ce règlement peu de jours avant sa mort, en reconnaissance des consolations dont Fulgence entourait son agonie, afin que ce même Fulgence et les autres religieux eussent, dans leur dernière épreuve, ces secours et ces consolations de l'amitié, que rien ne peut remplacer. Fulgence étant donc tombé en paralysie, je fus mandé auprès de lui. Le choix qu'il faisait de moi en cette occurrence eut lieu de me surprendre ; car je le connaissais à peine, et il n'avait jamais semblé me distinguer, tandis qu'il était sans cesse entouré de fervents disciples et d'amis empressés. Objet des persécutions et des méfiances de l'ordre durant les années qui suivirent la mort de l'abbé, il avait fini par faire sa paix à force de douceur et de bonté. De guerre lasse, on avait cessé de lui demander compte des écrits hérétiques qu'on soupçonnait être sortis de la plume d'Hébronius, et on se persuadait qu'il les avait brûlés. Les conjectures sur le grand œuvre étaient passées de mode depuis que l'esprit du XVIIIe siècle s'était infiltré dans nos murs. Nous avions au moins dix bons pères philosophes qui lisaient Voltaire et Rousseau en cachette, et qui poussaient l'*esprit fort* jusqu'à rompre le jeûne et soupirer après le mariage. Il n'y avait plus que le portier du couvent, vieillard de quatre-vingts ans, contemporain du père Fulgence, qui mêlât les superstitions du passé à l'orgueil du présent. Il parlait du vieux temps avec admiration, de l'abbé Spiridion avec un sourire mystérieux, et de Fulgence lui-même avec une sorte de mépris, comme d'un ignorant et d'un paresseux qui eût pu faire part de son secret et enrichir le couvent, mais qui avait peur du diable et faisait niaisement son salut. Cependant il y avait encore de mon temps plusieurs jeunes cerveaux que la vie et la mort d'Hébronius tourmentaient comme un problème. J'étais de ce nombre ; mais je dois dire que, si le sort de cette grande âme dans l'autre vie m'inspirait quelque inquiétude, je ne partageais aucune des imbéciles terreurs de ceux qui n'osaient prier pour elle, de peur de la voir apparaître. Une superstition, qui durera tant qu'il y aura des couvents, condamnait son spectre à errer sur la terre jusqu'à ce que les portes du purgatoire tombassent tout à fait devant son repentir ou devant les supplications des hommes. Mais, comme, selon les moines, il est de la nature des spectres de s'acharner après les vivants qui veulent bien s'occuper d'eux, pour en obtenir toujours plus de messes et de prières, chacun se gardait bien de prononcer son nom dans les commémorations particulières.

» Pour moi, j'avais souvent réfléchi aux choses étranges qu'on racontait au noviciat sur les anciennes apparitions de l'abbé Spiridion. Aucun novice de mon temps ne pouvait affirmer avoir vu ou entendu l'*Esprit*; mais certaines traditions s'étaient perpétuées dans cette école avec les commentaires de l'ignorance et de la peur, éléments ordinaires de l'éducation monacale. Les anciens, qui se piquaient d'être éclairés, riaient de ces traditions, sans avouer qu'ils les avaient accréditées eux-mêmes dans leur jeunesse. Pour moi, je les écoutais avec avidité, mon imagination se plaisant à la poésie de ces récits merveilleux, et ma raison ne cherchant point à les commenter. J'aimais surtout une certaine histoire que je veux te rapporter.

» Pendant les dernières années de l'abbé Spiridion, il avait pris l'habitude de marcher à grands pas dans la longue salle du chapitre depuis midi jusqu'à une heure. C'était là toute la récréation qu'il se permettait, et encore la consacrait-il aux pensées les plus graves et les plus sombres; car, si on venait l'interrompre au milieu de sa promenade, il se livrait à de violents accès de colère. Aussi les novices qui avaient quelque grâce à lui demander se tenaient-ils dans la galerie du cloître contiguë à celle du chapitre, et là ils attendaient, tout tremblants, que le coup d'une heure sonnât; l'abbé, scrupuleusement régulier dans la distribution de sa journée, n'accordait jamais une minute de plus ni de moins à sa promenade. Quelques jours après sa mort, l'abbé Déodatus, son successeur, étant entré un peu après midi dans la salle du chapitre, en sortit, au bout de quelques instants, pâle comme la mort, et tomba évanoui dans les bras de plusieurs frères qui se trouvaient dans la galerie. Jamais il ne voulut dire la cause de sa terreur ni raconter ce qu'il avait vu dans la salle. Aucun religieux n'osa plus y pénétrer à cette heure-là, et la peur s'empara de tous les novices au point qu'on passait la nuit en prières dans les dortoirs, et que plusieurs de ces jeunes gens tombèrent malades. Cependant la curiosité étant plus forte encore que la frayeur, il y en eut quelques-uns d'assez hardis pour se tenir dans la galerie à l'heure fatale. Cette galerie est, tu le sais, plus basse de quelques pieds que le sol de la salle du chapitre. Les cinq grandes fenêtres en ogive de la salle donnent donc sur la galerie, et à cette époque elles étaient, comme aujourd'hui, garnies de grands rideaux de serge rouge constamment baissés sur cette face du bâtiment. Quels furent la surprise et l'effroi de ces novices lorsqu'ils virent passer sur les rideaux la grande ombre de l'abbé Spiridion, bien reconnaissable à la silhouette de sa belle chevelure ! En même temps qu'on voyait passer et repasser cette ombre, on entendait le bruit égal et rapide de ses pas. Tout le couvent voulut être témoin de ce prodige, et les esprits forts, car dès ce temps-là il y en avait quelques-uns, prétendaient que c'était Fulgence ou quelque autre des anciens favoris de l'abbé qui se promenait de la sorte. Mais l'étonnement des incrédules fut grand lorsqu'ils purent s'assurer que toute la communauté, sans en excepter un seul religieux, novice ou serviteur, était rassemblée sur la galerie, tandis que l'ombre marchait toujours et que le plancher de la salle craquait sous ses pieds comme à l'ordinaire.

» Cela dura plus d'un an. A force de messes et de

prières, on satisfit, dit-on, cette âme en peine, et le premier anniversaire de la mort d'Hébronius vit cesser le prodige. Cependant une autre année s'écoula encore sans que personne osât entrer dans la salle à l'heure maudite. Comme on donne à chaque chose un nom de convention dans les couvents, on avait nommé cette heure le *Miserere*, parce que, pendant l'année qu'avait duré la promenade du revenant, plusieurs novices, désignés à tour de rôle par les supérieurs, avaient été tenus d'aller réciter le *Miserere* dans la galerie. Quand cette apparition eut cessé et qu'on se fut familiarisé de nouveau avec les lieux hantés par l'esprit, on disait qu'à l'heure de midi, au moment où le soleil passait sur la figure du portrait d'Hébronius, on voyait ses yeux s'animer et paraître en tout semblables à des yeux humains.

» Cette légende ne m'avait jamais trouvé railleur et superbe. Je prenais un singulier plaisir à l'entendre raconter; et long-temps avant l'époque où je connus intimement Fulgence, je m'étais intéressé à ce savant abbé, dont l'âme agitée n'avait peut-être pu encore entrer dans le repos céleste, faute d'avoir trouvé des amis assez courageux ou des chrétiens assez fervents pour demander et obtenir sa grâce. Dans toute la naïveté de ma foi, je m'étais posé comme l'avocat de Spiridion auprès du tribunal de Dieu, et tous les soirs, avant de m'endormir, je récitais avec onction un *De profundis* pour lui. Bien qu'il fût mort une quarantaine d'années avant ma naissance, soit que j'aimasse la grandeur de ce caractère dont on rapportait mille traits remarquables, soit qu'il y eût en moi quelque chose comme une prédestination à devenir son héritier, je me sentais ému d'une vive sympathie et d'une sorte de tendresse pieuse en songeant à lui. J'avais horreur de l'hérésie, et je le plaignais si vivement d'avoir donné dans cette erreur que je ne pouvais souffrir qu'on parlât devant moi de ses dernières années.

» Néanmoins la prudence me défendait d'avouer cette sympathie. L'inquisition exercée sans cesse par les supérieurs eût incriminé la pureté de mes sentiments. Le choix que Fulgence fit de moi pour son ami et son consolateur eut lieu de me surprendre autant qu'il surprit les autres. Quelques-uns en furent blessés, mais personne ne songea à m'en faire un crime; car je ne l'avais pas cherché, et on n'en conçut point de méfiance. J'étais alors aussi fervent catholique qu'il est possible de l'être, et même ma dévotion avait un caractère d'orthodoxie farouche qui m'assurait, sinon la bienveillance, du moins la considération des supérieurs. Il y avait déjà quatre ans que j'avais fait profession, et cette *ferveur de novice*, qui est devenue un terme proverbial, ne s'était pas encore démentie. J'aimais la religion catholique avec une sorte de transport; elle me semblait une arche sainte à l'abri de laquelle je pourrais dormir toute ma vie en sûreté contre les flots et les orages de mes passions; car je sentais fermenter en moi une force capable de briser comme le verre tous les raisonnements de la sagesse; et les idées que renferme ce mot, *mystère*, étaient les seules qui pussent m'enchaîner, parce qu'elles seules pouvaient gouverner ou du moins endormir mon imagination. Je me plaisais à exalter la puissance de cette révélation divine qui coupe court à toutes les controverses et promet, en revanche de la soumission de l'esprit, les éternelles joies de l'âme. Combien je la trouvais préférable à ces philosophies profanes qui cherchent vainement le bonheur dans un monde éphémère.

et qui ne peuvent, après avoir lâché la bride aux instincts de la matière, reprendre le moindre empire durable sur eux par le raisonnement! J'étais chargé de presque toutes les instructions scolastiques, et je professais la théologie en apôtre exalté, faisant servir tout l'esprit de discussion et d'examen qui était en moi à démontrer l'excellence d'une foi qui proscrivait l'un et l'autre.

» Je semblais donc l'homme le moins propre à recevoir les confidences de l'ami d'Hébronius. Mais un seul acte de ma vie avait révélé naguère au vieux Fulgence quel fond on pouvait faire sur la fermeté de mon caractère. Un novice m'avait confié une faute que je l'avais engagé à confesser. Il ne l'avait pas fait, et la faute ayant été découverte ainsi que la confidence que j'avais reçue, on taxait presque mon silence de complicité. On voulait pour m'absoudre que je fisse de plus amples révélations, et que je complétasse, par la délation, l'accusation portée contre ce jeune homme. J'aimai mieux me laisser charger que de le charger lui-même. Il confessa toute la vérité, et je fus disculpé. Mais on me fit un grand crime de ma résistance, et le Prieur m'adressa des reproches publics dans les termes les plus blessants pour l'orgueil irritable qui couvait dans mon sein. Il m'imposa une rude pénitence; puis, voyant la surprise et la consternation que cet arrêt sévère répandait sur le visage des novices tremblants autour de moi, il ajouta :

—Nous avons regret à punir avec la rigueur de la justice un homme aussi régulier dans ses mœurs et aussi attaché à ses devoirs que vous l'avez été jusqu'à ce jour. Nous aimerions à pardonner cette faute, la première de votre vie religieuse qui nous ait offert de la gravité. Nous le ferions avec joie, si vous montriez assez de

23.

confiance en nous pour vous humilier devant notre paternelle autorité, et si, tout en reconnaissant vos torts, vous preniez l'engagement solennel de ne jamais retomber dans une telle résistance, en faveur des profanes maximes d'une mondaine loyauté.

— Mon père, répondis-je, j'ai sans doute commis une grande faute, puisque vous condamnez ma conduite ; mais Dieu réprouve les vœux téméraires, et quand nous faisons un ferme propos de ne plus l'offenser, ce n'est point par des serments, mais par d'humbles vœux et d'ardentes prières que nous obtenons son assistance future. Nous ne saurions tromper sa clairvoyance, et il se rirait de notre faiblesse et de notre présomption. Je ne puis donc m'engager à ce que vous me demandez.

» Ce langage n'était pas celui de l'Église, et, à mon insu, un instant d'indignation venait de tracer en moi une ligne de démarcation entre l'autorité de la foi et l'application de cette autorité entre les mains des hommes. Le Prieur n'était pas de force à s'engager dans une discussion avec moi. Il prit un air d'hypocrite compassion, et me dit d'un ton affligé qui déguisait mal son dépit :

— Je serai forcé de confirmer ma sentence, puisque vous ne vous sentez pas la force de me rassurer à l'avenir sur une seconde faute de ce genre.

— Mon père, répondis-je, je ferai double pénitence pour celle-ci.

» Je la fis en effet ; je prolongeai tellement mes macérations qu'on fut forcé de les faire cesser. Sans m'en douter, ou du moins sans l'avoir prévu, j'allumai de profonds ressentiments, et j'excitai de vives alarmes dans l'esprit des supérieurs par l'orgueil d'une expiation qui désormais me déclarait invulnérable aux atteintes des châtiments extérieurs. Fulgence fut vivement frappé du caractère inattendu que cette conduite, de ma part, révélait aux autres et à moi-même. Il lui échappa de dire que, du temps de l'abbé Spiridion, *de telles choses ne se seraient point passées.*

» Ces paroles me frappèrent à mon tour, et je lui en demandai l'explication un jour que je me trouvai seul avec lui.

—Ces paroles signifient deux choses, me répondit-il : d'abord, que jamais l'abbé Sipiridion n'eût cherché à arracher de la bouche d'un ami le secret d'un ami ; ensuite, que, si quelqu'un l'eût osé tenter, il eût puni la tentative et récompensé la résistance.

» Je fus fort surpris de cet instant d'abandon, le seul peut-être auquel Fulgence se fût livré depuis bien des années. Très-peu de temps après il tomba en paralysie, et me fit venir près de lui. Il me parut d'abord très-gêné avec moi, et j'attendais vainement qu'il m'expliquât par quel hasard il m'avait choisi. Mais, voyant qu'il ne le faisait pas, je sentis ce qu'il y aurait eu d'indélicat à le lui demander, et je m'efforçai de lui montrer que j'étais reconnaissant et honoré de la préférence qu'il m'accordait. Il me sut gré de lui épargner toute explication, et nos relations s'établirent sur un pied de tendre intimité et de dévouement filial. Cependant la confiance eut peine à venir, quoique nous parlassions beaucoup ensemble et avec une apparence d'abandon. Le bon vieillard semblait avoir besoin de raconter ses jeunes années, et de faire partager à un autre l'enthousiasme qu'il avait pour son bien-aimé maître Spiridion. Je l'écoutais avec plaisir, éloigné que j'étais de concevoir aucune inquiétude pour ma foi ; et bientôt je pris tant d'intérêt à ce sujet que, lorsqu'il s'en écartait, je l'y ramenais de moi-même. J'aurais bien, à cause des travaux inconnus qui avaient rempli les dernières années de l'abbé, gardé contre lui une sorte de méfiance, si les détails de sa vie m'eussent été transmis par un catholique moins régulier que Fulgence ; mais de celui-ci rien ne m'était suspect, et, à mesure que par lui je me mis à connaître Spiridion, je me laissai aller à la sympathie étrange et toute-puissante que m'inspirait le caractère de l'homme sans m'alarmer des opinions finales du théologien. Cette sincérité vigoureuse et cette justice rigide qu'il avait apportées dans tous les actes de sa vie faisaient vibrer en moi des cordes jusque-là muettes. Enfin j'arrivai à chérir ce mort illustre comme un ami vivant. Fulgence parlait de lui et des choses écoulées depuis soixante ans comme s'ils eussent été d'hier; le charme et la vérité de ses tableaux étaient tels pour moi que je finissais par croire à la présence du maître ou à son retour prochain au milieu de nous. Je restais parfois long-temps sous l'empire de cette illusion ; et quand elle s'évanouissait, quand je revenais au sentiment de la réalité, je me sentais saisi d'une véritable tristesse, et je m'affligeais de mon erreur perdue avec une naïveté qui faisait sourire et pleurer à la fois le bon Fulgence.

» Malgré la résignation patiente avec laquelle ce digne religieux supportait son infirmité toujours croissante, malgré l'enjouement et l'expansion que ma présence lui apportait, il était facile de voir qu'un chagrin lent et profond l'avait rongé toute sa vie ; et plus ses jours déclinaient vers la tombe, plus ce chagrin mystérieux semblait lui peser. Enfin, sa mort étant proche, il m'ouvrit tout à fait son âme et me dit qu'il m'avait jugé seul capable de recevoir un secret de cette importance, à cause de la fermeté de mes principes et de celle de mon caractère. L'une devait m'empêcher, selon lui, de m'égarer dans les abîmes de l'hérésie, l'autre me préserverait de jamais trahir le secret du livre. Il désirait que je ne prisse point connaissance de ce livre ; mais il ajoutait, selon l'esprit du maître, que, si je venais à perdre la foi et à tomber dans l'athéisme, le livre, quoique entaché peut-être d'hérésie, devait certainement me ramener à la croyance de la Divinité et des points fondamentaux de la vraie religion. Sous ce rapport, c'était un trésor qu'il ne fallait pas laisser à jamais enfoui ; et Fulgence me fit jurer, au cas où je n'aurais jamais besoin d'y recourir, de ne point emporter ce secret dans la tombe et de le confier à quelque ami éprouvé avant de mourir. Il y eut beaucoup d'embarras et de contradictions dans les aveux du bon religieux. Il semblait qu'il y eût en lui deux consciences, l'une tourmentée par les devoirs et les engagements de l'amitié, l'autre par les terreurs de l'enfer. Son trouble excita en moi une tendre compassion, et je ne songeai pas à porter de sévères jugements sur sa conduite en un moment si solennel et si douloureux. D'autre part, je commençais à me trouver moi-même dans la même situation que lui. Catholique et hérétique à la fois, d'une main j'invoquais l'autorité de l'Église romaine, de l'autre je plongeais dans la tombe de Spiridion pour y chercher ou du moins pour y protéger l'esprit de révolte et d'examen. Je compris bien les souffrances du moribond Fulgence, et je lui cachai celles qui s'emparaient de moi. Il s'était soutenu vigoureux d'esprit tant que l'urgence de ses aveux avait été aux prises avec les scrupules de sa dévotion. A peine eut-il mis fin à ses agitations qu'il commença à baisser : sa mémoire s'affaiblit, et bientôt il sembla avoir complétement oublié jusqu'au nom de son ami. Durant les heures de la fièvre, il était livré aux plus minutieuses pratiques de dévotion, et je n'étais occupé qu'à lui réciter des prières et à lui lire des psaumes. Il s'endormait un rosaire entre les doigts, et s'éveillait en murmurant : *Miserere nobis*. On eût dit qu'il voulait expier à force de puérilités la coûteuse énergie qu'il avait déployée en exécutant la volonté dernière de son ami. Ce spectacle m'affligea. —A quoi sert toute une vie de soumission et d'aveuglement, pensai-je, s'il faut à quatre-vingts ans mourir dans l'épouvante ? Comment mourront les athées et les débauchés si les saints descendent dans la tombe pâles de terreur et manquant de confiance en la justice de Dieu ?

» Une nuit Fulgence, en proie à un redoublement de fièvre, fut agité de rêves pénibles. Il me pria de m'asseoir près de son lit et de rester éveillé afin de l'éveiller lui-même s'il venait à s'endormir. A chaque instant il croyait voir un spectre approcher de lui ; mais il avouait ensuite qu'il ne le voyait point, et que la peur seule de le voir faisait passer devant ses yeux des images flottantes et des formes confuses. Il faisait un beau clair de lune, et cette circonstance l'effrayait particulièrement. C'est alors que, dévoré d'une curiosité égoïste, je lui arrachai l'aveu des apparitions qu'il avait eues. Mais cet aveu fut très-incomplet ; sa tête s'égarait à chaque instant. Tout ce que je pus savoir, c'est que le spectre avait cessé de le visiter pendant plus de cinquante ans. C'était environ un an avant cette maladie, sous laquelle il succombait, que l'apparition était revenue. A l'heure de la nuit où la lune entrait dans son plein, il s'éveillait et voyait l'abbé assis près de lui. Celui-ci ne lui parlait point, mais il le regardait d'un air triste et sévère, comme pour lui reprocher son oubli et lui rappeler ses promesses. Fulgence en avait conclu que son heure était proche ; et, cherchant autour de lui à qui il pourrait transmettre le secret, il avait remarqué que j'étais le seul homme sur lequel il pût compter. Il n'avait voulu me faire aucune ouverture préalable, afin de ne point attirer sur nos relations l'attention des supérieurs et de ne point m'exposer par la suite à des persécutions.

» La nuit se passa sans que le spectre apparût à Fulgence. Quand il vit le matin blanchir l'horizon, il secoua tristement la tête en disant :

— C'est fini, il ne viendra plus. Il ne venait que pour me tourmenter lorsqu'il était mécontent de moi, et maintenant que j'ai fait sa volonté, il m'abandonne ! O maître, ô maître, j'ai pourtant exposé pour vous mon salut éternel, et peut-être suis-je damné à jamais pour vous avoir aimé plus que moi-même !

» Ce dernier élan d'une affection plus forte que la peur m'attendrit profondément. Quel était donc cet homme qui soixante ans après sa mort inspirait une telle épouvante, de tels dévouements et de si tendres regrets ? Fulgence s'endormit, et se réveilla vers midi.

— C'en est fait, me dit-il, je sens la vie qui de minute en minute se retire de moi. Mon cher frère, je voudrais recevoir les derniers sacrements. Allez vite assembler nos frères et demander qu'on vienne m'administrer. Hélas ! ajouta-t-il d'un air préoccupé, je mourrai donc sans savoir si son âme a fait sa paix avec la mienne ! J'ai dormi profondément : je n'ai point entendu sa voix pendant mon sommeil. Ah ! il aimait son livre mieux que moi ! Je le savais bien ! je le lui disais quand il était parmi nous : — Maître, toute votre affection réside dans votre intelligence, et votre cœur n'a rien pour nous. C'est l'histoire des hommes forts et des hommes faibles. Quand l'esprit des forts est content de nous, ils condescendent à nous rechercher ; mais nous autres, que nous approuvions ou non les spéculations de leur esprit, notre cœur leur reste indissolublement attaché.

— Père Fulgence, ne dites pas cela, m'écriai-je en le serrant dans mes bras par un élan involontaire et sans songer à me faire l'application d'un reproche qui ne s'adressait pas à moi. Ce serait la première, la seule hérésie de votre vie. Les hommes vraiment forts aiment passionnément, et c'est parce que vous êtes un de ces hommes que vous avez tant aimé. Prenez courage à cette heure suprême. Si vous avez péché contre la science de l'Église en restant fidèle à l'amitié, Dieu vous absoudra, parce qu'il préfère l'amour à l'intelligence.

— Ah ! tu parles comme parlait mon maître, s'écria Fulgence. Voici la première parole selon mon cœur que j'aie entendue depuis soixante ans. Sois béni, mon fils. Je te répéterai la bénédiction de Spiridion : « Veuille le Tout-Puissant donner à tes vieux jours un ami fidèle et tendre, comme tu l'as été pour moi ! »

» Il reçut les sacrements avec une grande ferveur. Toute la communauté assistait à son agonie. Ceux des religieux que ne pouvait contenir sa cellule étaient agenouillés sur deux rangs dans la galerie, depuis sa porte jusqu'au grand escalier, qu'on apercevait au fond. Tout à coup Fulgence, qui semblait expirer dans une muette béatitude, se ranima, et, m'attirant vers lui, me dit à l'oreille : — *Il vient, il monte l'escalier; va au-devant de lui.* Ne comprenant rien à cet ordre, mais obéissant avec cet aveuglement que les moribonds ont droit d'exiger, je sortis doucement, et, sans troubler le recueillement des religieux, je franchis le seuil et portai mes regards sur cette vaste profondeur de l'escalier voûté, où nageait en cet instant la vapeur embrasée du soleil. Les novices, placés toujours derrière les profès, étaient à genoux de chaque côté des rampes. Je vis alors un homme qui montait les degrés et qui s'approchait vivement. Sa démarche était légère et majestueuse à la fois, comme l'est celle d'un homme actif et revêtu d'autorité. A sa haute taille pleine d'élégance, à sa chevelure blonde et rayonnante, à son costume du temps passé, je le reconnus sur-le-champ. Il était en tout conforme à la description que Fulgence m'en avait faite tant de fois. Il traversa les deux rangées de moines, qui récitaient à voix basse les litanies des Saints, sans que personne s'aperçût de sa présence, quoiqu'elle fût visible pour moi comme la lumière du jour, et que le bruit de ses pas rapides et cadencés frappât mon oreille.

» Il entra dans la cellule. Au moment où il passa près de moi, je tombai sur mes genoux. Sans s'arrêter, il tourna la tête vers moi, et me regarda fixement. Je continuai à le suivre des yeux. Il s'approcha du lit, prit la main de Fulgence, et s'assit auprès de lui. Fulgence ne bougea pas. Sa main resta immobile et pendante dans celle du maître; sa bouche était entr'ouverte, ses yeux fixes et sans regard. Pendant tout le temps que durèrent les litanies, l'apparition demeura immobile, toujours penchée sur le corps de Fulgence. Au moment où elles furent achevées, celui-ci se dressa sur son séant, et, serrant convulsivement la main qui tenait la sienne, il cria d'une voix forte : « *Sancte Spiridion, ora pro nobis,* » et retomba mort. Le fantôme disparut en même temps. Je regardai autour de moi pour voir l'effet qu'avait produit cette scène sur les autres assistants : au calme qui régnait sur tous les visages, je reconnus que l'esprit n'avait été visible que pour moi seul.

» Vingt-quatre heures après, on descendit le corps de Fulgence au sein de la terre; je fus un des quatre religieux désignés pour le porter au fond du caveau destiné à son dernier sommeil. Ce caveau est situé au transept de notre église. Tu as vu souvent la pierre longue et étroite qui en marque le centre, et qui porte cette étrange inscription : « *Hic est veritas.* »

— Cette inscription, dis-je en interrompant le père Alexis, a souvent distrait mes regards et occupé ma pensée pendant la prière. Malgré moi, je cherchais à pénétrer le sens d'une devise qui me paraissait opposée à l'esprit du christianisme. Comment, me disais-je, la vérité pourrait-elle être enfouie dans un sépulcre? Quels enseignements les vivants peuvent-ils demander à la poussière des cadavres? N'est-ce pas vers le ciel que nos regards doivent se tourner dès que l'étincelle de la vie a quitté notre chair mortelle, et que l'âme a brisé ses liens?

— Maintenant, répondit Alexis, tu peux comprendre le sens mystérieux de cette épitaphe. Spiridion, dans son enthousiasme pour Bossuet, l'avait fait inscrire, ainsi que tu l'as vu, au dos du livre que le peintre de son portrait lui plaça dans la main. Plus tard, lorsqu'il eut, dans son inaltérable bonne foi, changé une dernière fois d'opinion, voulant, en face des variations de son esprit, témoigner de la constance de son cœur, il résolut de garder sa devise, et, à sa mort, il exigea qu'elle fût gravée sur sa tombe. Noble jalousie d'un vaillant esprit que rien ne peut séparer de sa conquête, et qui demande à dormir dans sa tombe avec la vérité qu'il a gagnée, comme le guerrier avec le trophée de sa victoire! Les moines ne comprirent pas que cette protestation du mourant ne se rapportait plus à la doctrine de Bossuet; quelques-uns méditèrent avec méfiance sur la portée de ces trois mots; nul n'osa cependant y porter une main profane, tant était grand le respect mêlé de crainte que l'abbé inspirait jusque dans son tombeau.

» Le jour des obsèques de Fulgence, cette dalle fut levée, et nous descendîmes l'escalier du caveau; car une place avait été conservée pour l'ami de Spiridion à côté de celle même où il reposait. Telle avait été la dernière volonté du maître. Le cercueil de chêne que nous portions était fort lourd; l'escalier, roide et glissant; les frères qui m'aidaient, des adolescents débiles, troublés peut-être par la lugubre solennité qu'ils accomplissaient. La torche tremblait dans la main du moine qui marchait en avant. Le pied manqua à un des porteurs; il roula en laissant échapper un cri, auquel les cris de ses compagnons répondirent. La torche tomba des mains du guide, et, à demi éteinte, ne répandit plus sur les objets qu'une lumière incertaine, de plus en plus sinistre. L'horreur de cet instant fut extrême pour des jeunes gens timides, élevés dans les superstitions d'une foi grossière, et prévenus contre la mémoire de l'abbé par les imputations absurdes qui circulaient encore contre lui dans le cloître. Ils croyaient sans doute que le spectre de Spiridion allait se dresser devant eux, ou que l'esprit malin, réveillé par ces saintes ablutions, allait s'exhaler en flammes livides de la fosse ténébreuse.

» Quant à moi, plus robuste de corps ou plus ferme d'esprit, je ressentais une vive émotion, mais nulle terreur ne s'y mêlait, et c'était avec une sorte de vénération joyeuse que j'approchais des reliques d'un grand homme. Lorsque mon compagnon tomba, je retins à moi seul la dépouille respectable de mon maître; mais les deux autres qui marchaient derrière nous s'étant laissés choir aussi, je fus entraîné par la secousse imprimée au fardeau, et j'allai tomber avec le cercueil de Fulgence sur le cercueil de Spiridion. Je me relevai aussitôt; mais, en appuyant ma main sur le sarcophage de plomb qui contenait les restes de l'abbé, je fus surpris de sentir, au lieu du froid métallique, une chaleur qui semblait tenir de la vie. Peut-être était-ce le sang d'une légère blessure que je venais de me faire à la tête, et dont le sarcophage avait reçu quelques gouttes. Dans le premier moment, je ne m'aperçus point de cette blessure, et, transporté d'une sympathie étrange, inconcevable, j'embrassai ce sépulcre avec le même transport que si j'eusse senti tressaillir contre mon sein palpitant les ossements desséchés de mon père. Je me relevai à la hâte en voyant qu'un autre moine, survenant au milieu de cette scène de terreur, avait ramassé la torche.

» Je ne me rappelle pas sans une sorte de honte les pensées qui m'absorbèrent la nuit qui suivit les obsèques de Fulgence, tandis que je méditais agenouillé sur sa pierre tumulaire. Le souvenir de Spiridion m'était sans cesse présent : ébloui par le prestige de son audace intellectuelle et de cette puissance merveilleuse dont l'influence lui avait survécu si long-temps, je me sentis tout à coup possédé d'un ardent désir de marcher sur ses traces. La jeunesse est orgueilleuse et téméraire, et les enfants croient qu'ils n'ont qu'à ouvrir les mains pour saisir les sceptres qu'ont portés les morts. Je me voyais déjà abbé du couvent, comme Spiridion, maître de son livre, éblouissant le monde entier par ma science et ma sagesse. Je ne savais quelle était sa doctrine; mais, quelle qu'elle fût, je l'acceptais d'avance, comme émanée de la plus forte tête de son siècle. Enthousiasmé par ces idées, je me relevai instinctivement pour aller m'emparer du livre, et déjà je cherchais les moyens de soulever la pierre; mais, au moment d'y porter les mains, je me sentis arrêter tout d'un coup par la pensée d'un sacrilége, et tous mes scrupules religieux, un instant écartés, revinrent m'assaillir en même temps. Je sortis de l'église à la fois charmé, tourmenté, épouvanté. L'orgueil humain et la soumission chrétienne étaient aux prises en moi, je ne savais encore lequel triompherait; mais il me sembla que le sentiment qui avait, en une heure, pris autant de force que l'autre en dix ans, aurait bien de la peine à succomber. Cette lutte intérieure dura plusieurs jours. Enfin, mon intelligence vint au secours de l'orgueil et décida la victoire. La foi s'enfuit devant la raison, comme l'obéissance fuyait devant l'ambition.

» Ce ne fut point tout d'un coup cependant, et de parti délibéré, que j'abjurai la foi catholique. Lorsque j'accordai à mon esprit le droit d'examiner sa croyance, j'étais encore tellement attaché à cette croyance affaiblie que je me flattais de la retremper au creuset de l'étude et de la méditation. Si elle devait s'écrouler au premier choc de l'intelligence, me disais-je, elle serait un bien pauvre et bien fragile édifice. La loi qui prescrit d'abaisser l'entendement devant les mystères a dû être promulguée pour les cerveaux faibles. Ces mystères divins ne peuvent être que de sublimes figures dont le sens trop vaste épouvanterait et briserait les cerveaux étroits. Mais Dieu aurait-il donné à l'intelligence sublime de l'homme, émanée de lui-même, les ténèbres pour domaine et la peur pour-guide? Non, ce serait outrager Dieu, et la lettre a dû être aux prophètes aussi claire que l'esprit. Pourquoi l'âme qui se sent détachée de la terre et ardente à voler vers les hautes régions de la pensée ne chercherait-elle pas à marcher sur les traces des prophètes? Plus on pénétrera dans les mystères, plus on y trouvera de force et de lumière pour répondre aux arguments de l'athéisme. Celui-là est un enfant qui se craint lui-même quand sa volonté est droite et son but sublime.

» Qui sait, me disais-je encore, si le livre de Spiridion n'est pas un monument élevé à la gloire du catholicisme? Fulgence a manqué de courage ; peut-être, s'il eût osé s'emparer de la science de son maître, eût-il vu cesser toutes ses alarmes. Peut-être, après bien des hésitations et bien des recherches, Hébronius, éclairé d'une lumière nouvelle et ranimé par une force imprévue, a-t-il proclamé dans son dernier écrit le triomphe de ces mêmes idées que depuis dix ans il passait à l'alambic. Je me rappelais alors la fable du Laboureur qui confie à ses fils l'existence d'un trésor enfoui dans son champ, afin de les engager à travailler cette terre dont la fécondité doit faire leur richesse. La pensée de Spiridion a été celle-ci, me disais-je : Ne croyez pas sur la foi les uns des autres, et ne suivez pas, comme des animaux privés de raison, le sentier battu par ceux qui marchent devant vous. Ouvrez vous-mêmes votre voie vers le ciel ; tout chemin conduit à la vérité celui qu'une intention pure anime et que l'orgueil n'aveugle pas. La foi n'a d'efficacité véritable qu'autant qu'elle est librement consentie, et de fermeté réelle qu'autant qu'elle satisfait tous les besoins et occupe les puissances de l'âme.

» Je résolus donc de me livrer à des études sérieuses et approfondies sur la nature de Dieu et sur celle de l'homme, et de ne recourir au livre d'Hébronius qu'à la dernière extrémité, c'est-à-dire au cas où, mes forces se trouvant au-dessous d'une tâche si rude, je sentirais en moi le doute se changer en désespoir, et mes facultés épuisées ne plus suffire à fournir le reste de ma carrière.

» Cette résolution conciliait tout, et ma curiosité qui s'éveillait aux mystères de la science, et ma conscience qui restait encore attachée à ceux de la foi. Avant d'en venir à cette conclusion, j'avais été fort agité, j'avais beaucoup souffert. Dans le mouvement de joie enthousiaste qu'elle me causa, je me laissai entraîner à une manifestation toute catholique de ma philosophie nouvelle. Je voulus faire un vœu : je pris avec moi-même l'engagement de ne point recourir au livre d'Hébronius avant l'âge de trente ans, fussé-je assailli jusque-là par les doutes les plus poignants, ou éclairé en apparence par les certitudes les plus vives. C'était à cet âge que l'abbé Spiridion avait été dans toute la ferveur de son catholicisme, et qu'après avoir abjuré déjà deux croyances, il s'était voué à la troisième par une indissoluble consécration. J'avais vingt-quatre ans, et je pensais que six années suffiraient à mes études. Dans ces dispositions, je m'agenouillai de nouveau sur la pierre qu'on appelait dans le couvent le *Hic est;* là, dans le silence et le recueillement, je prononçai à voix basse un serment terrible, vouant mon âme à l'éternelle damnation et ma vie à l'abandon irrévocable de la Providence, si je portais les mains sur le livre d'Hébronius avant l'hiver de 1766. Je ne voulus point faire ce serment dans l'ombre de la nuit, me méfiant du trouble que la solennité funèbre de certaines heures répand dans l'esprit de l'homme ; ce fut en plein midi, par un jour brûlant et à la clarté du soleil, que je voulus m'engager. La chaleur étant accablante, le Prieur avait, comme il arrive quelquefois dans cette saison, accordé à la communauté une heure de sieste à midi. J'étais donc parfaitement seul dans l'église ; un profond silence régnait partout ; on n'entendait même pas le bruit accoutumé des jardiniers au dehors, et les oiseaux, plongés dans une sorte de recueillement extatique, avaient cessé leurs chants.

» Mon âme se dilatait dans son orgueilleux enthousiasme ; les idées les plus riantes et les plus poétiques se pressaient dans mon cerveau en même temps qu'une confiance audacieuse gonflait ma poitrine. Tous les objets sur lesquels errait ma vue semblaient se parer d'une beauté inconnue. Les lames d'or du tabernacle étincelaient comme si une lumière céleste était descendue sur le Saint des saints. Les vitraux coloriés, embrasés par le soleil, se reflétant sur le pavé, formaient entre chaque colonne une large mosaïque de diamants et de pierres précieuses. Les anges de marbre semblaient, amollis par la chaleur, incliner leurs fronts, et, comme de beaux oiseaux, vouloir cacher sous leurs ailes leurs têtes charmantes, fatiguées du poids des corniches. Les battements égaux et mystérieux de l'horloge ressemblaient aux fortes vibrations d'une poitrine embrasée d'amour, et la flamme blanche et mate de la lampe qui brûle incessamment devant l'autel, luttant avec l'éclat du jour, était pour moi l'emblème d'une intelligence enchaînée sur la terre, qui aspire sans cesse à se fondre dans l'éternel foyer de l'intelligence divine. Ce fut dans cet instant de béatitude intellectuelle et physique que je prononçai à demi-voix la formule de mon vœu. Mais à peine avais-je commencé que j'entendis la porte placée au fond du chœur s'ouvrir doucement, et des pas que je reconnus, car nuls pas humains ne purent jamais se comparer à ceux-là, retentirent dans le silence du lieu saint avec une indicible harmonie. Ils approchaient de moi, et ne s'arrêtèrent qu'à la place où j'étais agenouillé. Saisi de respect et transporté de joie, j'élevai la voix, et j'achevai distinctement la formule que je n'avais pas interrompue. Quand elle fut finie, je me retournai, croyant trouver debout derrière moi celui que j'avais déjà vu au lit de mort de Fulgence ; mais je ne vis personne. L'esprit s'était manifesté à un seul de mes sens. Je n'étais pas encore digne apparemment de le revoir. Il reprit sa marche invisible, et, passant devant moi, il se perdit peu à peu dans l'éloignement. Quand il me parut avoir atteint la grille du chœur, tout rentra dans le silence. Je me reprochai alors de ne lui avoir point adressé la parole. Peut-être m'eût-il répondu, peut-être était-il mécontent de mon silence, et n'eût-il attendu qu'un élan plus vif de mon cœur vers lui pour se manifester davantage. Cependant je n'osai marcher sur ses traces ni invoquer son retour ; car il se mêlait une grande crainte à l'attrait irrésistible que j'éprouvais pour lui. Ce n'était pas cette terreur puérile que les hommes faibles ressentent à l'aspect d'une perturbation quelconque des faits ordinairement accessibles à leurs perceptions bornées. Ces perturbations rares et exceptionnelles, qu'on appelle à tort faits prodigieux et surnaturels, tout inexplicables qu'elles étaient pour mon ignorance, ne me causaient aucun effroi. Mais le respect que m'inspirait, après sa mort, cet homme supérieur, je l'eusse éprouvé presque au même degré si je l'eusse vu durant sa vie. Je ne pensais pas qu'il fût investi par aucune puissance invisible du droit de me nuire ou de m'effrayer ; je savais qu'à l'état de pur esprit il devait lire en moi et comprendre ce qui s'y passait avec plus de force et de pénétration encore qu'il ne l'eût fait lorsque son âme était emprisonnée dans la matière. Au contraire de ces caractères timides qui eussent tremblé de le voir, je ne craignais qu'une chose, c'était de ne jamais lui sembler digne de le voir une seconde fois. Lorsque j'eus perdu l'espérance de le contempler ce jour-là, je demeurai triste et humilié. J'étais arrivé à me persuader qu'il n'était point mort hérétique, et que son âme ne subissait pas les tourments du purgatoire, mais qu'au contraire elle jouissait dans les cieux d'une éternelle béatitude. Ses apparitions étaient une grâce, une bénédiction d'en haut, un miracle qui s'était accompli en faveur de Fulgence et de moi ; c'était pour moi un doux et glorieux souvenir ; mais je n'osais demander plus qu'il ne m'était accordé.

» Dès ce jour, je m'adonnai au travail avec ardeur, et, en moins de deux années, j'avais dévoré tous les volumes de notre bibliothèque qui traitaient des sciences, de l'histoire et de la philosophie. Mais quand j'eus franchi ce premier pas, je m'aperçus que je n'avais rien fait que de tourner dans le cercle restreint où le catholicisme avait enfermé ma vie passée. Je me sentais fatigué, et je voyais bien que je n'avais pas travaillé ; mon esprit était attiédi et affaissé sous le poids de ces controverses incroyablement subtiles et patientes du moyen âge, que j'avais abordées courageusement. Ma confiance dans l'infaillibilité de l'Église n'avait pas eu le moindre combat à soutenir, puisque tous ces écrits tendaient à proclamer et à défendre les oracles de Rome; mais précisément cette lutte sans adversaire et cette victoire sans péril me laissaient froid et mécontent. Ma foi avait perdu cette vigueur aventureuse, ce charme de sublime poésie qu'elle avait eus auparavant. Les grands éclairs de génie qui traversaient ce fatras d'écrits scolastiques ne compensaient pas l'inutilité verbeuse de la plupart d'entre eux. D'ailleurs, ces réfutations véhémentes de doctrines qu'il était défendu d'examiner ne pouvaient satisfaire un esprit qui s'était imposé la tâche de connaître et de comprendre par lui-même. Je résolus de lire les écrits des hérétiques. La bibliothèque du couvent n'était pas comme aujourd'hui rassemblée dans plusieurs pièces réunies sous la même clef. La collection des auteurs hérétiques, impies et profanes, que Spiridion avait tant de fois interrogée, était restée enfouie dans une pièce inaccessible aux jeunes religieux, et très-éloignée de la bibliothèque sacrée. Ce cabinet réservé était situé au bout de la grande salle du chapitre, celle même où jadis l'abbé Spiridion, avant et après sa mort, s'était promené si solennellement à certaines heures. Cette précieuse collection était restée pour les uns un objet d'horreur et d'effroi, pour la plupart un objet d'indifférence et de mépris. Un statut du fondateur en interdisait la destruction, l'ignorance et la superstition en gardaient l'entrée. Je fus le premier peut-être, depuis le temps d'Hébronius, qui osa secouer la poussière de ces livres vénérables.

» Je ne pris pas une telle résolution sans une secrète épouvante; mais il faut dire aussi qu'il s'y mêlait une curiosité ardente et pleine de joie. L'émotion solennelle que j'éprouvais en entrant dans ce sanctuaire avait donc plus de charme que d'angoisse, et je franchis le seuil tellement absorbé par mes sensations intimes que je ne songeai même pas à demander la permission aux supérieurs. Cette permission ne s'obtenait pas aisément, comme tu peux le croire, Angel ; peut-être même ne s'obtenait-elle pas du tout ; car j'ignore si jamais aucun de nous avait eu le courage de la demander ou l'art de se la faire octroyer.

» Pour moi, je n'y pensai seulement pas. La lutte qui s'était livrée au dedans de moi, lorsque ma soif de science s'était trouvée aux prises avec les résistances de ma foi, avait une bien autre importance que tous les combats où j'eusse pu m'engager avec des hommes. Dans cette circonstance comme dans tout le cours de ma vie, j'ai senti que j'étais doué d'une singulière insouciance pour les choses extérieures, et que le seul être qui pût m'effrayer, c'était moi-même.

» J'aurais pu pénétrer la nuit dans cet asile à l'aide de quelque fausse clef, prendre les livres que je voulais étudier, les emporter et les cacher dans ma cellule. Cette prudence et cette dissimulation étaient contraires à mes instincts. J'entrai en plein jour, à l'heure de midi, dans la salle du chapitre ; je la parcourus dans sa longueur d'un pas assuré, et sans regarder derrière moi si quelqu'un me suivait. J'allai droit à la porte... porte fatale sur laquelle le destin avait écrit pour moi les paroles de Dante :

Per me si va nell' eterno dolore.

Je la poussai avec une telle résolution et tant de vigueur qu'elle obéit, bien qu'elle fût fermée par une forte serrure. J'entrai ; mais aussitôt je m'arrêtai plein de surprise : il y avait quelqu'un dans la bibliothèque, quelqu'un qui ne se dérangea pas, qui ne sembla pas s'apercevoir du fracas de mon entrée, et qui ne leva pas seulement les yeux sur moi; quelqu'un que j'avais déjà vu une fois, et que je ne pouvais jamais confondre avec aucun autre. Il était assis dans l'embrasure d'une longue croisée gothique, et le soleil enveloppait d'un chaud rayon sa lumineuse chevelure blonde; il semblait lire attentivement. Je le contemplai, immobile, pendant environ une demi-minute, puis je fis un mouvement pour m'élancer à ses pieds; mais je me trouvai à genoux devant un fauteuil vide : la vision s'était évanouie dans le rayon solaire.

» Je restai si troublé que je ne pus songer, ce jour-là, à ouvrir aucun livre. J'attendis quelques instants, quoique je ne me flattasse point de revoir l'*Esprit*; mais je n'en étais pas moins enthousiasmé et fortifié par cette rapide manifestation de sa présence. Je demeurai, pensant que, s'il était mécontent de mon audace, j'en serais informé par quelque prodige nouveau; mais il ne se passa rien d'extraordinaire, et tout me parut si calme autour de moi que je doutai un instant de la réalité de l'apparition, et faillis penser que mon imagination seule avait enfanté cette figure. Le lendemain, je revins à la bibliothèque sans m'inquiéter de ce qui avait dû se passer lorsque les gardiens avaient trouvé la porte ouverte et la serrure brisée. Tout était désert et silencieux dans la salle; la porte était fermée au loquet seulement, comme je l'avais laissée, et il ne paraissait pas qu'on se fût encore aperçu de l'effraction. J'entrai donc sans résistance, je refermai la porte sur moi, et je commençai à parcourir de l'œil les titres des livres qui s'offraient en foule à mes regards. Je m'emparai d'abord des écrits d'Abeilard, et j'en lus quelques pages. Mais bientôt la cloche qui nous appelait aux offices sonna, et, malgré la répugnance que j'éprouvais à agir comme en cachette, je me décidai à emporter sous ma robe cet ouvrage précieux ; car la salle du chapitre n'était accessible pour moi qu'une heure dans tout le cours de la journée, et mon ardeur n'était pas de nature à se contenter de si peu. Je commençai à réfléchir à la possibilité matérielle d'étudier sans être interrompu, et je résolus d'agir avec prudence. Peut-être la chose eût été facile si j'eusse pu m'humilier jusqu'à implorer la bienveillance des supérieurs. C'est à quoi mon orgueil ne put jamais se plier ; il eût fallu mentir et dire que, muni d'une foi inébranlable, je me sentais appelé à réfuter victorieusement l'hérésie. Cela n'était plus vrai. J'éprouvais le besoin de m'instruire pour moi-même, et, la science catholique épuisée pour moi, j'étais poussé vers des études plus complètes, par l'amour de la science, et non plus par l'ardeur de la prédication.

» Je dévorai les écrits d'Abeilard, et ce qui nous reste des opinions d'Arnauld de Brescia, de Pierre Valdo, et des autres hérétiques célèbres des douzième et treizième siècles. La liberté d'examen et l'autorité de la conscience, proclamées jusqu'à un certain point par ces hommes illustres, répondaient tellement alors au besoin de mon âme, que je fus entraîné au delà de ce que j'avais prévu. Mon esprit entra dès lors dans une nouvelle phase, et, malgré ce que j'ai souffert dans les diverses transformations que j'ai subies, malgré l'agonie douloureuse où j'achève mes jours, je dirai que ce fut le premier degré de mon progrès. Oui, Angel, quelque rude supplice que l'âme ait à subir en cherchant la vérité, le devoir est de la chercher sans cesse, et mieux vaut perdre la vue à vouloir contempler le soleil que de rester les yeux volontairement fermés sur les splendeurs de la lumière. Après avoir été un théologien catholique assez instruit, je devins donc un hérétique passionné, et d'autant plus irréconciliable avec l'Église romaine qu'à l'exemple d'Abeilard et de mes autres maîtres, j'avais l'intime et sincère conviction de mon orthodoxie. Je soutenais dans le secret de mes pensées que j'avais le droit, et même que c'était un devoir pour moi, de ne rien adopter pour article de foi que je n'en eusse senti l'utilité et compris le principe. La manière dont ces philosophes envisageaient l'inspiration divine de Platon et la sainteté des grands philosophes païens, précurseurs du Christ, me semblait seule répondre à l'idée que le chrétien doit avoir de la bonté, de l'équité et de la grandeur de Dieu. Je blâmais sérieusement les hommes d'Église contemporains d'Abeilard, et pensais que, lors du concile de Sens, l'esprit de Dieu avait été avec lui, et non avec eux. Si je ne détruisais pas encore dans ma pensée tout l'édifice du catholicisme, c'est que, par une transaction de mon esprit qui m'était tout à fait propre, j'admettais qu'en des jours mauvais l'Église avait pu se tromper, et que, si les successeurs de ces prélats égarés ne revisaient pas leurs jugements, c'était par un motif de discipline et de prudence purement humaines et politiques. Je me disais qu'à la place du pape je reconnaîtrais peut-être l'impossibilité de réhabiliter publiquement Abeilard et son école, mais qu'à coup sûr je ne proscrirais plus la lecture de leurs écrits, et je cacherais ma sympathie pour eux sous le voile de la tolérance. Je raisonnais, certes, déplorablement ; car je sapais toute l'autorité de l'Église, sans songer à sortir de l'Église. J'attirais sur ma tête les ruines d'un édifice qu'on ne peut attaquer que du dehors. Ces contradictions étranges ne sont pas rares chez les esprits sincères et logiques à tout autre égard. Une malveillance d'habitude pour le corps de l'Église protestante, un attachement d'habitude et d'instinct pour l'Église romaine, leur font désirer de conserver le berceau, tandis que l'irrésistible puissance de la vérité et le besoin d'une juste indépendance ont transformé entièrement et grandi le corps auquel cette couche étroite ne peut plus convenir. Au milieu de ces contradictions, je n'apercevais pas le point principal. Je ne voyais pas que je n'étais plus catholique. En accordant aux hérésiarques des principes d'orthodoxie épurée, je reportais vers eux toute ma ferveur; et mon enthousiasme pour leur grandeur, ma compassion pour leurs infortunes, me conduisirent à les égaler aux Pères de l'Église et à m'en occuper même davantage; car les Pères avaient accaparé toute ma vie précédente, et j'avais besoin de me faire d'autres amis.

» Dire que je passai à Wiclef, à Jean Huss, et puis à Luther, et de là au scepticisme, c'est faire l'histoire de l'esprit humain durant les siècles qui m'avaient précédé, et que ma vie intellectuelle, par un enchaînement de nécessités logiques, résuma assez fidèlement. Mais, après le protestantisme, je ne pouvais plus retourner au point de départ. Ma foi dans la révélation s'ébranla, ma religion prit une forme toute philosophique; je me retournai vers les philosophies anciennes; je voulus comprendre et Pythagore et Zoroastre, Confucius, Épicure, Platon, Épictète, en un mot, tous ceux qui s'étaient tourmentés grandement de l'origine et de la destinée humaine avant la venue de Jésus-Christ.

» Dans un cerveau livré à des études calmes et suivies, dans une âme qui ne reçoit de la société vivante aucune impulsion, et qui, dans une suite de jours semblables, puise goutte à goutte sa vie céleste à une source toujours pleine et limpide, les transformations intellectuelles s'opèrent insensiblement et sans qu'il soit possible de marquer la limite exacte de chacune de ses phases. De même que, d'un petit enfant que tu étais, mon cher Angel, tu es devenu par une gradation incessante, mais inappréciable à ton attention journalière, un adolescent, et puis un jeune homme ; de même je devins de catholique réformiste, et de réformiste philosophe.

» Jusque-là tout avait bien été ; et, tant que ces études furent pour moi purement historiques, j'éprouvai les plus vives et les plus intimes jouissances. C'était un bonheur indicible pour moi que de pénétrer, dégagé des réserves et des restrictions catholiques, dans les sublimes existences de tant de grands hommes jusque-là méconnus, et dans les clartés splendides de tant de chefs-d'œuvre jusqu'alors incompris. Mais plus j'avançais dans cette connaissance, plus je sentais la nécessité d'opter pour un système ; car je croyais voir l'impossibilité d'établir un lien entre toutes ces croyances et toutes ces doctrines diverses. Je ne pouvais plus croire à la révélation depuis que tant de philosophes et de sages s'étaient levés autour de moi et m'avaient donné de si grands enseignements sans se targuer d'aucun commerce exclusif avec la Divinité. Saint Paul ne me paraissait pas plus inspiré que Platon, et Socrate ne me semblait pas moins digne de racheter les fautes du genre humain que Jésus de Nazareth. L'Inde ne se montrait certes pas moins éclairée dans l'idée de la Divinité que la Judée. Jupiter, à le suivre dans la pensée que les grands esprits du paganisme avaient eue de lui, ne me semblait pas un dieu inférieur à Jéhovah. En un mot, tout en conservant la plus haute vénération et le plus pur enthousiasme pour le Crucifié, je ne voyais guère de raisons pour qu'il fût le fils de Dieu plus que Pythagore, et pour que les disciples de celui-ci ne fussent pas les apôtres de la foi aussi bien que les disciples de Jésus. Bref, en lisant les réformistes, j'avais cessé d'être catholique ; en lisant les philosophes, je cessai d'être chrétien.

» Je gardai pour toute religion une croyance pleine de désir et d'espoir en la Divinité, le sentiment inébranlable du juste et de l'injuste, un grand respect pour toutes les religions et pour toutes les philosophies, l'amour du bien et le besoin du vrai. Peut-être aurais-je pu en rester là et vivre assez paisible avec ces grands instincts et beaucoup d'humilité ; mais voilà peut-être ce qui est impossible à un catholique, voilà où l'histoire de l'individu diffère essentiellement de l'histoire des générations. Le travail des siècles modifie la nature de l'esprit humain : il arrive avec le temps à la transformer. Les pères se dépouillent lentement de leurs erreurs, et cependant ils transmettent à leurs enfants des notions beaucoup plus nettes que celles qu'ils ont eues, parce qu'eux-mêmes restent jusqu'à la fin de leurs jours empêchés par l'habitude et liés au passé par les besoins d'esprit que le passé leur a créés ; tandis que leurs enfants, naissant avec d'autres besoins, se font vite d'autres habitudes, qui, vers le déclin de leur vie, n'empêcheront pas des lueurs nouvelles de se glisser en eux, mais ne seront nettement saisies que par une troisième génération. Ainsi un même homme ne renferme pas en lui-même à des degrés semblables le passé, le présent et l'avenir des générations. Si son présent s'est formé du passé avec quelque labeur et quelque sagesse, l'avenir peut être en lui comme un germe ; mais, quels que soient son génie et sa vertu, il n'en goûtera point le fruit. Ainsi, dans leur connaissance toujours incomplète et confuse de la vérité éternelle, les hommes ont pu passer à travers les siècles du christianisme de saint Paul à celui de saint Augustin et de celui de saint Bernard à celui de Bossuet, sans cesser d'être ou du moins sans cesser de se croire chrétiens. Ces révolutions se sont accomplies avec le temps qui leur était nécessaire ; mais le cerveau d'un seul individu n'eût pu les subir et les accomplir de lui-même sans se briser ou sans se jeter hors de la ligne où la succession des temps et le concours des travaux et des volontés ont su les maintenir.

» Quelle situation terrible était donc la mienne ! Au dix-huitième siècle j'avais été élevé dans le catholicisme du moyen âge ; à vingt-cinq ans j'étais presque aussi ignorant de l'antiquité qu'un moine mendiant du onzième siècle. C'est du sein de ces ténèbres que j'avais voulu tout à coup embrasser d'un coup d'œil et l'avenir et le passé. Je dis l'avenir ; car, étant resté par mon ignorance en arrière de six cents ans, tout ce qui était déjà dans le passé pour les autres hommes se présentait à moi revêtu des clartés éblouissantes de l'inconnu. J'étais dans la position d'un aveugle qui, recouvrant tout à coup la vue un jour, vers midi, voudrait se faire avant le soir et le lendemain une idée du lever et du coucher du soleil. Certes ces spectacles seraient encore pour lui dans l'avenir, bien que le soleil se fût levé et couché déjà bien des fois devant ses yeux inertes. Ainsi le catholique, dès qu'il ouvre les yeux de son esprit à la lumière de la vérité, est ébloui et se cache le visage dans les mains, ou sort de la voie et tombe dans les abîmes. Le catholique ne se rattache à rien dans l'histoire du genre humain et ne sait rien rattacher au christianisme. Il s'imagine être le commencement et la fin de la race humaine. C'est pour lui seul que la terre a été créée ; c'est pour lui que d'innombrables générations ont passé sur la face du globe comme des ombres vaines, et sont retombées dans l'éternelle nuit afin que leur damnation lui servît d'exemple et d'enseignement ; c'est pour lui que Dieu est descendu sur la terre sous une forme humaine. C'est pour la gloire et le salut du catholique que les abîmes de l'enfer se remplissent incessamment de victimes, afin que le juge suprême voie et compare, et que le catholique, élevé dans les splendeurs du Très-Haut, jouisse et triomphe dans le ciel du pleur éternel de ceux qu'il n'a pu soumettre et diriger sur la terre : aussi le catholique croit-il n'avoir ni pères ni frères dans l'histoire de la race humaine. Il s'isole et se tient dans une haine et dans un mépris superbe de tout ce qui n'est pas avec lui. Hors ceux de la lignée juive, il n'a de respect filial et de sainte gratitude pour aucun des grands hommes qui l'ont précédé. Les siècles où il n'a pas vécu ne comptent pas ; ceux qui ont lutté contre lui sont maudits ; ceux qui l'extermineront verront aussi la fin du monde, et l'univers se dissoudra le jour apocalyptique où l'Église romaine tombera en ruines sous les coups de ses ennemis.

» Quand un catholique a perdu son aveugle respect pour l'Église catholique, où pourrait-il donc se réfugier? Dans le christianisme, tant qu'il ajoutera foi à la révélation ; mais, si la révélation vient à lui manquer, il n'a plus qu'à flotter dans l'océan des siècles, comme un esquif sans gouvernail et sans boussole ; car il ne s'est point habitué à regarder le monde comme sa patrie et tous les hommes comme ses semblables. Il a toujours habité une île escarpée, et ne s'est jamais mêlé aux hommes du dehors. Il a considéré le monde comme une conquête réservée à ses missionnaires, les hommes étrangers à sa foi comme des brutes qu'à lui seul il était réservé de civiliser. A quelle terre ira-t-il demander les secrets de l'origine céleste, à quel peuple les enseignements de la sagesse humaine? Il ira tâter tous les rivages, mais il ne comprendra point le sens des traces qu'il y trouvera. La science des peuples est écrite en caractères inintelligibles pour lui : l'histoire de la création est pour lui un mythe inintelligible. Hors de l'Église point de salut, hors de la Genèse point de science. Il n'y a donc pas de milieu pour le catholique : il faut qu'il reste catholique ou qu'il devienne incrédule. Il faut que sa religion soit la seule vraie, ou que toutes les religions soient fausses.

» C'est là que j'en étais venu ; c'est là qu'en était venu le siècle où je vivais. Mais, comme il y était venu lentement par les voies du destin, il se trouvait bien dans cette halte qu'il venait de faire : le siècle était incrédule, mais il était indifférent. Dégoûté de la foi de ses pères, il se réjouissait dans sa philosophique insouciance, sans doute parce qu'il sentait en lui ce germe providentiel qui ne permet pas à la semence de vie de périr sous les glaces des rudes hivers. Mais moi, chrétien démoralisé, moi, catholique d'hier, qui, tout d'un coup, avais voulu franchir la distance qui me séparait de mes contemporains, j'étais comme ivre, et la joie de mon triomphe était bien près du désespoir et de la folie.

» Qui pourrait peindre les souffrances d'une âme habituée à l'exercice minutieusement ponctuel d'une doctrine aussi savamment conçue, aussi patiemment éla-

borée, que l'est celle du catholicisme, lorsque cette
âme se trouve flottante au milieu de doctrines contradictoires dont aucune ne peut hériter de sa foi aveugle
et de son naïf enthousiasme? Qui pourrait redire ce que
j'ai dévoré d'heures d'un accablant ennui, lorsque, à
genoux dans ma stalle de chêne noir, j'étais condamné
à entendre, après le coucher du soleil, la psalmodie
lugubre de mes frères, dont les paroles n'avaient plus
de sens pour moi, et la voix plus de sympathie? Ces
heures, jadis trop courtes pour ma ferveur, se traînaient
maintenant comme des siècles. C'est en vain que j'essayais de répondre machinalement aux offices et d'occuper ma pensée de spéculations d'un ordre plus élevé;
l'activité de l'intelligence ne pouvait pas remplacer celle
du cœur. La prière a cela de particulier, qu'elle met
en jeu les facultés les plus sublimes de l'âme et les fibres
les plus humaines du sentiment. La prière du chrétien,
entre toutes les autres, fait vibrer toutes les cordes de
l'être intellectuel et moral. Dans aucune autre religion
l'homme ne se sent aussi près de son Dieu; dans aucune, Dieu n'a été fait si humain, si paternel, si abordable, si patient et si tendre. Le livre ascétique de
l'*Imitation* n'est qu'un adorable traité de l'amitié,
amitié étrange, ineffable, sans exemple dans l'histoire
des autres religions; amitié intime, expansive, délicate,
fraternelle, entre le Dieu Jésus et le chrétien fervent.
Quel sentiment appliqué aux objets terrestres peut jamais remplacer celui-là pour l'homme qui l'a connu?
quelle éducation de l'intelligence peut satisfaire en
même temps et au même degré à tous les besoins du
cœur? La doctrine chrétienne apaise tous les ardeurs
inquiètes de l'esprit en disant à son adepte : Tu n'as
pas besoin d'être grand; aime, et sois humble : aime

Jésus, parce qu'il est humble et doux. Et lorsque le cœur trop plein d'amour est près de se répandre sur les créatures, elle l'arrête en lui disant : Souviens-toi que tu es grand et que tu ne peux aimer que Jésus, parce qu'il est seul grand et parfait. Elle ne cherche point à endurcir les entrailles de l'homme contre la douleur; elle l'amollit pour le fortifier, et lui fait trouver dans la souffrance une sorte de délices. L'épicuréisme le conduit au calme par la modération, le christianisme le conduit à la joie par les larmes; la raison stoïque subit la torture, l'enthousiasme chrétien vole au martyre. Le grand œuvre du christianisme est donc le développement de la force intellectuelle par celui de la sensibilité morale, et la prière est l'inépuisable aliment où ces deux puissances se combinent et se retrempent sans cesse.

» Comme le corps, l'âme a ses besoins journaliers; comme lui, elle se fait certaines habitudes dans la manière de satisfaire à ses besoins. Chrétien et moine, je m'étais accoutumé, durant mes années heureuses, à une expansion fréquente de tout ce que mon cœur renfermait d'amour et d'enthousiasme. C'était particulièrement durant les offices du soir que j'aimais à répandre ainsi toute mon âme aux pieds du Sauveur. A ce moment d'indicible poésie, où le jour n'est plus et où la nuit n'est pas encore, lorsque la lampe vacillante au fond du sanctuaire se réfléchit seule sur les marbres luisants, et que les premiers astres s'allument dans l'éther encore pâle, je me souviens que j'avais coutume d'interrompre mes oraisons, afin de m'abandonner aux émotions saintes et délicieuses que cet instant m'apportait. Il y avait vis-à-vis de ma stalle une haute fenêtre dont l'architecture délicate se dessinait sur le bleu transparent du ciel. Je voyais s'encadrer là, chaque soir, deux ou trois belles étoiles, qui semblaient me sourire et pénétrer mon sein d'un rayon d'amour et d'espoir. Eh bien! tout sentiment poétique était en moi tellement lié au sentiment religieux, et le sentiment religieux était lui-même tellement lié à la doctrine catholique, qu'avec la soumission aveugle à cette doctrine, je perdis et la poésie et la prière, et les saintes extases et les ardentes aspirations. J'étais devenu plus froid que les marbres que je foulais. J'essayais en vain d'élever mon âme vers le créateur de toutes choses. Je m'étais habitué à le voir sous un certain aspect qu'il n'avait plus; et depuis que j'avais élargi, par la raison, le cercle de sa puissance et de sa perfection, depuis que j'avais agrandi mes pensées et donné à mes aspirations un but plus vaste, j'étais ébloui de l'éclat de ce Dieu nouveau; je me sentais réduit au néant par son immensité et par celle de l'univers. L'ancienne forme, accessible en quelque sorte aux sens par les images et les allégories mystiques, s'effaçait pour faire place à un immense foyer de Divinité où j'étais absorbé comme un atome, sans que mes pensées eussent ni place ni valeur possible, sans qu'aucune parcelle de cette Divinité pût se faire assez menue pour se communiquer à moi autrement que par le fait, pour ainsi dire, fatal, de la vie universelle. Je n'osais donc plus essayer de communiquer avec Dieu. Il me paraissait trop grand pour s'abaisser jusqu'à m'écouter, et je craignais de faire un acte impie, d'insulter sa majesté céleste, en l'invoquant comme un roi de la terre. Pourtant j'avais toujours le même besoin de prier, le même besoin d'aimer, et quelquefois j'essayais d'élever une voix humble et craintive vers ce Dieu terrible. Mais tantôt je retombais involontairement dans les formes et dans les idées catholiques, et tantôt il m'arrivait de formuler une prière assez étrange, et dont la naïveté me ferait sourire aujourd'hui, si elle ne rappelait des souffrances profondes. « *O toi!* disais-je, *toi* qui n'as pas de nom, et qui résides dans l'inaccessible! toi qui es trop grand pour m'écouter, trop loin pour m'entendre, trop parfait pour m'aimer, trop fort pour me plaindre!..... je t'invoque sans espoir d'être exaucé, parce que je sais que je ne dois rien te demander, et que je n'ai qu'une manière de mériter ici-bas, qui est de vivre et de mourir inaperçu, sans orgueil, sans révolte et sans colère, de souffrir sans me plaindre, d'attendre sans désirer, d'espérer sans prétendre à rien..... »

»Alors je m'interrompais, épouvanté de la triste destinée humaine qui se présentait à moi, et que ma prière, pur reflet de ma pensée, résumait en des termes si décourageants et si douloureux. Je me demandais à quoi bon aimer un Dieu insensible, qui laisse à l'homme le désir céleste, pour lui faire sentir toute l'horreur de sa captivité ou de son impuissance; un Dieu aveugle et sourd, qui ne daigne pas même commander à la foudre, et qui se tient tellement caché dans la pluie d'or de ses soleils et de ses mondes qu'aucun de ces soleils et aucun de ces mondes ne le connaît ni ne l'entend. Oh! j'aimais mieux l'oracle des Juifs, la voix qui parlait à Moïse sur le Sinaï; j'aimais mieux l'esprit de Dieu sous la forme d'une colombe sacrée, ou le fils de Dieu devenu un homme semblable à moi! Ces dieux terrestres m'étaient accessibles. Tendres ou menaçants, ils m'écoutaient et me répondaient. Les colères et les vengeances du sombre Jéhovah m'effrayaient moins que l'impassible silence et la glaciale équité de mon nouveau maître.

» C'est alors que je sentis profondément le vide et le vague de cette philosophie, de mode à cette époque-là, qu'on appelait le théisme ; car, il faut bien l'avouer, j'avais déjà cherché le résumé de mes études et de mes réflexions dans les écrits des philosophes mes contemporains. J'eusse dû m'en abstenir sans doute, car rien n'était plus contraire à la disposition d'esprit où j'étais alors. Mais comment l'eussé-je prévu ? Ne devais-je pas penser que les esprits les plus avancés de mon siècle sauraient mieux que moi la conclusion à tirer de toute la science et de toute l'expérience du passé ? Ce passé, tout nouveau pour moi, était un aliment mal digéré dont les médecins seuls pouvaient connaître l'effet ; et les hommes studieux et naïfs qui vivent dans l'ombre ont la simplicité de croire que les écrits contemporains qu'un grand éclat accompagne sont la lumière et l'hygiène du siècle. Quelle ne fut pas ma surprise lorsque, malgré toutes mes préventions en faveur de ces illustres écrivains français dont les fureurs du Vatican nous apprenaient la gloire et les triomphes, je tins dans mes mains avides une de ces éditions à bas prix que la France semait jusque sur le terrain papal, et qui pénétraient dans le secret des cloîtres, même sans beaucoup de mystère ! Je crus rêver en voyant une critique si grossière, un acharnement si aveugle, tant d'ignorance ou de légèreté : je craignis d'avoir porté dans cette lecture un reste de prévention en faveur du christianisme ; je voulus connaître tout ce qui s'écrivait chaque jour. Je ne changeai pas d'avis sur le fond ; mais j'arrivai à apprécier beaucoup l'importance et l'utilité sociale de cet esprit d'examen et de révolte, qui préparait la ruine de l'inquisition et la chute de tous les despotismes sanctifiés. Peu à peu j'arrivai à me faire une manière d'être, de voir et de sentir, qui, sans être celle de Voltaire et de Diderot, était celle de leur école. Quel homme a jamais pu s'affranchir, même au fond des cloîtres, même au sein des thébaïdes, de l'esprit de son siècle? J'avais d'autres habitudes, d'autres sympathies, d'autres besoins que les frivoles écrivains de mon époque ; mais tous les vœux et tous les désirs que je conservais étaient stériles ; car je sentais l'imminence providentielle d'une grande révolution philosophique, sociale et religieuse ; et ni moi ni mon siècle n'étions assez forts pour ouvrir à l'humanité le nouveau temple où elle pourrait s'abriter contre l'athéisme, contre le froid et la mort.

» Insensiblement je me refroidis à mon tour jusqu'à douter de moi-même. Il y avait long-temps que je doutais de la bonté et de la tendresse paternelle de Dieu. J'en vins à douter de l'amour filial que je sentais pour lui. Je pensai que ce pouvait être une habitude d'esprit que l'éducation m'avait donnée, et qui n'avait pas plus son principe dans la nature de mon être que mille autres erreurs suggérées chaque jour aux hommes par la coutume et le préjugé. Je travaillai à détruire en moi l'esprit de charité avec autant de soin que j'en avais mis jadis à développer le feu divin dans mon cœur. Alors je tombai dans un ennui profond, et, comme un ami qui ne peut vivre privé de l'objet de son affection, je me sentis dépérir et je traînai ma vie comme un fardeau.

» Au sein de ces anxiétés, de ces fatigues, six années étaient déjà consumées. Six années, les plus belles et les plus viriles de ma vie, étaient tombées dans le gouffre du passé sans que j'eusse fait un pas vers le bonheur ou la vertu. Ma jeunesse s'était écoulée comme un rêve.

L'amour de l'étude semblait dominer toutes mes autres facultés. Mon cœur sommeillait ; et, si je n'eusse senti quelquefois, à la vue des injustices commises contre mes frères et à la pensée de toutes celles qui se commettent sans cesse à la face du ciel, de brûlantes colères et de profonds déchirements, j'eusse pu croire que la tête seule vivait en moi et que mes entrailles étaient insensibles. A vrai dire, je n'eus point de jeunesse, tant les enivrements contre lesquels j'ai vu les autres religieux lutter si péniblement passèrent loin de moi. Chrétien, j'avais mis tout mon amour dans la Divinité ; philosophe, je ne pus reporter mon amour sur les créatures, ni mon attention sur les choses humaines.

» Tu te demandes peut-être, Angel, ce que le souvenir de Fulgence et la pensée de Spiridion étaient devenus parmi tant de préoccupations nouvelles. Hélas ! j'étais bien honteux d'avoir pris à la lettre les visions de ce vieillard et de m'être laissé frapper l'imagination au point d'avoir eu moi-même la vision de cet Hébronius. La philosophie moderne accablait d'un tel mépris les visionnaires que je ne savais où me réfugier contre le mortifiant souvenir de ma superstition. Tel est l'orgueil humain, que même lorsque la vie intérieure s'accomplit dans un profond mystère, et sans que les erreurs et les changements de l'homme aient d'autre témoin que sa conscience, il rougit de ses faiblesses et voudrait pouvoir se tromper lui-même. Je m'efforçais d'oublier ce qui s'était passé en moi à cette époque de trouble où une révolution avait été imminente dans tout mon être, et où la sève trop comprimée de mon esprit avait fait irruption avec une sorte de délire. C'est ainsi que je m'expliquais l'influence de Fulgence et d'Hébronius sur mon abandon du christianisme. Je me persuadais (et peut-être ne me trompais-je pas) que ce changement était inévitable; qu'il était pour ainsi dire fatal, parce qu'il était dans la nature de mon esprit de progresser en dépit de tout et à propos de tout. Je me disais que soit une cause, soit une autre, soit la fable d'Hébronius, soit tout autre hasard, je devais sortir du christianisme, parce que j'avais été condamné, en naissant, à chercher la vérité sans relâche et peut-être sans espoir. Brisé de fatigue, atteint d'un profond découragement, je me demandais si le repos que j'avais perdu valait la peine d'être reconquis. Ma foi naïve était déjà si loin, il me semblait que j'avais commencé si jeune à douter, que je ne me souvenais presque plus du bonheur que j'avais pu goûter dans mon ignorance. Peut-être même n'avais-je jamais été heureux par elle. Il est des intelligences inquiètes auxquelles l'inaction est un supplice et le repos un opprobre. Je ne pouvais donc me défendre d'un certain mépris de moi-même en me contemplant dans le passé. Depuis que j'avais entrepris mon rude labeur je n'avais pas été plus heureux, mais du moins je m'étais senti vivre; et je n'avais pas rougi de voir la lumière, car j'avais labouré de toutes mes forces le champ de l'espérance. Si la moisson était maigre, si le sol était aride, ce n'était pas la faute de mon courage, et je pouvais être une victime respectable de l'humaine impuissance.

» Je n'avais pourtant pas oublié l'existence du manuscrit précieux peut-être, et, à coup sûr, fort curieux, que renfermait le cercueil de l'abbé Spiridion. Je me promettais bien de le tirer de là et de me l'approprier; mais il fallait, pour opérer cette extraction en secret, du temps, des précautions, et sans doute un confident. Je ne me pressai donc pas d'y pourvoir, car j'étais occupé au delà de mes forces et des heures dont j'avais à disposer chaque jour. Le vœu que j'avais fait de déterrer ce manuscrit le jour où j'aurais atteint l'âge de trente ans n'avait sans doute pu sortir de ma mémoire ; mais je rougissais tellement d'avoir pu faire un vœu si puéril que j'en écartais la pensée, bien résolu à ne l'accomplir en aucune façon, et ne me regardant pas comme lié par un serment qui n'avait plus pour moi ni sens ni valeur.

» Soit que j'évitasse de me retracer ce que j'appelais les misérables circonstances de ce vœu, soit qu'un redoublement de préoccupations scientifiques m'eût entièrement absorbé, il est certain que l'époque fixée par moi pour l'accomplissement du vœu arriva sans que j'y fisse la moindre attention ; et sans doute elle aurait passé inaperçue sans un fait extraordinaire et qui faillit de nouveau transformer toutes mes idées.

» Je m'étais toujours procuré des livres en pénétrant, à l'insu de tous, dans la bibliothèque située au bout de la grande salle. J'avais d'abord éprouvé beaucoup de répugnance à m'emparer furtivement de ce fruit défendu ; mais bientôt l'amour de l'étude avait été plus fort que tous les scrupules de la franchise et de la fierté. J'étais descendu à toutes les ruses nécessaires; j'avais fabriqué moi-même une fausse clef, la serrure que j'avais brisée ayant été réparée sans qu'on sût à qui en imputer l'effraction. Je me glissais la nuit jusqu'au sanctuaire de la science, et chaque semaine je renouvelais ma provision de livres, sans éveiller ni l'attention ni les soupçons, du moins à ce qu'il me semblait. J'avais soin de cacher mes richesses dans la paille de ma couche, et je lisais toute la nuit. Je m'étais habitué à dormir à genoux dans l'église ; et, pendant les offices du matin, prosterné dans ma stalle, enveloppé de mon capuchon, je réparais les fatigues de la veille par un sommeil léger et fréquemment interrompu. Cependant, comme ma santé s'affaiblissait visiblement par ce régime, je trouvai le moyen de lire à l'église même durant les offices. Je me procurai une grande couverture de missel que j'adaptais à mes livres profanes, et, tandis que je semblais absorbé par le bréviaire, je me livrais avec sécurité à mes études favorites.

» Malgré toutes ces précautions, je fus soupçonné, surveillé, et enfin découvert. Une nuit que j'avais pénétré dans la bibliothèque, j'entendis marcher dans la grande salle du chapitre. Aussitôt j'éteignis ma lampe, et je me tins immobile, espérant qu'on n'était point sur ma trace, et que j'échapperais à l'attention du surveillant qui faisait cette ronde inusitée. Les pas se rapprochèrent, et j'entendis une main se poser sur ma clef que j'avais imprudemment laissée en dehors. On retira cette clef après avoir fermé la porte sur moi à double tour; on replaça les grosses barres de fer que j'avais enlevées; et, quand on m'eut ôté tout moyen d'évasion, on s'éloigna lentement. Je me trouvai seul dans les ténèbres, captif, et à la merci de mes ennemis.

» La nuit me sembla insupportablement longue; car l'inquiétude, la contrariété et le froid qui était alors très-vif m'empêchèrent de goûter un instant de repos. J'eus un grand dépit d'avoir éteint ma lampe, et de ne pouvoir du moins utiliser par la lecture cette nuit malencontreuse. Les craintes qu'un tel événement devait m'inspirer n'étaient pourtant pas très-vives. Je me flattais de n'avoir pas été vu par celui qui m'avait enfermé. Je me disais qu'il l'avait fait sans mauvaise intention, et sans se douter qu'il y eût quelqu'un dans la bibliothèque ; que c'était peut-être le convers de semaine pour le service de la salle, qui avait retiré cette clef et fermé cette porte pour mettre les choses en ordre. Je me trouvai, moi, bien lâche de ne pas lui avoir parlé et de n'avoir pas fait, pour sortir tout de suite, une tentative qui, le lendemain au jour, aurait certes beaucoup plus d'inconvénients. Néanmoins je me promis de ne pas manquer l'occasion dès qu'il reviendrait, le matin, selon l'habitude, pour ranger et nettoyer la salle. Dans cette attente, je me tins éveillé, et je supportai le froid avec le plus de philosophie qu'il me fut possible.

» Mais les heures s'écoulèrent, le jour parut, et le pâle soleil de janvier monta sur l'horizon sans que le moindre bruit se fît entendre dans la chambre du chapitre. La journée entière se passa sans m'apporter aucun moyen d'évasion. J'usai mes forces à vouloir enfoncer la porte. On l'avait si bien assurée contre une nouvelle effraction, qu'il était impossible de l'ébranler, et la serrure résista également à tous mes efforts.

» Une seconde nuit et une seconde journée se passèrent sans apporter aucun changement à cette étrange position. La porte du chapitre avait été sans doute condamnée. Il ne vint absolument personne dans cette salle, qui d'ordinaire était assez fréquentée à certaines heures, et je ne pus me persuader plus long-temps que ma captivité fût un événement fortuit. Outre que la salle ne pouvait avoir été fermée sans dessein, on devait s'apercevoir de mon absence ; et, si l'on était inquiet de moi, ce n'était pas le moment de fermer les portes, mais de les ouvrir toutes pour me chercher. Il était donc certain qu'on voulait m'infliger une correction pour ma faute ; mais, le troisième jour, je commençai à trouver la correction trop sévère, et à craindre qu'elle ne ressemblât aux épreuves des cachots de l'inquisition, d'où l'on ne sortait que pour revoir une dernière fois le soleil et mourir d'épuisement. La faim et le froid m'avaient si rudement éprouvé que, malgré mon stoïcisme et la persévérance que j'avais mise à lire tant que le jour me l'avait permis, je commençai à perdre courage la troisième nuit et à sentir que la force physique m'abandonnait. Alors je me résignai à mourir, et à ne plus combattre le froid par le mouvement. Mes jambes ne pouvaient plus me soutenir; je fis une couche avec des livres; car on avait eu la cruauté d'enlever le fauteuil de cuir qui d'ordinaire occupait l'embrasure de la croisée. Je m'enveloppai la tête dans ma robe, je m'étendis en serrant mon vêtement autour de moi, et je m'abandonnai à l'engourdissement d'un sommeil fébrile que je regardais comme le dernier de ma vie. Je m'applaudis d'être arrivé à l'extinction de mes forces physiques sans avoir perdu ma force morale, et sans avoir cédé au désir de crier pour appeler du secours. L'unique croisée de cette pièce donnait sur une cour fermée, où les novices allaient rarement. J'avais guetté vainement depuis trois jours; la porte de cette cour ne s'était pas ouverte une seule fois. Sans doute, elle avait été condamnée comme celle du chapitre. Ne pouvant faire signe à aucun être compatissant ou désintéressé, il eût fallu remplir l'air de mes cris pour arriver à me faire entendre. Je savais trop bien que, dans de semblables circonstances, la compassion est lâche et impuissante, tandis que le désir de la vengeance augmente en raison de l'abaissement de la victime. Je savais que mes gémissements causeraient à quelques-uns une terreur stupide et rien de plus. Je savais que les autres se réjouiraient de mes angoisses. Je ne voulais pas donner à ces bourreaux le triomphe de m'avoir arraché une seule plainte. J'avais donc résisté aux tortures de la faim ; je commençais à ne plus les sentir, et d'ailleurs je n'aurais plus eu assez de force pour élever la voix. Je m'abandonnai à mon sort en invoquant Épictète et Socrate, et Jésus lui-même, le philosophe immolé par les princes des prêtres et les docteurs de la loi.

» Depuis quelques heures je reposais dans un profond anéantissement, lorsque je fus éveillé par le bruit de l'horloge du chapitre qui sonnait minuit de l'autre côté de la cloison contre laquelle j'étais étendu. Alors j'entendis marcher doucement dans la salle, et il me sembla qu'on approchait de la porte de ma prison. Ce bruit ne me causa ni joie ni surprise ; je n'avais plus conscience d'aucune chose. Cependant la nature des pas que j'entendais sur le plancher de la salle voisine, leur légèreté empressée, jointe à une netteté solennelle, réveillèrent en moi je ne sais quels vagues souvenirs. Il me sembla que je reconnaissais la personne qui marchait ainsi, et que j'éprouvais une joie d'instinct à l'entendre venir vers moi ; mais il m'eût été impossible de dire quelle était cette personne et où je l'avais connue.

» Elle ouvrit la porte de la bibliothèque et m'appela par mon nom d'une voix harmonieuse et douce qui me fit tressaillir. Il me sembla que je sentais la vie faire un effort en moi pour se ranimer ; mais j'essayai en vain de me soulever, et je ne pus ni remuer ni parler.

— Alexis ! répéta la voix d'un ton d'autorité bienveillante, ton corps et ton âme sont-ils donc aussi endurcis l'un que l'autre ? D'où vient que tu as manqué à ta parole ? Voici la nuit, voici l'heure que tu avais fixées.... Il y a aujourd'hui trente ans que tu vins dans ce monde, nu et pleurant comme tous les fils d'Ève. C'est aujourd'hui que tu devais te régénérer, en cherchant sous la cendre de ma dépouille terrestre une étincelle qui aurait pu rallumer en toi le feu du ciel. Faut-il donc que les morts quittent leur sépulcre pour trouver les vivants plus froids et plus engourdis que des cadavres?

» J'essayai encore de lui répondre, mais sans réussir plus que la première fois. Alors *il* reprit avec un soupir :

— Reviens donc à la vie des sens, puisque celle de l'esprit est expirée en toi....

» Il s'approcha et me toucha, mais je ne vis rien ; et lorsque, après des efforts inouïs, j'eus réussi à m'éveiller de ma léthargie et à me dresser sur mes genoux, tout était rentré dans le silence, et rien n'annonçait autour de moi la visite d'un être humain.

» Cependant un vent plus froid qui soufflait sur moi semblait venir de la porte. Je me traînai jusque-là. O prodige ! elle était ouverte.

» J'eus un accès de joie insensée. Je pleurai comme un enfant, et j'embrassai la porte comme si j'eusse voulu baiser la trace des mains qui l'avaient ouverte. Je ne sais pourquoi la vie me semblait si douce à recouvrer, après m'avoir semblé si facile à perdre. Je me traînai le long de la salle du chapitre en suivant les murs ; j'étais si faible que je tombais à chaque pas. Ma tête s'égarait, et je ne pouvais plus me rendre raison de la position de la porte que je voulais gagner. J'étais comme un homme ivre; et plus j'avais hâte de sortir de ce lieu fatal, moins il m'était possible d'en trouver l'issue. J'errais dans les ténèbres, me créant moi-même un labyrinthe inextricable dans un espace libre et régulier. Je crois que je passai là presque une heure, livré à d'inexprimables angoisses. Je n'étais plus armé de philosophie comme lorsque j'étais sous les verrous. Je voyais la liberté, la vie, qui revenaient à moi, et je n'avais pas la force de m'en emparer. Mon sang, un instant ranimé, se refroidissait de nouveau. Une sorte de rage délirante s'emparait de moi. Mille fantômes passaient devant mes yeux, mes genoux se roidissaient sur le plancher. Épuisé de fatigue et de désespoir, je tombai au pied d'une des froides parois de la salle, et de nouveau j'essayai de retrouver en moi la résolution de mourir en paix. Mais mes idées étaient confuses, et la sagesse, qui m'avait semblé naguère une armure impénétrable, n'était en cet instant qu'un secours impuissant contre l'horreur de la mort.

» Tout à coup je retrouvai le souvenir, déjà effacé, de la voix qui m'avait appelé durant mon sommeil, et, me livrant à cette protection mystérieuse avec la confiance d'un enfant, je murmurai les derniers mots que Fulgence avait prononcés en rendant l'âme : « *Sancte Spiridion, ora pro me.* »

» Alors il se fit une lueur pâle dans la salle, comme serait celle d'un éclair prolongé. Cette lueur augmenta, et, au bout d'une minute environ, s'éteignit tout à fait. J'avais eu le temps de voir que cette lumière partait du portrait du fondateur, dont les yeux s'étaient allumés comme deux lampes pour éclairer la salle et pour me montrer que j'étais adossé depuis un quart d'heure contre la porte tant cherchée. — Béni sois-tu, esprit bienheureux! m'écriai-je. Et, ranimé soudain, je m'élançai hors de la salle avec impétuosité.

» Un convers, qui vaquait dans les salles basses à des préparatifs extraordinaires pour le lendemain, me vit accourir vers lui comme un spectre. Mes joues creuses, mes yeux enflammés par la fièvre, mon air égaré, lui causèrent une telle frayeur qu'il s'enfuit en laissant tomber une corbeille de riz qu'il portait, et un flambeau que je me hâtai de ramasser avant qu'il fût éteint. Quand j'eus apaisé ma faim, je regagnai ma cellule, et le lendemain, après un sommeil réparateur, je fus en état de me rendre à l'église.

» Un bruit singulier dans le couvent et le branle de toutes les grosses cloches m'avaient annoncé une cérémonie importante. J'avais jeté les yeux sur le calendrier de ma cellule, et je me demandais si j'avais perdu pendant mes jours d'inanition la notion de la marche du temps ; car je ne voyais aucune fête religieuse marquée pour le jour où je croyais être. Je me glissai dans le chœur, et je gagnai ma stalle sans être remarqué. Il y avait sur tous les fronts une préoccupation ou un recueillement extraordinaire. L'église était parée comme aux grands jours fériés. On commença les offices. Je fus surpris de ne point voir le Prieur à sa place ; je me penchai pour demander à mon voisin s'il était malade. Celui-ci me regarda d'un air stupéfait, et, comme s'il eût pensé avoir mal entendu ma question, il sourit d'un air embarrassé et ne me répondit point. Je cherchai des yeux le père Donatien, celui de tous les religieux que je savais m'être le plus hostile, et que j'accusais intérieurement du traitement odieux que je venais de subir. Je vis ses yeux ardents chercher à pénétrer sous mon capuchon ; mais je ne lui laissai point voir mon visage, et je m'assurai que le sien était bouleversé par la surprise et la crainte ; car il ne s'attendait point à trouver ma stalle occupée, et il se demandait si c'était moi ou mon spectre qu'il voyait là en face de lui.

» Je ne fus au courant de ce qui se passait qu'à la fin

de l'office, lorsque l'officiant récita une prière en commémoration du Prieur, dont l'âme avait paru devant Dieu, le 10 janvier 1766, à minuit, c'est-à-dire une heure avant mon incarcération dans la bibliothèque. Je compris alors pourquoi Donatien, dont l'ambition guettait depuis long-temps la première place parmi nous, avait saisi l'occasion de cette mort subite pour m'éloigner des délibérations. Il savait que je ne l'estimais point, et que, malgré mon peu de goût pour le pouvoir et mon défaut absolu d'intrigue, je ne manquais pas de partisans. J'avais une réputation de science théologique qui m'attirait le respect naïf de quelques-uns; j'avais un esprit de justice et des habitudes d'impartialité qui offraient à tous des garanties. Donatien me craignait: sous-prieur depuis deux ans, et tout-puissant sur ceux qui entouraient le Prieur, il avait enveloppé ses derniers instants d'une sorte de mystère, et, avant de répandre la nouvelle de sa mort, il avait voulu me voir, sans doute pour sonder mes dispositions, pour me séduire ou pour m'effrayer. Ne me trouvant point dans ma cellule, et connaissant fort bien mes habitudes, comme je l'ai su depuis, il s'était glissé sur mes traces jusqu'à la porte de la bibliothèque qu'il avait refermée sur moi comme par mégarde. Puis il avait condamné toutes les issues par lesquelles on pouvait approcher de moi, et il avait sur-le-champ fait entrer tout le monastère en retraite, afin de procéder dignement à l'élection du nouveau chef.

» Grâce à son influence, il avait pu violer tous les usages et toutes les règles de l'abbaye. Au lieu de faire embaumer et exposer le corps du défunt pendant trois jours dans la chapelle, il l'avait fait ensevelir précipitamment, sous prétexte qu'il était mort d'un mal contagieux. Il avait brusqué toutes les cérémonies, abrégé le temps ordinaire de la retraite ; et déjà l'on procédait à son élection, lorsque, par un fait surnaturel, je fus rendu à la liberté. Quand l'office fut fini, on chanta le *Veni Creator ;* puis on resta un quart d'heure prosterné chacun dans sa stalle, livré à l'inspiration divine. Lorsque l'horloge sonna midi, la communauté défila lentement et monta à la salle du chapitre pour procéder au vote général. Je me tins dans le plus grand calme et dans la plus complète indifférence tant que dura cette cérémonie. Rien au monde ne me tentait moins que de contre-balancer les suffrages ; en eussé-je eu le temps, je n'aurais pas fait la plus simple démarche pour contrarier l'ambition de Donatien. Mais quand j'entendis son nom sortir cinquante fois de l'urne, quand je vis, au dernier tour de scrutin, la joie du triomphe éclater sur son visage, je fus saisi d'un mouvement tout humain d'indignation et de haine.

»Peut-être, s'il eût songé à tourner vers moi un regard humble ou seulement craintif, mon mépris l'eût-il absous ; mais il me sembla qu'il me bravait, et j'eus la puérilité de vouloir briser cet orgueil, au niveau duquel je me ravalais en le combattant. Je laissai le secrétaire recompter lentement les votes. Il y en avait deux seulement pour moi. Ce n'était donc pas une espérance personnelle qui pouvait me suggérer ce que je fis. Au moment où l'on proclama le nom de Donatien, et comme il se levait d'un air hypocritement ému pour recevoir les embrassades des anciens, je me levai à mon tour et j'élevai la voix.

— Je déclare, dis-je avec un calme apparent dont l'effet fut terrible, que l'élection proclamée est nulle, parce que les statuts de l'ordre ont été violés. Une seule voix, oubliée ou détournée, suffit pour frapper de nullité les résolutions de tout un chapitre. J'invoque cet article de la charte de l'abbé Spiridion, et déclare que moi, Alexis, membre de l'ordre et serviteur de Dieu, je n'ai point déposé mon vote aujourd'hui dans l'urne, parce que je n'ai point eu le loisir d'entrer en retraite comme les autres ; parce que j'ai été écarté, par hasard ou par malice, des délibérations communes, et qu'il m'eût été impossible, ignorant jusqu'à cet instant la mort de notre vénérable Prieur, de me décider inopinément sur le choix de son successeur.

» Ayant prononcé ces paroles qui furent un coup de foudre pour Donatien, je me rassis, et refusai de répondre aux mille questions que chacun venait m'adresser. Donatien, un instant confondu de mon audace, reprit bientôt courage, et déclara que mon vote était non-seulement inutile, mais non recevable, parce qu'étant sous le poids d'une faute grave, et subissant, durant les délibérations, une correction dégradante, d'après les statuts, je n'étais point apte à voter.

— Et qui donc a qualifié ou apprécié ma faute? demandai-je. Qui donc s'est permis de m'en infliger le châtiment? Le sous-prieur? il n'en avait pas le droit. Il devait, pour me juger indigne de prendre part à l'élection, faire examiner ma conduite par six des plus anciens du chapitre, et je déclare qu'il ne l'a point fait.

— Et qu'en savez-vous? me dit un des anciens qui était le chaud partisan de mon antagoniste.

— Je dis, m'écriai-je, que cela ne s'est point fait, parce que j'avais le droit d'en être informé, parce que mon jugement devait être signifié à moi d'abord, puis à toute la communauté rassemblée, et enfin placardé ici, dans ma stalle, et qu'il n'y est point et n'y a jamais été.

— Votre faute, s'écria Donatien, était d'une telle nature...

— Ma faute, interrompis-je, il vous plaît de la qualifier de grave ; moi, il me plaît de qualifier la punition que vous m'avez infligée, et je dis que c'est pour vous qu'elle est dégradante. Dites quelle fut ma faute ! Je vous somme de le dire ici ; et moi je dirai quel traitement vous m'avez fait subir, bien que vous n'eussiez pas le droit de le faire.

» Donatien, voyant que j'étais outré, et que l'on commençait à m'écouter avec curiosité, se hâta de terminer ce débat en appelant à son secours la prudence et la ruse. Il s'approcha de moi, et, d'un ton d'un homme pénétré de componction, il me supplia, au nom du Sauveur des hommes, de cesser une discussion scandaleuse et contraire à l'esprit de charité qui devait régner entre des frères. Il ajouta que je me trompais en l'accusant de machinations si perfides, que sans doute il y avait entre nous un malentendu qui s'éclaircirait dans une explication amicale.

— Quant à vos droits, ajouta-t-il, il m'a semblé et il me semble encore, mon frère, que vous les avez perdus. Ce serait peut-être pour la communauté une affaire à examiner ; mais il suffit que vous m'accusiez d'avoir redouté votre candidature pour que je veuille faire tomber au plus vite un soupçon si pénible pour moi. Et pour cela, je déclare que je désire vous avoir sur-le-champ pour compétiteur. Je supplie la communauté d'écarter de vous toute accusation, et de permettre que vous déposiez votre vote dans l'urne après qu'on aura fait un nouveau tour de scrutin, sans examiner si vos droits sont contestables. Non-seulement je l'en supplie, mais au besoin je le lui commande ; car je suis, en attendant le résultat de votre candidature, le chef de cette respectable assemblée.

» Ce discours adroit fut accueilli avec acclamations ; mais je m'opposai à ce qu'on recommençât le vote séance tenante. Je déclarai que je voulais entrer en retraite, et que, comme les autres s'étaient contentés de trois jours, bien que quarante fussent prescrits, je m'en contenterais aussi ; mais que, sous aucun prétexte, je ne croyais pouvoir me dispenser de cette préparation.

» Donatien s'était engagé trop avant pour reculer. Il feignit de subir ce contre-temps avec calme et humilité. Il supplia la communauté de n'apporter aucun empêchement à mes desseins. Il y avait bien quelques murmures contre mon obstination, mais pas autant peut-être que Donatien l'avait espéré. La curiosité, qui est l'élément vital des moines, était excitée au plus haut point par ce qui restait de mystérieux entre Donatien et moi. Ma disparition avait causé bien de l'étonnement à plusieurs. On voulait, avant de se ranger sous la loi de ce nouveau chef si mielleux et si tendre en apparence, avoir quelques notions de plus sur son vrai caractère. Je semblais l'homme le plus propre à les fournir. Sa modération avec moi en public, au milieu d'une crise si terrible pour son orgueil et son ambition, paraissait sublime à quelques-uns, sensée à plusieurs autres, étrange et de mauvais augure à un plus grand nombre. Trente voix, qui ne s'entendaient pas sur le choix de leur candidat, avaient combattu son élection. Il était déjà évident qu'elles allaient se reporter sur moi. Trois jours de nouvelles réflexions et de plus amples informations pouvaient détacher bien des partisans. Chacun le sentit, et la majorité, qui avait été surprise et comme enivrée par la précipitation des meneurs, se réjouit du retard que je venais apporter au dénoûment.

» Une heure après la clôture de cette séance orageuse, ma cellule était assiégée des meneurs de mon parti ; car j'avais déjà un parti malgré moi, et un parti très-ardent. Donatien n'était pas médiocrement haï, et je dois à la vérité de dire que tout ce qu'il y avait de moins avili et de moins corrompu dans l'abbaye était contre lui. Ma colère était déjà tombée, et les offres qu'on me faisait n'éveillaient en moi aucun désir de puissance monacale. J'avais de l'ambition, mais une ambition vaste comme le monde, l'ambition des choses sublimes. J'aurais voulu élever un beau monument de science ou de philosophie, trouver une vérité et la promulguer, enfanter une de ces idées qui soulèvent et remplissent tout un siècle, gouverner enfin toute une génération, mais du fond de ma cellule et sans salir mes doigts à la fange des affaires sociales ; régner par l'intelligence sur les esprits, par le cœur sur les cœurs, vivre en un mot comme Platon ou Spinosa. Il y avait loin de là à la gloriole de commander à cent moines abrutis. La petitesse pompeuse d'un tel rôle soulevait mon âme de dégoût ; mais je compris quel parti je pouvais tirer de ma position, et j'accueillis mes partisans avec prudence. Avant le soir, les trente voix qui avaient résisté à Donatien s'étaient déjà réunies sur moi. Donatien en fut plus irrité qu'effrayé. Il vint me trouver dans ma cellule, et il essaya de m'intimider en me disant que, si je me retirais de la candidature, il ne me reprocherait point mes hérésies, à lui bien connues ; que les choses pouvaient encore se passer honorablement pour moi et tranquillement pour lui, si je me contentais de la petite victoire que j'avais obtenue en retardant son élection ; mais que, si je me mettais sur les rangs pour le priorat, il ferait connaître quelles étaient mes occupations, mes lectures, et sans doute mes pensées, depuis plus de cinq ans. Il me menaça de dévoiler la fraude et la désobéissance où j'avais vécu tout ce temps-là, dérobant les livres défendus et me nourrissant durant les saints offices, dans le temple même du Seigneur, des plus infâmes doctrines.

» Le calme avec lequel j'affrontai ces menaces le déconcerta beaucoup. Il voulait sans doute me faire parler sur mes croyances ; peut-être avait-il placé des témoins derrière la porte pour m'entendre apostasier dans un moment d'emportement. J'étais sur mes gardes, et je vis, dans cette circonstance, combien l'homme le plus simple a de supériorité sur le plus habile, lorsque celui-ci est mû par de mauvaises passions. Je n'étais certes pas rompu à l'intrigue comme ce moine cauteleux et rusé ; mais le mépris que j'avais pour l'enjeu me donnait tout l'avantage de la partie. J'étais armé d'un sang-froid à toute épreuve, et mes reparties calmes démontaient de plus en plus mon adversaire. Il se retira fort troublé. Jusque-là il ne m'avait point connu, disait-il d'un ton amèrement enjoué. Il m'avait cru plongé dans les livres, et ne se serait jamais douté que j'apportasse tant de prudence et de calcul dans les affaires temporelles. Il ajouta sournoisement qu'il faisait des vœux pour que mon orthodoxie en matière de religion lui fût bien démontrée ; car, dans ce cas, je lui paraissais le plus propre de tous à bien gouverner l'abbaye.

» Le lendemain, mes trente partisans cabalèrent si

bien qu'ils détachèrent plus de quinze poltrons, jetés par la frayeur dans le parti de mon rival. Donatien était l'homme le plus redouté et le plus haï de la communauté; mais il avait pour lui tous les anciens, qu'il avait su accaparer, et aux vices desquels son athéisme secret offrait toutes les garanties désirables. Il n'y a pas de plus grand fléau pour une communauté religieuse qu'un chef sincèrement dévot. Avec lui, la règle, qui est ce que le moine hait et redoute le plus, est toujours en vigueur, et vient à chaque instant troubler les douces habitudes de paresse et d'intempérance; son zèle ardent suscite chaque jour de nouvelles tracasseries, en voulant ramener les pratiques austères, la vie de labeur et de privations. Donatien savait, avec le petit nombre des fanatiques, se donner les apparences d'une foi vive; avec le grand nombre des indifférents, il savait, sans compromettre la dignité d'étiquette de la règle, et sans déroger aux apparences de la ferveur, donner à chacun le prétexte le plus convenable à la licence. Par ce moyen, son autorité était sans bornes pour le mal; il exploitait les vices d'autrui au profit des siens propres. Cette manière de gouverner les hommes en profitant de leur corruption est infaillible; et, si j'étais le favori d'un roi, je la lui conseillerais.

» Mais ce qui contre-balançait l'autorité naissante de Donatien, c'était ce qu'on savait de son humeur vindicative. Ceux qui l'avaient offensé un jour avaient à s'en repentir long-temps, et l'on craignait avec raison que le Prieur n'oubliât pas, en recevant la crosse, les vieilles querelles du simple frère. C'est pourquoi les faibles s'étaient jetés dans son parti par frayeur, le croyant toutpuissant et ne voulant pas qu'il les punît d'avoir cabalé contre lui.

Dès que ceux-là virent une puissance se former contre la sienne et offrir quelque garantie, ils se rejetèrent facilement de ce côté, et le troisième jour j'avais une majorité incontestable. Je ne saurais t'exprimer, Angel, combien j'eus à souffrir secrètement de cette banale préférence, basée sur des intérêts d'égoïsme et revêtue des formes menteuses de l'estime et de l'affection. Les sales caresses de ces poltrons me répugnaient; les protestations des autres intrigants, qui se flattaient de régner à ma place tandis que je serais absorbé dans mes spéculations scientifiques, ne me causaient pas moins de dégoût et de mépris.

— Vous triompherez, me disaient-ils d'un air lâchement fier en sortant de ma cellule.

— Dieu m'en préserve! répondais-je lorsqu'ils étaient sortis.

» Le jour de l'élection Donatien vint me réveiller avant l'aube. Il n'avait pu fermer l'œil de la nuit.

— Vous dormez comme un triomphateur, me dit-il. Êtes-vous donc si sûr de l'emporter sur moi?

» Il affectait le calme; mais sa voix était tremblante, et le trouble de toute sa contenance révélait les angoisses de son âme.

— Je dors avec une double sécurité, lui répondis-je en souriant, celle du triomphe et celle de la plus parfaite indifférence pour ce même triomphe.

— Frère Alexis, reprit-il, vous jouez la comédie avec un art au-dessus de tout éloge.

— Frère Donatien, lui dis-je, vous ne vous trompez pas. Je joue la comédie; car je brigue des suffrages dont je ne veux pas profiter. Combien voulez-vous me les payer?

— Quelles seraient vos conditions? dit-il en feignant

de soutenir une plaisanterie ; mais ses lèvres étaient pâles d'émotion et son œil étincelant de curiosité.

— Ma liberté, répondis-je, rien que cela. J'aime l'étude, et je déteste le pouvoir : assurez-moi le calme et l'indépendance la plus absolue au fond de ma cellule. Donnez-moi les clefs de toutes les bibliothèques, le soin de tous les instruments de physique et d'astronomie et la direction des fonds appliqués à leur entretien par le fondateur ; donnez-moi la cellule de l'observatoire, abandonnée depuis la mort du dernier moine astronome, enfin dispensez-moi des offices, et à ce prix vous pourrez me considérer comme mort. Je vivrai dans mon donjon, et vous sur votre chaire abbatiale, sans que nous ayons jamais rien de commun ensemble. A la première affaire temporelle dont je me mêlerai, je vous autorise à me remettre sous la règle ; mais aussi à la première tracasserie temporelle que vous me susciterez, je vous promets de vous montrer encore une fois que je ne suis pas sans influence. Tous les trois ans, lorsqu'on renouvellera votre élection, nous passerons marché comme aujourd'hui, si le marché d'aujourd'hui vous convient. Promettez-vous ? Voici la cloche qui nous appelle à l'église : dépêchez-vous.

» Il promit tout ce que je voulus ; mais il se retira sans confiance et sans espoir. Il ne pouvait croire qu'on renonçât à la victoire quand on la tenait dans ses mains.

» Il serait impossible de peindre l'angoisse qui contractait son visage lorsque je fus proclamé Prieur à la majorité de dix voix. Il avait l'air d'un homme foudroyé au moment d'atteindre aux astres. M'avoir tenu enfermé trois jours et trois nuits, s'être flatté de me trouver mort de faim et de froid, et tout à coup me voir sortir comme de la tombe pour lui arracher des mains la victoire et m'asseoir à sa place sur la chaire d'honneur!

» Chacun vint m'embrasser, et je subis cette cérémonie sans détromper le vaincu jusqu'à ce qu'il vînt à son tour me donner le baiser de paix. Quand il eut accompli cette dernière humiliation, je le pris par la main; et, me dépouillant des insignes dont on m'avait déjà revêtu, je lui mis au doigt l'anneau, et à la main la crosse abbatiale; puis je le conduisis à la chaire, et, m'agenouillant devant lui, je le priai de me donner sa bénédiction paternelle.

» Il y eut une stupéfaction inconcevable dans le chapitre, et d'abord je trouvai beaucoup d'opposition à accepter cette substitution de personne; mais les poltrons et les faibles emportèrent de nouveau la majorité là où je voulais la constituer. Le scrutin de ce jour ne produisit rien; mais celui du lendemain rendit, par mes soins et par mon influence, le priorat au trop heureux Donatien. Il me fit l'honneur de douter de ma loyauté jusqu'au dernier moment, me soupçonnant toujours de feindre un excès d'humilité afin de m'assurer un pouvoir sans bornes pour toute ma vie. Il y avait peu d'exemples qu'un Prieur n'eût pas été réélu tous les trois ans jusqu'à sa mort; mais le statut n'en restait pas moins en vigueur, et l'existence d'un rival important pouvait troubler la vie du vainqueur. Donatien pensait donc que je voulais amener à moi par un semblant de vertu et de désintéressement romanesque ceux qui lui étaient le plus attachés, afin de ne point avoir à craindre une réaction vers lui au bout de trois ans. Au reste, c'est grâce à ce statut que la tranquillité de ma vie fut à peu près assurée. Les persécutions dont j'avais été accablé jusque-là, et dont j'ai passé le détail sous silence dans ce récit, comme n'étant que les accessoires de souffrances plus réelles et plus profondes, cessèrent à partir de ce jour. Ce n'est que depuis peu que, me voyant prêt à descendre dans la tombe, Donatien a cessé de me craindre et encouragé peut-être les vieilles haines de ses créatures.

» Quand son élection eut été enfin proclamée, et qu'il se fut assuré de ma bonne foi, sa reconnaissance me parut si servile et si exagérée que je me hâtai de m'y soustraire.

— Payez vos dettes, lui dis-je à l'oreille, et ne me sachez aucun autre gré d'une action qui n'est point, de ma part, un sacrifice.

» Il se hâta de me proclamer directeur de la bibliothèque et du cabinet réservé aux études et aux collections scientifiques. J'eus, à partir de cet instant, la plus grande liberté d'occupations et tous les moyens possibles de m'instruire.

» Au moment où je quittais la salle du chapitre pour aller, plein d'impatience, prendre possession de ma nouvelle cellule, je levai les yeux par hasard sur le portrait du fondateur, et alors le souvenir des événements surnaturels qui s'étaient passés dans cette salle quelques jours auparavant me revint si distinct et si frappant que j'en fus effrayé. Jusque-là, les préoccupations qui avaient rempli toutes mes heures ne m'avaient pas laissé le loisir d'y songer, ou plutôt cette partie du cerveau qui conserve les impressions que nous appelons poétiques et merveilleuses (à défaut d'expression juste pour peindre les fonctions du sens divin), s'était engourdie chez moi au point de ne rendre à ma raison aucun compte des prodiges de mon évasion. Ces prodiges restaient comme enveloppés dans les nuages d'un rêve, comme les vagues réminiscences des faits accomplis durant l'ivresse ou durant la fièvre. En regardant le portrait d'Hébronius, je revis distinctement l'animation de ces yeux peints qui, tout d'un coup, étaient devenus vivants et lumineux, et ce souvenir se mêla si étrangement au présent qu'il me sembla voir encore cette toile reprendre vie, et ces yeux me regarder comme des yeux humains. Mais cette fois ce n'était plus avec éclat, c'était avec douleur, avec reproche. Il me sembla voir des larmes humecter les paupières. Je me sentis défaillir. Personne ne faisait attention à moi ; mais un jeune enfant de douze ans, neveu et élève en théologie de l'un des frères, se tenait par hasard devant le portrait, et, par hasard aussi, le regardait.

— O mon père Alexis, me dit-il en saisissant ma robe avec effroi, voyez donc ! le portrait pleure !

» Je faillis m'évanouir, mais je fis un grand effort sur moi-même, et lui répondis :

— Taisez-vous, mon enfant, et ne dites pas de pareilles choses, aujourd'hui surtout ; vous feriez tomber votre oncle en disgrâce.

» L'enfant ne comprit pas ma réponse, mais il en fut comme effrayé, et ne parla à personne, que je sache, de ce qu'il avait vu. Il avait dès lors une maladie dont il mourut l'année suivante chez ses parents. Je n'ai pas bien su les détails de sa mort ; mais il m'est revenu qu'il avait vu, à ses derniers instants, une figure vers laquelle il voulait s'élancer en l'appelant *pater Spiridion*. Cet enfant était plein de foi, de douceur et d'intelligence. Je ne l'ai connu que quelques instants sur la terre ; mais je crois que je le retrouverai dans une sphère plus sublime. Il était de ceux qui ne peuvent pas rester ici-bas, et qui ont déjà, dès cette vie, une moitié de leur âme dans un monde meilleur.

» Je fus occupé pendant quelques jours à préparer mon observatoire, à choisir les livres que je préférais, à les ranger dans ma cellule, à tout ordonner dans mon nouvel empire. Pendant que le couvent était en rumeur pour célébrer l'élection de son nouveau chef, que les uns se livraient à leurs rêves d'ambition, tandis que les autres se consolaient de leurs mécomptes en s'abandonnant à l'intempérance, je goûtais une joie d'enfant à m'isoler de cette tourbe insensée, et à chercher, dans l'oubli de tous, mes paisibles plaisirs. Quand j'eus fini de ranger la bibliothèque, les collections d'histoire naturelle et les instruments de physique et d'astronomie, ce que je fis avec tant de zèle que je me couchais chaque soir exténué de fatigue (car toutes ces choses précieuses avaient été négligées et abandonnées au désordre depuis bien des années), je rentrai un soir dans cette cellule avec un bien-être incroyable. J'estimais avoir remporté une bien plus grande victoire que celle de Donatien, et avoir assuré tout l'avenir de ma vie sur les seules bases qui lui convinssent. Je n'avais qu'une seule passion, celle de l'étude : j'allais pouvoir m'y livrer à tout jamais, sans distraction et sans contrainte. Combien je m'applaudissais d'avoir résisté au désir de fuir, qui m'avait tant de fois traversé l'esprit durant les années précédentes! J'avais tant souffert, n'ayant plus aucune foi, aucune sympathie catholique, d'être forcé d'observer les minutieuses pratiques du catholicisme, et d'y voir se consumer un temps précieux! Je m'étais souvent méprisé pour le faux point d'honneur qui me tenait esclave de mes vœux.

» Vœux insensés, serments impies! m'étais-je écrié cent fois, ce n'est point la crainte ou l'amour de Dieu qui vous a reçus, ni qui m'empêche de vous violer. Ce

Dieu n'existe plus, il n'a jamais existé. On ne doit point de fidélité à un fantôme, et les engagements pris dans un songe n'ont ni force ni réalité. C'est donc le respect humain qui fait votre puissance sur moi. C'est parce que, dans mes jours de jeunesse intolérante et de dévotion fougueuse, j'ai flétri à haute voix les religieux qui rompaient leur ban ; c'est parce que j'ai soutenu autrefois la thèse absurde que le serment de l'homme est indélébile, qu'aujourd'hui je crains, en me rétractant, d'être méprisé par ces hommes que je méprise !

» Je m'étais dit ces choses, je m'étais fait ces reproches ; j'avais résolu de partir, de jeter mon froc de moine aux ronces du chemin, d'aller chercher la liberté de conscience et la liberté d'études dans un pays éclairé, chez une nation tolérante, en France ou en Allemagne ; mais je n'avais jamais trouvé le courage de le faire. Mille raisons puériles ou orgueilleuses m'en avaient empêché. Je me couchai en repassant dans mon esprit ces raisons que, par une réaction naturelle, j'aimais à trouver excellentes, puisque désormais l'état de moine et le séjour du monastère étaient pour moi la meilleure condition possible. Au nombre de ces raisons, ma mémoire vint à me retracer le désir de posséder le manuscrit de Spiridion et l'importance que j'avais attachée à exhumer cet écrit précieux. A peine cette réflexion eut-elle traversé mon esprit, qu'elle y évoqua mille images fantastiques. La fatigue et le besoin de sommeil commençaient à troubler mes idées. Je me sentis dans une disposition étrange et telle que depuis long-temps je n'en avais connu. Ma raison, toujours superbe, était dans toute sa force, et méprisait profondément les visions qui m'avaient assailli dans le catholicisme ; elle m'expliquait les prestiges de la nuit du 10 janvier par des causes toutes naturelles. La faim, la fièvre, l'agonie des forces morales, et aussi le désespoir secret et insurmontable de quitter la vie d'une manière si horrible, avaient dû produire sur mon cerveau un désordre voisin de la folie. Alors j'avais cru entendre une voix de la tombe et des paroles en harmonie avec les souvenirs émouvants de ma précédente existence de catholique. Les fantômes qui jadis s'étaient produits dans mon imagination avaient dû s'y reproduire par une loi physiologique à la première disposition fébrile, et l'anéantissement de mes forces physiques avait dû, en présence de ces apparitions, empêcher les fonctions de la raison et neutraliser les puissances du jugement. Un événement fortuit, peut-être le passage d'un serviteur dans la salle du chapitre, ayant amené ma délivrance au moment où j'étais en proie à ce délire, je n'avais pu manquer d'attribuer mon salut à ces causes surnaturelles; et le reste de la vision s'expliquait assez par la lutte qui s'était établie en moi entre le désir de ressaisir la vie et l'affaissement de tout mon être. Il n'était donc rien dans tout cela dont ma raison ne triomphât par des mots; mais les mots ne remplaceront jamais les idées; et quoiqu'une moitié de mon esprit se tînt pour satisfaite de ces solutions, l'autre moitié restait dans un grand trouble et repoussait le calme de l'orgueil et la sanction du sommeil.

» Alors je fus pris d'un malaise inconcevable. Je sentis que ma raison ne pouvait pas me défendre, quelque puissante et ingénieuse qu'elle fût, contre les vaines terreurs de la maladie. Je me souvins d'avoir été tellement dominé par les apparences que j'avais pris mes hallucinations pour la réalité. Naguère encore, étant plein de calme, de force et de contentement, j'avais cru voir des larmes sortir d'une toile peinte, j'avais cru entendre la parole d'un enfant qui confirmait ce prodige.

» Il est vrai qu'il y avait une légende sur ce portrait. Dans mon âge de crédulité, j'avais entendu dire qu'il pleurait à l'élection des mauvais Prieurs ; et l'enfant, nourri à son tour de cette fable, avait été fasciné par la peur, au point de voir ce que je m'étais imaginé voir moi-même. Que de miracles avaient été contemplés et attestés par des milliers de personnes abusées toutes spontanément et contagieusement par le même élan d'enthousiasme fanatique ! Il n'était pas surprenant que deux personnes l'eussent été ; mais que je fusse l'une des deux, et que je partageasse les rêveries d'un enfant, voilà ce qui m'étonnait et m'humiliait étrangement. Eh quoi ! pensai-je, l'imposture du fanatisme chrétien laisse-t-elle donc dans l'esprit de ceux qui l'ont subie des traces si profondes, qu'après des années de désabusement et de victoire, je n'en sois pas encore affranchi ? Suis-je condamné à conserver toute ma vie cette infirmité ? N'est-il donc aucun moyen de recouvrer entièrement la force morale qui chasse les fantômes et dissipe les ombres avec un mot ? Pour avoir été catholique, ne me sera-t-il jamais permis d'être un homme, et dois-je, à la moindre langueur d'estomac, au moindre accès de fièvre, être en butte aux terreurs de l'enfance ? Hélas ! ceci est peut-être un juste châtiment de la faiblesse avec laquelle l'homme fléchit devant des erreurs grossières. Peut-être la vérité, pour se venger, se refuse-t-elle à éclairer complétement les esprits qui l'ont reniée long-temps ; peut-être les misérables qui, comme moi, ont servi les idoles et adoré le mensonge sont-ils marqués d'un sceau indélébile d'ignorance, de folie et de lâcheté ; peut-être qu'à l'heure de la mort mon cerveau épuisé sera livré à des épouvantails méprisables ; Satan viendra peut-être me tourmenter, et peut-être mourrai-je en invoquant Jésus, comme ont fait plusieurs malheureux philosophes, en qui de semblables maladies d'esprit expliquent et révèlent la misère humaine aux prises avec la lumière céleste ?

» Livré à ces pensées douloureuses, je m'endormis fort agité, craignant d'être encore la dupe de quelque songe, et m'en effrayant d'autant plus que ma raison m'en démontrait les causes et les conséquences.

» Je fis alors un rêve étrange. Je m'imaginai être revenu au temps de mon noviciat. Je me voyais vêtu de la robe de laine blanche, un léger duvet paraissait à peine sur mon visage ; je me promenais avec mes jeunes compagnons, et Donatien, parmi nous, recueillait nos suffrages pour son élection. Je lui donnai ma voix comme les autres, avec insouciance, pour éviter les persécutions. Alors il se retira en nous lançant un regard de triomphe méprisant, et nous vîmes approcher de nous un homme jeune et beau, que nous reconnûmes tous pour l'original du portrait de la grande salle.

» Mais, ainsi qu'il arrive dans les rêves, notre surprise fut bientôt oubliée. Nous acceptâmes comme une chose possible et certaine qu'il eût vécu jusqu'à cette heure, et même quelques-uns de nous disaient l'avoir toujours connu. Pour moi, j'en avais un souvenir confus, et, soit habitude, soit sympathie, je m'approchai de lui avec affection. Mais il nous repoussa avec indignation.

— Malheureux enfants ! nous dit-il d'une voix pleine de charme et de mélodie jusque dans la colère, est-il possible que vous veniez m'embrasser après la lâcheté que vous venez de commettre? Eh quoi! êtes-vous descendus à ce point d'égoïsme et d'abrutissement que vous choisissiez pour chef, non le plus vertueux ni le plus capable, mais celui de tous que vous savez le plus tolérant à l'égard du vice et le plus insensible à l'endroit de la générosité? Est-ce ainsi que vous observez mes statuts? Est-ce là l'esprit que j'ai cherché à laisser parmi vous? Est-ce ainsi que je vous retrouve, après vous avoir quittés quelque temps?

» Alors il s'adressa à moi en particulier, et me montrant aux autres :

— Voici, dit-il, le plus coupable d'entre vous; car celui-là est déjà un homme par l'esprit, et il connaît le mal qu'il fait. C'est lui dont l'exemple vous entraîne, parce que vous le savez rempli d'instruction et nourri de sagesse. Vous l'estimez tous, mais il s'estime encore plus lui-même. Méfiez-vous de lui, c'est un orgueilleux, et l'orgueil l'a rendu sourd à la voix de sa conscience.

» Et comme j'étais triste et rempli de honte, il me gourmanda fortement, mais en prenant mes mains avec une effusion de courroux paternel; et tout en me reprochant mon égoïsme, tout en me disant que j'avais sacrifié le sentiment de la justice et l'amour de la vérité au vain plaisir de m'instruire dans les sciences, il s'émut, et je vis que des larmes inondaient son visage. Les miennes coulèrent avec abondance; car je sentis les aiguillons du repentir et tous les déchirements d'un cœur brisé. Il me serra alors contre son cœur avec tendresse, mais avec douleur, et il me dit à plusieurs reprises :

— Je pleure sur toi, car c'est à toi-même que tu as fait le plus grand mal, et ta vie tout entière est condamnée à expier cette faute. Avais-tu donc le droit de t'isoler au milieu de tes frères, et de dire : Tout le mal qui se fera désormais ici me sera indifférent, parce que je n'ai pas la même croyance que ceux-ci, parce qu'ils méritent d'être traités comme des chiens, et que je n'estime ici que moi, mon repos, mon plaisir, mes livres, ma liberté? O Alexis! malheureux enfant! tu seras un vieillard infortuné; car tu as perdu le sentiment du bien et la haine du mal; parce que tu as souffert en silence le triomphe de l'iniquité; parce que tu as préféré ta satisfaction à ton devoir, et que tu as édifié de tes mains le trône de Baal dans ce coin de la société humaine où tu t'étais retiré pour cultiver le bien et servir le vrai Dieu!

» Je m'agitai avec angoisse dans mon lit pour échapper à ces reproches, mais je ne pus réussir à m'éveiller : ils me poursuivaient avec une vraisemblance, une suite et un à-propos si extraordinaires; ils m'arrachaient des larmes si amères, et me couvraient d'une telle confusion, que je ne saurais dire aujourd'hui si c'était un rêve ou une vision. Peu à peu les personnages du rêve reparurent. Donatien s'avança furieux vers Spiridion, dont la voix s'éteignit et dont les traits s'effacèrent. Donatien criait à ses méchants courtisans :

— *Détruisez-le! détruisez-le! Que vient-il faire parmi les vivants? Rendez-le à la tombe, rendez-le au néant!*

» Alors les moines apportèrent du bois et des torches pour brûler Spiridion; mais au lieu de celui qui m'avait accablé de ses reproches et arrosé de ses larmes, je ne vis plus que le portrait du fondateur, que les partisans de Donatien arrachaient de son cadre et jetaient sur le bûcher. Dès que le feu eut commencé à consumer la toile, il se fit une horrible métamorphose. Spiridion reparut vivant, se tordant au milieu des flammes et criant :

— Alexis, Alexis ! c'est toi qui me donnes la mort !

» Je m'élançai au milieu du bûcher, et ne trouvai que le portrait qui tombait en cendres. Plusieurs fois la figure vivante d'Hébronius et la toile inanimée qui la représentait se métamorphosèrent l'une dans l'autre à mes yeux stupéfaits : tantôt je voyais la belle chevelure du maître flamboyer dans l'incendie, et ses yeux pleins de souffrance, de colère et de douleur se tourner vers moi; tantôt je voyais brûler seulement une effigie aux acclamations grossières et aux rires des moines. Enfin je m'éveillai baigné de sueur et brisé de fatigue. Mon oreiller était trempé de mes pleurs. Je me levai, je courus ouvrir ma fenêtre. Le jour naissant dissipa mon sommeil et mes illusions ; mais je restai tout le jour accablé de tristesse, et frappé de la force et de la justesse des reproches qui retentissaient encore dans mes oreilles.

» Depuis ce jour le remords me consuma. Je reconnaissais dans ce rêve la voix de ma conscience qui me criait que dans toutes les religions, dans toutes les philosophies, c'était un crime d'édifier la puissance du fourbe et d'entrer en marché avec le vice. Cette fois la raison confirmait cet arrêt de la conscience; elle me montrait dans le passé Spiridion comme un homme juste, sévère, incorruptible, ennemi mortel du mensonge et de l'égoïsme; elle me disait que là où nous sommes jetés sur la terre, quelque fausse que soit notre position, quelque dégradés que soient les êtres qui nous entourent, notre devoir est de travailler à combattre le mal et à faire triompher le bien. Il y avait aussi un instinct de noblesse et de dignité humaine qui me disait qu'en pareil cas, lors même que nous ne pouvions faire aucun bien, il était beau de mourir à la peine en résistant au mal, et lâche de le tolérer pour vivre en paix. Enfin je tombai dans la tristesse. Ces études, dont je m'étais promis tant de joie, ne me causèrent plus que du dégoût. Mon âme appesantie s'égara dans de vains sophismes, et chercha inutilement à repousser, par de mauvaises raisons, le mécontentement d'elle-même. Je craignais tellement, dans cette disposition maladive et chagrine, de tomber en proie à de nouvelles hallucinations, que je luttai pendant plusieurs nuits contre le sommeil. A la suite de ces efforts, j'entrai dans une excitation nerveuse pire que l'affaiblissement des facultés. Les fantômes que je craignais de voir dans le sommeil apparurent plus effrayants devant mes yeux ouverts. Il me semblait voir sur tous les murs le nom de Spiridion écrit en lettres de feu. Indigné de ma propre faiblesse, je résolus de mettre fin à ces angoisses par un acte de courage. Je pris le parti de descendre dans le caveau du fondateur et d'en retirer le manuscrit. Il y avait trois nuits que je ne dormais pas. La quatrième, vers minuit, je pris un ciseau, une lampe, un levier, et je pénétrai sans bruit dans l'église, décidé à voir ce squelette et à toucher ces ossements que mon imagination revêtait, depuis six années, d'une forme céleste, et que ma raison allait restituer à l'éternel néant en les contemplant avec calme.

» J'arrivai à la pierre du *Hic est*, je la levai sans beaucoup de peine, et je commençai à descendre l'escalier ; je me souvenais qu'il avait douze marches. Mais je n'en avais pas descendu six que ma tête était déjà égarée. J'ignore ce qui se passait en moi : si je ne l'avais éprouvé, je ne pourrais jamais croire que le courage de la vanité puisse couvrir tant de faiblesse et de lâche terreur. Le froid de la fièvre me saisit, la peur fit claquer mes dents ; je laissai tomber ma lampe ; je sentis que mes jambes pliaient sous moi.

» Un esprit sincère n'eût pas cherché à surmonter cette détresse. Il se fût abstenu de poursuivre une épreuve au-dessus de ses forces ; il eût remis son entreprise à un moment plus favorable ; il eût attendu avec patience et simplicité le rassérénement de ses facultés mentales. Mais je ne voulais pas avoir le démenti vis-à-vis de moi-même. J'étais indigné de ma faiblesse ; ma volonté voulait briser et réduire mon imagination. Je continuai à descendre dans les ténèbres ; mais je perdis l'esprit, et devins la proie des illusions et des fantômes.

» Il me sembla que je descendais toujours et que je m'enfonçais dans les profondeurs de l'Érèbe. Enfin, j'arrivai lentement à un endroit uni, et j'entendis une voix lugubre prononcer ces mots qu'elle semblait confier aux entrailles de la terre :

— *Il ne remontera pas l'escalier.*

» Aussitôt j'entendis s'élever vers moi, du fond d'abîmes invisibles, mille voix formidables qui chantaient sur un rhythme bizarre:

— *Détruisons-le ! Qu'il soit détruit ! Que vient-il faire parmi les morts ? Qu'il soit rendu à la souffrance ! Qu'il soit rendu à la vie !*

» Alors une faible lueur perça les ténèbres, et je vis que j'étais sur la dernière marche d'un escalier aussi vaste que le pied d'une montagne. Derrière moi, il y avait des milliers de degrés de fer rouge ; devant moi, rien que le vide, l'abîme de l'éther, le bleu sombre de la nuit sous mes pieds comme au-dessus de ma tête. Je fus pris de vertige, et, quittant l'escalier, ne songeant plus qu'il me fût possible de le remonter, je m'éançai dans le vide en blasphémant. Mais à peine eus-je prononcé la formule de malédiction, que le vide se remplit de formes et de couleurs confuses, et peu à peu je me vis de plain pied avec une immense galerie où je m'avançai en tremblant. L'obscurité régnait encore autour de moi; mais le fond de la voûte s'éclairait d'une lueur rouge et me montrait les formes étranges et affreuses de l'architecture. Tout ce monument semblait, par sa force et sa pesanteur gigantesque, avoir été taillé dans une montagne de fer ou dans une caverne de laves noires. Je ne distinguais pas les objets les plus voisins; mais ceux vers lesquels je m'avançais prenaient un aspect de plus en plus sinistre, et ma terreur augmentait à chaque pas. Les piliers énormes qui soutenaient la voûte, et les rinceaux de la voûte même, représentaient des hommes d'une grandeur surnaturelle, tous livrés à des tortures inouïes : les uns, suspendus par les pieds et serrés par les replis de serpents monstrueux, mordaient le pavé, et leurs dents s'enfonçaient dans le marbre; d'autres, engagés jusqu'à la ceinture dans le sol, étaient tirés d'en haut, ceux-ci par les bras la tête en haut, ceux-là par les pieds la tête en bas, vers les chapiteaux formés d'autres figures humaines penchées sur elles et acharnées à les torturer. D'autres piliers encore représentaient un enlacement de figures occupées à s'entre-dévorer, et chacune d'elles n'offrait plus qu'un tronçon rongé jusqu'aux genoux ou jusqu'aux épaules, mais dont la tête furieuse conservait assez de vie pour mordre et dévorer ce qui était auprès d'elle. Il y en avait qui, écorchés à demi, s'efforçaient, avec la partie supérieure de leur corps, de dégager la peau de l'autre moitié accrochée au chapiteau ou retenue au socle; d'autres encore qui, en se battant, s'étaient arraché des lanières de chair par lesquelles ils se tenaient suspendus l'un à l'autre avec l'expression d'une haine et d'une souffrance indicibles. Le long de la frise, ou plutôt en guise de frise, il y avait de chaque côté une rangée d'êtres immondes, revêtus de la forme humaine, mais d'une laideur effroyable, occupés à dépecer des cadavres, à dévorer des membres humains, à tordre des viscères, à se repaître de lambeaux sanglants. De la voûte pendaient, en guise de clefs et de rosaces, des enfants mutilés qui semblaient pousser des cris lamentables, ou qui, fuyant avec terreur les mangeurs de chair humaine, s'élançaient la tête en bas, et semblaient près de se briser sur le pavé.

» Plus j'avançais, plus toutes ces statues, éclairées par la lumière du fond, prenaient l'aspect de la réalité ; elles étaient exécutées avec une vérité que jamais l'art des hommes n'eût pu atteindre. On eût dit d'une scène d'horreur qu'un cataclysme inconnu aurait surprise au milieu de sa réalité vivante, et aurait noircie et pétrifiée comme l'argile dans le four. L'expression du désespoir, de la rage ou de l'agonie était si frappante sur tous ces visages contractés ; le jeu ou la tension des muscles, l'exaspération de la lutte, le frémissement de la chair défaillante étaient reproduits avec tant d'exactitude qu'il était impossible d'en soutenir l'aspect sans dégoût et sans terreur. Le silence et l'immobilité de cette représentation ajoutaient peut-être encore à son horrible effet sur moi. Je devins si faible que je m'arrêtai et que je voulus retourner sur mes pas.

» Mais alors j'entendis au fond de ces ténèbres que j'avais traversées des rumeurs confuses comme celles d'une foule qui marche. Bientôt les voix devinrent plus distinctes et les clameurs plus bruyantes, et les pas se pressèrent tumultueusement en se rapprochant avec une vitesse incroyable : c'était un bruit de course irrégulière, saccadée, mais dont chaque élan était plus voisin, plus impétueux, plus menaçant. Je m'imaginai que j'étais poursuivi par cette foule déréglée, et j'essayai de la devancer en me précipitant sous la voûte au milieu des sculptures lugubres. Mais il me sembla que ces figures commençaient à s'agiter, à s'humecter de sueur et de sang, et que leurs yeux d'émail roulaient dans leurs orbites. Tout à coup je reconnus qu'elles me regardaient toutes et qu'elles étaient toutes penchées vers moi, les unes avec l'expression d'un rire affreux, les autres avec celle d'une aversion furieuse. Toutes avaient le bras levé sur moi et semblaient prêtes à m'écraser sous les membres palpitants qu'elles s'arrachaient les unes aux autres. Il y en avait qui me menaçaient avec leur propre tête dans les mains, ou avec des cadavres d'enfants qu'elles avaient arrachés de la voûte.

» Tandis que ma vue était troublée par ces images abominables, mon oreille était remplie des bruits sinistres qui s'approchaient. Il y avait devant moi des objets affreux, derrière moi des bruits plus affreux encore : des rires, des hurlements, des menaces, des sanglots, des blasphèmes, et tout à coup des silences, durant lesquels il semblait que la foule, portée par le vent, franchît des distances énormes et gagnât sur moi du terrain au centuple.

» Enfin le bruit se rapprocha tellement que, ne pouvant plus espérer d'échapper, j'essayai de me cacher derrière les piliers de la galerie ; mais les figures de marbre s'animèrent tout à coup ; et, agitant leurs bras, qu'elles tendaient vers moi avec frénésie, elles voulurent me saisir pour me dévorer.

» Je fus donc rejeté par la peur au milieu de la galerie, où leurs bras ne pouvaient m'atteindre, et la foule vint, et l'espace fut rempli de voix, le pavé inondé de pas. Ce fut comme une tempête dans les bois, comme une rafale sur les flots ; ce fut l'éruption de la lave. Il me sembla que l'air s'embrasait et que mes épaules pliaient sous le poids de la houle. Je fus emporté comme une feuille d'automne dans le tourbillon des spectres.

» Ils étaient tous vêtus de robes noires, et leurs yeux ardents brillaient sous leurs sombres capuces comme ceux du tigre au fond de son antre. Il y en avait qui semblaient plongés dans un désespoir sans bornes, d'autres qui se livraient à une joie insensée ou féroce, d'autres dont le silence farouche me glaçait et m'épouvantait plus encore. A mesure qu'ils avançaient, les figures de bronze et de marbre s'agitaient et se tordaient avec tant d'efforts qu'elles finissaient par se détacher de leur affreuse étreinte, par se dégager du pavé qui enchaînait leurs pieds, par arracher leurs bras et leurs épaules de la corniche ; et les mutilés de la voûte se détachaient aussi, et, se traînant comme des couleuvres le long des murs, ils réussissaient à gagner le sol. Et alors tous ces anthropophages gigantesques, tous ces écorchés, tous ces mutilés, se joignaient à la foule des spectres qui m'entraînaient, et, reprenant les apparences d'une vie complète, se mettaient à courir et à hurler comme les autres : de sorte qu'autour de nous l'espace s'agrandissait, et la foule se répandait dans les ténèbres comme un fleuve qui a rompu ses digues ; mais la lueur lointaine l'attirait et la guidait toujours. Tout à coup cette clarté blafarde devint plus vive, et je vis que nous étions arrivés au but. La foule se divisa, se répandit dans des galeries circulaires, et j'aperçus au-dessous de moi, à une distance incommensurable, l'intérieur d'un monument tel que la main de l'homme n'eût jamais pu le construire. C'était une église gothique dans le goût de celles que les catholiques érigeaient au onzième siècle, dans ce temps où leur puissance morale, arrivée à son apogée, commençait à dresser des échafauds et des bûchers. Les piliers élancés, les arcades aiguës, les animaux symboliques, les ornements bizarres, tous les caprices d'une architecture orgueilleuse et fantasque étaient là déployés dans un espace et sur des dimensions telles qu'un million d'hommes eût pu être abrité sous la même voûte. Mais cette voûte était de plomb, et les galeries supérieures où la foule se pressait était si rapprochées du faîte que nul ne pouvait s'y tenir debout, et que, la tête courbée et les épaules brisées, j'étais forcé de regarder ce qui se passait tout au fond de l'église, sous mes pieds, à une profondeur qui me donnait des vertiges.

» D'abord je ne discernai rien que les effets de l'architecture, dont les parties basses flottaient dans le vague, tandis que les parties moyennes s'éclairaient de lueurs rouges entrecoupées d'ombres noires, comme si un foyer d'incendie eût éclaté de quelque point insaisissable à ma vue. Peu à peu cette clarté sinistre s'étendit sur toutes les parties de l'édifice, et je distinguai un grand nombre de figures agenouillées dans la nef, tandis qu'une procession de prêtres revêtus de riches habits sacerdotaux défilait lentement au milieu, et se dirigeait vers le chœur en chantant d'une voix monotone :

« *Détruisons-le! détruisons-le! que ce qui appartient à la tombe soit rendu à la tombe!* »

» Ce chant lugubre réveilla mes terreurs, et je regardai autour de moi; mais je vis que j'étais seul dans une des travées : la foule avait envahi toutes les autres ; elle semblait ne pas s'occuper de moi. Alors j'essayai de m'échapper de ce lieu d'épouvante, où un instinct secret m'annonçait l'accomplissement de quelque affreux mystère. Je vis plusieurs portes derrière moi ; mais elles étaient gardées par les horribles figures de bronze, qui ricanaient et se parlaient entre elles en disant :

« *On va le détruire, et les lambeaux de sa chair nous appartiendront.* »

» Glacé par ces paroles, je me rapprochai de la balustrade en me courbant le long de la rampe de pierre pour qu'on ne pût pas me voir. J'eus une telle horreur de ce qui allait s'accomplir que je fermai les yeux et me bouchai les oreilles. La tête enveloppée de mon capuce et courbée sur mes genoux, je vins à bout de me figurer que tout cela était un rêve et que j'étais endormi sur le grabat de ma cellule. Je fis des efforts inouïs pour me réveiller et pour échapper au cauchemar, et je crus m'éveiller en effet ; mais en ouvrant les yeux je me retrouvai dans la travée, environné à distance des spectres qui m'y avaient conduit, et je vis au fond de la nef la procession de prêtres qui était arrivée au milieu du chœur, et qui formait un groupe pressé au centre duquel s'accomplissait une scène d'horreur que je n'oublierai jamais. Il y avait un homme couché dans un cercueil, et cet homme était vivant. Il ne se plaignait pas, il ne faisait aucune résistance ; mais des sanglots étouffés s'échappaient de son sein, et ses soupirs profonds, accueillis par un morne silence, se perdaient sous la voûte qui les renvoyait à la foule insensible. Auprès de lui plusieurs prêtres armés de clous et de marteaux se tenaient prêts à l'ensevelir aussitôt qu'on aurait réussi à lui arracher le cœur. Mais c'était en vain que, les bras sanglants et enfoncés dans la poitrine entr'ouverte du martyr, chacun venait à son tour fouiller et tordre ses entrailles ; nul ne pouvait arracher ce cœur invincible que des liens de diamant semblaient retenir victorieusement à sa place. De temps en temps les bourreaux laissaient échapper un cri de rage, et des imprécations mêlées à des huées leur répondaient du haut des galeries. Pendant ces abominations, la foule prosternée dans l'église se tenait immobile dans l'attitude de la méditation et du recueillement.

» Alors un des bourreaux s'approcha tout sanglant de la balustrade qui sépare le chœur de la nef, et dit à ces hommes agenouillés :

— Ames chrétiennes, fidèles fervents et purs, ô mes frères bien-aimés, priez ! redoublez de supplications et de larmes, afin que le miracle s'accomplisse et que vous puissiez manger la chair et boire le sang du Christ, votre divin Sauveur.

» Et les fidèles se mirent à prier à voix basse, à se frapper la poitrine et à répandre la cendre sur leurs fronts, tandis que les bourreaux continuaient à torturer leur proie, et que la victime murmurait en pleurant ces mots souvent répétés :

« *O mon Dieu, relève ces victimes de l'ignorance et de l'imposture !* »

» Il me semblait qu'un écho de la voûte, tel qu'une voix mystérieuse, apportait ces plaintes à mon oreille. Mais j'étais tellement glacé par la peur que, au lieu de lui répondre et d'élever ma voix contre les bourreaux, je n'étais occupé qu'à épier les mouvements de ceux qui m'environnaient, dans la crainte qu'ils ne tournassent leur rage contre moi en voyant que je n'étais pas un des leurs.

» Puis j'essayais de me réveiller, et pendant quelques secondes mon imagination me reportait à des scènes riantes. Je me voyais assis dans ma cellule par une belle matinée, entouré de mes livres favoris; mais un nouveau soupir de la victime m'arrachait à cette douce vision, et de nouveau je me retrouvais en face d'une interminable agonie et d'infatigables bourreaux. Je regardais le patient, et il me semblait qu'il se transformait à chaque instant. Ce n'était plus le Christ, c'était Abeilard, et puis Jean Huss, et puis Luther.... Je m'arrachais encore à ce spectacle d'horreur, et il me semblait que je revoyais la clarté du jour et que je fuyais léger et rapide au milieu d'une riante campagne. Mais un rire féroce, parti d'auprès de moi, me tirait en sursaut de cette douce illusion, et j'apercevais Spiridion dans le cercueil, aux prises avec les infâmes qui broyaient son cœur dans sa poitrine sans pouvoir s'en emparer. Puis ce n'était plus Spiridion, c'était le vieux Fulgence, et il appelait vers moi en disant:

— Alexis! mon fils Alexis! vas-tu donc me laisser périr?

» Il n'eut pas plutôt prononcé mon nom que je vis à sa place dans le cercueil ma propre figure, le sein entr'ouvert, le cœur déchiré par des ongles et des tenailles. Cependant j'étais toujours dans la travée, caché derrière la balustrade et contemplant un autre moi-même dans les angoisses de l'agonie. Alors je me sentis défaillir, mon sang se glaça dans mes veines, une sueur froide ruissela de tous mes membres, et j'éprouvai dans ma propre chair toutes les tortures que je voyais subir à mon spectre. J'essayai de rassembler le peu de forces qui me restaient et d'invoquer à mon tour Spiridion et Fulgence. Mes yeux se fermèrent, et ma bouche murmura des mots dont mon esprit n'avait plus conscience. Lorsque je rouvris les yeux, je vis auprès de moi une belle figure agenouillée, dans une attitude calme. La sérénité résidait sur son large front, et ses yeux ne daignaient point s'abaisser sur mon supplice. Il avait le regard dirigé vers la voûte de plomb, et je vis qu'au-dessus de sa tête la lumière du ciel pénétrait par une large ouverture. Un vent frais agitait faiblement les boucles d'or de ses beaux cheveux. Il y avait dans ses traits une mélancolie ineffable mêlée d'espoir et de pitié.

— O toi dont je sais le nom, lui dis-je à voix basse, toi qui sembles invisible à ces fantômes effroyables, et qui daignes te manifester à moi seul, à moi seul qui te connais et qui t'aime ! sauve-moi de ces terreurs, soustrais-moi à ce supplice !...

» Il se tourna vers moi, et me regarda avec des yeux clairs et profonds; qui semblaient à la fois plaindre et mépriser ma faiblesse. Puis, avec un sourire angélique, il étendit la main, et toute la vision rentra dans les ténèbres. Alors je n'entendis plus que sa voix amie, et c'est ainsi qu'elle me parla :

» Tout ce que tu as cru voir ici n'a d'existence que dans ton cerveau. Ton imagination a seul forgé l'horrible rêve contre lequel tu t'es débattu. Que ceci t'enseigne l'humilité, et souviens-toi de la faiblesse de ton esprit avant d'entreprendre ce que tu n'es pas encore capable d'exécuter. Les démons et les larves sont des créations du fanatisme et de la superstition. A quoi t'a servi toute ta philosophie, si tu ne sais pas encore distinguer les pures révélations que le ciel accorde, des grossières visions évoquées par la peur? Remarque que tout ce que tu as cru voir s'est passé en toi-même, et que tes sens abusés n'ont fait autre chose que de donner une forme aux idées qui depuis long-temps te préoccupent. Tu as vu dans cet édifice composé de figures de bronze et de marbre, tour à tour dévorantes et dévorées, un symbole des âmes que le catholicisme a endurcies et mutilées, une image des combats que les générations se sont livrés au sein de l'Église profanée, en se dévorant les unes les autres, en se rendant les unes aux autres le mal qu'elles avaient subi. Ce flot de spectres furieux qui t'a emporté avec lui, c'est l'incrédulité, c'est le désordre, l'athéisme, la paresse, la haine, la cupidité, l'envie, toutes les passions mauvaises qui ont envahi l'Église quand l'Église a perdu la foi ; et ces martyrs dont les princes de l'Église disputaient les entrailles, c'étaient les Christs, c'étaient les martyrs de la vérité nouvelle, c'étaient les saints de l'avenir tourmentés et déchirés jusqu'au fond du cœur par les fourbes, les envieux et les traîtres. Toi-même, dans un instinct de noble ambition, tu t'es vu couché dans ce cénotaphe ensanglanté, sous les yeux d'un clergé infâme et d'un peuple imbécile. Mais tu étais double à tes propres yeux ; et, tandis que la moitié la plus belle de ton être subissait la torture avec constance et refusait de se livrer aux pharisiens, l'autre moitié, qui est égoïste et lâche, se cachait dans l'ombre, et, pour échapper à ses ennemis, laissait la voix du vieux Fulgence expirer sans échos. C'est ainsi, ô Alexis ! que l'amour de la vérité a su préserver ton âme des viles passions du vulgaire ; mais c'est ainsi, ô moine ! que l'amour du bien-être et le désir de la liberté t'ont rendu complice du triomphe des hypocrites avec lesquels tu es condamné à vivre. Allons, éveille-toi, et cherche dans la vertu la vérité que tu n'as pu trouver dans la science.

» A peine eut-il fini de parler, que je m'éveillai ; j'étais dans l'église du couvent, étendu sur la pierre du *Hic est,* à côté du caveau entr'ouvert. Le jour était levé, les oiseaux chantaient gaiement en voltigeant autour des vitraux; le soleil levant projetait obliquement un rayon d'or et de pourpre sur le fond du chœur. Je vis distinctement celui qui m'avait parlé entrer dans ce rayon, et s'y effacer comme s'il se fût confondu avec la lumière céleste. Je me tâtai avec effroi. J'étais appesanti par un sommeil de mort, et mes membres étaient engourdis par le froid de la tombe. La cloche sonnait matines ; je me hâtai de replacer la pierre sur le caveau, et je pus sortir de l'église avant que le petit nombre des fervents qui ne se dispensaient pas des offices du matin y eût pénétré.

» Le lendemain, il ne me restait de cette nuit affreuse qu'une lassitude profonde et un souvenir pénible. Les diverses émotions que j'avais éprouvées se confondaient dans l'accablement de mon cerveau. La vision hideuse et la céleste apparition me paraissaient également fébriles et imaginaires ; je répudiais autant l'une que l'autre, et n'attribuais déjà plus la douce impression de la dernière qu'au rassérénement de mes facultés et à la fraîcheur du matin.

» A partir de ce moment, je n'eus plus qu'une pensée et qu'un but, ce fut de refroidir mon imagination, comme j'avais réussi à refroidir mon cœur. Je pensai que, comme j'avais dépouillé le catholicisme pour ouvrir à mon intelligence une voie plus large, je devais dépouiller tout enthousiasme religieux pour retenir ma raison dans une voie plus droite et plus ferme. La philosophie du siècle avait mal combattu en moi l'élément superstitieux ; je résolus de me prendre aux racines de cette philosophie; et, rétrogradant d'un siècle, je remontai aux causes des doctrines incomplètes qui m'avaient séduit. J'étudiai Newton, Leibnitz, Keppler, Malebranche, Descartes surtout, père des géomètres, qui avaient sapé l'édifice de la tradition et de la révélation. Je me persuadai qu'en cherchant l'existence de Dieu dans les problèmes de la science et dans les raisonnements de la métaphysique, je saisirais enfin l'idée de Dieu, telle que je voulais la concevoir, calme, invincible, infinie.

» Alors commença pour moi une nouvelle série de travaux, de fatigues et de souffrances. Je m'étais flatté d'être plus robuste que les spéculateurs auxquels j'allais demander la foi; je savais bien qu'ils l'avaient perdue en voulant la démontrer; j'attribuais cette erreur funeste à l'affaiblissement inévitable des facultés employées à de trop fortes études. Je me promettais de ménager mieux mes forces, d'éviter les puérilités où de consciencieuses recherches les avaient parfois égarés, de rejeter avec discernement tout ce qui était entré de force dans leurs systèmes; en un mot, de marcher à pas de géant dans cette carrière où ils s'étaient traînés avec peine. Là, comme partout, l'orgueil me poussait à ma perte; elle fut bientôt consommée. Loin d'être plus ferme que mes maîtres, je me laissai tomber plus bas sur le revers des sommets que je voulais atteindre et où je me targuais vainement de rester. Parvenu à ces hauteurs de la science, que l'intelligence escalade, mais au pied desquelles le sentiment s'arrête, je fus pris du vertige de l'athéisme. Fier d'avoir monté si haut, je ne voulus pas comprendre que j'avais à peine atteint le premier degré de la science de Dieu, parce que je pouvais expliquer avec une certaine logique le mécanisme de l'univers, et que pourtant je ne pouvais pénétrer la pensée qui avait présidé à cette création. Je me plus à ne voir dans l'univers qu'une machine, et à supprimer la pensée divine comme un élément inutile à la formation et à la durée des mondes. Je m'habituai à rechercher partout l'évidence et à mépriser le sentiment, comme s'il n'était pas une des principales conditions de la certitude. Je me fis donc une manière étroite et grossière de voir, d'analyser et de définir les choses ; et je devins le plus obstiné, le plus vain et le plus borné des savants.

» Dix ans de ma vie s'écoulèrent dans ces travaux ignorés, dix ans qui tombèrent dans l'abîme sans faire croître un brin d'herbe sur ses bords. Je me débattis long-temps contre le froid de la raison. A mesure que je m'emparais de cette triste conquête, j'en étais effrayé, et je me demandais ce que je ferais de mon cœur si jamais il venait à se réveiller. Mais peu à peu les plaisirs de la vanité satisfaite étouffaient cette inquiétude. On ne se figure pas ce que l'homme, voué en apparence aux occupations les plus graves, y porte d'inconséquence et de légèreté. Dans les sciences, la difficulté vaincue est si enivrante que les résolutions consciencieuses, les instincts du cœur, la morale de l'âme, sont sacrifiés, en un clin d'œil, aux triomphes frivoles de l'intelligence. Plus je courais à ces triomphes, plus celui que j'avais rêvé d'abord me paraissait chimérique. J'arrivai enfin à le croire inutile autant qu'impossible ; je résolus donc de ne plus chercher des vérités métaphysiques sur la voie desquelles mes études physiques me mettaient de moins en moins. J'avais étudié les mystères de la nature, la marche et le repos des corps célestes, les lois invariables qui régissent l'univers dans ses splendeurs infinies comme dans ses imperceptibles détails ; partout j'avais senti la main de fer d'une puissance incommensurable, profondément insensible aux nobles émotions de l'homme, généreuse jusqu'à la profusion, ingénieuse jusqu'à la minutie en tout ce qui tend à ses satisfactions matérielles ; mais vouée à un silence inexorable en tout ce qui tient à son être moral, à ses immenses désirs, fallait-il dire à ses immenses besoins ? Cette avidité avec laquelle quelques hommes d'exception cherchent à communiquer intimement avec la Divinité, n'était-elle pas une maladie du cerveau, que l'on pouvait classer à côté du déréglement de certaines croissances anormales dans le règne végétal, et de certains instincts exagérés chez les animaux ? N'était-ce pas l'orgueil, cette autre maladie commune au grand nombre des humains, qui parait de couleurs sublimes et rehaussait d'appellations pompeuses cette fièvre de l'esprit, témoignage de faiblesse et de lassitude bien plus que de force et de santé ? Non, m'écriai-je, c'est impudence et folie, et misère surtout, que de vouloir escalader le ciel. Le ciel qui n'existe nulle part pour le moindre écolier rompu au mécanisme de la sphère ! le ciel, où le vulgaire croit voir, au milieu d'un trône de nuées formé des grossières exhalaisons de la terre, un fétiche taillé sur le modèle de l'homme, assis sur les sphères ainsi qu'un ciron sur l'Atlas ! le ciel, l'éther infini parsemé de soleils et de mondes infinis, que l'homme s'imagine devoir traverser après sa mort comme les pigeons voyageurs passent d'un champ à un autre, et où de pitoyables rhéteurs théologiques choisissent apparemment une constellation pour domaine et les rayons d'un astre pour vêtement ! le ciel et l'homme, c'est-à-dire l'infini et l'atome ! quel étrange rapprochement d'idées! quelle ridicule antithèse! Quel est donc le premier cerveau humain qui est tombé dans une pareille démence? Et aujourd'hui un pape, qui s'intitule le roi des âmes, ouvre avec une clef les deux battants de l'éternité à quiconque plie le genou devant sa discipline en disant : « *Admettez-moi!* »

» C'est ainsi que je parlais, et alors un rire amer s'emparait de moi; et, jetant par terre les sublimes écrits des pères de l'Église et ceux des philosophes spiritualistes de toutes les nations et de tous les temps, je les foulais aux pieds dans une sorte de rage, en répétant ces mots favoris d'Hébronius, où je croyais trouver la solution de tous mes problèmes : « O ignorance, ô imposture ! »

» Tu pâlis, enfant, dit Alexis en s'interrompant; ta main tremble dans la mienne, et ton œil effaré semble interroger le mien avec anxiété. Calme-toi, et ne crains pas de tomber dans de pareilles angoisses : j'espère que ce récit t'en préservera pour jamais.

» Heureusement pour l'homme, cette pensée de Dieu, qu'il ignore et qu'il nie si souvent, a présidé à la création de son être avec autant de soin et d'amour qu'à celle de l'univers. Elle l'a fait perfectible dans le bien, corrigible dans le mal. Si, dans la société, l'homme peut se considérer souvent comme perdu pour la société, dans la solitude l'homme n'est jamais perdu pour Dieu ; car, tant qu'il lui reste un souffle de vie, ce souffle peut faire vibrer une corde inconnue au fond de son âme; et quiconque a aimé la vérité a bien des cordes à briser avant de périr. Souvent les sublimes facultés dont il est doué sommeillent pour se retremper comme le germe des plantes au sein de la terre, et, au sortir d'un long repos, elles éclatent avec plus de puissance. Si j'estime tant la retraite et la solitude, si je persiste à croire qu'il faut garder les vœux monastiques, c'est que j'ai connu plus qu'un autre les dangers et les victoires de ce long tête-à-tête avec la conscience, où ma vie s'est consumée. Si j'avais vécu dans le monde, j'eusse été perdu à jamais. Le souffle des hommes eût éteint ce que le souffle de Dieu a ranimé. L'appât d'une vaine gloire m'eût enivré; et, mon amour pour la science trouvant toujours de nouvelles excitations dans le suffrage d'autrui, j'eusse vécu dans l'ivresse d'une fausse joie et dans l'oubli du vrai bonheur. Mais ici, n'étant compris de personne, vivant de moi-même, et n'ayant pour stimulant que mon orgueil et ma curiosité, je finis par apaiser ma soif et par me lasser de ma propre estime. Je sentis le besoin de faire partager mes plaisirs et mes peines à quelqu'un, à défaut de l'ami céleste que je m'étais aliéné; et je le sentis sans m'en rendre compte, sans vouloir me l'avouer à moi-même. Outre les habitudes superbes que l'orgueil de l'esprit avait données à mon caractère, je n'étais point entouré d'êtres avec lesquels je pusse sympathiser : la grossièreté ou la méchanceté se dressait de toutes parts autour de moi pour repousser les élans de mon cœur. Ce fut encore un bonheur pour moi. Je sentais que la société d'hommes intelligents eût allumé en moi une fièvre de discussion, une soif de controverses, qui m'eussent de plus en plus affermi dans mes négations; au lieu que, dans mes longues veillées solitaires, au plus fort de mon athéisme, je sentais encore parfois des aspirations violentes vers ce Dieu que j'appelais la fiction de mes jeunes années; et, quoique dans ces moments-là j'eusse du mépris pour moi-même, il est certain que je redevenais bon, et que mon cœur luttait avec courage contre sa propre destruction.

» Les grandes maladies ont des phases où le mal amène le bien, et c'est après la crise la plus effrayante que la guérison se fait tout à coup comme un miracle. Les temps qui précédèrent mon retour à la foi furent ceux où je crus me sentir le plus robuste adepte de la *raison pure*. J'avais réussi à étouffer toute révolte du cœur, et je triomphais dans mon mépris de toute croyance, dans mon oubli de toute émotion religieuse. A peine arrivé à cet apogée de ma force philosophique, je fus pris de désespoir. Un jour que j'avais travaillé pendant plusieurs heures à je ne sais quels détails d'observation scientifique avec une lucidité extraordinaire, je me sentis persuadé, plus que je ne l'avais encore été, de la toute-puissance de la matière et de l'impossibilité d'un esprit créateur et vivifiant autre que ce que j'appelais, en langage de naturaliste, les propriétés vitales de la matière. Alors j'éprouvai tout à coup dans mon être physique la sensation d'un froid glacial, et je me mis au lit avec la fièvre.

» Je n'avais jamais pris aucun soin de ma santé. Je fis une maladie longue et douloureuse. Ma vie ne fut point en danger; mais d'intolérables souffrances s'opposèrent pendant long-temps à toute occupation de mon cerveau. Un ennui profond s'empara de moi; l'inaction, l'isolement et la souffrance me jetèrent dans une tristesse mortelle. Je ne voulais recevoir les soins de personne; mais les instances faussement affectueuses du Prieur et celles d'un certain convers infirmier, nommé Christophore, me forcèrent d'accepter une société pendant la nuit. J'avais d'insupportables insomnies, et ce Christophore, sous prétexte de m'en alléger l'ennui, venait dormir chaque nuit d'un lourd et profond sommeil auprès de mon lit. C'était bien la plus excellente et la plus bornée des créatures humaines. Sa stupidité avait trouvé grâce pour sa bonté auprès des autres moines. On le traitait comme une sorte d'animal domestique laborieux, souvent nécessaire et toujours inoffensif. Sa vie n'était qu'une suite de bienfaits et de dévouements. Comme on en tirait parti, on l'avait habitué à compter sur l'efficacité de ses soins; et cette confiance, que j'étais loin de partager, me le rendait importun à l'excès. Cependant un sentiment de justice, que l'athéisme n'avait pu détruire en moi, me forçait à le supporter avec patience et à le traiter avec douceur. Quelquefois, dans les commencements, je m'étais emporté contre lui, et je l'avais chassé de ma cellule. Au lieu d'en être offensé, il s'affligeait de me laisser seul en proie à mon mal; il nasillait une longue prière à ma porte, et au lever du jour je le trouvais assis sur l'escalier, la tête dans ses mains, dormant à la vérité, mais dormant au froid et sur la dure plutôt que de se résigner à passer dans son lit les heures qu'il avait résolu de me consacrer. Sa patience et son abnégation me vainquirent. Je supportai sa compagnie pour lui rendre service; car, à mon grand regret, nul autre que moi n'était malade dans le couvent; et, lorsque Christophore n'avait personne à soigner, il était l'homme le plus malheureux du monde. Peu à peu je m'habituai à le voir, lui et son petit chien, qui s'était tellement identifié avec lui qu'il avait tout son caractère, toutes ses habitudes, et que, pour un peu, il eût préparé la tisane et tâté le pouls aux malades. Ces deux êtres remuaient et dormaient de compagnie. Quand le moine allait et venait sur la pointe du pied autour de la chambre, le chien faisait autant de pas que lui ; et, dès que le bonhomme s'assoupissait, l'animal paisible en faisait autant. Si Christophore faisait sa prière, Bacco s'asseyait gravement devant lui, et se tenait ainsi fronçant l'oreille et suivant de l'œil les moindres mouvements de bras et de tête dont le moine accompagnait son oraison. Si ce dernier m'encourageait à prendre patience par de niaises consolations et de banales promesses de guérison prochaine, Bacco se dressait sur ses jambes de derrière, et, posant ses petites pattes de devant sur mon lit avec beaucoup de discrétion et de propreté, me léchait la main d'un air affectueux. Je m'accoutumai tellement à eux qu'ils me devinrent nécessaires autant l'un que l'autre. Au fond je crois que j'avais une secrète préférence pour Bacco ; car il avait beaucoup plus d'intelligence que son maître, son sommeil était plus léger, et surtout il ne parlait pas.

» Mes souffrances devinrent si intolérables que toutes mes forces furent abattues. Au bout d'une année de ce cruel supplice, j'étais tellement vaincu que je ne désirais plus la mort. Je craignais d'avoir à souffrir encore plus pour quitter la vie, et je me faisais d'une vie sans souffrance l'idéal du bonheur. Mon ennui était si grand que je ne pouvais plus me passer un instant de mon gardien. Je le forçais à manger en ma présence, et le spectacle de son robuste appétit était un amusement pour moi. Tout ce qui m'avait choqué en lui me plaisait, même son pesant sommeil, ses interminables prières et ses contes de bonne femme. J'en étais venu au point de prendre plaisir à être tourmenté par lui, et chaque soir je refusais ma potion afin de me divertir pendant un quart d'heure de ses importunités infatigables et de ses insinuations naïves, qu'il croyait ingénieuses, pour m'amener à ses fins. C'était là mes seules distractions, et j'y trouvais une sorte de gaieté intérieure, que le bonhomme semblait deviner, quoique mes traits flétris et contractés ne pussent pas l'exprimer même par un sourire.

» Lorsque je commençais à guérir, une maladie épidémique se déclara dans le couvent. Le mal était subit, terrible, inévitable. On était comme foudroyé. Mon pauvre Christophore en fut atteint un des premiers. J'oubliai ma faiblesse et le danger ; je quittai ma cellule et passai trois jours et trois nuits au pied de son lit. Le quatrième jour il expira dans mes bras. Cette perte me fut si douloureuse que je faillis ne pas y survivre. Alors une crise étrange s'opéra en moi : je fus promptement et complétement guéri; mon être moral se réveilla comme à la suite d'un long sommeil ; et, pour la première fois depuis bien des années, je compris par le cœur les douleurs de l'humanité. Christophore était le seul homme que j'eusse aimé depuis la mort de Fulgence. Une si prompte et si amère séparation me remit en mémoire mon premier ami, ma jeunesse, ma piété, ma sensibilité, tous mes bonheurs à jamais perdus. Je rentrai dans ma solitude avec désespoir. Bacco m'y suivit ; j'étais le dernier malade que son maître eût soigné : il s'était habitué à vivre dans ma cellule, et il semblait vouloir reporter son affection sur moi ; mais il ne put y réussir, le chagrin le consuma. Il ne dormait plus, il flairait sans cesse le fauteuil où Christophore avait coutume de dormir, et que je plaçais toutes les nuits auprès de mon chevet pour me représenter quelque chose de la présence de mon pauvre ami. Bacco n'était point ingrat à mes caresses, mais rien ne pouvait calmer son inquiétude. Au moindre bruit, il se dressait et regardait la porte avec un mélange d'espoir et de découragement. Alors j'éprouvais le besoin de lui parler comme à un être sympathique.

— Il ne viendra plus, lui disais-je, c'est moi seul que tu dois aimer maintenant.

» Il me comprenait, j'en suis certain, car il venait à moi et me léchait la main d'un air triste et résigné. Puis il se couchait et tâchait de s'endormir ; mais c'était un assoupissement douloureux, entrecoupé de faibles plaintes qui me déchiraient l'âme. Quand il eut perdu tout espoir de retrouver celui qu'il attendait toujours, il résolut de se laisser mourir. Il refusa de manger, et je le vis expirer sur le fauteuil de son maître, en me regardant d'un air de reproche, comme si j'étais la cause de ses fatigues et de sa mort. Quand je vis ses yeux éteints et ses membres glacés, je ne pus retenir des torrents de larmes ; je le pleurai encore plus amèrement que je n'avais pleuré Christophore. Il me sembla que je perdais celui-ci une seconde fois.

» Cet événement, si puéril en apparence, acheva de me précipiter du haut de mon orgueil dans un abîme de douleurs. A quoi m'avait servi cet orgueil? à quoi m'avait servi mon intelligence? La maladie avait frappé l'une d'impuissance ; l'humilité d'un homme charitable, l'affection fidèle d'un pauvre animal, m'avaient plus secouru que l'autre. Maintenant que la mort m'enlevait les seuls objets de ma sympathie, la raison dont j'avais fait mon Dieu m'enseignait, pour toute consolation, qu'il ne restait plus rien d'eux, et qu'ils devaient être pour moi comme s'ils n'eussent jamais été. Je ne pouvais me faire à cette idée de destruction absolue, et pourtant ma science me défendait d'en douter. J'essayai de reprendre mes études, espérant chasser l'ennui qui me dévorait ; cela ne servit qu'à absorber quelques heures de ma journée. Dès que je rentrais dans ma cellule, dès que je m'étendais sur mon lit pour dormir, l'horreur de l'isolement se faisait sentir chaque jour davantage ; je devenais faible comme un enfant, et je baignais mon chevet de mes larmes ; je regrettais ces souffrances physiques qui m'avaient semblé insupportables, et qui maintenant m'eussent été douces si elles eussent pu ramener près de moi Christophore et Bacco.

» Je sentis alors profondément que la plus humble amitié est un plus précieux trésor que toutes les conquêtes du génie ; que la plus naïve émotion du cœur est plus douce et plus nécessaire que toutes les satisfactions de la vanité. Je compris, par le témoignage de mes entrailles, que l'homme est fait pour aimer, et que la solitude, sans la foi et l'amour divin, est un tombeau, moins le repos de la mort ! Je ne pouvais espérer de retrouver la foi, c'était un beau rêve évanoui qui me laissait plein de regrets ; ce que j'appelais ma raison et mes lumières l'avaient bannie sans retour de mon âme. Ma vie ne pouvait plus être qu'une veille aride, une réalité desséchante. Mille pensées de désespoir s'agitèrent dans mon cerveau. Je songeai à quitter le cloître, à me lancer dans le tourbillon du monde, à m'abandonner aux passions, aux vices même, pour tâcher d'échapper à moi-même par l'ivresse ou l'abrutissement. Ces désirs s'effacèrent promptement ; j'avais étouffé mes passions de trop bonne heure pour qu'il me fût possible de les faire revivre. L'athéisme même n'avait fait qu'affermir, par l'étude et la réflexion, mes habitudes d'austérité. D'ailleurs, à travers toutes mes transformations, j'avais conservé un sentiment du beau, un désir de l'idéal que ne répudient point à leur gré les intelligences tant soit peu élevées. Je ne me berçais plus du rêve de la perfection divine ; mais, à voir seulement l'univers matériel, à ne contempler que la splendeur des étoiles et la régularité des lois qui régissent la matière, j'avais pris tant d'amour pour l'ordre, la durée et la beauté extérieure des choses, que je n'eusse jamais pu vaincre mon horreur pour tout ce qui eût troublé ces idées de grandeur et d'harmonie.

» J'essayai de me créer de nouvelles sympathies ; je n'en pus trouver dans le cloître. Je rencontrais partout la malice et la fausseté ; et, quand j'avais affaire aux simples d'esprit, j'apercevais la lâcheté sous la douceur. Je tâchai de nouer quelques relations avec le monde. Du temps de l'abbé Spiridion, tout ce qu'il y avait d'hommes distingués dans le pays et de voyageurs instruits sur les chemins venaient visiter le couvent, malgré sa position sauvage et la difficulté des routes qui y conduisent. Mais, depuis qu'il était devenu un repaire de paresse, d'ignorance et d'ivrognerie, le hasard seul nous amenait, comme aujourd'hui, à de rares intervalles, quelques passants indifférents ou quelques curieux désœuvrés. Je ne trouvai personne à qui ouvrir mon cœur, et je restai seul, livré à un sombre abattement.

» Pendant des semaines et des mois, je vécus ainsi sans plaisir et presque sans peine, tant mon âme était brisée et accablée sous le poids de l'ennui. L'étude avait perdu tout attrait pour moi ; elle me devint peu à peu odieuse : elle ne servait qu'à me remettre sous les yeux ce sinistre problème de la destinée de l'homme abandonné sur la terre à tous les éléments de souffrance et de destruction, sans avenir, sans promesse et sans récompense. Je me demandais alors à quoi bon vivre, mais aussi à quoi bon mourir ; néant pour néant, je laissais le temps couler et mon front se dégarnir sans opposer de résistance à ce dépérissement de l'âme et du corps, qui me conduisait lentement à un repos plus triste encore.

» L'automne arriva, et la mélancolie du ciel adoucit un peu l'amertume de mes idées. J'aimais à marcher sur les feuilles sèches et à voir passer ces grandes troupes d'oiseaux voyageurs qui volent dans un ordre symétrique, et dont le cri sauvage se perd dans les nuées. J'enviais le sort de ces créatures qui obéissent à des instincts toujours satisfaits, et que la réflexion ne tourmente pas. Dans un sens, je les trouvais bien plus complets que l'homme, car ils ne désirent que ce qu'ils peuvent posséder ; et, si le soin de leur conservation est un travail continuel, du moins ils ne connaissent pas l'ennui, qui est la pire des fatigues. J'aimais aussi à voir s'épanouir les dernières fleurs de l'année. Tout me semblait préférable au sort de l'homme, même celui des plantes ; et, portant ma sympathie sur ces existences éphémères, je n'avais d'autre plaisir que de cultiver un petit coin du jardin et de l'entourer de palissades pour empêcher les pieds profanes de fouler mes gazons et les mains sacriléges de cueillir mes fleurs. Lorsqu'on en approchait, je repoussais les curieux avec tant d'humeur qu'on me crut fou, et que le Prieur se réjouit de me voir tombé dans un tel abrutissement.

» Les soirées étaient fraîches, mais douces ; il m'arrivait souvent, après avoir cherché, dans la fatigue de mon travail manuel, l'espoir d'un peu de repos pour la nuit, de me coucher sur un banc de gazon que j'avais élevé moi-même, et de rester plongé dans une vague rêverie long-temps après le coucher du soleil. Je laissais flotter mes esprits, comme les feuilles que le vent enlevait aux arbres; je m'étudiais à végéter; j'eusse voulu désapprendre l'exercice de la pensée. J'arrivais ainsi à une sorte d'assoupissement qui n'était ni la veille ni le sommeil, ni la souffrance ni le bien-être, et ce pâle plaisir était encore le plus vif qui me restât. Peu à peu cette langueur devint plus douce, et le travail de ma volonté pour y arriver devint plus facile. Ma béatitude alors consistait surtout à perdre la mémoire du passé et l'appréhension de l'avenir. J'étais tout au présent. Je comprenais la vie de la nature, j'observais tous ses petits phénomènes, je pénétrais dans ses moindres secrets. J'écoutais ses capricieuses harmonies, et le sentiment de toutes ces choses inappréciables aux esprits agités réussissait à me distraire de moi-même. Je soulageais à mon insu, par cette douce admiration, mon cœur rempli d'un amour sans but et d'un enthousiasme sans aliment. Je contemplais la grâce d'une branche mollement bercée par le vent, j'étais attendri par le chant faible et mélancolique d'un insecte. Les parfums de mes fleurs me portaient à la reconnaissance; leur beauté, préservée de toute altération par mes soins, m'inspirait un naïf orgueil. Pour la première fois, depuis bien des années, je redevenais sensible à la poésie du cloître, sanctuaire placé sur les lieux élevés pour que l'homme y vive au-dessus des bruits du monde, recueilli dans la contemplation du ciel. Tu connais cet angle que forme la terrasse du jardin du côté de la mer, au bout du berceau de vigne que supportent des piliers quadrangulaires en marbre blanc. Là s'élèvent quatre palmiers; c'est moi qui les ai plantés, et c'est là que j'avais disposé mon parterre, aujourd'hui effacé et confondu dans le potager, qui a pris la place du beau jardin créé par Hébronius. Ce lieu était encore, à l'époque dont je te parle, un des plus pittoresques de la terre, au dire des rares voyageurs qui le visitaient. Les riches fontaines de marbre, qui ne sont plus consacrées aujourd'hui qu'à de vils usages, y murmuraient alors pour les seules délices des oreilles musicales. L'eau pure de la source tombait dans des conques de marbre rouge qui la déversaient l'une dans l'autre, et fuyait mystérieusement sous l'ombrage des cyprès et des figuiers. Les rameaux des citronniers et des caroubiers se pressaient et s'enlaçaient étroitement autour de ma retraite, et l'isolaient selon mon goût. Mais, du côté du glacis perpendiculaire qui domine le rivage, j'avais ménagé une ouverture dans mes berceaux; et je pouvais admirer à loisir, à travers un cadre de fleurs et de verdure, le spectacle sublime de la mer brisant sur les rochers et se teignant à l'horizon des feux du couchant ou de ceux de l'aurore. Là, perdu dans des rêveries sans fin, il me semblait saisir des harmonies inappréciables aux sens grossiers des autres hommes, quelque chant plaintif, exhalé sur la rive maure, et porté sur les mers par les vents du sud, ou le cantique de quelque derviche, saint ignoré, perdu dans les âpres solitudes de l'Atlas, et plus heureux dans sa misère cénobitique avec la foi que moi au sein de mon opulence monacale avec le doute.

» Peu à peu j'en vins à découvrir un sens profond dans les moindres faits de la nature. En m'abandonnant au charme de mes impressions avec la naïveté qu'amène le découragement, je reculai insensiblement les bornes étroites du *certain* jusqu'à celles du *possible;* et bientôt le possible, vu avec une certaine émotion du cœur, ouvrit autour de moi des horizons plus vastes que ma raison n'eût osé les pressentir. Il me sembla trouver des motifs de mystérieuse prévoyance dans tout ce qui m'avait paru livré à la fatalité aveugle. Je recouvrai le sens du bonheur que j'avais si déplorablement perdu. Je cherchai les jouissances relatives de tous les êtres, comme j'avais cherché leurs souffrances, et je m'étonnai de les trouver si équitablement réparties. Chaque être prit une forme et une voix nouvelle pour me révéler des facultés inconnues à la froide et superficielle observation que j'avais prise pour la science. Des mystères infinis se déroulèrent autour de moi, contredisant toutes les sentences d'un savoir incomplet et d'un jugement précipité. En un mot, la vie prit à mes yeux un caractère sacré et un but immense, que je n'avais entrevu ni dans les religions ni dans les sciences, et que mon cœur enseigna sur nouveaux frais à mon intelligence égarée.

» Un soir j'écoutais avec recueillement le bruit de la mer calme brisant sur le sable; je cherchais le sens de ces trois lames, plus fortes que les autres, qui reviennent toujours ensemble à des intervalles réguliers, comme un rhythme marqué dans l'harmonie éternelle; j'entendis un pêcheur qui chantait aux étoiles, étendu sur le dos dans sa barque. Sans doute, j'avais entendu bien souvent le chant des pêcheurs de la côte, et celui-là peut-être aussi souvent que les autres. Mes oreilles avaient toujours été fermées à la musique, comme mon cerveau à la poésie. Je n'avais vu dans les chants du peuple que l'expression des passions grossières, et j'en avais détourné mon attention avec mépris. Ce soir-là, comme les autres soirs, je fus d'abord blessé d'entendre cette voix qui couvrait celle des flots, et qui troublait mon audition. Mais, au bout de quelques instants, je remarquai que le chant du pêcheur suivait instinctivement le rhythme de la mer, et je pensai que c'était là peut-être un de ces grands et vrais artistes que la nature elle-même prend soin d'instruire, et qui, pour la plupart, meurent ignorés comme ils ont vécu. Cette pensée répondant aux habitudes de suppositions dans lesquelles je me complaisais désormais, j'écoutai sans impatience le chant à demi sauvage de cet homme à demi sauvage aussi, qui célébrait d'une voix lente et mélancolique les mystères de la nuit et la douceur de la brise. Ses vers avaient peu de rime et peu de mesure; ses paroles, encore moins de sens et de poésie; mais le charme de sa voix, l'habileté naïve de son rhythme, et l'étonnante beauté de sa mélodie, triste, large et monotone comme celle des vagues, me frappèrent si vivement, que tout à coup la musique me fut révélée. La musique me sembla devoir être la véritable langue poétique de l'homme, indépendante de toute parole et de toute poésie écrite, soumise à une logique particulière, et pouvant exprimer des idées de l'ordre le plus élevé, des idées trop vastes même pour être bien rendues dans toute autre langue. Je résolus d'étudier la musique, afin de poursuivre cet aperçu; et je l'étudiai en effet avec quelque succès, comme on a pu te le dire. Mais une chose me gêna toujours, c'est d'avoir trop fait usage de la logique appliquée à un autre ordre de facultés. Je ne pus jamais composer, et c'était là pourtant ce que j'eusse ambitionné par-dessus tout en musique. Quand je vis que je ne pouvais rendre ma pensée dans cette langue trop sublime sans doute pour mon organisation, je m'adonnai à la poésie, et je fis des vers. Cela ne me réussit pas beaucoup mieux; mais j'avais un besoin de poésie qui cherchait une issue avant de songer à posséder un aliment, et ma poésie était faible, parce que la poésie veut être alimentée d'un sentiment profond dont je n'avais que le vague pressentiment.

» Mécontent de mes vers, je fis de la prose à laquelle je tâchai de conserver une forme lyrique. Le seul sujet sur lequel je pusse m'exercer avec un peu de facilité, c'était ma tristesse et les maux que j'avais soufferts en cherchant la vérité. Je t'en réciterai un échantillon :

« O ma grandeur! ô ma force! vous avez passé
» comme une nuée d'orage, et vous êtes tombées sur la
» terre pour ravager comme la foudre. Vous avez frappé
» de mort et de stérilité tous les fruits et toutes les fleurs
» de mon champ. Vous en avez fait une arène désolée,
» et je me suis assis tout seul au milieu de mes ruines.
» O ma grandeur! ô ma force! étiez-vous de bons ou
» de mauvais anges?

» O ma fierté! ô ma science! vous vous êtes levées
» comme les tourbillons brûlants que le simoun répand
» sur le désert. Comme le gravier, comme la poussière,
» vous avez enseveli les palmiers, vous avez troublé ou
» tari les fontaines. Et j'ai cherché l'onde où l'on se
» désaltère, et je ne l'ai plus trouvée; car l'insensé qui
» veut frayer sa route vers les cimes orgueilleuses de
» l'Horeb, oublie l'humble sentier qui mène à la source
» ombragée. O ma science! ô ma fierté! étiez-vous les
» envoyées du Seigneur, étiez-vous des esprits de té-
» nèbres?

» O ma vertu! ô mon abstinence! vous vous êtes
» dressées comme des tours, vous vous êtes étendues
» comme des remparts de marbre, comme des murailles
» d'airain. Vous m'avez abrité sous des voûtes glacées,
» vous m'avez enseveli dans des caves funèbres remplies
» d'angoisses et de terreurs; et j'ai dormi sur une couche
» dure et froide, où j'ai rêvé souvent qu'il y avait un ciel

31.

» propice et des mondes féconds. Et quand j'ai cherché
» la lumière du soleil, je ne l'ai plus trouvée ; car j'avais
» perdu la vue dans les ténèbres, et mes pieds débiles
» ne pouvaient plus me porter sur le bord de l'abîme. O
» ma vertu ! ô mon abstinence ! étiez-vous les suppôts de
» l'orgueil, ou les conseils de la sagesse ? »

» O ma religion ! ô mon espérance ! vous m'avez
» porté comme une barque incertaine et fragile sur des
» mers sans rivages, au milieu des brumes décevantes,
» vagues illusions, informes images d'une patrie incon-
» nue. Et quand, lassé de lutter contre le vent et de gé-
» mir courbé sous la tempête, je vous ai demandé où
» vous me conduisiez, vous avez allumé des phares sur
» des écueils pour me montrer ce qu'il fallait fuir, et
» non ce qu'il fallait atteindre. O ma religion ! ô mon
» espérance ! étiez-vous le rêve de la folie, ou la voix
» mystérieuse du Dieu vivant ? »

» Au milieu de ces occupations innocentes, mon âme avait repris du calme et mon corps de la vigueur ; je fus tiré de mon repos par l'irruption d'un fléau imprévu. A la contagion qu'avaient éprouvée le monastère et les environs succéda la peste qui désola le pays tout entier. J'avais eu l'occasion de faire quelques observations sur la possibilité de se préserver des maladies épidémiques par un système hygiénique fort simple. Je fis part de mes idées à quelques personnes ; et, comme elles eurent à se louer d'y avoir ajouté foi, on me fit la réputation d'avoir des remèdes merveilleux contre la peste. Tout en niant la science qu'on m'attribuait, je me prêtai de grand cœur à communiquer mes humbles découvertes. Alors on vint me chercher de tous côtés, et bientôt mon temps et mes forces purent à peine suffire au nombre de consultations qu'on venait me demander ;

il fallut même que le Prieur m'accordât la permission extraordinaire de sortir du monastère à toute heure, et d'aller visiter les malades. Mais, à mesure que la peste étendait ses ravages, les sentiments de piété et d'humanité, qui d'abord avaient porté les moines à se montrer accessibles et compatissants, s'effacèrent de leurs âmes. Une peur égoïste et lâche glaça tout esprit de charité. Défense me fut faite de communiquer avec les pestiférés, et les portes du monastère furent fermées à ceux qui venaient implorer des secours. Je ne pus m'empêcher d'en témoigner mon indignation au Prieur. Dans un autre temps, il m'eût envoyé au cachot; mais les esprits étaient tellement abattus par la crainte de la mort qu'il m'écouta avec calme. Alors il me proposa un terme moyen : c'était d'aller m'établir à deux lieues d'ici, dans l'ermitage de Saint-Hyacinthe, et d'y demeurer avec l'ermite jusqu'à ce que la fin de la contagion et l'absence de tout danger pour *nos frères* me permissent de rentrer dans le couvent. Il s'agissait de savoir si l'ermite consentirait à me laisser vaquer aux devoirs de ma nouvelle charge de médecin, et à partager avec moi sa natte et son pain noir. Je fus autorisé à l'aller voir pour sonder ses intentions, et je m'y rendis à l'instant même. Je n'avais pas grand espoir de le trouver favorable : cet homme, qui venait une fois par mois demander l'aumône à la porte du couvent, m'avait toujours inspiré de l'éloignement. Quoique la piété des âmes simples ne le laissât pas manquer du nécessaire, il était obligé par ses vœux à mendier de porte en porte à des intervalles périodiques, plutôt pour faire acte d'abjection que pour assurer son existence. J'avais un grand mépris pour cette pratique; et cet ermite, avec son grand crâne conique, ses yeux pâles et enfoncés qui ne semblaient pas capables de supporter la lumière du soleil, son dos voûté, son silence farouche, sa barbe blanche, jaunie à toutes les intempéries de l'air, et sa grande main décharnée, qu'il tirait de dessous son manteau plutôt avec un geste de commandement qu'avec l'apparence de l'humilité, était devenu pour moi un type de fanatisme et d'orgueil hypocrite.

» Quand j'eus gravi la montagne, je fus ravi de l'aspect de la mer. Vue ainsi en plongeant de haut sur ses abîmes, elle semblait une immense plaine d'azur fortement inclinée vers les rocs énormes qui la surplombaient; et ses flots réguliers, dont le mouvement n'était plus sensible, présentaient l'apparence de sillons égaux tracés par la charrue. Cette masse bleue, qui se dressait comme une colline et qui semblait compacte et solide comme le saphir, me saisit d'un tel vertige d'enthousiasme, que je me retins aux oliviers de la montagne pour ne pas me précipiter dans l'espace. Il me semblait qu'en face de ce magnifique élément le corps devait prendre les forces de l'esprit et parcourir l'immensité dans un vol sublime. Je pensai alors à Jésus marchant sur les flots, et je me représentai cet homme divin, grand comme les montagnes, resplendissant comme le soleil. « Allégorie de la métaphysique, ou rêve d'une confiance exaltée, m'écriai-je, tu es plus grand et plus poétique que toutes nos certitudes mesurées au compas et tous nos raisonnements alignés au cordeau !... »

» Comme je disais ces paroles, une sorte de plainte psalmodiée, faible et lugubre prière qui semblait sortir des entrailles de la montagne, me força de me retourner. Je cherchai quelque temps des yeux et de l'oreille d'où pouvaient partir ces sons étranges ; et, enfin, étant monté sur une roche voisine, je vis sous mes pieds, à quelque distance, dans un écartement du rocher, l'ermite, nu jusqu'à la ceinture, occupé à creuser une fosse dans le sable. A ses pieds était étendu un cadavre roulé dans une natte et dont les pieds bleuâtres, maculés par les traces de la peste, sortaient de ce linceul rustique. Une odeur fétide s'exhalait de la fosse entr'ouverte, à peine refermée la veille sur d'autres cadavres ensevelis à la hâte. Auprès du nouveau mort il y avait une petite croix de bois d'olivier grossièrement taillée, ornement unique du mausolée commun; une jatte de grès avec un rameau d'hysope pour l'ablution lustrale, et un petit bûcher de genièvre fumant pour épurer l'air. Un soleil dévorant tombait d'aplomb sur la tête chauve et sur les maigres épaules du solitaire. La sueur collait à sa poitrine les longues mèches de sa barbe couleur d'ambre. Saisi de respect et de pitié, je m'élançai vers lui. Il ne témoigna aucune surprise; et, jetant sa bêche, il me fit signe de prendre les pieds du cadavre, en même temps qu'il le prenait par les épaules. Quand nous l'eûmes enseveli, il replanta la croix, fit l'immersion d'eau bénite; et, me priant de ranimer le bûcher, il s'agenouilla, murmura une courte prière, et s'éloigna sans s'occuper de moi davantage. Quand nous eûmes gagné son ermitage, il s'aperçut seulement que je marchais près de lui; et, me regardant alors avec quelque étonnement, il me demanda si j'avais besoin de me reposer. Je lui expliquai en peu de mots le but de ma visite. Il ne me répondit que par un serrement de main; puis, ouvrant la porte de l'ermitage, il me montra, dans une salle creusée au sein du roc, quatre ou cinq malheureux pestiférés agonisants sur des nattes.

— Ce sont, me dit-il, des pêcheurs de la côte et des contrebandiers que leurs parents, saisis de terreur, ont jetés hors des huttes. Je ne puis rien faire pour eux que de combattre le désespoir de leur agonie par des paroles de foi et de charité ; et puis je les ensevelis quand ils ont cessé de souffrir. N'entrez pas, mon frère, ajouta-t-il en voyant que je m'avançais sur le seuil, ces gens-là sont sans ressources, et ce lieu est infecté ; conservez vos jours pour ceux que vous pouvez sauver encore.

— Et vous, mon père, lui dis-je, ne craignez-vous donc rien pour vous-même ?

— Rien, répondit-il en souriant ; j'ai un préservatif certain.

— Et quel est-il ?

— C'est, dit il d'un air inspiré, la tâche que j'ai à remplir qui me rend invulnérable. Quand je ne serai plus nécessaire, je redeviendrai un homme comme les autres ; et quand je tomberai, je dirai : — Seigneur, ta volonté soit faite ; puisque tu me rappelles, c'est que tu n'as plus rien à me commander.

» Comme il disait cela, ses yeux éteints se ranimèrent, et semblèrent renvoyer les rayons du soleil qu'ils avaient absorbés. Leur éclat fut tel que j'en détournai les miens et les reportai involontairement sur la mer qui étincelait à nos pieds.

— A quoi songez-vous ? me dit-il.

— Je songe, répondis-je, que Jésus a marché sur les eaux.

— Quoi d'étonnant ? reprit le digne homme qui ne me comprenait pas ; la seule chose étonnante, c'est que saint Pierre ait douté, lui qui voyait le Sauveur face à face.

» Je revins tout de suite au monastère pour rendre compte à l'abbé de mon message. J'aurais dû m'épargner cette peine, et me souvenir que les moines se soucient fort peu de la règle, surtout quand la peur les gouverne. Je trouvai toutes les portes closes ; et quand je présentai ma tête au guichet, on me le referma au visage en me criant que, quel que fût le résultat de ma démarche, je ne pouvais plus rentrer au couvent. J'allai donc coucher à l'ermitage.

» J'y passai trois mois dans la société de l'ermite. C'était vraiment un homme des anciens jours, un saint digne des plus beaux temps du christianisme. Hors de l'exercice des bonnes œuvres, c'était peut-être un esprit vulgaire ; mais sa piété était si grande qu'elle lui donnait le génie au besoin. C'était surtout dans ses exhortations aux mourants que je le trouvais admirable. Il était alors vraiment inspiré ; l'éloquence débordait en lui comme un torrent des montagnes. Des larmes de componction inondaient son visage sillonné par la fatigue. Il connaissait vraiment le chemin des cœurs. Il combattait les angoisses et les terreurs de la mort, comme George le guerrier céleste terrassait les dragons. Il avait une intelligence merveilleuse des diverses passions qui avaient pu remplir l'existence de ces moribonds, et il avait un langage et des promesses appropriés à chacun d'eux. Je remarquais avec satisfaction qu'il était possédé du désir sincère de leur donner un instant de soulagement moral à leur pénible départ de ce monde, et non trop préoccupé des vaines formalités du dogme. En cela, il s'élevait au-dessus de lui-même ; car sa foi avait dans l'application personnelle toutes les minuties du catholicisme le plus étroit et le plus rigide : mais la bonté est un don de Dieu au-dessus des pouvoirs et des menaces de l'Église. Une larme de ses mourants lui paraissait plus importante que les cérémonies de l'extrême-onction, et un jour je l'entendis prononcer une grande parole pour un catholique. Il avait présenté le crucifix aux lèvres d'un agonisant; celui-ci détourna la tête, et, prenant l'autre main de l'ermite, il la lui baisa en rendant l'esprit.

— Eh bien! dit l'ermite en lui fermant les yeux, il te sera pardonné, car tu as senti la reconnaissance; et si tu as compris le dévouement d'un homme en ce monde, tu sentiras la bonté de Dieu dans l'autre.

» Avec les chaleurs de l'été cessa la contagion. Je passai encore quelque temps avec l'ermite avant que l'on osât me rappeler au couvent. Le repos nous était bien nécessaire à l'un et à l'autre; et je dois dire que ces derniers jours de l'année, pleins de calme, de fraîcheur et de suavité dans un des sites les plus magnifiques qu'il soit possible d'imaginer, loin de toute contrainte, et dans la société d'un homme vraiment respectable, furent au nombre des rares beaux jours de ma vie. Cette existence rude et frugale me plaisait, et puis je me sentais un autre homme qu'en arrivant à l'ermitage; un travail utile, un dévouement sincère m'avaient retrempé. Mon cœur s'épanouissait comme une fleur aux brises du printemps. Je comprenais l'amour fraternel sur un vaste plan, le dévouement pour tous les hommes, la charité, l'abnégation, la vie de l'âme en un mot. Je remarquais bien quelque puérilité dans les idées de mon compagnon rendu au calme de sa vie habituelle. Lorsque l'enthousiasme ne le soutenait plus, il redevenait capucin jusqu'à un certain point; mais je n'essayais pas de combattre ses scrupules, et j'étais pénétré de respect pour la foi épurée au creuset d'une telle vertu.

» Lorsque l'ordre me vint de retourner au monastère, j'étais un peu malade; la peur de me voir rapporter un germe de contagion fit attendre très-patiemment mon retour. Je reçus immédiatement une licence pour rester dehors le temps nécessaire à mon rétablissement; temps qu'on ne limitait pas, et dont je résolus de faire le meilleur emploi possible.

» Jusque-là une des principales idées qui m'avaient empêché de rompre mon vœu, c'était la crainte du scandale : non que j'eusse aucun souci personnel de l'opinion d'un monde avec lequel je ne désirais établir aucun rapport, ni que je conservasse aucun respect pour ces moines que je ne pouvais estimer; mais une rigidité naturelle, un instinct profond de la dignité du serment, et, plus que tout cela peut-être, un respect invincible pour la mémoire d'Hébronius, m'avaient retenu. Maintenant que le couvent me rejetait, pour ainsi dire, de son enceinte, il me semblait que je pouvais l'abandonner sans faire un éclat de mauvais exemple et sans violer mes résolutions. J'examinai la vie que j'avais menée dans le cloître et celle que j'y pouvais mener encore. Je me demandai si elle pouvait produire ce qu'elle n'avait pas encore produit, quelque chose de grand ou d'utile. Cette vie de bénédictin que Spiridion avait pratiquée et rêvée sans doute pour ses successeurs était devenue impossible. Les premiers compagnons de la savante retraite de Spiridion durent lui faire rêver les beaux jours du cloître et les grands travaux accomplis sous ces voûtes antiques, sanctuaire de l'érudition et de la persévérance; mais Spiridion, contemporain des derniers hommes remarquables que le cloître ait produits, mourut pourtant dégoûté de son œuvre, à ce qu'on assure, et désillusionné sur l'avenir de la vie monastique. Quant à moi, qui puis sans orgueil, puisqu'il s'agit de pénibles travaux entrepris, et non de glorieuses œuvres accomplies, dire que j'ai été le dernier des bénédictins en ce siècle, je voyais bien que même mon rôle de paisible érudit n'était plus tenable. Pour des études calmes, il faut un esprit calme; et comment le mien eût-il pu l'être au sein de la tourmente qui grondait sur l'humanité? Je voyais les sociétés prêtes à se dissoudre, les trônes trembler comme des roseaux que la vague va couvrir, les peuples se réveiller d'un long sommeil et menacer tout ce qui les avait enchaînés, le bon et le mauvais confondus dans la même lassitude du joug, dans la même haine du passé. Je voyais le rideau du temple se fendre du haut en bas comme à l'heure de la résurrection du crucifié dont ces peuples étaient l'image, et les turpitudes du sanctuaire allaient être mises à nu devant l'œil de la vengeance. Comment mon âme eût-elle pu être indifférente aux approches de ce vaste déchirement qui allait s'opérer? Comment mon oreille eût-elle pu être sourde au rugissement de la grande mer qui montait, impatiente de briser ses digues et de submerger les empires? A la veille des catastrophes dont nous sentirons bientôt l'effet, les derniers moines peuvent bien achever à la hâte de vider leurs cuves, et, gorgés de vin et de nourriture, s'étendre sur leur couche souillée pour y attendre sans souci la mort au milieu des fumées de l'ivresse. Mais je ne suis pas de ceux-là ; je m'inquiète de savoir comment et pourquoi j'ai vécu, pourquoi et comment je dois mourir.

» Ayant mûrement examiné quel usage je pourrais faire de la liberté que je m'arrogeais, je ne vis, hors des travaux de l'esprit, rien qui me convînt en ce monde. Aux premiers temps de mon détachement du catholicisme, j'avais été travaillé sans doute par de vastes ambitions ; j'avais fait des projets gigantesques ; j'avais médité la réforme de l'Église sur un plan plus vaste que celui de Luther ; j'avais rêvé le développement du protestantisme. C'est que, comme Luther, j'étais chrétien ; et, conçu dans le sein de l'Église, je ne pouvais imaginer une religion, si émancipée qu'elle se fît, qui ne fût d'abord engendrée par l'Église. Mais, en cessant de croire au Christ, en devenant philosophe comme mon siècle, je ne voyais plus le moyen d'être un novateur; on avait tout osé. En fait de liberté de principes, j'avais été aussi loin que les autres, et je voyais bien que, pour élever un avis nouveau au milieu de tous ces destructeurs, il eût fallu avoir à leur proposer un plan de réédification quelconque. J'eusse pu faire quelque chose pour les sciences, et je l'eusse dû peut-être ; mais, outre que je n'avais nul souci de me faire un nom dans cette branche des connaissances humaines, je ne me sentais vraiment de désirs et d'énergie que pour les questions philosophiques. Je n'avais étudié les sciences que pour me guider dans le labyrinthe de la métaphysique, et pour arriver à la connaissance de l'Être suprême. Ce but manqué, je n'aimai plus ces études qui ne m'avaient passionné qu'indirectement ; et la perte de toute croyance me paraissait une chose si triste à éprouver qu'il m'eût paru également pénible de l'annoncer aux hommes. Qu'eût été, d'ailleurs, une voix de plus dans ce grand concert de malédictions qui s'élevait contre l'Église expirante ? Il y aurait eu de la lâcheté à lancer la pierre contre ce moribond, déjà aux prises avec la révolution française qui commençait à éclater, et qui, n'en doute pas, Angel, aura dans nos contrées un retentissement plus fort et plus prochain qu'on ne se plaît ici à le croire. Voilà pourquoi je t'ai conseillé souvent de ne pas déserter le poste où peut-être d'honorables périls viendront bientôt nous chercher. Quant à moi, si je ne suis plus moine par l'esprit, je le suis et le serai toujours par la robe. C'est une condition sociale, je ne dirai pas comme une autre, mais c'en est une ; et plus elle est déconsidérée, plus il importe de s'y comporter en homme. Si nous sommes appelés à vivre dans le monde, sois sûr que plus d'un regard d'ironie et de mépris viendra scruter la contenance de ces tristes oiseaux de nuit, dont la race habite depuis quinze cents ans les ténèbres et la poussière des vieux murs. Ceux qui se présenteront alors au grand jour avec l'opprobre de la tonsure doivent lever la tête plus haut que les autres ; car la tonsure est ineffaçable, et les cheveux repoussent en vain sur le crâne : rien ne cache ce stigmate jadis vénéré, aujourd'hui abhorré des peuples. Sans doute, Angel, nous porterons la peine des crimes que nous n'avons pas commis, et des vices que nous n'avons pas connus. Que ceux qui auront mérité les supplices prennent donc la fuite ; que ceux qui auront mérité des soufflets se cachent donc le visage. Mais nous, nous pouvons tendre la joue aux insultes et les mains à la corde, et porter en esprit et en vérité la croix du Christ, ce philosophe sublime que tu m'entends rarement nommer, parce que son nom illustre, prononcé sans cesse autour de moi par tant de bouches impures, ne peut sortir de mes lèvres qu'à propos des choses les plus sérieuses de la vie et des sentiments les plus profonds de l'âme.

» Que pouvais-je donc faire de ma liberté ? rien qui me satisfît. Si je n'eusse écouté qu'une vaine avidité de bruit, de changement et de spectacles, je serais certainement parti pour long-temps, pour toujours peut-être. J'eusse exploré des contrées lointaines, traversé les vastes mers, et visité les nations sauvages du globe. Je vainquis plus d'une vive tentation de ce genre. Tantôt j'avais envie de me joindre à quelque savant missionnaire, et d'aller chercher, loin du bruit des nations nouvelles, le calme du passé chez des peuples conservateurs religieux des lois et des croyances de l'antiquité. La Chine, l'Inde surtout, m'offraient un vaste champ de recherches et d'observations. Mais j'éprouvai presque aussitôt une répugnance insurmontable pour ce repos de la tombe auquel je ne risquais certainement pas d'échapper, et que j'allais, tout vivant, me mettre sous les yeux. Je ne voulus point voir des peuples morts intellectuellement, attachés comme des animaux stupides au joug façonné par l'intelligence de leurs aïeux, et marchant tout d'une pièce comme des momies dans leur suaire d'hiéroglyphes. Quelque violent, quelque terrible, quelque sanglant que pût être le dénoûment du drame qui se préparait autour de moi, c'était l'histoire, c'était le mouvement éternel des choses, c'était l'action fatale ou providentielle du destin, c'était la vie, en un mot, qui bouillonnait sous mes pieds comme la lave. J'aimai mieux être emporté par elle comme un brin d'herbe que d'aller chercher les vestiges d'une végétation pétrifiée sur des cendres à jamais refroidies.

» En même temps que mes idées prirent ce cours, une autre tentation vint m'assaillir : ce fut d'aller précisément me jeter au milieu du mouvement des choses, et de quitter cette terre où le réveil ne se faisait pas sentir encore, pour voir l'orage éclater. Oubliant alors que j'étais moine et que j'avais résolu de rester moine, je me sentais homme, et un homme plein d'énergie et de passions; je songeais alors à ce que peut être la vie d'action, et, lassé de la réflexion, je me sentais emporté, comme un jeune écolier (je devrais plutôt dire comme un jeune animal), par le besoin de remuer et de dépenser mes forces. Ma vanité me berçait alors de menteuses promesses. Elle me disait que là un rôle utile m'attendait peut-être, que les idées philosophiques avaient accompli leur tâche, que le moment d'appliquer ces idées était venu, qu'il s'agissait désormais d'avoir de grands sentiments, que les caractères allaient être mis à l'épreuve, et que les grands cœurs seraient aussi nécessaires qu'ils seraient rares. Je me trompais. Les grandes époques engendrent les grands hommes ; et, réciproquement, les grandes actions naissent les unes des autres. La révolution française, tant calomniée à tes oreilles par tous ces imbéciles qu'elle épouvante et tous ces cafards qu'elle menace, enfante tous les jours, sans que tu t'en doutes, Angel, des phalanges de héros, dont les noms n'arrivent ici qu'accompagnés de malédictions, mais dont tu chercheras un jour avidement la trace dans l'histoire contemporaine.

» Quant à moi, je quitterai ce monde sans savoir clairement le mot de la grande énigme révolutionnaire, devant laquelle viennent se briser tant d'orgueils étroits. ou d'intelligences téméraires. Je ne suis pas né pour savoir. J'aurai passé dans cette vie comme sur une pente rapide conduisant à des abîmes où je serai lancé sans avoir le temps de regarder autour de moi, et sans avoir servi à autre chose qu'à marquer par mes souffrances une heure d'attente au cadran de l'éternité. Pourtant, comme je vois les hommes du présent se faire de plus grands maux encore en vue de l'avenir que nous ne nous en sommes fait en vue du passé, je me dis que tout ce mal doit amener de grands biens ; car aujourd'hui je crois qu'il y a une action providentielle, et que l'humanité obéit instinctivement et sympathiquement aux grands et profonds desseins de la pensée divine.

» J'étais aux prises avec ce nouvel élan d'ambition, dernier éclair d'une jeunesse de cœur mal étouffée, et prolongée par cela même au delà des temps marqués pour la candeur et l'inexpérience. La révolution américaine m'avait tenté vivement, celle de France me tentait plus encore. Un navire faisant voile pour la France fut jeté sur nos côtes par des vents contraires. Quelques passagers vinrent visiter l'ermitage et s'y reposer, tandis que le navire se préparait à reprendre sa route. C'étaient des personnes distinguées ; du moins elles me parurent telles, à moi qui éprouvais un si grand besoin d'entendre parler avec liberté des événements politiques et du mouvement philosophique qui les produisait. Ces hommes étaient pleins de foi dans l'avenir, pleins de confiance en eux-mêmes. Ils ne s'entendaient pas beaucoup entre eux sur les moyens ; mais il était aisé de voir que tous les moyens leur sembleraient bons dans le danger. Cette manière d'envisager les questions les plus délicates de l'équité sociale me plaisait et m'effrayait en même temps ; tout ce qui était courage et dévouement éveillait des échos endormis dans mon sein. Pourtant les idées de violence et de destruction aveugle troublaient mes sentiments de justice et mes habitudes de patience.

» Parmi ces gens-là il y avait un jeune Corse dont les traits austères et le regard profond ne sont jamais sortis de ma mémoire. Son attitude négligée, jointe à une grande réserve, ses paroles énergiques et concises, ses yeux clairs et pénétrants, son profil romain, une certaine gaucherie gracieuse qui semblait une méfiance de lui-même prête à se changer en audace emportée au moindre défi, tout me frappa dans ce jeune homme ; et, quoiqu'il affectât de mépriser toutes les choses présentes et de n'estimer qu'un certain idéal d'austérité spartiate, je crus deviner qu'il brûlait de s'élancer dans la vie, je crus pressentir qu'il y ferait des choses éclatantes. J'ignore si je me suis trompé. Peut-être n'a-t-il pu percer encore, peut-être son nom est-il un de ceux qui remplissent aujourd'hui le monde, ou peut-être encore est-il tombé sur un champ de bataille, tranché comme un jeune épi avant le temps de la moisson. S'il vit et s'il prospère, fasse le ciel que sa puissante énergie ait servi le développement de ses principes rigides, et non celui des passions ambitieuses ! Il remarqua peu le vieux ermite, et, quoique j'en fusse bien moins digne, il concentra toute son attention sur moi, durant le peu d'heures que nous passâmes à marcher de long en large sur la terrasse de rochers qui entoure l'ermitage. Sa démarche était saccadée, toujours rapide, à chaque instant brisée brusquement, comme le mouvement de la mer qu'il s'arrêtait pour écouter avec admiration ; car il avait le sentiment de la poésie mêlé à un degré extraordinaire à celui de la réalité. Sa pensée semblait embrasser le ciel et la terre ; mais elle était sur la terre plus qu'au ciel, et les choses divines ne lui semblaient que des institutions protectrices des grandes destinées humaines. Son Dieu était la volonté, la puissance son idéal, la force son élément de vie. Je me rappelle assez distinctement l'élan d'enthousiasme qui le saisit lorsque j'essayai de connaître ses idées religieuses.

» Oh ! s'écria-t-il vivement, je ne connais que Jéhovah, parce que c'est le dieu de la force.

» Oh! oui, la force! c'est là le devoir, c'est là la révélation du Sinaï, c'est là le secret des prophètes!

» L'appétition de la force, c'est le besoin de développement que la nécessité inflige à tous les êtres. Chaque chose veut être parce qu'elle doit être. Ce qui n'a pas la force de vouloir est destiné à périr, depuis l'homme sans cœur jusqu'au brin d'herbe privé des sucs nourriciers. O mon père! toi qui étudies les secrets de la nature, incline-toi devant la force! Vois dans tout quelle âpreté d'envahissement, quelle opiniâtreté de résistance! comme le lichen cherche à dévorer la pierre! comme le lierre étreint les arbres, et, impuissant à percer leur écorce, se roule à l'entour comme un aspic en fureur! Vois le loup gratter la terre et l'ours creuser la neige avant de s'y coucher. Hélas! comment les hommes ne se feraient-ils pas la guerre, nation contre nation, individu contre individu? comment la société ne serait-elle pas un conflit perpétuel de volontés et de besoins contraires, lorsque tout est travail dans la nature, lorsque les flots de la mer se soulèvent les uns contre les autres, lorsque l'aigle déchire le lièvre et l'hirondelle le vermisseau, lorsque la gelée fend les blocs de marbre, et que la neige résiste au soleil? Lève la tête; vois ces masses granitiques qui se dressent sur nous comme des géants, et qui, depuis des siècles, soutiennent les assauts des vents déchaînés! Que veulent ces dieux de pierre qui lassent l'haleine d'Éole? pourquoi la résistance d'Atlas sous le fardeau de la matière? pourquoi les terribles travaux du cyclope aux entrailles du géant, et les laves qui jaillissent de sa bouche? C'est que chaque chose veut avoir sa place et remplir l'espace autant que sa puissance d'extension le comporte; c'est que, pour détacher une parcelle de ces granites, il faut l'action d'une force extérieure formidable; c'est que chaque être et chaque chose porte en soi les éléments de la production et de la destruction; c'est que la création entière offre le spectacle d'un grand combat, où l'ordre et la durée ne reposent que sur la lutte incessante et universelle. Travaillons donc, créatures mortelles, travaillons à notre propre existence! O homme! travaille à refaire ta société, si elle est mauvaise; en cela tu imiteras le castor industrieux qui bâtit sa maison. Travaille à la maintenir, si elle est bonne; en cela tu seras semblable au récif qui se défend contre les flots rongeurs. Si tu t'abandonnes, si tu laisses à la chimère du hasard le soin de ton avenir, si tu subis l'oppression, si tu négliges l'œuvre de ta délivrance, tu mourras dans le désert comme la race incrédule d'Israël. Si tu t'endors dans la lâcheté, si tu souffres les maux que l'habitude t'a rendus familiers, afin d'éviter ceux que tu crois éloignés; si tu endures la soif par méfiance de l'eau du rocher et de la verge du prophète, tu mérites que le ciel t'abandonne et que la mer roule sur toi ses flots indifférents. Oui, oui, le plus grand crime que l'homme puisse commettre, la plus grande impiété dont il puisse souiller sa vie, c'est la paresse et l'indifférence. Ceux qui ont appliqué la sainte parole de résignation à cette soumission couarde et nonchalante, ceux qui ont fait un mérite aux hommes de subir l'insolence et le despotisme d'autres hommes; ceux-là, dis-je, ont péché; ce sont de faux prophètes, et ils ont égaré la race humaine dans des voies de malédiction! »

» C'est ainsi qu'il parlait tandis que la brise de mer soufflait dans ses longs cheveux noirs. Je n'essaie pas ici de te rendre la force et la concision de sa parole, je ne saurais y atteindre; le souvenir de ses idées m'est seul resté, et sa figure a été long-temps devant mes yeux après son départ. Je l'accompagnai sur la barque qui le reconduisait à bord du navire. Il me serra la main avec force en me quittant, et ses dernières paroles furent :

» Eh bien! vous ne voulez pas nous suivre?

» Mon cœur tressaillit en cet instant, comme s'il eût voulu s'échapper de ma poitrine; je sentis pour ce jeune homme un élan de sympathie extraordinaire, comme si son énergie avait en moi un reflet ignoré. Mais, en même temps, cette face inconnue de son être qui échappait à ma pénétration me glaça de crainte, et je laissai retomber sa main blanche et froide comme le marbre. Long-temps je le suivis des yeux, du haut des rochers, d'où je l'apercevais debout sur le tillac, une longue-vue à la main, observant les récifs de la côte : déjà il ne songeait plus à moi. Quand la voile eut disparu à l'horizon, je regrettai de ne pas lui avoir demandé son nom. Je n'y avais pas songé.

» Quand je me retrouvai seul sur le rivage, il me sembla que la dernière lueur de vie venait de s'éteindre en moi et que je rentrais dans la nuit éternelle. Mon cœur se serra étroitement; et, quoique le soleil fût ardent sur ma tête, je me trouvai tout à coup comme environné de ténèbres. Alors les paroles de mon rêve me revinrent à la mémoire, et je les prononçai tout haut dans une sorte de désespoir :

» *Que ce qui appartient à la tombe soit rendu à la tombe!*

» Je passai le reste de cette journée dans une grande agitation. Tant que ces voyageurs m'avaient encouragé à les suivre, je m'étais senti plus fort que leurs suggestions ; maintenant qu'il n'était plus temps de me raviser, je n'étais pas sûr que mon refus ne fût pas bien plutôt un trait de lâcheté qu'un acte de sagesse. J'étais abattu, incertain ; je jetais des regards sombres autour de moi ; ma robe noire me semblait une chape de plomb ; j'étais accablé de moi-même. Je me traînai jusqu'à mon lit de joncs, et je m'endormis en formant le souhait de ne plus me réveiller.

» Je revis en rêve l'abbé Spiridion, pour la première fois depuis douze ans. Il me sembla qu'il entrait dans la cellule, qu'il passait auprès de l'ermite sans l'éveiller, et qu'il venait s'asseoir familièrement près de moi. Je ne le voyais pas distinctement, et pourtant je le reconnaissais ; j'étais assuré qu'il était là, qu'il me parlait, et je lui retrouvais le même son de voix qu'il avait eu dans mes rêves précédents, malgré le temps qui s'était écoulé depuis le dernier. Il me parla longuement, vivement, et je m'éveillai fort ému ; mais il me fut impossible de me rappeler un mot de ce qu'il m'avait dit. Pourtant j'étais sous l'impression de ses remontrances, et tout le jour je me trouvai languissant et rêveur comme un enfant repris d'une faute dont il ne connaît pas la gravité. Je me promenai poursuivi de l'idée de Spiridion, et ne songeant d'ailleurs plus à la chasser ; elle ne me causait plus d'effroi, quoiqu'elle se liât toujours dans ma pensée à une menace d'aliénation mentale ; il m'importait assez peu désormais de perdre la raison, pourvu que ma folie fût douce ; et, comme je me sentais porté à la mélancolie, je préférais de beaucoup cet état à la lucidité du désespoir.

» La nuit suivante, je reçus la même visite, je fis le même songe, et le surlendemain aussi. Je commençai à ne plus me demander si c'était là une de ces idées fixes qui s'emparent des cerveaux troublés, ou s'il y avait véritablement un commerce possible entre l'âme des vivants et celle des morts. J'avais, sinon l'esprit, du moins le cœur assez tranquille ; car, depuis un certain temps, je m'appliquais sérieusement à la pratique du bien. J'avais quitté le désir de me rendre plus éclairé et plus habile, pour celui de me rendre plus pur et plus juste. Je me laissais donc aller au destin. Mon dernier sacrifice, quoiqu'il m'eût bien coûté, était consommé : j'avais fait pour le mieux. J'ignorais si cette ombre assidue à me visiter était mécontente de mon regret ; mais je n'avais plus peur d'elle, je me sentais assez fort pour ne pas me soucier des morts, moi qui avais pu rompre, à tout jamais, avec les vivants.

» Le quatrième jour, l'ordre formel me vint du haut clergé de retourner à mon couvent. L'évêque de la province avait déjà entendu parler de ma conférence avec des voyageurs dont le rapide passage avait échappé au contrôle de sa police. On craignait que je n'eusse quelques rapports secrets avec des moteurs d'insurrection, ou des étrangers imbus de mauvais principes ; on m'enjoignait de rentrer sur l'heure au monastère. Je cédai à cette injonction avec la plus complète indifférence. Le regret du bon ermite me toucha cependant, quoique son respect pour les ordres supérieurs l'eût empêché d'élever aucune objection contre mon départ, ni de laisser voir aucun mécontentement. Au moment de me voir disparaître parmi les arbres, il me rappela, se jeta dans mes bras, et s'en arracha tout en pleurs pour se précipiter dans son oratoire. Alors je courus après lui à mon tour, et, pour la première fois depuis bien des années, m'agenouillant devant un homme et devant un prêtre, je lui demandai sa bénédiction. Ce fut un éternel adieu ; il mourut l'hiver suivant, dans sa quatre-vingt-dixième année ; c'était un homme trop obscur pour que l'on songeât à Rome à le canoniser. Pourtant jamais chrétien ne mérita mieux le patriciat céleste. Les paysans de la contrée se partagèrent sa robe de bure, et en portent encore de petits morceaux comme des reliques. Les bandits des montagnes, pour lesquels sa porte n'avait jamais été fermée, payèrent un magnifique service funèbre à l'église de sa paroisse pour faire honneur à sa mémoire.

» Je le quittai vers midi, et prenant le plus long chemin pour retourner au couvent, je suivis les grèves de la mer jusqu'à la plaine, faisant pour la dernière fois de ma vie l'école buissonnière avec des épaules courbées par l'âge et un cœur usé par la tristesse.

» La journée était chaude, car déjà le printemps s'épanouissait au flanc des rochers. Le chemin que je suivais n'était pas tracé ; la mer seule l'avait creusé à la base des montagnes. Mille aspérités du roc semblaient encore disputer la rive à l'action envahissante des flots. Au bout de deux heures de marche sur ces grèves ardentes, je m'assis, épuisé de fatigue, sur un bloc de granit noir au milieu de l'écume blanche des vagues. C'était un endroit sauvage, et la mer le remplissait d'harmonies lugubres. Une vieille tour ruinée, asile des pétrels et des goëlands, semblait prête à crouler sur ma tête. Rongées par l'air salin, ses pierres avaient pris le grain et la couleur des rochers voisins, et l'œil ne pouvait plus distinguer en beaucoup d'endroits où finissait le travail de la nature et où commençait celui de l'homme. Je me comparai à cette ruine abandonnée que les orages emportaient pierre à pierre, et je me demandai si l'homme était forcé d'attendre ainsi sa destruction du temps et du hasard; si, après avoir accompli sa tâche ou consommé son sacrifice, il n'avait pas droit de hâter le repos de la tombe; et des pensées de suicide s'agitèrent dans mon cerveau. Alors je me levai, et me mis à marcher sur le bord du rocher, si rapidement et si près de l'abîme, que j'ignore comment je n'y tombai pas. Mais en cet instant j'entendis derrière moi comme le bruit d'un vêtement qui froissait la mousse et les broussailles. Je me retournai sans voir personne, et repris ma course. Mais par trois fois des pas se firent entendre derrière les miens, et, à la troisième fois, une main froide comme la glace se posa sur ma tête brûlante. Je reconnus alors l'Esprit, et, saisi de crainte, je m'arrêtai en disant :

— Manifeste ta volonté, et je suis à toi. Mais que ce soit la volonté paternelle d'un ami, et non la fantaisie d'un spectre capricieux; car je puis échapper à tout et à toi-même par la mort.

» Je ne reçus point de réponse, et je cessai de sentir la main qui m'avait arrêté; mais, en cherchant des yeux, je vis devant moi, à quelque distance, l'abbé Spiridion dans son ancien costume, tel qu'il m'était apparu au lit de mort de Fulgence. Il marchait rapidement sur la mer, en suivant la longue traînée de feu que le soleil y projette. Quand il eut atteint l'horizon, il se retourna, et me parut étincelant comme un astre; d'une main il me montrait le ciel, de l'autre le chemin du monastère. Puis tout à coup il disparut, et je repris ma route, transporté de joie, rempli d'enthousiasme. Que m'importait d'être fou ? j'avais eu une vision sublime. »

— Père Alexis, dis-je en interrompant le narrateur, vous eûtes sans doute quelque peine à reprendre les habitudes de la vie monastique ?

— Sans doute, répondit-il, la vie cénobitique était plus conforme à mes goûts que celle du cloître ; pourtant j'y songeai peu. Une vaine recherche du bonheur ici-bas n'était pas le but de mes travaux ; un puéril besoin de bonheur et de bien-être n'était pas l'objet de mes désirs ; je n'avais eu qu'un désir dans ma vie, c'était d'arriver à l'espérance, sinon à la foi religieuse. Pourvu qu'en développant les puissances de mon âme j'eusse pu parvenir à en tirer le meilleur parti possible pour la vérité, la sagesse, ou la vertu, je me serais regardé comme heureux, autant qu'il est donné à l'homme de l'être en ce monde ; mais hélas ! le doute à cet égard vint encore m'assaillir, après le dernier, l'immense sacrifice que j'avais consommé. J'étais, il est vrai, plus près de la vertu que je ne l'avais été en sortant de ma retraite. Fatigué de cultiver le champ stérile de la pure intelligence, ou, pour mieux dire, comprenant mieux l'étendue de ce vaste domaine de l'âme, qu'une fausse philosophie avait voulu restreindre aux froides spéculations de la métaphysique, je sentais la vanité de tout ce qui m'avait séduit, et la nécessité d'une sagesse qui me rendît meilleur. Avec l'exercice du dévouement, j'avais retrouvé le sentiment de la charité ; avec l'amitié, j'avais compris la tendresse du cœur ; avec la poésie et les arts, je retrouvais l'instinct de la vie éternelle ; avec la céleste apparition du bon génie Spiridion, je retrouvais la foi et l'enthousiasme ; mais il me restait quelque chose à faire, je le savais bien, c'était d'accomplir un devoir. Ce que j'avais fait pour soulager autour de moi quelques maux physiques n'était qu'une obligation passagère dont je ne pouvais me faire un mérite, et dont la Providence m'avait récompensé au centuple en me donnant deux amis sublimes : l'ermite sur la terre,

Hébronius dans le ciel. Mais, rentré dans le couvent, j'avais sans doute une mission quelconque à remplir, et la grande difficulté consistait à savoir laquelle. Il me venait donc encore à l'esprit de me méfier de ce qu'en d'autres temps j'eusse appelé les visions d'un cerveau enclin au merveilleux, et de me demander à quoi un moine pouvait être bon au fond de son monastère dans le siècle où nous vivons, après que les travaux accomplis par les grands érudits monastiques des siècles passés ont porté leurs fruits, et lorsqu'il n'existe plus dans les couvents de trésors enfouis à exhumer pour l'éducation du genre humain ; lorsque, surtout, la vie monastique a cessé de prouver et de mériter pour une religion qui, elle-même, ne prouve et ne mérite plus pour les générations contemporaines. Que faire donc pour le présent quand on est lié par le passé ? Comment marcher et faire marcher les autres quand on est garrotté à un poteau ?

» Ceci est une grande question, ceci est la véritable grande question de ma vie. C'est à la résoudre que j'ai consumé mes dernières années, et il faut bien que je te l'avoue, mon pauvre Angel, je ne l'ai point résolue. Tout ce que j'ai pu faire, c'est de me résigner, après avoir reconnu douloureusement que je ne pouvais plus rien.

» O mon enfant ! je n'ai rien fait jusqu'ici pour détruire en toi la foi catholique. Je ne suis point partisan des éducations trop rapides. Lorsqu'il s'agit de ruiner des convictions acquises, et qu'on n'a pu formuler l'inconnu d'une idée nouvelle, il ne faut pas trop se hâter de lancer une jeune tête dans les abîmes du doute. Le doute est un mal nécessaire. On peut dire qu'il est un grand bien, et que, subi avec douleur, avec humilité, avec l'impatience et le désir d'arriver à la foi, il est un des plus grands mérites qu'une âme sincère puisse offrir à Dieu. Oui, certes, si l'homme qui s'endort dans l'indifférence de la vérité est vil, si celui qui s'enorgueillit dans une négation cynique est insensé ou pervers, l'homme qui pleure sur son ignorance est respectable, et celui qui travaille ardemment à en sortir est déjà grand, même lorsqu'il n'a encore rien recueilli de son travail. Mais il faut une âme forte ou une raison déjà mûre pour traverser cette mer tumultueuse du doute, sans y être englouti. Bien des jeunes esprits s'y sont risqués, et, privés de boussoles, s'y sont perdus à jamais, ou se sont laissé dévorer par les monstres de l'abîme, par les passions que n'enchaînait plus aucun frein. A la veille de te quitter, je te laisse aux mains de la Providence. Elle prépare ta délivrance matérielle et morale. La lumière du siècle, cette grande clarté de désabusement qui se projette si brillante sur le passé, mais qui a si peu de rayons pour l'avenir, viendra te chercher au fond de ces voûtes ténébreuses. Vois-la sans pâlir, et pourtant garde-toi d'en être trop enivré. Les hommes ne rebâtissent pas du jour au lendemain ce qu'ils ont abattu dans une heure de lassitude ou d'indignation. Sois sûr que la demeure qu'ils t'offriront ne sera point faite à ta taille. Fais-toi donc toi-même ta demeure, afin d'être à l'abri au jour de l'orage. Je n'ai pas d'autre enseignement à te donner que celui de ma vie. J'aurais voulu te le donner un peu plus tard; mais le temps presse, les événements s'accomplissent rapidement. Je vais mourir, et, si j'ai acquis, au prix de trente années de souffrances, quelques notions pures, je veux te les léguer : fais-en l'usage que ta conscience t'enseignera. Je te l'ai dit, et ne sois point étonné du calme avec lequel je te le répète, ma vie a été un long combat entre la foi et le désespoir; elle va s'achever dans la tristesse et la résignation, quant à ce qui concerne cette vie elle-même. Mais mon âme est pleine d'espérance en l'avenir éternel. Si parfois encore tu me vois en proie à de grands combats, loin d'en être scandalisé, sois-en édifié. Vois combien le désespoir est impossible à la raison et à la conscience humaine, puisqu'ayant épuisé tous les sophismes de l'orgueil, tous les arguments de l'incrédulité, toutes les langueurs du découragement, toutes les angoisses de la crainte, l'espoir triomphe en moi aux approches de la mort. L'espoir, mon fils, c'est la foi de ce siècle.

» Mais reprenons notre récit. J'étais rentré au couvent dans un état d'exaltation. A peine eus-je franchi la grille qu'il me sembla sentir tomber sur mes épaules le poids énorme de ces voûtes glacées sous lesquelles je venais une seconde fois m'ensevelir. Quant la porte se referma derrière moi avec un bruit formidable, mille échos lugubres, réveillés comme en sursaut, m'accueillirent d'un concert funèbre. Alors je fus épouvanté, et, dans un mouvement d'effroi impossible à décrire, je retournai sur mes pas et j'allai toucher cette porte fatale. Si elle eût été entr'ouverte, je pense que c'en était fait, et que je prenais la fuite pour jamais. Le portier me demanda si j'avais oublié quelque chose.

— Oui, lui répondis-je avec égarement, j'ai oublié de vivre.

» J'espérais que la vue de mon jardin me consolerait, et, au lieu d'aller tout de suite faire acte de présence et de soumission chez le Prieur, je courus vers mon parterre. Je n'en trouvai plus la moindre trace : le potager avait tout envahi; mes berceaux avaient disparu, mes belles plantes avaient été arrachées; les palmiers seuls avaient été respectés, ils penchaient leurs fronts altérés dans une attitude morne, comme pour chercher sur le sol fraîchement remué les gazons et les fleurs qu'ils avaient coutume d'abriter. Je retournai à ma cellule; elle était dans le même état qu'au jour de mon départ; mais elle ne me rappelait que des souvenirs pénibles. J'allai chez le Prieur; mes traits étaient bouleversés : au premier coup d'œil qu'il jeta sur moi, il s'en aperçut et je lus sur son visage la joie d'un triomphe insultant. Alors le mépris me rendit toute mon énergie, et, bien que notre entretien roulât en apparence sur des choses générales, je lui fis sentir en peu de mots que je ne me méprenais pas sur la distance qui séparait un homme comme lui, voué à la règle par de vulgaires intérêts, et un homme comme moi rendu à l'esclavage par un acte héroïque de la volonté. Pendant quelques jours je fus en butte à une lâche et malveillante curiosité. On ne pouvait croire que la peur seule de la discipline ecclésiastique ne m'eût pas ramené au couvent, et on se réjouissait à l'idée de ma souffrance. Je ne leur donnai pas la satisfaction de surprendre un soupir dans ma poitrine ou un murmure sur mes lèvres. Je me montrai impassible; mais il m'en coûta beaucoup.

» L'éclair d'enthousiasme que m'avait apporté ma vision magnifique au bord de la mer, se dissipa promptement, car elle ne se renouvela pas, comme je m'en étais flatté; et, de nouveau rendu à la lutte des tristes réalités, j'eus le loisir de me considérer encore une fois comme un être raisonnable condamné à subir une aberration passagère, et à s'en rendre compte froidement le reste de sa vie. Dans un autre siècle, ces visions eussent pu faire de moi un saint; mais dans celui-ci, réduit à les cacher comme une faiblesse ou une maladie, je n'y voyais qu'un sujet de réflexions humiliantes sur la pauvreté bizarre de l'esprit humain. Cependant, à force de songer à ces choses, j'arrivai à me dire que la nature de l'âme étant un profond mystère, les facultés de l'âme étaient elles-mêmes profondément mystérieuses; car, de deux choses l'une : ou mon esprit avait par moments la puissance de ranimer fictivement ce que la mort avait replongé dans le passé, ou ce que la mort a frappé avait la puissance de se ranimer pour se communiquer à moi. Or, qui pourrait nier cette double puissance dans le domaine des idées? Qui a jamais songé à s'en étonner? Tous les chefs-d'œuvre de la science et de l'art qui nous émeuvent jusqu'à faire palpiter nos cœurs et couler nos larmes, sont-ce des monuments qui couvrent des morts? La trace d'une grande destinée est-elle effacée par la mort? N'est-elle pas plus brillante encore au travers des siècles écoulés? Est-elle dans l'esprit et dans le cœur des générations à l'état d'un simple souvenir? Non, elle est vivante, elle remplit à jamais la postérité de sa chaleur et de sa lumière. Platon et le Christ ne sont-ils pas toujours présents et debout au milieu de nous? Ils pensent, ils sentent par des millions d'âmes; ils parlent, ils agissent par des millions de corps. D'ailleurs, qu'est-ce que le souvenir lui-même ? N'est-ce pas une résurrection sublime des hommes et des événements qui ont mérité d'échapper à la mort de l'oubli? Et cette résurrection n'est-elle pas le fait de la puissance du passé qui vient trouver le présent, et de celle du présent qui s'en va chercher le passé? La philosophie matérialiste a pu prononcer que, toute puissance étant brisée à jamais par la mort, les morts n'avaient pas d'autre force parmi nous que celle qu'il nous plaisait de leur restituer par la sympathie ou l'esprit d'imitation. Mais des idées plus avancées doivent restituer aux hommes illustres une immortalité plus complète, et rendre solidaires l'une de l'autre cette puissance des morts et cette puissance des vivants qui forment un invincible lien à travers les générations. Les philosophes ont été trop avides de néant, lorsque, nous fermant l'entrée du ciel, ils nous ont refusé l'immortalité sur la terre.

» Là, pourtant, elle existe d'une manière si frappante qu'on est tenté de croire que les morts renaissent dans les vivants ; et, pour mon compte, je crois à un engendrement perpétuel des âmes, qui n'obéit pas aux lois de la matière, aux liens du sang, mais à des lois mystérieuses, à des liens invisibles. Quelquefois je me suis demandé si je n'étais pas Hébronius lui-même, modifié dans une existence nouvelle par les différences d'un siècle postérieur au sien. Mais, comme cette pensée était trop orgueilleuse pour être complétement vraie, je me suis dit qu'il pouvait être moi sans avoir cessé d'être lui, de même que, dans l'ordre physique, un homme, en reproduisant la stature, les traits et les penchants de ses ancêtres, les fait revivre dans sa personne, tout en ayant une existence propre à lui-même qui modifie l'existence transmise par eux. Et ceci me conduisit à croire qu'il est pour nous deux immortalités, toutes deux matérielles et immatérielles : l'une, qui est de ce monde et qui transmet nos idées et nos sentiments à l'humanité par nos œuvres et nos travaux ; l'autre, qui s'enregistre dans un monde meilleur par nos mérites et nos souffrances, et qui conserve une puissance providentielle sur les hommes et les choses de ce monde. C'est ainsi que je pouvais admettre sans présomption que Spiridion vivait en moi par le sentiment du devoir et l'amour de la vérité qui avaient rempli sa vie, et au-dessus de moi par une sorte de divinité qui était la récompense et le dédommagement de ses peines en cette vie.

» Abîmé dans ces pensées, j'oubliai insensiblement ce monde extérieur, dont le bruit, un instant monté jusqu'à moi, m'avait tant agité. Les instincts tumultueux qu'une heure d'entraînement avait éveillés en moi s'apaisèrent; et je me dis que les uns étaient appelés à améliorer la forme sociale par d'éclatantes actions, tandis que les autres étaient réservés à chercher, dans le calme et la méditation, la solution de ces grands problèmes dont l'humanité était indirectement tourmentée; car les hommes cherchaient, le glaive à la main, à se frayer une route sur laquelle la lumière d'un jour nouveau ne s'était pas encore levée. Ils combattaient dans les ténèbres, s'assurant d'abord une liberté nécessaire, en vertu d'un droit sacré. Mais leur droit connu et appliqué, il leur resterait à connaître leur devoir; et c'est de quoi ils ne pouvaient s'occuper durant cette nuit orageuse, au sein de laquelle il leur arrivait souvent de frapper leurs frères au lieu de frapper leurs ennemis. Ce travail gigantesque de la révolution française, ce n'était pas, ce ne pouvait pas être seulement une question de pain et d'abri pour les pauvres; c'était beaucoup plus haut, et malgré tout ce qui s'est accompli, malgré tout ce qui a avorté en France à cet égard, c'est toujours, dans mes prévisions, beaucoup plus haut, que visait et qu'a porté, en effet, cette révolution. Elle devait, non-seulement donner au peuple un bien-être légitime, elle devait, elle doit, quoi qu'il arrive, n'en doute pas, mon fils, achever de donner la liberté de conscience au genre humain tout entier. Mais quel usage fera-t-il de cette liberté? Quelles notions aura-t-il acquises de son devoir, en combattant comme un vaillant soldat durant des siècles, en dormant sous la tente, et en veillant sans cesse, les armes à la main, contre les ennemis de son droit? Hélas! chaque guerrier qui tombe sur le champ de bataille tourne ses yeux vers le ciel, et se demande pourquoi il a combattu, pourquoi il est un martyr, si tout est fini pour lui à cette heure amère de l'agonie. Sans nul doute, il pressent une récompense ; car, si son unique devoir, à lui, a été de conquérir son droit et celui de sa postérité, il sent bien que tout devoir accompli mérite récompense ; et il voit bien que sa récompense n'a pas été de ce monde, puisqu'il n'a pas joui de son droit. Et quand ce droit sera conquis entièrement par les générations futures, quand tous les devoirs des hommes entre eux seront établis par l'intérêt mutuel, sera-ce donc assez pour le bonheur de l'homme? Cette âme qui me tourmente, cette soif de l'infini qui me dévore, seront-elles satisfaites et apaisées, parce que mon corps sera à l'abri du besoin, et ma liberté préservée d'envahissement? Quelque paisible, quelque douce que vous supposiez la vie de ce monde, suffira-t-elle aux désirs de l'homme, et la terre sera-t-elle assez vaste pour sa pensée? Oh! ce n'est pas à moi qu'il faudrait répondre oui. Je sais trop ce que c'est que la vie réduite à des satisfactions égoïstes ; j'ai trop senti ce que c'est que l'avenir privé du sens de l'éternité! Moine, vivant à l'abri de tout danger et de tout besoin, j'ai connu l'ennui, ce fiel répandu sur tous les aliments. Philosophe, visant à l'empire de la froide raison sur tous les sentiments de l'âme, j'ai connu le désespoir, cet abîme entr'ouvert devant toutes les issues de la pensée. Oh ! qu'on ne me dise pas que l'homme sera heureux quand il n'aura plus ni souverains pour l'accabler de corvées, ni prêtres pour le menacer de l'enfer. Sans doute, il ne lui faut ni tyrans ni fanatiques, mais il lui faut une religion ; car il a une âme, et il lui faut connaître un Dieu.

» Voilà pourquoi, suivant avec attention le mouvement politique qui s'opérait en Europe, et voyant combien mes rêves d'un jour avaient été chimériques, combien il était impossible de semer et de recueillir dans un si court espace, combien les hommes d'action étaient emportés loin de leur but par la nécessité du moment, et combien il fallait s'égarer à droite et à gauche avant de faire un pas sur cette voie non frayée, je me réconciliai avec mon sort, et reconnus que je n'étais point un homme d'action. Quoique je sentisse en moi la passion du bien, la persévérance et l'énergie, ma vie avait été trop livrée à la réflexion ; j'avais embrassé la vie tout entière de l'humanité d'un regard trop vaste pour faire, la hache à la main, le métier de pionnier dans une forêt de têtes humaines. Je plaignais et je respectais ces travailleurs intrépides qui, résolus à ensemencer la terre, semblables aux premiers cultivateurs, renversaient les montagnes, brisaient les rochers, et, tout sanglants, parmi les ronces et les précipices, frappaient sans faiblesse et sans pitié sur le lion redoutable et sur la biche craintive. Il fallait disputer le sol à des races dévorantes, il fallait fonder une colonie humaine au sein d'un monde livré aux instincts aveugles de la matière. Tout était permis, parce que tout était nécessaire. Pour tuer le vautour, le chasseur des Alpes est obligé de percer aussi l'agneau qu'il tient dans ses serres. Des malheurs privés déchirent l'âme du spectateur ; pourtant le salut général rend ces malheurs inévitables. Les excès et les abus de la victoire ne peuvent être imputés ni à la cause de la guerre, ni à la volonté des capitaines. Lorsqu'un peintre retrace à nos yeux de grands exploits, il est forcé de remplir les coins de son tableau de certains détails affreux qui nous émeuvent péniblement. Ici, les palais et les temples croulent au milieu des flammes ; là, les enfants et les femmes sont broyés sous les pieds des chevaux ; ailleurs, un brave expire sur les rochers teints de son sang. Cependant le triomphateur apparaît au centre de la scène, au milieu d'une phalange de héros ; le sang versé n'ôte rien à leur gloire ; on sent que la main du Dieu des armées s'est levée devant eux, et l'éclat qui brille sur leurs fronts annonce qu'ils ont accompli une mission sainte.

» Tels étaient mes sentiments pour ces hommes au milieu desquels je n'avais pas voulu prendre place. Je les admirais ; mais je comprenais que je ne pouvais les imiter, car ils étaient d'une nature différente de la mienne. Ils pouvaient ce que je ne pouvais pas, parce que, moi, je pensais comme ils ne pouvaient penser. Ils avaient la conviction héroïque, mais romanesque, qu'ils touchaient au but, et qu'encore un peu de sang versé les ferait arriver au règne de la justice et de la vertu. Erreur que je ne pouvais partager, parce que, retiré sur la montagne, je voyais ce qu'ils ne pouvaient distinguer à travers les vapeurs de la plaine et la fumée du combat ; erreur sainte sans laquelle ils n'eussent pu imprimer au monde le grand mouvement qu'il devait subir pour sortir de ses liens ! Il faut, pour que la marche providentielle du genre humain s'accomplisse, deux espèces d'hommes dans chaque génération : les uns, toute espérance, toute confiance, toute illusion, qui travaillent pour produire un œuvre incomplet; et les autres, toute prévoyance, toute patience, toute certitude, qui travaillent pour que cet œuvre incomplet soit accepté, estimé et continué sans découragement, lors même qu'il semble avorté. Les uns sont des matelots, les autres sont des pilotes; ceux-ci voient les écueils et les signalent, ceux-là les évitent ou viennent s'y briser, selon que le vent de la destinée les pousse à leur salut ou à leur perte; et, quoi qu'il arrive des uns et des autres, le navire marche, et l'humanité ne peut ni périr, ni s'arrêter dans sa course éternelle.

» J'étais donc trop vieux pour vivre dans le présent, et trop jeune pour vivre dans le passé. Je fis mon choix, je retombai dans la vie d'étude et de méditation philosophique. Je recommençai tous mes travaux, les regardant avec raison comme manqués. Je relus avec une patience austère tout ce que j'avais lu avec une avidité impétueuse. J'osai mesurer de nouveau la terre et les cieux, la créature et le Créateur, sonder les mystères de la vie et de la mort, chercher la foi dans mes doutes, relever tout ce que j'avais abattu, et le reconstruire sur de nouvelles bases. En un mot, je cherchai à revêtir la Divinité de son mystère sublime, avec la même persévérance que j'avais mise à l'en dépouiller. C'est là que je connus, hélas! combien il est plus difficile de bâtir que d'abattre. Il ne faut qu'un jour pour ruiner l'œuvre de plusieurs siècles. Dans le doute et la négation, j'avais marché à pas de géant; pour me refaire un peu de foi, j'employai des années, et quelles années! De combien de fatigues, d'incertitudes et de chagrins elles ont été remplies! Chaque jour a été marqué par des larmes, chaque heure par des combats. Angel, Angel, le plus malheureux des hommes est celui qui s'est imposé une tâche immense, qui en a compris la grandeur et l'importance, qui ne peut trouver hors de ce travail ni satisfaction ni repos, et qui sent ses forces le trahir et sa puissance l'abandonner. O infortuné entre tous les fils des hommes, celui qui rêve de posséder la lumière refusée à son intelligence! O déplorable entre toutes les générations des hommes, celle qui s'agite et se déchire pour conquérir la science promise à des siècles meilleurs! Placé sur un sol mouvant, j'aurais voulu bâtir un sanctuaire indestructible; mais les éléments me manquaient aussi bien que la base. Mon siècle avait des notions fausses, des connaissances incomplètes, des jugements erronés sur le passé aussi bien que sur le présent. Je le savais, quoique j'eusse en main les documents réputés les plus parfaits de mon époque sur l'histoire des hommes et sur celle de la création; je le savais, parce que je sentais en moi une logique toute-puissante à laquelle tous ces documents, sur lesquels j'eusse voulu l'appuyer, venaient à chaque instant donner un démenti désespérant. Oh! si j'avais pu me transporter, sur les ailes de ma pensée, à la source de toutes les connaissances humaines, explorer la terre sur toute sa surface et jusqu'au fond de ses entrailles, interroger les monuments du passé, chercher l'âge du monde dans les cendres dont son sein est le vaste sépulcre, et dans les ruines où des générations innombrables ont enseveli le souvenir de leur existence! Mais il fallait me contenter des observations et des conjectures de savants et de voyageurs dont je sentais l'incompétence, la présomption et la légèreté. Il y avait des moments où, échauffé par ma conviction, j'étais résolu à partir comme missionnaire, afin d'aller fouiller tous ces débris illustres qu'on n'avait pas compris, ou déterrer tous ces trésors ignorés qu'on n'avait pas soupçonnés. Mais j'étais vieux ; ma santé, un instant raffermie à l'exercice et au grand air des montagnes, s'était de nouveau altérée dans l'humidité du cloître et dans les veilles du travail. Et puis, que de temps il m'eût fallu pour soulever seulement un coin imperceptible de ce voile qui me cachait l'univers ! D'ailleurs, je n'étais pas un homme de détail, et ces recherches persévérantes et minutieuses, que j'admirais dans les hommes purement studieux, n'étaient pas mon fait. Je n'étais homme d'action ni dans la politique ni dans la science ; je me sentais appelé à des calculs plus larges et plus élevés ; j'eusse voulu manier d'immenses matériaux, bâtir, avec le fruit de tous les travaux et de toutes les études, un vaste portique pour servir d'entrée à la science des siècles futurs.

» J'étais un homme de synthèse plus qu'un homme d'analyse. En tout j'étais avide de conclure, consciencieux jusqu'au martyre, ne pouvant rien accepter qui ne satisfît à la fois mon cœur et ma raison, mon sentiment et mon intelligence, et condamné à un éternel supplice ; car la soif de la vérité est inextinguible, et quiconque ne peut se payer des jugements de l'orgueil, de la passion ou de l'ignorance, est appelé à souffrir sans relâche. Oh ! m'écriais-je souvent, que ne suis-je un chartreux abruti par la peur de l'enfer, et dressé comme une bête de somme à creuser un coin de terre pour faire pousser quelques légumes en attendant qu'il l'engraisse de sa dépouille ! Pourquoi toute mon affaire en ce monde n'est-elle pas de réciter des offices pour arriver au repos, et de manier une bêche pour me conserver en appétit ou pour chasser la réflexion importune, et parvenir dès cette vie à un état de mort intellectuelle ?

» Il m'arrivait quelquefois de jeter les yeux sur ceux de nos moines qui, par exception, se sont conservés sincèrement dévots : Ambroise, par exemple, que nous avons vu mourir l'an passé en odeur de sainteté, comme ils disent, et dont le corps était desséché par les jeûnes et les macérations : celui-là, à coup sûr, était de bonne foi ; souvent il m'a fait envie. Une nuit ma lampe s'éteignit, je n'avais pas achevé mon travail ; je cherchai de la lumière dans le cloître, j'en aperçus dans sa cellule ; la porte était ouverte, j'y pénétrai sans bruit pour ne pas le déranger, car je le supposais en prières. Je le trouvai endormi sur son grabat ; sa lampe était posée sur une tablette tout auprès de son visage et donnant dans ses yeux. Il prenait cette précaution toutes les nuits depuis quarante ans au moins, pour ne pas s'endormir trop profondément et ne pas manquer d'une minute l'heure des offices. La lumière, tombant d'aplomb sur ses traits flétris, y creusait des ombres profondes, ravages d'une souffrance volontaire. Il n'était pas couché, mais appuyé seulement sur son lit et tout vêtu, afin de ne pas perdre un instant à des soins inutiles. Je regardai long-temps cette face étroite et longue, ces traits amincis par le jeûne de l'esprit encore plus que par celui du corps, ces joues collées aux os de la face comme une couche de parchemin, ce front mince et haut, jaune et luisant comme de la cire. Ce n'était vraiment pas un homme vivant, mais un squelette séché avec la peau, un cadavre qu'on avait oublié d'ensevelir, et que les vers avaient délaissé, parce que sa chair ne leur offrait point de nourriture. Son sommeil ne ressemblait pas au repos de la vie, mais à l'insensibilité de la mort ; aucune respiration ne soulevait sa poitrine. Il me fit peur, car ce n'était ni un homme ni un cadavre ; c'était la vie dans la mort, quelque chose qui n'a pas de nom dans la langue humaine, et pas de sens dans l'ordre divin. C'est donc là un saint personnage? pensai-je ; certes, les anachorètes de la Thébaïde n'ont ni jeûné, ni prié davantage ; et pourtant je ne vois ici qu'un objet d'épouvante, rien qui attire le respect, parce que tout ici repousse la sympathie. Quelle compassion Dieu peut-il avoir pour cette agonie et pour cette mort anticipées sur ses décrets ? Quelle admiration puis-je concevoir, moi homme, pour cette vie stérile et ce cœur glacé ? O vieillard, qui chaque soir allumes ta lampe comme un voyageur pressé de partir avant l'aurore, qui donc as-tu éclairé durant la nuit, qui donc as-tu guidé durant le jour ? A qui donc ton long et laborieux pèlerinage sur la terre a-t-il été secourable ? Tu n'as rien donné de toi à la terre, ni la substance de la reproduction animale, ni le fruit d'une intelligence productive, ni le service grossier d'un bras robuste, ni la sympathie d'un cœur tendre. Tu crois que Dieu a créé la terre pour te servir de cuve purificatoire, et tu crois avoir assez fait pour elle en lui léguant tes os ! Ah ! tu as raison de craindre et de trembler à cette heure ; tu fais bien de te tenir toujours prêt à paraître devant le juge ! Puisses-tu trouver, à ton heure dernière, une formule qui t'ouvre la porte du ciel, ou un instant de remords qui t'absolve du pire de tous les crimes, celui de n'avoir rien aimé hors de toi ! Et, ainsi disant, je me retirai sans bruit, sans même vouloir allumer ma lampe à celle de l'égoïste, et, depuis ce jour, je préférai ma misère à celle des dévots.

» En proie à toute la fatigue et à toute l'inquiétude d'une âme qui cherche sa voie, il me fallut pourtant bien des jours d'épuisement et d'angoisse pour accepter l'arrêt qui me condamnait à l'impuissance. Je ne puis me le dissimuler aujourd'hui, mon mal était l'orgueil. Oui, je crois que de tout temps, et aujourd'hui encore, j'ai été et je suis un orgueilleux. Ce zèle dévorant de la vérité, c'est un louable sentiment; mais on peut aussi le porter trop loin. Il nous faut faire usage de toutes nos forces pour défricher le champ de l'avenir; mais il faudrait aussi, quand nos forces ne suffisent plus, nous contenter humblement du peu que nous avons fait, et nous asseoir avec la simplicité du laboureur au bord du sillon que nous avons tracé. C'est une leçon que j'ai souvent reçue de l'ami céleste qui me visite, et je ne l'ai jamais su mettre à profit. Il y a en moi une ambition de l'infini qui va jusqu'au délire. Si j'avais été jeté dans la vie du monde et que mon esprit n'eût pas eu le loisir de viser plus haut, j'aurais été avide de gloire et de conquêtes; j'aurais eu sous les yeux l'existence de Charlemagne ou d'Alexandre, comme j'ai eu celle de Pythagore et de Socrate; j'aurais convoité l'empire du monde; j'aurais fait peut-être beaucoup de mal. Grâce à Dieu, j'ai fini de vivre, et tout mon crime est de n'avoir pu faire de bien. J'avais rêvé, en rentrant au couvent, de refaire mes études avec fruit, et d'écrire un grand ouvrage sur les plus hautes questions de la religion et de la philosophie. Mais je n'avais pas assez considéré mon âge et mes forces. J'avais cinquante ans passés, et j'avais souffert, depuis vingt-cinq ans, un siècle par année. Voyant d'ailleurs combien j'étais dépourvu de matériaux qui m'inspirassent toute confiance, je résolus du moins de jeter les bases et de tracer le plan de mon œuvre, afin de léguer ce premier travail, s'il était possible, à quelque homme capable de le continuer ou de le faire continuer ; et cette idée me rappela vivement ma jeunesse, le secret légué par Fulgence à moi, comme ce même secret l'avait été par Spiridion à Fulgence, et je me persuadai que le temps était venu d'exhumer le manuscrit. Ce n'était plus une ambition vulgaire, ce n'était plus une froide curiosité qui m'y portaient ; ce n'était pas non plus une obéissance superstitieuse : c'était un désir sincère de m'instruire, et d'utiliser pour les autres hommes un document précieux, sans doute, sur les questions importantes dont j'étais occupé. Je regardais la publication immédiate ou future de ce manuscrit comme un devoir ; car, de quelque façon que je vinsse à considérer les rapports étranges que mon esprit avait eus avec l'esprit d'Hébronius, il me restait la conviction que, durant sa vie, cet homme avait été animé d'un grand esprit.

» Pour la troisième fois, dans l'espace d'environ vingt-cinq ans, j'entrepris donc, au milieu de la nuit, l'exhumation du manuscrit. Mais ici, un fait bien simple vint s'opposer à mon dessein ; et, tout naturel que soit ce fait, il me plongea dans un abîme de réflexions.

» Je m'étais muni des mêmes outils qui m'avaient servi la dernière fois. Cette dernière fois, tu te la rappelles, malgré la longueur de ce récit ; tu te souviens que j'avais alors trente ans révolus, et que j'eus un accès de délire et une épouvantable vision. Je me la rappelais bien aussi, cette hallucination terrible ; mais je n'en craignais pas le retour. Il est des images que le cerveau ne peut plus se créer quand certaines idées et certains sentiments qui les évoquaient n'habitent plus notre âme. J'étais désormais à jamais dégagé des liens du catholicisme, liens si étroitement serrés et si courts qu'il faut toute une vie pour en sortir, mais, par cela même, impossibles à renouer quand une fois on les a brisés.

» Il faisait une nuit claire et fraîche ; j'étais en assez bonne santé : j'avais précisément choisi un tel concours de circonstances, car je prévoyais que le travail matériel serait assez pénible. Mais quoi! Angel, je ne pus pas même ébranler la pierre du *Hic est*. J'y passai trois grandes heures, l'attaquant dans tous les sens, m'assurant bien qu'elle n'était rivée au pavé que par son propre poids, reconnaissant même les marques que j'y avais faites autrefois avec mon ciseau, lorsque je l'avais enlevée légèrement et sans fatigue. Tout fut inutile; elle résista à mes efforts. Baigné de sueur, épuisé de lassitude, je fus forcé de regagner mon lit et d'y rester accablé et brisé pendant plusieurs jours.

» Ce premier échec ne me rebuta pas. Je me remis à l'ouvrage la semaine suivante, et j'échouai de même. Un troisième essai, entrepris un mois plus tard, ne fut pas plus heureux, et il me fallut dès lors y renoncer; car le peu de forces physiques que j'avais conservées jusque-là m'abandonna sans retour à partir de cette époque. Sans doute, j'en dépensai le reste dans cette lutte inutile contre un tombeau. La tombe fut muette, les cadavres sourds, la mort inexorable ; j'allai jeter dans un buisson du jardin mon ciseau et mon levier, et revins, tranquille et triste, m'asseoir sur cette tombe qui ne voulait pas me rendre ses trésors.

» Là, je restai jusqu'au lever du soleil, perdu dans mes pensées. La fraîcheur du matin étant venue glacer sur mon corps la sueur dont j'étais inondé, je fus paralysé ; je perdis non-seulement la puissance d'agir, mais encore la volonté ; je n'entendis pas les cloches qui sonnaient les offices, je ne fis aucune attention aux religieux qui vinrent les réciter. J'étais seul dans l'univers, il n'y avait entre Dieu et moi que ce tombeau qui ne voulait ni me recevoir ni me laisser partir : image de mon existence tout entière, symbole dont j'étais vivement frappé, et dont la comparaison m'absorbait entièrement ! Quand on vint me relever, comme je ne pouvais ni remuer, ni parler, on se persuada que mon cerveau était paralysé comme le reste. On se trompa ; j'avais toute ma raison ; je ne la perdis pas un instant durant toute la maladie qui suivit cet accident. Il est inutile de te dire qu'on l'imputa au hasard, et qu'on ne soupçonna jamais ce que j'avais tenté.

» Une fièvre ardente succéda à ce froid mortel : je souffris beaucoup, mais je ne délirai point ; j'eus même la force de cacher assez la gravité de mon mal pour qu'on ne me soignât pas plus que je ne voulais l'être, et pour qu'on me laissât seul. Aux heures où le soleil brillait dans ma cellule, j'étais soulagé ; des idées plus douces remplissaient mon esprit ; mais la nuit j'étais en proie à une tristesse inexorable. Aux cerveaux actifs l'inaction est odieuse ; l'ennui, la pire des souffrances qu'entraînent les maladies, m'accablait de tout son poids. La vue de ma cellule m'était insupportable. Ces murs qui me rappelaient tant d'agitations et de langueurs subies sans arriver à la connaissance du vrai ; ce grabat où j'avais supporté si souvent et si long-temps la fièvre et les maladies, sans conquérir la santé pour prix de tant de luttes avec la mort ; ces livres que j'avais si vainement interrogés ; ces astrolabes et ces télescopes, qui ne savaient que chercher et mesurer la matière ; tout cela me jetait dans une fureur sombre. A quoi bon survivre à soi-même? me disais-je, et pourquoi avoir vécu quand on n'a rien fait? Insensé, qui voulais, par un rayon de ton intelligence, éclairer l'humanité dans les siècles futurs, et qui n'as pas seulement la force de soulever une pierre pour voir ce qui est écrit dessous! malheureux, qui, durant l'ardeur de ta jeunesse, n'as su t'occuper qu'à refroidir ton esprit et ton cœur, et dont l'esprit et le cœur s'avisent de se ranimer quand l'heure de mourir est venue! meurs donc, puisque tu n'as plus ni tête, ni bras; car, si ton cœur a la témérité de vivre encore et de brûler pour l'idéal, ce feu divin ne servira plus qu'à consumer tes entrailles et à éclairer ton impuissance et ta nullité.

» Et en parlant ainsi, je m'agitais sur mon lit de douleur, et des larmes de rage coulaient sur mes joues. Alors une voix pure s'éleva dans le silence de la nuit et me parla ainsi :

« Crois-tu donc n'avoir rien à expier, toi qui oses te plaindre avec tant d'amertume? Qui accuses-tu de tes maux? N'es-tu pas ton seul, ton implacable ennemi? A qui imputeras-tu la faute de ton orgueil coupable, de cette insatiable estime de toi-même qui t'a aveuglé quand tu pouvais approcher de l'idéal par la science, et qui t'a fait chercher ton idéal en toi seul?

— Tu mens! m'écriai-je avec force, sans songer même à me demander qui pouvait me parler de la sorte. Tu mens! je me suis toujours haï; j'ai toujours été ennuyeux, accablant, insupportable à moi-même. J'ai cherché l'idéal partout avec l'ardeur du cerf qui cherche la fontaine dans un jour brûlant; j'ai été consumé de la soif de l'idéal, et si je ne l'ai pas trouvé...

— C'est la faute de l'idéal, n'est-ce pas! interrompit

la voix d'un ton de froide pitié. Il faut que Dieu comparaisse au tribunal de l'homme et lui rende compte du mystère dont il a osé s'envelopper, pendant que l'homme daignait se donner la peine de le chercher, et vous n'appelez pas cela l'orgueil, vous autres!...

—Vous autres! repris-je frappé d'étonnement; et qui donc es-tu, toi qui regardes en pitié la race humaine, et qui te crois, sans doute, exempt de ses misères?

—Je suis, répondit la voix, celui que tu ne veux pas connaître, car tu l'as toujours cherché où il n'est pas.

» A ces mots, je me sentis baigné de sueur de la tête aux pieds; mon cœur tressaillit à rompre ma poitrine, et, me soulevant sur mon lit, je lui dis :

— Es-tu donc celui qui dort sous la pierre?

— Tu m'as cherché sous la pierre, répondit-il, et la pierre t'a résisté. Tu devrais savoir que le bras d'un homme est moins fort que le ciment et le marbre. Mais l'intelligence transporte les montagnes, et l'amour peut ressusciter les morts.

—O mon maître! m'écriai-je avec transport, je te reconnais. Ceci est ta voix, ceci est ta parole. Béni sois-tu, toi qui me visites à l'heure de l'affliction. Mais où donc fallait-il te chercher, et où te retrouverai-je sur la terre?

—Dans ton cœur, répondit la voix. Fais-en une demeure où je puisse descendre. Purifie-le comme une maison qu'on orne et qu'on parfume pour recevoir un hôte chéri. Jusque-là que puis-je faire pour toi?

» La voix se tut, et je parlai en vain : elle ne me répondit plus. J'étais seul dans les ténèbres. Je me sentis tellement ému que je fondis en larmes. Je repassai toute ma vie dans l'amertume de mon cœur. Je vis qu'elle était en effet un long combat et une longue erreur ; car j'avais toujours voulu choisir entre ma raison et mon sentiment, et je n'avais pas eu la force de faire accepter l'un par l'autre. Voulant toujours m'appuyer sur des preuves palpables, sur des bases jetées par l'homme, et ne trouvant pas ces bases suffisantes, je n'avais eu ni assez de courage ni assez de génie pour me passer du témoignage humain, et pour le rectifier avec cette puissante certitude que le ciel donne aux grandes âmes. Je n'avais pas osé rejeter la métaphysique et la géométrie là où elles détruisaient le témoignage de ma conscience. Mon cœur avait manqué de feu, partant mon cerveau de puissance pour dire à la science : — C'est toi qui te trompes ; nous ne savons rien, nous avons tout à apprendre. Si le chemin que nous suivons ne nous conduit pas à Dieu, c'est que nous nous sommes trompés de chemin ; retournons sur nos pas et cherchons Dieu : car nous errons loin de lui dans les ténèbres ; et les hommes ont beau nous crier que notre habileté nous a faits dieux nous-mêmes, nous sentons le froid de la mort, et nous sommes entraînés dans le vide comme des astres qui s'éteignent et qui dévient de l'ordre éternel.

» A partir de ce jour, je m'abandonnai aux mouvements les plus chaleureux de mon âme, et un grand prodige s'opéra en moi. Au lieu de me refroidir moralement avec la vieillesse, je sentis mon cœur, vivifié et renouvelé, rajeunir à mesure que mon corps penchait vers la destruction. Je sens la vie animale me quitter comme un vêtement usé ; mais à mesure que je dépouille cette enveloppe terrestre, ma conscience me donne l'intime certitude de mon immortalité. L'ami céleste est revenu souvent ; mais n'attends pas que j'entre dans le détail de ses apparitions. Ceci est toujours un mystère pour moi, un mystère que je n'ai pas cherché à pénétrer, et sur lequel il me serait impossible d'étendre le réseau d'une froide analyse : je sais trop ce qu'on risque à l'examen de certaines impressions; l'esprit se glace à les disséquer, et l'impression s'efface. Quoique j'aie cru de mon devoir d'établir mes dernières croyances religieuses le plus logiquement possible dans quelques écrits dont je te fais le dépositaire, je me suis permis de laisser tomber un voile de poésie sur les heures d'enthousiasme et d'attendrissement qui, dissipant autour de moi les ténèbres du monde physique, m'ont mis en rapport direct avec cet esprit supérieur. Il est des choses intimes qu'il vaut mieux taire que de livrer à la risée des hommes. Dans l'histoire que j'ai écrite simplement de ma vie obscure et douloureuse, je n'ai pas fait mention de Spiridion. Si Socrate lui-même a été accusé de charlatanisme et d'imposture pour avoir révélé ses communications avec celui qu'il appelait son génie familier, combien plus un pauvre moine comme moi ne serait-il pas taxé de fanatisme s'il avouait avoir été visité par un fantôme ! Je ne l'ai pas fait, je ne le ferai pas. Et pourtant je m'en expliquerais naïvement avec le savant modeste et consciencieux qui, sans ironie et sans préjugé, voudrait pénétrer dans les merveilles d'un ordre de choses vieux comme le monde, qui attend une explication nouvelle. Mais où trouver un tel savant aujourd'hui ? L'œuvre de la science, en ces temps-ci, est de rejeter tout ce qui paraît surnaturel, parce que l'ignorance et l'imposture en ont trop long-temps abusé. De même que les hommes politiques sont forcés de trancher avec le fer les questions sociales, les hommes d'étude sont obligés, pour ouvrir un nouveau champ à l'analyse, de jeter au feu pêle-mêle le grimoire des sorciers et les miracles de la foi. Un temps viendra où, l'œuvre nécessaire de la destruction étant accomplie, on recherchera soigneusement, dans les débris du passé, une vérité qui ne peut se perdre, et qu'on saura démêler de l'erreur et du mensonge, comme jadis Crésus reconnut à des signes certains que tous les oracles étaient menteurs, excepté la Pythie de Delphes, qui lui avait révélé ses actions cachées avec une puissance incompréhensible. Tu verras peut-être l'aurore de cette science nouvelle, sans laquelle l'humanité est inexplicable, et son histoire dépourvue de sens. Tous les miracles, tous les augures, tous les prodiges de l'antiquité ne seront peut-être pas, aux yeux de tes contemporains, des tours de sorciers ou des terreurs imbéciles accréditées par les prêtres. Déjà la science n'a-t-elle pas donné une explication satisfaisante de beaucoup de phénomènes qui semblaient surnaturels à nos aïeux? Certains faits qui semblent impossibles et mensongers en ce siècle auront peut-être une explication non moins naturelle et concluante quand la science aura élargi ses horizons. Quant à moi, bien que le mot *prodige* n'ait pas de sens pour mon entendement, puisqu'il peut s'appliquer aussi bien au lever du soleil chaque matin qu'à la réapparition d'un mort, je n'ai pas essayé de porter la lumière sur ces questions difficiles : le temps m'eût manqué. J'ai entendu parler de Mesmer; je ne sais si c'est un imposteur ou un prophète ; je me méfie de ce que j'ai entendu rapporter, parce que les assertions sont trop hardies et les prétendues preuves trop complètes pour un ordre de découvertes aussi récent. Je ne comprends pas encore ce qu'ils entendent par ce mot *magnétisme ;* je t'engage à examiner ceci en temps et lieu. Pour moi, je n'ai pas eu le loisir de m'égarer dans ces propositions hardies; j'ai évité même de me laisser séduire par elles. J'avais un devoir plus clair et plus pressé à accomplir, celui d'écrire, sous l'impression de mes entretiens avec l'*Esprit*, les fragments brisés de ma méditation éternelle. »

Ici Alexis s'interrompit, et posa sa main sur un livre que je connaissais bien pour le lui avoir souvent vu consulter, à mon grand étonnement, bien qu'il ne me parût formé que de feuillets blancs. Comme je le regardais avec surprise, il sourit :

— Je ne suis pas fou, comme tu le penses, reprit-il; ce livre est criblé de caractères très-lisibles pour quiconque connaît la composition chimique dont je me suis servi pour écrire. Cette précaution m'a paru nécessaire pour échapper à l'espionnage de la censure monastique. Je t'enseignerai un procédé bien simple au moyen duquel tu feras reparaître les caractères tracés sur ces pages quand le temps sera venu. Tu cacheras ce manuscrit en attendant qu'il puisse servir à quelque chose, si toutefois il doit jamais servir à quoi que ce soit; cela, je l'ignore. Tel qu'il est, incomplet, sans ordre et sans conclusion, il ne mérite pas de voir le jour. C'est peut-être à toi, c'est peut-être à quelque autre qu'il appartient de le refaire. Il n'a qu'un mérite, c'est d'être le récit fidèle d'une vie d'angoisse, et l'exposé naïf de mon état présent.

— Et cet état, m'est-il permis, mon père, de vous demander de me le faire mieux connaître ?

— Je le ferai en trois mots qui résument pour moi la théologie, répondit-il en ouvrant son livre à la première page : « *Croire, espérer, aimer.* » Si l'Église catholique avait pu conformer tous les points de sa doctrine à cette sublime définition des trois vertus théologales : la foi, l'espérance, la charité, elle serait la vérité sur la terre, elle serait la sagesse, la justice, la perfection. Mais l'Église romaine s'est porté le dernier coup ; elle a consommé son suicide le jour où elle a fait Dieu implacable et la damnation éternelle. Ce jour-là tous les grands cœurs se sont détachés d'elle ; et l'élément d'amour et de miséricorde manquant à sa philosophie, la théologie chrétienne n'a plus été qu'un jeu d'esprit, un sophisme où de grandes intelligences se sont débattues en vain contre leur témoignage intérieur, un voile pour couvrir de vastes ambitions, un masque pour cacher d'énormes iniquités… »

Ici le père Alexis s'arrêta de nouveau et me regarda attentivement pour voir quel effet produirait sur moi cet anathème définitif. Je le compris, et, saisissant ses mains dans les miennes, je les pressai fortement en lui disant d'une voix ferme et avec un sourire qui devait lui révéler toute ma confiance :

« Ainsi, père, nous ne sommes plus catholiques ?

— Ni chrétiens, répondit-il d'une voix forte ; ni protestants, ajouta-t-il en me serrant les mains ; ni philosophes comme Voltaire, Helvétius et Diderot ; nous ne sommes pas même socialistes comme Jean-Jacques et la Convention française : et cependant nous ne sommes ni païens ni athées !

— Que sommes-nous donc, père Alexis ? lui dis-je ; car, vous l'avez dit, nous avons une âme, Dieu existe, et il nous faut une religion.

— Nous en avons une, s'écria-t-il en se levant et en étendant vers le ciel ses bras maigres avec un mouvement d'enthousiasme. Nous avons la seule vraie, la seule immense, la seule digne de la Divinité. Nous croyons en la Divinité, c'est dire que nous la connaissons et la voulons ; nous espérons en elle, c'est dire que nous la désirons et travaillons pour la posséder ; nous l'aimons, c'est dire que nous la sentons et la possédons virtuellement ; et Dieu lui-même est une trinité sublime dont notre vie mortelle est le reflet affaibli. Ce qui est foi chez l'homme est science chez Dieu ; ce qui est espérance chez l'homme est puissance chez Dieu ; ce qui est charité, c'est-à-dire piété, vertu, effort, chez l'homme, est amour, c'est-à-dire production, conservation et progression éternelle chez Dieu. Aussi Dieu nous connaît, nous appelle, et nous aime ; c'est lui qui nous révèle cette connaissance que nous avons de lui, c'est lui qui nous commande le besoin que nous avons de lui, c'est lui qui nous inspire cet amour dont nous brûlons pour lui ; et une des grandes preuves de Dieu et de ses attributs, c'est l'homme et ses instincts. L'homme conçoit, aspire et tente sans cesse, dans sa sphère finie, ce que Dieu sait, veut et peut dans sa sphère infinie. Si Dieu pouvait cesser d'être un foyer d'intelligence, de puissance et d'amour, l'homme retomberait au niveau de la brute ; et chaque fois qu'une intelligence humaine a nié la Divinité intelligente, elle s'est suicidée.

— Mais, mon père, interrompis-je, ces grands athées du siècle dont on vante les lumières et l'éloquence...

— Il n'y a pas d'athées, reprit le père Alexis avec chaleur ; non, il n'y en a pas ! Il est des temps de recherche et de travail philosophique, où les hommes, dégoûtés des erreurs du passé, cherchent une nouvelle route vers la vérité. Alors ils errent sur des sentiers inconnus. Les uns, dans leur lassitude, s'asseyent et se livrent au désespoir. Qu'est-ce que ce désespoir, sinon un cri d'amour vers cette Divinité qui se voile à leurs yeux fatigués? D'autres s'avancent sur toutes les cimes avec une précipitation ardente, et, dans leur présomption naïve, s'écrient qu'ils ont atteint le but et qu'on ne peut aller plus loin. Qu'est-ce que cette présomption, qu'est-ce que cet aveuglement, sinon un désir inquiet et une impatience immodérée d'embrasser la Divinité? Non, ces athées, dont on vante avec raison la grandeur intellectuelle, sont des âmes profondément religieuses, qui se fatiguent ou qui se trompent dans leur essor vers le ciel. Si, à leur suite, on voit se traîner des âmes basses et perverses, qui invoquent le néant, le hasard, la nature brutale, pour justifier leurs vices honteux et leurs grossiers penchants, c'est encore là un hommage rendu à la majesté de Dieu. Pour se dispenser de tendre vers l'idéal, et de soutenir par le travail et la vertu la dignité humaine, la créature est forcée de nier l'idéal. Mais, si une voix intérieure ne troublait pas l'ignoble repos de sa dégradation, elle ne se donnerait pas tant de peine pour rejeter l'existence d'un juge suprême. Quand les philosophes de ce siècle ont invoqué la Providence, la nature, les lois de la création, ils n'ont pas cessé d'invoquer le vrai Dieu sous ces noms nouveaux. En se réfugiant dans le sein d'une Providence universelle et d'une nature inépuisablement généreuse, ils ont protesté contre les anathèmes que les sectes farouches se lançaient l'une à l'autre, contre les monstruosités de l'inquisition, contre l'intolérance et le despotisme. Lorsque Voltaire, à la vue d'une nuit étoilée, proclamait le grand horloger céleste; lorsque Rousseau conduisait son élève au sommet d'une montagne pour lui révéler la première notion du Créateur au lever du soleil, quoique ce fussent là des preuves incomplètes et des vues étroites, en comparaison de ce que l'avenir réserve aux hommes de preuves éclatantes et d'infaillibles certitudes, c'étaient du moins des cris de l'âme élevés vers ce Dieu que toutes les générations humaines ont proclamé sous des noms divers et adoré sous différents symboles.

— Mais ces preuves éclatantes, mais cette certitude, lui dis-je, où les puiserons-nous, si nous rejetons la révélation, et si le sens intérieur ne nous suffit pas?

— Nous ne rejetons pas la révélation, reprit-il vivement, et le sens intérieur nous suffit jusqu'à un certain point; mais nous y joignons d'autres preuves encore : quant au passé, le témoignage de l'humanité tout entière; quant au présent, l'adhésion de toutes les consciences pures au culte de la Divinité, et la voix éloquente de notre propre cœur.

— Si je vous entends bien, repris-je, vous acceptez de la révélation ce qu'elle a d'éternellement divin, les grandes notions sur la Divinité et l'immortalité, les préceptes de vertu et de devoir qui en découlent.

— L'homme, répondit-il, arrache au ciel même la connaissance de l'idéal, et la conquête des vérités sublimes qui y conduisent est un pacte, un hyménée entre l'intelligence humaine qui cherche, aspire et demande, et l'intelligence divine qui, elle aussi, cherche le cœur de l'homme, aspire à s'y répandre, et consent à y régner. Nous reconnaissons donc des maîtres, de quelque nom que l'on ait voulu les appeler. Héros, demi-dieux, philosophes, saints ou prophètes, nous pouvons nous incliner devant ces pères et ces docteurs de l'humanité. Nous pouvons adorer chez l'homme investi d'une haute science et d'une haute vertu un reflet splendide de la Divinité. O Christ! un temps viendra où l'on t'élèvera de nouveaux autels, plus dignes de toi, en te restituant ta véritable grandeur, celle d'avoir été vraiment le fils de la femme et le sauveur, c'est-à-dire l'ami de l'humanité, le prophète de l'idéal.

— Et le successeur de Platon, ajoutai-je.

— Comme Platon fut celui des autres révélateurs que nous vénérons, et dont nous sommes les disciples.

» Oui, poursuivit Alexis après une pause, comme pour me donner le temps de peser ses paroles, nous sommes les disciples de ces révélateurs, mais nous sommes leurs libres disciples. Nous avons le droit de les examiner, de les commenter, de les discuter, de les redresser même ; car, s'ils participent par leur génie de l'infaillibilité de Dieu, ils participent par leur nature de l'impuissance de la raison humaine. Il est donc nonseulement dans notre privilége, mais dans notre devoir comme dans notre destinée, de les expliquer et d'aider à la continuation de leurs travaux.

— Nous, mon père ! m'écriai-je avec effroi ; mais quel est donc notre mandat ?

— C'est d'être venus après eux. Dieu veut que nous marchions; et, s'il fait lever des prophètes au milieu du cours des âges, c'est pour pousser les générations devant eux, comme il convient à des hommes, et non pour les enchaîner à leur suite, comme il appartient à de vils troupeaux. Quand Jésus guérit le paralytique, il ne lui dit pas : « Prosterne-toi, et suis-moi. » Il lui dit : « Lèvetoi, et marche. »

— Mais où irons-nous, mon père?

— Nous irons vers l'avenir ; nous irons, pleins du passé et remplissant nos jours présents par l'étude, la méditation et un continuel effort vers la perfection. Avec du courage et de l'humilité, en puisant dans la contemplation de l'idéal la volonté et la force, en cherchant dans la prière l'enthousiasme et la confiance, nous obtiendrons que Dieu nous éclaire et nous aide à instruire les hommes, chacun de nous selon ses forces... Les miennes sont épuisées, mon enfant. Je n'ai pas fait ce que j'aurais pu faire si je n'eusse pas été élevé dans le catholicisme. Je t'ai raconté ce qu'il m'a fallu de temps et de peines pour arriver à proclamer sur le bord de ma tombe ce seul mot : « Je suis libre ! »

— Mais ce mot en dit beaucoup, mon père ! m'écriai-je. Dans votre bouche il est tout-puissant sur moi, et c'est de votre bouche seule que j'ai pu l'entendre sans méfiance et sans trouble. Peut-être, sans ce mot de vous, toute ma vie eût été livrée à l'erreur. Que j'eusse continué mes jours dans ce cloître, il est probable que j'y eusse vécu courbé et abruti sous le joug du fanatisme. Que j'eusse vécu dans le tumulte du monde, il est possible que je me fusse laissé égarer par les passions humaines et les maximes de l'impiété. Grâce à vous, j'attends mon sort de pied ferme. Il me semble que je ne peux plus succomber aux dangers de l'athéisme, et je sens que j'ai secoué pour toujours les liens de la superstition.

— Et si ce mot de ma bouche, dit Alexis, profondément ému, est le seul bien que j'aie pu faire en ce monde, ces mots de la tienne sont une récompense suffisante. Je ne mourrai donc pas sans avoir vécu, car le but de la vie est de transmettre la vie. J'ai toujours pensé que le célibat était un état sublime, mais tout à fait exceptionnel, parce qu'il entraînait des devoirs immenses. Je pense encore que celui qui se refuse à donner la vie physique à des êtres de son espèce doit donner en revanche, par ses travaux et ses lumières, la vie intellectuelle au grand nombre de ses semblables. C'est pour cela que je révère la féconde virginité du Christ. Mais, lorsque, après avoir nourri dans ma jeunesse des espérances orgueilleuses de science et de vertu, je me suis vu courbé sous les années et les mains vides de grandes œuvres, je me suis affligé et repenti d'avoir embrassé un état à la hauteur duquel je n'avais pas su m'élever. Aujourd'hui je vois que je ne tomberai pas de l'arbre comme un fruit stérile. La semence de vie a fécondé ton âme. J'ai un fils, un enfant plus précieux qu'un fruit de mes entrailles ; j'ai un fils de mon intelligence.

— Et de ton cœur, lui dis-je en pliant les deux genoux devant lui ; car tu as un grand cœur, ô père Alexis ! un cœur plus grand encore que ton intelligence ! Et quand tu t'écries : « Je suis libre ! » cette parole puissante implique celle-ci : « J'aime et je crois. »

— J'aime, je crois et j'espère, tu l'as dit ! répondit-il avec attendrissement ; s'il en était autrement, je ne serais pas libre. La brute, au fond des forêts, ne connaît point de lois, et pourtant elle est esclave ; car elle ne sait ni le prix, ni la dignité, ni l'usage de sa liberté. L'homme privé d'idéal est l'esclave de lui-même, de ses instincts matériels, de ses passions farouches, tyrans plus absolus, maîtres plus fantasques que tous ceux qu'il a renversés avant de tomber sous l'empire de la fatalité. »

Nous causâmes ainsi long-temps encore. Il m'entretint des grands mystères de la foi pythagoricienne, platonicienne et chrétienne, qu'il disait être un même dogme continué et modifié, et dont l'essence lui semblait le fond de la vérité éternelle ; vérité progressive, disait-il, en ce sens qu'elle était enveloppée encore de nuages épais, et qu'il appartenait à l'intelligence hu-

maine de déchirer ces voiles un à un, jusqu'au dernier.
Il s'efforça de rassembler tous les éléments sur lesquels
il basait sa foi en un *Dieu-Perfection* : c'est ainsi
qu'il l'appelait. Il disait : 1° que la grandeur et la beauté
de l'univers accessible aux calculs et aux observations
de la science humaine, nous montraient dans le Créateur l'ordre, la sagesse et la science omnipotente;
2° que le besoin qu'éprouvent les hommes de se former
en société et d'établir entre eux des rapports de sympathie, de religion commune et de protection mutuelle,
prouvait, dans le législateur universel, l'esprit de sou-
veraine justice; 3° que les élans continuels du cœur de
l'homme vers l'idéal prouvaient l'amour infini du père des
hommes répandu à grands flots sur la grande famille
humaine, et manifesté à chaque âme en particulier dans
le sanctuaire de sa conscience. De là il concluait pour
l'homme trois sortes de devoirs. Le premier, appliqué
à la nature extérieure : devoir de s'instruire dans les
sciences, afin de modifier et de perfectionner autour de
lui le monde physique. Le second, appliqué à la vie sociale : devoir de respecter ou d'établir des institutions
librement acceptées par la famille humaine et favorables
à son développement. Le troisième, applicable à la vie
intérieure de l'individu : devoir de se perfectionner soi-
même en vue de la perfection divine, et de chercher
sans cesse pour soi et pour les autres les voies de la vérité, de la sagesse et de la vertu.

Ces entretiens et ces enseignements furent au moins
aussi longs que le récit qui les avait amenés. Ils durèrent plusieurs jours, et nous absorbèrent tellement l'un
et l'autre que nous prenions à peine le temps de dormir. Mon maître semblait avoir recouvré, pour m'instruire, une force virile. Il ne songeait plus à ses souf-

frances et me les faisait oublier à moi-même ; il me lisait son livre et me l'expliquait à mesure. C'était un livre étrange, plein d'une grandeur et d'une simplicité sublimes. Il n'avait pas affecté une forme méthodique ; il avouait n'avoir pas eu le temps de se résumer, et avoir plutôt écrit, comme Montaigne, au jour le jour, une suite d'essais, où il avait exprimé naïvement tantôt les élans religieux, tantôt les accès de tristesse et de découragement sous l'empire desquels il s'était trouvé. — J'ai senti, me disait-il, que je n'étais plus capable d'écrire un grand ouvrage pour mes contemporains, tel que je l'avais rêvé dans mes jours de noble, mais aveugle ambition. Alors, conformant ma manière à l'humilité de ma position, et mes espérances à la faiblesse de mon être, j'ai songé à répandre mon cœur tout entier sur ces pages intimes, afin de former un disciple qui, ayant bien compris les désirs et les besoins de l'âme humaine, consacrât son intelligence à chercher le soulagement et la satisfaction de ces désirs et de ces besoins, dont tôt ou tard, après les agitations politiques, tous les hommes sentiront l'importance. Expression plaintive de la triste époque où le sort m'a jeté, je ne puis qu'élever un cri de détresse afin qu'on me rende ce qu'on m'a ôté : une foi, un dogme et un culte. Je sens bien que nul encore ne peut me répondre et que je vais mourir hors du temple, plein de trouble et de frayeur, n'emportant pour tout mérite, aux pieds du juge suprême, que le combat opiniâtre de mes sentiments religieux contre l'action dissolvante d'un siècle sans religion. Mais j'espère, et mon désespoir même enfante chez moi des espérances nouvelles ; car, plus je souffre de mon ignorance, plus j'ai horreur du néant, et plus je sens que mon âme a des droits sacrés sur cet héritage céleste dont elle a l'insatiable désir...»

C'était la troisième nuit de cet entretien, et, malgré l'intérêt puissant qui m'y enchaînait, je fus tout à coup saisi d'un tel accablement, que je m'assoupis auprès du lit de mon maître tandis qu'il parlait encore, d'une voix affaiblie, au milieu des ténèbres; car toute l'huile de la lampe était consumée, et le jour ne paraissait point encore. Au bout de quelques instants, je m'éveillai; Alexis faisait entendre encore des sons inarticulés et semblait se parler à lui-même. Je fis d'incroyables efforts pour l'écouter et pour résister au sommeil; ses paroles étaient inintelligibles, et, la fatigue l'emportant, je m'endormis de nouveau, la tête appuyée sur le bord de son lit. Alors, dans mon sommeil, j'entendis une voix pleine de douceur et d'harmonie qui semblait continuer les discours de mon maître, et je l'écoutais sans m'éveiller et sans la comprendre. Enfin, je sentis comme un souffle rafraîchissant qui courait dans mes cheveux, et la voix me dit : « *Angel, Angel, l'heure est venue.* » Je m'imaginai que mon maître expirait, et, faisant un grand effort, je m'éveillai et j'étendis les mains vers lui. Ses mains étaient tièdes, et sa respiration régulière annonçait un paisible repos. Je me levai alors pour rallumer la lampe; mais je crus sentir le frôlement d'un être d'une nature indéfinissable qui se plaçait devant moi et qui s'opposait à mes mouvements. Je n'eus point peur et je lui dis avec assurance :

« Qui es-tu, et que veux-tu? es-tu celui que nous aimons? as-tu quelque chose à m'ordonner?

— Angel, dit la voix, le manuscrit est sous la pierre, et le cœur de ton maître sera tourmenté tant qu'il n'aura pas accompli la volonté de celui... »

Ici la voix se perdit; je n'entendis plus aucun autre

bruit dans la chambre que la respiration égale et faible d'Alexis. J'allumai la lampe, je m'assurai qu'il dormait, que nous étions seuls, que toutes les portes étaient fermées; je m'assis incertain et agité. Puis, au bout de peu d'instants, je pris mon parti, je sortis de la cellule, sans bruit, tenant d'une main ma lampe, de l'autre une barre d'acier que j'enlevai à une des machines de l'observatoire, et je me rendis à l'église.

Comment, moi, si jeune, si timide et si superstitieux jusqu'à ce jour, j'eus tout à coup la volonté et le courage d'entreprendre seul une telle chose, c'est ce que je n'expliquerai pas. Je sais seulement que mon esprit était élevé à sa plus haute puissance en cet instant, soit que je fusse sous l'empire d'une exaltation étrange, soit qu'un pouvoir supérieur à moi agît en moi à mon insu. Ce qu'il y a de certain, c'est que j'attaquai sans trembler la pierre du *Hic est*, et que je l'enlevai sans peine. Je descendis dans le caveau, et je trouvai le cercueil de plomb dans sa niche de marbre noir. M'aidant du levier et de mon couteau, j'en dessoudai sans peine une partie; je trouvai, à l'endroit de la poitrine où j'avais dirigé mes recherches, des lambeaux de vêtement que je soulevai et qui se roulèrent autour de mes doigts comme des toiles d'araignée. Puis, glissant ma main jusqu'à la place où ce noble cœur avait battu, je sentis sans horreur le froid de ses ossements. Le paquet de parchemin n'étant plus retenu par les plis du vêtement, roula dans le fond du cercueil; je l'en retirai, et, refermant le sépulcre à la hâte, je retournai auprès d'Alexis et déposai le manuscrit sur ses genoux. Alors, un vertige me saisit, et je faillis perdre connaissance; mais ma volonté l'emporta encore: car Alexis dépliait le manuscrit d'une main ferme et empressée.

« *Hic est veritas !* » s'écria-t-il en jetant les yeux sur la devise favorite de Spiridion, qui servait d'épigraphe à cet écrit : Angel, que vois-je ? en croirai-je mes yeux ? Tiens, regarde toi-même, il me semble que je suis en proie à une hallucination.

Je regardai avec lui; c'était un de ces beaux manuscrits du treizième siècle tracés sur parchemin avec une netteté et une élégance dont l'imprimerie n'approche point; travail manuel, humble et patient, de quelque moine inconnu ; et ce manuscrit, quelle fut ma surprise, quelle fut la consternation de mon maître Alexis, en voyant que ce n'était pas autre chose que le livre des Évangiles selon l'apôtre saint Jean !

—Nous sommes trompés! dit Alexis. Il y a eu là une substitution. Fulgence aura laissé déjouer sa vigilance pendant les funérailles de son maître, ou bien Donatien a surpris le secret de nos entretiens ; il a enlevé le livre et mis à la place la parole du Christ sans appel et sans commentaire.

— Attendez, mon père, m'écriai-je après avoir examiné attentivement le manuscrit ; ceci est un monument bien rare et bien précieux. Il est de la propre main du célèbre abbé Joachim de Flore, moine cisternien de la Calabre.... Sa signature l'atteste.

— Oui, dit Alexis en reprenant le manuscrit et en le regardant avec soin, celui qu'on appelait *l'homme vêtu de lin*, celui qu'on regardait comme un inspiré, comme un prophète, le messie du nouvel Évangile au commencement du treizième siècle! Je ne sais quelle émotion profonde remue mes entrailles à la vue de ces caractères. O chercheur de vérité, j'ai souvent aperçu la trace de tes pas sur mon propre chemin ! Mais, regarde, Angel, rien ici ne doit échapper à notre attention ; car ce n'est certes pas sans dessein que ce précieux exemplaire a servi de linceul au cœur d'Hébronius ; vois-tu ces caractères tracés en plus grosses lettres et avec plus d'élégance que le reste du texte ?

— Ils sont aussi marqués d'une couleur particulière, et ce ne sont pas les seuls peut-être. Voyons, mon père !

Nous feuilletâmes l'Évangile de saint Jean, et nous trouvâmes dans ce chef-d'œuvre calligraphique de l'abbé Joachim, trois passages écrits en caractères plus gros, plus ornés, et d'une autre encre que le reste, comme si le copiste eût voulu arrêter la méditation du commentateur sur ces passages décisifs. Le premier, écrit en lettres d'azur, était celui qui ouvre si magnifiquement l'Évangile de saint Jean :

« La parole était au commencement, la parole
» était avec Dieu, et cette parole était Dieu.
» Toutes choses ont été faites par elle, et rien
» de ce qui a été fait n'a été fait sans elle. C'est
» en elle qu'était la vie, et la vie était la lu-
» mière des hommes. Et la lumière luit dans les
» ténèbres, et les ténèbres ne l'ont point reçue.
» C'était la véritable lumière qui éclaire tout
» homme venant en ce monde. »

Le second passage était écrit en lettres de pourpre. C'était celui-ci :

« L'heure vient que vous n'adorerez le Père ni
» sur cette montagne ni a Jérusalem. L'heure
» vient que les vrais adorateurs adoreront le
» Père en esprit et en vérité. »

Et le troisième, écrit en lettres d'or, était celui-ci :

« C'est ici la vie éternelle de te connaître,
» toi le seul vrai Dieu, et celui que tu as en-
» voyé, Jésus le Christ. »

Un quatrième passage était encore signalé à l'attention, mais uniquement par la grosseur des caractères : c'était celui-ci du chapitre X :

« *Jésus leur répondit : J'ai fait devant vous* » *plusieurs bonnes œuvres de la part de mon* » *Père ; pour laquelle me lapidez-vous ?* — *Les* » *Juifs lui répondirent : Ce n'est point pour une* » *bonne œuvre que nous te lapidons, mais c'est à* » *cause de ton blasphème, c'est à cause que, étant* » *homme, tu te fais Dieu. Jésus leur répondit :* » *N'est-il pas écrit dans votre loi :* « J'ai dit : Vous » êtes tous des dieux. » *Si elle a appelé dieux ceux* » *à qui la parole de Dieu était adressée, et si* » *l'Écriture ne peut être rejetée, dites-vous que je* » *blasphème, moi que le Père a sanctifié, et qu'il* » *a envoyé dans le monde, parce que j'ai dit :* » *Je suis le Fils de Dieu ?* »

« Angel ! s'écria Alexis, comment ce passage n'a-t-il pas frappé les chrétiens lorsqu'ils ont conçu l'idée idolâtrique de faire de Jésus-Christ un Dieu Tout-Puissant, un membre de la Trinité divine ? Ne s'est-il pas expliqué lui-même sur cette prétendue divinité ? n'en a-t-il pas repoussé l'idée comme un blasphème ? Oh ! oui, il nous l'a dit, cet homme divin ! Nous sommes tous des dieux, nous sommes tous les enfants de Dieu, dans le sens où saint Jean l'entendait en exposant le dogme au début de son Évangile. « A tous ceux qui ont reçu la parole (le *logos* divin) il a donné le droit d'être faits enfants de Dieu. » Oui, la parole est Dieu ; la révélation, c'est Dieu, c'est la vérité divine manifestée ; et l'homme est Dieu aussi, en ce sens qu'il est le fils de Dieu, et une manifestation de la Divinité : mais il est une manifestation finie, et Dieu seul est la Trinité infinie. Dieu était en Jésus, le Verbe parlait par Jésus, mais Jésus n'était pas le Verbe.

» Mais nous avons d'autres trésors à examiner et à commenter, Angel; car voici trois manuscrits au lieu d'un. Modère l'ardeur de ta curiosité, comme je dompte la mienne. Procédons avec ordre, et passons au second avant de regarder le troisième. L'ordre dans lequel Spiridion a placé ces trois manuscrits sous une même enveloppe doit être sacré pour nous, et signifie incontestablement le progrès, le développement et le complément de sa pensée. »

Nous déroulâmes le second manuscrit. Il n'était ni moins précieux ni moins curieux que le premier. C'était ce livre perdu durant des siècles, inconnu aux générations qui nous séparent de son apparition dans le monde; ce livre poursuivi par l'Université de Paris, toléré d'abord et puis condamné, et livré aux flammes par le saint-siége en 1260 : c'était la fameuse *Introduction à l'Évangile éternel*, écrite de la propre main de l'auteur, le célèbre Jean de Parme, général des Franciscains et disciple de Joachim de Flore. En voyant sous nos yeux ce monument de l'hérésie, nous fûmes saisis, Alexis et moi, d'un frisson involontaire. Cet exemplaire, probablement unique dans le monde, était dans nos mains; et par lui qu'allions-nous apprendre? avec quel étonnement nous en lûmes le sommaire, écrit à la première page :

« La religion a trois époques, comme les règnes des
» trois personnes de la Trinité. Le règne du Père a
» duré pendant la loi mosaïque. Le règne du Fils, c'est-
» à-dire la religion chrétienne, ne doit pas durer
» toujours. Les cérémonies et les sacrements dans les-
» quels cette religion s'enveloppe, ne doivent pas être

» éternels. Il doit venir un temps où ces mystères ces-
» seront, et alors doit commencer la religion du Saint-
» Esprit, dans laquelle les hommes n'auront plus besoin
» de sacrements, et rendront à l'Être-Suprême un culte
» purement spirituel. Le règne du Saint-Esprit a été
» prédit par saint Jean, et c'est ce règne qui va succé-
» der à la religion chrétienne, comme la religion chré-
» tienne a succédé à la loi mosaïque. »

— Quoi ! s'écria Alexis, est-ce ainsi qu'il faut entendre le développement des paroles de Jésus à la Samari-
taine : *L'heure vient que vous n'adorerez plus le
Père ni à Jérusalem, ni sur cette montagne,
mais que vous l'adorerez en Esprit et en Vérité ?*
Oui, la doctrine de l'Évangile éternel ! cette doctrine de
liberté, d'égalité et de fraternité qui sépare Grégoire VII
de Luther, l'a entendu ainsi. Or, cette époque est bien
grande : c'est elle qui, après avoir rempli le monde, féconde encore la pensée de tous les grands hérésiarques,
de toutes les sectes persécutées jusqu'à nos jours. Condamné, détruit, cet œuvre vit et se développe dans tous
les penseurs qui nous ont produits ; et des cendres de son
bûcher, l'Évangile éternel projette une flamme qui em-
brase la suite des générations. Wiclef, Jean Huss, Jérôme de Prague, Luther ! vous êtes sortis de ce bûcher,
vous avez été couvés sous cette cendre glorieuse ; et
toi-même Bossuet, protestant mal déguisé, le dernier
évêque, et toi aussi Spiridion, le dernier apôtre, et
nous aussi les derniers moines ! Mais quelle était donc
la pensée supérieure de Spiridion par rapport à cette
révélation du treizième siècle ? Le disciple de Luther et
de Bossuet s'était-il retourné vers le passé pour embrasser la doctrine d'Amaury, de Joachim de Flore et de
Jean de Parme ?

— Ouvrez le troisième manuscrit, mon père. Sans doute, il sera la clef des deux autres. »

Le troisième manuscrit était en effet l'œuvre de l'abbé Spiridion, et Alexis, qui avait vu souvent des textes sacrés copiés de sa main, et restés entre celles de Fulgence, reconnut aussitôt l'authenticité de cet écrit. Il était fort court et se résumait dans ce peu de lignes :

« Jésus (vision adorable) m'est apparu et m'a dit : —
» Des quatre évangiles, le plus divin, le moins entaché
» des formes passagères de l'humanité au moment où
» j'ai accompli ma mission, est l'évangile de Jean, de
» celui sur le sein duquel je me suis appuyé durant la
» passion, de celui à qui j'ai recommandé ma mère en
» mourant. Tu ne garderas que cet évangile. Les trois
» autres, écrits en vue de la terre pour le temps où ils
» ont été écrits, pleins de menaces et d'anathèmes, ou
» de réserves sacerdotales dans le sens de l'antique mo-
» saïsme, seront pour toi comme s'ils n'étaient pas. Ré-
» ponds ; m'obéiras-tu ?

» Et moi, Spiridion, serviteur de Dieu, j'ai répondu :
» J'obéirai.

» Jésus alors m'a dit : Dans ton passé chrétien, tu
» seras donc de l'école de Jean, tu seras Joannite.

» Et quand Jésus m'eut dit ces paroles, je sentis en
» moi comme une séparation qui se faisait dans tout
» mon être. Je me sentis mourir. Je n'étais plus chré-
» tien ; mais bientôt je me sentis renaître, et j'étais plus
» chrétien que jamais. Car le christianisme m'était ré-
» vélé, et j'entendis une voix qui disait à mes oreilles
» ce verset du dix-septième chapitre de l'*unique* évan-
» gile : *C'est ici la vie éternelle de te connaître,*
» *toi, le seul vrai Dieu, et celui que tu as en-*
» *voyé, Jésus le Christ.*

» Alors Jésus me dit :

» Tu recueilleras à travers les siècles la tradition de
» ton école.

» Et je pensai à tout ce que j'avais lu autrefois sur
» l'école de saint Jean, et ceux que j'avais si souvent
» appelés des *hérétiques* m'apparurent comme de
» vrais vivants.

» Jésus ajouta :

» Mais tu effaceras et tu ratureras avec soin les er-
» reurs de l'esprit prophétique, pour ne garder que la
» prophétie.

» La vision avait disparu ; mais je la sentais, pour
» ainsi dire, qui se continuait secrètement en moi. Je
» courus à mes livres, et le premier ouvrage qui me
» tomba sous la main fut un manuscrit de l'évangile de
» saint Jean, de la main de Joachim de Flore.

» Le second fut l'*Introduction à l'Évangile éter-*
» *nel*, de Jean de Parme.

» Je relus l'évangile de saint Jean en adorant.

» Et je lus l'*Introduction à l'Évangile éternel*
» en souffrant et en gémissant. Quand j'eus fini de le
» lire, tout ce qui m'en resta fut cette phrase :

« *La religion a trois époques, comme les règnes*
» *des trois personnes de la Trinité.* »

» Tout le reste avait disparu et était raturé de mon
» esprit. Mais cette phrase brillait devant les yeux de
» mon intelligence, comme un phare éclatant et qui ne
» doit pas s'éteindre.

» Alors Jésus m'apparut de nouveau, et me dit :

» *La religion a trois époques, comme les rè-*
» *gnes des trois personnes de la Trinité.*

» Je répondis : ainsi soit-il !

» Jésus reprit :

» Le christianisme a eu trois époques, et les trois
» époques sont accomplies.

» Et il disparut. Et je vis passer successivement de-
» vant moi (vision adorable) saint Pierre, saint Jean et
» saint Paul.

» Derrière saint Pierre était le grand pape Gré-
» goire VII.

» Derrière saint Jean, Joachim de Flore, le saint
» Jean du treizième siècle.

» Derrière saint Paul était Luther.

» Je m'évanouis. »

Plus loin, après un intervalle, était écrit de la même main :

« Le christianisme devait avoir trois époques, et
» les trois époques sont accomplies. Comme la Trinité
» divine a trois faces, la conception que l'esprit humain
» a eue de la Trinité dans le christianisme devait avoir
» trois faces successives. La première, qui répond à
» saint Pierre, embrasse la période de la création et du
» développement hiérarchique et militant de l'Église
» jusqu'à Hildebrand, le saint Pierre du onzième siècle ;
» la seconde, qui répond à saint Jean, embrasse la pé-
» riode depuis Abailard jusqu'à Luther ; la troisième,
» qui répond à saint Paul, commence à Luther et finit à
» Bossuet. C'est le règne du libre examen, de la con-
» naissance, comme la période antérieure est celle de
» l'amour et du sentiment, comme celle qui avait pré-
» cédé est la période de la sensation et de l'activité. Là
» finit le christianisme, et là commence l'ère d'une nou-
» velle religion. Ne cherchons donc plus la vérité abso-
» lue dans l'application littérale des Évangiles, mais dans
» le développement des révélations de toute l'humanité

» antérieure à nous. Le dogme de la Trinité est la reli-
» gion éternelle ; la véritable compréhension de ce dogme
» est éternellement progressive. Nous repasserons éter-
» nellement peut-être par ces trois phases de manifes-
» tations de l'activité, de l'amour, et de la science, qui
» sont les trois principes de notre essence même, puis-
» que ce sont les trois principes divins que *reçoit cha-*
» *que homme venant dans le monde*, à titre de
» *fils de Dieu*. Et plus nous arriverons à nous mani-
» fester simultanément sous ces trois faces de notre hu-
» manité, plus nous approcherons de la perfection di-
» vine. Hommes de l'avenir, c'est à vous qu'il est ré-
» servé de réaliser cette prophétie, si Dieu est en vous.
» Ce sera l'œuvre d'une nouvelle révélation, d'une
» nouvelle religion, d'une nouvelle société, d'une nou-
» velle humanité. Cette religion n'abjurera pas l'esprit
» du Christianisme, mais elle en dépouillera les formes.
» Elle sera au Christianisme ce que la fille est à la mère,
» lorsque l'une penche vers la tombe et que l'autre est
» en plein dans la vie. Cette religion, fille de l'Évangile,
» ne reniera point sa mère, mais elle continuera son
» œuvre ; et ce que sa mère n'aura pas compris, elle
» l'expliquera ; ce que sa mère n'aura pas osé, elle l'o-
» sera ; ce que sa mère n'aura fait qu'entreprendre, elle
» l'achevera. Ceci est la véritable prophétie qui est ap-
» parue sous un voile de deuil au grand Bossuet, à son
» heure dernière. Trinité divine, reçois et reprends
» l'être de celui que tu as éclairé de ta lumière, em-
» brasé de ton amour, et créé de ta substance même,
» ton serviteur *Spiridion*. »

Alexis replia le manuscrit, le plaça sur sa poitrine, croisa ses mains dessus, et resta plongé dans une méditation profonde. Une grande sérénité régnait sur son front. Je restai à ses côtés immobile, attentif, épiant tous ses mouvements, et cherchant dans l'expression de sa physionomie à comprendre les pensées qui remuaient son âme. Tout à coup je vis de grosses larmes rouler de ses yeux et inonder son visage flétri, comme une pluie bienfaisante sur la terre altérée. « Je suis bien heureux! me dit-il en se jetant dans mon sein. O ma vie! ma triste vie! ce n'était pas trop de tes douleurs et de tes fatigues pour acheter cet ineffable instant de lumière, de certitude et de charité! Charité divine, je te comprends enfin! Logique suprême, tu ne pouvais faillir! Ami Spiridion, tu le savais bien quand tu me disais : Aime et tu comprendras! O ma science frivole! ô mon érudition stérile! vous ne m'avez pas éclairé sur le véritable sens des Écritures! C'est depuis que j'ai compris l'amitié, et par elle la charité, et par la charité l'enthousiasme de la fraternité humaine, que je suis devenu capable de comprendre la parole de Dieu. Angel, laisse-moi ces manuscrits pendant le peu d'heures que j'ai encore à passer près de toi; et, quand je ne serai plus, ne les ensevelis point avec moi. Le temps est venu où la vérité ne doit plus dormir dans les sépulcres, mais agir à la lumière du soleil et remuer le cœur des hommes de bonne volonté. Tu reliras ces Évangiles, mon enfant, et en les commentant, tu rapprendras l'histoire; ton cerveau, que j'ai rempli de faits, de textes et de formules, est comme un livre qui porte en soi la vie, et qui n'en a pas conscience. C'est ainsi que, durant trente ans, j'avais fait de ma propre intelligence un parchemin. Celui qui a tout lu, tout examiné sans rien comprendre est le pire des ignorants; et celui qui, sans savoir lire, a compris la sagesse divine, est le plus grand savant de la terre. Maintenant, reçois mes

adieux, mon enfant, et apprête-toi à quitter le cloître
et à rentrer dans la vie.

— Que dites-vous? m'écriai-je, vous quitter? retourner au monde? Est-ce là votre amitié? sont-ce là
vos conseils?

— Tu vois bien, dit-il, que c'en est fait de nous.
Nous sommes une race finie, et Spiridion a été, à
vrai dire, le dernier moine. O maître infortuné!
ajouta-t-il en levant les yeux au ciel, toi aussi tu
as bien souffert, et ta souffrance a été ignorée des
hommes. Mais Dieu t'a reçu en expiation de tes erreurs sublimes, et il t'a envoyé, à tes derniers instants, l'instinct prophétique qui t'a consolé; car ton
grand cœur a dû oublier sa propre souffrance en apercevant l'avenir de la race humaine tourné vers l'idéal.
Ainsi donc je suis arrivé au même résultat que toi. Quoique ta vie ait été consacrée seulement aux études théologiques, et que la mienne ait embrassé un plus large
cercle de connaissances, nous avons trouvé la même
conclusion : c'est que le passé est fini et ne doit point
entraver l'avenir ; c'est que notre chute est aussi nécessaire que l'a été notre existence; c'est que nous ne devons ni renier l'une, ni maudire l'autre. Eh bien! Spiridion, dans l'ombre de ton cloître et dans le secret de
tes méditations, tu as été plus grand que ton maître :
car celui-ci est mort en jetant un cri de désespoir et en
croyant que le monde s'écroulait sur lui ; et toi tu t'es
endormi dans la paix du Seigneur, rempli d'un divin
espoir pour la race humaine. Oh! oui, je t'aime mieux
que Bossuet; car tu n'as pas maudit ton siècle, et tu as
noblement abjuré une longue suite d'illusions, incertitudes respectables, efforts sublimes d'une âme ardemment éprise de la perfection. Sois béni, sois glorifié : le

royaume des cieux appartient à ceux dont l'esprit est vaste et dont le cœur est simple. »

Quand il eut parlé ainsi, il m'imposa les mains et me donna sa bénédiction ; puis, se mettant en devoir de se lever : « Allons, dit-il, tu sais que l'heure est venue.

— Quelle heure donc, lui dis-je, et que voulez-vous faire? Ces paroles ont déjà frappé mon oreille cette nuit, et je croyais avoir été le seul à les entendre. Dites, maître, que signifient-elles ?

— Ces paroles, je les ai entendues, me répondit-il ; car, pendant que tu descendais dans le tombeau de notre maître, j'avais ici un long entretien avec lui.

— Vous l'avez vu? lui dis-je.

— Je ne l'ai jamais vu la nuit, mais seulement le jour, à la clarté du soleil. Je ne l'ai jamais vu et entendu en même temps : c'est la nuit qu'il me parle, c'est le jour qu'il m'apparaît. Cette nuit, il m'a expliqué ce que nous venons de lire et plus encore; et, s'il t'a ordonné d'exhumer le manuscrit, c'est afin que jamais le doute n'entrât dans ton âme au sujet de ce que les hommes de ce siècle appelleraient nos visions et nos délires.

— Délires célestes, m'écriai-je, et qui me feraient haïr la raison, si la raison pouvait en anéantir l'effet! Mais ne le craignez pas, mon père ; je porterai à jamais dans mon cœur la mémoire sacrée de ces jours d'enthousiasme.

— Maintenant, viens! dit Alexis en se mettant à marcher dans sa cellule d'un pas assuré, et en redressant son corps brisé, avec la noblesse et l'aisance d'un jeune homme.

— Eh quoi! vous marchez! Vous êtes donc guéri? lui dis-je; ceci est un prodige nouveau.

— La volonté est seule un prodige, répondit-il, et c'est la puissance divine qui l'accomplit en nous. Suis-moi, je veux revoir le soleil, les palmiers, les murs de ce monastère, la tombe de Spiridion et de Fulgence ; je me sens possédé d'une joie d'enfant ; mon âme déborde. Il faut que j'embrasse cette terre de douleurs et d'espérances où les larmes sont fécondes, et que nos genoux fatigués de prières n'ont pas creusée en vain. »

Nous descendîmes pour nous rendre au jardin ; mais en passant devant le réfectoire où les moines étaient rassemblés, il s'arrêta un instant, et jeta sur eux un regard de compassion.

En voyant debout devant eux cet Alexis qu'ils croyaient mourant, ils furent saisis d'épouvante, et un des convers qui les servait et qui se trouvait près de la porte, murmura ces mots :

« Les morts ressuscitent, c'est le présage de quelque malheur.

— Oui, sans doute, répondit Alexis en entrant dans le réfectoire par l'effet d'une subite résolution, un grand malheur vous menace. Et parlant à haute voix, avec un visage animé de l'énergie de la jeunesse, et les yeux étincelants du feu de l'inspiration : Frères, dit-il, quittez la table, n'achevez pas votre pain, déchirez vos robes, abandonnez ces murs que la foudre ébranle déjà, ou bien préparez-vous à mourir ! »

Les moines effrayés et consternés se levèrent tumultueusement, comme s'ils se fussent attendus à quelque prodige. Le Prieur leur commanda de se rasseoir. Ne voyez-vous pas, leur dit-il, que ce vieillard est en proie à un accès de délire ? Angel, reconduisez-le à son lit, et ne le laissez plus sortir de sa cellule, je vous le commande.

— Frère, tu n'as plus rien à commander ici, reprit Alexis avec le calme de la force. Tu n'es plus chef, tu n'es plus moine, tu n'es plus rien. Il faut fuir, te dis-je ; ton heure et la nôtre à tous est venue.

Les religieux s'agitèrent encore. Donatien les contint de nouveau, et craignant quelque scène violente : Tenez-vous tranquilles, leur dit-il, et laissez-le parler ; vous allez voir que ses idées sont troublées par la fièvre.

— O moines ! dit Alexis en soupirant, c'est vous dont la fièvre a troublé l'entendement ; vous, race jadis sublime, aujourd'hui abjecte ; vous qui avez engendré par l'esprit tant de docteurs et de prophètes que l'Église a persécutés et condamnés aux flammes ! vous qui avez compris l'Évangile et qui avez tenté courageusement de le pratiquer. O vous, disciples de l'Évangile éternel, pères spirituels du grand Amaury, de David de Dinant, de Pierre Valdo, de Ségarel, de Dulcin, d'Eon de l'Étoile, de Pierre de Bruys, de Lollard, de Wiclef, de Jean Huss, de Jérôme de Prague, et enfin de Luther ! moines qui avez compris l'égalité, la fraternité, la communauté, la charité et la liberté ! moines qui avez proclamé les éternelles vérités que l'avenir doit expliquer et mettre en pratique, et qui maintenant ne produisez plus rien, et ne pouvez plus rien comprendre ! C'est assez long-temps vous cacher sous les plis du manteau de saint Pierre, Pierre ne peut plus vous protéger ; c'est en vain que vous avez fait votre paix avec les pontifes et votre soumission aux puissants de la terre : les puissants ne peuvent plus rien pour vous. Le règne de l'Évangile éternel arrive, et vous n'êtes plus ses disciples ; et au lieu de marcher à la tête des peuples révoltés pour écraser les tyrannies, vous allez être abattus et foudroyés comme les suppôts de la tyrannie. Fuyez, vous dis-je, il vous reste une heure, moins d'une heure! Déchirez vos robes et cachez-vous dans l'épaisseur des bois, dans les cavernes de la montagne; la bannière du vrai Christ est dépliée, et son ombre vous enveloppe déjà.

— Il prophétise! s'écrièrent quelques moines pâles et tremblants.

— Il blasphème, il apostasie! s'écrièrent quelques autres indignés.

— Qu'on l'emmène, qu'on l'enferme! s'écria le Prieur bouleversé et frémissant de rage.

Nul n'osa cependant porter la main sur Alexis. Il semblait protégé par un ange invisible.

Il prit mon bras, car il trouvait que je ne marchais pas assez vite, et, sortant du réfectoire, il m'entraîna sous les palmiers. Il contempla quelque temps la mer et les montagnes avec délices; puis se retournant vers le nord, il me dit :

« Ils viennent! ils viennent avec la rapidité de la foudre.

— Qui donc, mon père?

— Les vengeurs terribles de la liberté outragée. Peut-être les représailles seront-elles insensées. Qui peut se sentir investi d'une telle mission, et garder le calme de la justice? Les temps sont mûrs; il faut que le fruit tombe; qu'importe quelques brins d'herbe écrasés?

— Parlez-vous des ennemis de notre pays?

— Je parle de glaives étincelants dans la main du Dieu des armées. Ils approchent, l'Esprit me l'a révélé, et ce jour est le dernier de mes jours, comme disent les hommes. Mais je ne meurs pas, je ne te quitte pas, Angel, tu le sais.

— Vous allez mourir ? m'écriai-je en m'attachant à son bras avec un effroi insurmontable ; oh ! ne dites pas que vous allez mourir ! Il me semble que je commence à vivre d'aujourd'hui.

— Telle est la loi providentielle de la succession des êtres et des choses, répondit-il. O mon fils, adorons le Dieu de l'infini ! O Spiridion ! je ne te demande pas de m'apparaître en ce jour ; les yeux de mon âme s'ouvrent sur un monde où ta forme humaine n'est pas nécessaire à ma certitude ; tu es avec moi, tu es en moi. Il n'est plus nécessaire que le sable crie sous tes pieds pour que je sache retrouver ton empreinte sur mon chemin. Non ! plus de visions, plus de prestiges, plus de songes extatiques ! Angel, les morts ne quittent pas le sanctuaire de la tombe pour venir, sous une forme sensible, nous instruire ou nous reprendre : mais ils vivent en nous, comme Spiridion le disait à Fulgence, et notre imagination exaltée les ressuscite et les met aux prises avec notre conscience, quand notre conscience incertaine et notre sagesse incomplète rejettent la lumière que nous eussions dû trouver en eux... »

En ce moment, un bruit lointain vint tonner comme un écho affaibli sur la croupe des montagnes, et la mer le répéta au loin d'une voix plus faible encore.

« Qu'est ceci, mon père ? demandai-je à Alexis qui écoutait en souriant.

— C'est le canon, répondit-il, c'est le vol de la conquête qui se dirige sur nous. »

Puis il prêta l'oreille, et le canon se faisait entendre régulièrement.

« Ce n'est pas un combat, dit-il, c'est un hymne de victoire. Nous sommes conquis, mon enfant ; il n'y a plus d'Italie. Que ton cœur ne se déchire pas à l'idée d'une patrie perdue. Ce n'est pas d'aujourd'hui que l'Italie n'existe plus ; et ce qui achève de crouler aujourd'hui, c'est l'Église des papes. Ne prions pas pour les vaincus : Dieu sait ce qu'il fait, et les vainqueurs l'ignorent. »

Comme nous rentrions dans l'église, nous fûmes abordés brusquement par le Prieur suivi de quelques moines. La figure de Donatien était décomposée par la peur.

« Savez-vous ce qui se passe ? nous dit-il ; entendez-vous le canon ? on se bat !

— On s'est battu, répondit tranquillement Alexis.

— D'où le savez-vous ? s'écria-t-on de toutes parts ; avez-vous quelque nouvelle ? Pouvez-vous nous apprendre quelque chose ?

— Ce ne sont de ma part que des conjectures, répondit-il tranquillement ; mais je vous conseille de prendre la fuite, ou d'apprêter un grand repas pour les hôtes qui vous arrivent.... »

Et aussitôt, sans se laisser interroger davantage, il leur tourna le dos et entra dans l'église. A peine y étions-nous que des cris confus se firent entendre au dehors. C'était comme des chants de triomphe et d'enthousiasme, mêlés d'imprécations et de menaces. Aucun cri, aucune menace ne répondirent à ces voix étrangères. Tout ce que le pays avait d'habitants avait fui devant le vainqueur, comme une volée d'oiseaux timides à l'approche du vautour. C'était un détachement de soldats français envoyés à la maraude. Ils avaient, en errant dans les montagnes, découvert les dômes du couvent, et, fondant sur cette proie, ils avaient traversé les ravins et les torrents avec cette rapidité effrayante qu'on voit seulement dans les rêves. Ils s'abattaient sur nous comme une nuée d'orage. En un instant, les portes furent brisées et les cloîtres inondés de soldats ivres qui faisaient retentir les voûtes d'un chant rauque et terrible dont ces mots vinrent, entre autres, frapper distinctement mon oreille :

> Liberté, liberté chérie,
> Combats avec tes défenseurs!...

J'ignore ce qui se passa dans le couvent. J'entendis, le long des murs extérieurs de l'église, des pas précipités qui semblaient, dans leur fuite pleine d'épouvante, vouloir percer les marbres du pavé. Sans doute, il y eut un grand pillage, des violences, une orgie... Alexis, à genoux sur la pierre du *Hic est*, semblait sourd à tous ces bruits. Absorbé dans ses pensées, il avait l'air d'une statue sur un tombeau.

Tout à coup la porte de la sacristie s'ouvrit avec fracas; un soldat s'avança avec méfiance; puis, se croyant seul, il courut à l'autel, força la serrure du tabernacle avec la pointe de sa baïonnette, et commença à cacher précipitamment dans son sac les ostensoirs et les calices d'or et d'argent. Alors Alexis, voyant que j'étais ému, se tourna vers moi, et me dit :

« Soumets-toi, l'heure est arrivée; la Providence, qui me permet de mourir, te commande de vivre. »

En ce moment, d'autres soldats entrèrent et cherchèrent querelle à celui qui les avait devancés. Ils s'injurièrent, et se seraient battus si le temps ne leur eût semblé précieux pour dérober d'autres objets, avant l'arrivée d'autres compagnons de pillage. Ils se hâtèrent donc de remplir leurs sacs, leurs shakos et leurs poches de tout ce qu'ils pouvaient emporter. Pour y mieux parvenir, ils se mirent à casser, avec la crosse de leurs fusils, les reliquaires, les croix et les flambeaux. Au milieu de cette destruction qu'Alexis contemplait d'un visage impassible, le christ du maître-autel, détaché de la croix, tomba avec un grand bruit. Tiens! s'écria l'un des soldats, voilà le sans-culotte Jésus qui nous salue! Les autres éclatèrent de rire, et, courant après les morceaux de cette statue, ils virent qu'elle était seulement de bois doré. Alors ils l'écrasèrent sous leurs pieds avec une gaieté méprisante et brutale; et l'un d'eux, prenant la tête du crucifié, la lança contre les colonnes qui nous protégeaient; elle vint rouler à nos pieds. Alexis se leva, et, plein de foi, il dit :

« O Christ! on peut briser tes autels, et traîner ton image dans la poussière. Ce n'est pas à toi, Fils de Dieu, que s'adressent ces outrages. Du sein de ton Père, tu les vois sans colère et sans douleur. Tu sais que c'est l'étendard de Rome, l'insigne de l'imposture et de la cupidité, que l'on renverse et que l'on déchire au nom de cette liberté que tu eusses proclamée aujourd'hui le premier, si la volonté céleste t'eût rappelé sur la terre.

— A mort! à mort ce fanatique qui nous injurie dans sa langue! s'écria un soldat en s'élançant vers nous le fusil en avant.

— Croisez la baïonnette sur le vieil inquisiteur! répondirent les autres en le suivant. »

Et l'un d'eux, portant un coup de baïonnette dans la poitrine d'Alexis, s'écria :

— A bas l'inquisition!

Alexis se pencha et se retint sur un bras, tandis qu'il étendait l'autre vers moi pour m'empêcher de le défendre. Hélas! déjà ces insensés s'étaient emparés de moi et me liaient les mains.

« Mon fils, dit Alexis avec la sérénité d'un martyr,

nous-mêmes nous ne sommes que des images qu'on brise, parce qu'elles ne représentent plus les idées qui faisaient leur force et leur sainteté. Ceci est l'œuvre de la Providence, et la mission de nos bourreaux est sacrée, bien qu'ils ne la comprennent pas encore! Cependant, ils l'ont dit, tu l'as entendu : c'est au nom du *sans-culotte Jésus* qu'ils profanent le sanctuaire de l'église. Ceci est le commencement du règne de l'Évangile éternel prophétisé par nos pères. »

Puis il tomba la face contre terre, et un autre soldat, lui ayant porté un coup sur la tête, la pierre du *Hic est* fut inondée de son sang.

« O Spiridion! dit-il d'une voix mourante, ta tombe est purifiée! O Angel! fais que cette trace de sang soit fécondée! O Dieu! je t'aime, fais que les hommes te connaissent!... »

Et il expira. Alors une figure rayonnante apparut auprès de lui, et je tombai évanoui.

FIN DE SPIRIDION.

www.ingramcontent.com/pod-product-compliance
Lightning Source LLC
Chambersburg PA
CBHW060931230426
43665CB00015B/1903